대한제국의 재조명

대한제국의 재조명

초판 1쇄 발행 2014년 11월 25일
  2쇄 발행 2016년 10월 28일

지은이 ｜ 현광호
펴낸이 ｜ 윤관백
펴낸곳 ｜ 도서출판 선인

등록 ｜ 제5-77호(1998.11.4)
주소 ｜ 서울시 마포구 마포동 324-1 곳마루 B/D 1층
전화 ｜ 02)718-6252 / 6257   팩스 ｜ 02)718-6253
E-mail ｜ sunin72@chol.com
Homepage ｜ www.suninbook.com

정가 24,000원
ISBN 978-89-5933-777-4 93910

대한제국의 재조명

현광호

도서
출판 선인

책머리에

대한제국은 조선 왕조를 계승한 황제국이었다. 대한제국을 수립한 고종 황제는 국권 유지를 목표로 국내적으로는 광무개혁을 단행했고 국외적으로는 국제사회로의 편입을 시도했다. 그러나 대한제국은 개혁에 있어 괄목할만한 성과를 거두지 못했고, 끝내 일제의 식민지로 전락했다.

일제는 대한제국의 병합에 그치지 않았다. 일제는 대한제국을 병합한 뒤 중국을 침략하여 동아시아의 평화를 유린했다. 오늘날 한·중·일 삼국이 극심한 역사논쟁을 벌이고 있는 것은 바로 일제가 남긴 유산이라고 할 수 있다. 동아시아의 평화를 교란하고 수많은 사람들에게 피해를 안긴 것은 일제에게 명백한 책임이 있다. 그러나 한편으로 대한제국이 무기력하게 국권을 상실한 것에 대해서도 깊은 성찰이 필요하다. 한반도가 동아시아 평화 유지에 중요한 역할을 수행해온 역사적 경험을 고려할 때 대한제국의 국정운영과 외교정책은 매우 중요한 탐구의 대상이라고 할 수 있다. 반대로 열강은 대한제국을 어떤 시선으로 바라보고 접근했는지에 대해서는 심도 있는 분석을 필요로 한다.

저자는 이상과 같은 관점을 가지고 2002년에 『대한제국의 대외정책』, 2007년에 『대한제국과 러시아 그리고 일본』을 집필한 바 있다. 그리고 2011년에는 영국·미국·프랑스 등 구미 열강과 조선의 상호인식을 분석하여

『서구열강과 조선』을 집필한 바 있다. 그 뒤 저자는 새로운 사료의 발굴에 힘입어 대한제국에 대한 연구를 진전시켜 수편의 논문을 공간했다. 필자는 그 같은 연구 성과를 널리 공유하는 것이 좋겠다는 생각을 가지게 됐다. 그 것은 대한제국의 내정, 외교가 오늘날 대한민국 국민들에게도 훌륭한 참고 자료 내지는 교훈이 될 수 있겠다는 판단 때문이었다.

본서는 크게 3부로 구성되어 있다. 1부는 대한제국 수립 직후부터 러일전쟁 발발에 이르는 시기까지 대한제국의 주요 정치세력인 황실측근파와 의정부대신들의 정치 활동을 분석했다. 이들 정치세력이 활동한 시기는 독립협회 해산 직후 시기, 대한국국제 반포 직후 시기, 의화단사건 시기, 제1차 영일동맹 체결 시기, 러일전쟁 발발 시기 등 대한제국에 지대한 영향을 끼친 사건을 중심으로 구분했다.

먼저 1장은 황실측근파의 정치 활동을 구명했다. 대한제국의 최고 통치권자인 고종은 1897년 10월 황제에 즉위한 뒤 강력한 황제권을 행사하고자 했다. 그러나 공식적으로 대한제국의 최고 국정운영기관은 의정부였다. 고종은 의정부대신들이 독립협회를 지지하거나 입헌군주제를 선호한다고 의심하였으므로 대신들을 불신했다. 고종은 의정부를 국정 운영의 주체로 삼지 않고, 내장원·평리원·원수부 등의 황제직속기구를 신설한 뒤 측근을 배치하여 정국을 주도했다. 본 글에서는 주요 황실측근인 이용익·김영준·이근택·이학균의 정치, 외교활동을 분석했다.

2장은 의정부대신들의 정치 활동을 분석했다. 의정부대신들은 황제의 국정운영방식에 대해 어떤 반응을 보였고, 어떠한 국정운영구상을 가졌는지를 분석하고자 했다. 황실측근이 한미한 가문 출신인 데 비해 의정부대신은 명문가문 출신이었다. 의정부대신들은 황실측근과 경쟁하며 정국을 주도하고자 진력했다. 본 연구는 대한제국 시기 의정부대신들의 국정 운영방향은 어떠했는지, 외교정책의 지향은 무엇이었는지를 구명하고자 했다.

2부는 열강의 대한제국 인식을 분석했다. 열강은 한국에 대해 전략적, 경제적, 종교적 목적을 가지고 접근했다. 대한제국에 주재하던 열강의 외교사절들은 자국 정부의 지시를 충실히 이행하는 한편 대한제국의 정치·외교·경제·사회·문화 등을 치밀하게 분석했다. 그 결과 열강의 외교문서들은 이 무렵 대한제국의 제반 모습을 생동감 있게 묘사하고 있다.

먼저 3장은 열강의 독립협회 지도부 인식과 대응을 분석했다. 1896년 7월 출범한 독립협회는 국권 수호를 기치로 내세우며 활발한 활동을 전개했다. 독립협회는 열강의 이권 요구에 대해 강력한 저지운동을 전개했다. 또한 독립협회는 서구적 개혁을 주창하는 한편, 수구적 경향을 보인 대신들을 정부에서 축출하는 정치운동을 전개했다. 독립협회가 점차 국민적 지지를 획득해나가자 러시아·영국·미국·일본·독일·프랑스 등 열강은 독립협회운동에 촉각을 곤두세웠다. 독립협회는 고종 황제와 타협, 대립을 거듭하다가 1898년 12월 강제 해산됐다. 기존의 연구들은 대부분 수구파 정권의 무력 탄압, 독립협회 지도층의 지도력 부족 등 국내적 요인들이 독립협회운동의 실패를 야기했다고 지적했다. 그에 비해 독립협회 해산 원인을 러·일 공사의 개입 때문으로 보는 시각도 있다. 고종이 독립협회에 대한 무력 해산과 관련하여 대한제국 주재 열강 공사와 상의한 것을 고려할 때 열강의 독립협회 입장은 주목할 가치가 있다. 본 글에서는 미국·프랑스·영국·러시아·일본 등 열강의 독립협회 인식과 대응을 분석하고자 한다.

4장은 대한제국기 주한 일본군의 동향을 분석했다. 한 국가가 타국에 자국 군대를 파병하게 되면 파병국은 주둔국에서 막강한 영향력을 행사할 수 있다. 그것은 미국이 주한 미군의 주둔을 통해 대한민국에 큰 영향력을 행사하는 것을 보면 명확하게 알 수 있다. 대한제국 시기에 일본군은 한반도에 주둔했고, 대한제국의 정치에 큰 영향력을 행사했다. 일본 정부는 대한제국의 철수 요구에도 불구하고 주한 일본군을 끝내 철수시키지 않았다. 일본은 명확한 목적을 가지고 자국군을 주둔시켰기 때문이었다. 종래 한반도에 주둔했던 일본군은 청일전쟁 뒤 철군했다가 러일전쟁 때 한반도에 상륙했다고 인식하는 경향이 있다. 그 결과 대한제국기에 일본군이 한반도에 주둔했다는 사실을 간과하는 경향이 강했다고 보여진다.

본 연구는 다음과 같은 사항에 기여할 것으로 여겨진다. 첫째, 러일전쟁 발발 때 일본이 신속하게 한국을 침략할 수 있었던 배경에 대해 새로운 시각을 제공할 수 있을 것이다. 둘째, 청일전쟁과 러일전쟁 사이의 주한 일본군의 동향에 대한 연구의 공백을 메울 수 있을 것이다. 셋째, 열강, 특히 일본의 한반도 침투방식을 심층적으로 이해시킬 수 있을 것이다. 넷째, 외국군의 한반도 주둔의 의미를 이해하는 데 유익한 시각을 제공할 수 있을 것이다.

5장은 서구 열강은 대한제국의 주권상실 원인에 대해서 어떻게 분석했는지를 탐구했다. 100여 년 전 한반도를 방문했던 서구인들은 한국인이 근면, 성실하고 상부상조를 잘하며 훌륭한 교육을 받아 지적·도덕적으로 우수하다고 칭송했다. 서구인은 한국은 자원이 풍부하여 개발할 가치가 있다고 평가했다. 서구인들은 한국인들은 외국인에게 친절하고 외국 문물에 대해 개방적이어서 충분히 자주적 근대화를 달성할 것이라고 확신했다.

한국인에 대한 서구인들의 평가는 틀리지 않았다. 서구인들이 대한제국기 한국인들의 장점으로 지목한 특성은 현재의 한국인에게도 그대로 계승됐다. 한국인들은 부지런하게 일하여 고도경제성장을 이루었고, 천재지변 등을 당할 때는 앞다투어 어려운 입장에 처한 사람들을 돕고 있다. 또 한국인들은 전통문화를 계승하는 한편 우수한 외국 문화를 적극 수용하여 '한류'를 이루어냈다.

그러나 100여 년 전 대한제국은 신속한 근대화에 실패했다. 대한제국의 개혁은 한계에 부딪혔고, 그 결과 대한제국의 근대화는 속도를 내지 못했다. 그렇다면 서구인들은 발전을 저해하는 대한제국 사회의 문제점을 무엇으로 보았을까. 본 연구는 100여 년 전 대한제국에 체류했던 미국·프랑스·영국·러시아 등의 서구 외교사절들은 대한제국의 주권상실 원인을 어떻게 분석했는지를 살펴보고자 한다.

3부는 대한제국의 국제사회 접근을 분석했다. 고종은 1882년 미국과의 수교 이후 서구 각국과 긴밀한 관계를 맺으려 노력했다. 고종은 근대 문물 수입과 국권 수호를 목표로 서구 열강에 접근했다. 1910년 식민지로 전락한 뒤 민족지도자들은 서구 국가들과 연대하여 민족해방운동을 전개하였고, 해방 이후에도 수교를 통해 서구 국가들과 긴밀한 관계를 맺고자 하였다.

먼저 6장은 고종의 공사 파견과 그 의미를 분석했다. 고종은 일시적인 부침은 있었지만 국정을 장악했고 외교를 주관한 최고 통치자였다. 고종은 국권을 위협하는 청 · 일을 경계했고, 국권 유지의 수단으로 1880년대 미국 · 영국 · 독일 · 이탈리아 · 프랑스 · 러시아 등의 서구 열강과 통상조약을 체결했다. 고종은 한반도에 주재하던 외국 공사를 통해 해외 정세를 파악했다. 고종은 그에 만족하지 않고 미국 · 프랑스 · 러시아 · 영국 · 독일 등의 서구 국가들과 중 · 일 등 동아시아 국가들에도 공사관을 개설했다.

해외 주재 공사는 고종이 신임하는 인물들이었고, 고종의 대외정책을 집행하는 대리인이기도 했다. 그런 측면에서 해외 공사의 활동은 고종의 대외정책의 방향을 잘 보여준다고 할 수 있다. 이들 공사들은 고종의 지시만을 이행하는 데만 머물지는 않았다. 이들은 외국 정부와 접촉하면서 외국의 정세를 분석하여 고종의 정책 입안에 중요한 역할을 수행하였다.

본 글에서는 고종의 공사 파견과 의미를 분석하려고 했다. 분석대상 시기는 공사 파견 직후 시기, 청일전쟁 발발 직후 시기, 대한제국 수립 직후 시기, 의화단사건 직후 시기, 제1차 영일동맹 체결 직후 시기, 러일전쟁 발발 전후 시기 등 한반도 정세에 지대한 영향을 끼친 사건을 중심으로 구분했다. 본 글은 한국 측의 외교문서인 『구한국외교문서』, 미국 · 영국 · 프랑스 · 러시아 · 일본 등 열강의 한국 관계 외교문서를 활용했다. 또 고종의 지시로 작성된 국서 · 친서 · 신임장 · 해임장 · 훈유문 등 장서각 소장의 1차 자료를 활용했다.

7장은 국권 상실을 전후한 시기 동아시아 정세 변동과 한국인의 민족운동을 분석하고자 했다. 분석 대상 시기는 1905년 을사늑약 체결 직후 시기, 1907년 제1차 러일협정 체결 직후 시기, 1910년 국권 상실 직후 시기, 1914년 제1차 세계대전 발발 직후 시기 등 한반도 정세에 결정적인 영향을 준 사건을 기준으로 했다.

을사늑약으로 한국은 사실상 주권을 상실했다. 그 후 한국인들은 국권을 회복하고자 기나긴 투쟁을 전개했다. 1919년의 3·1운동은 민족해방운동의 분수령으로서 대한민국 임시정부를 탄생하게 했다. 그러므로 을사늑약부터 3·1운동 직전까지의 기간은 한국 민족운동사에서 매우 중요한 시기라 평가할 수 있다.

2010년도 한국에서는 국권상실 100주년을 맞이하여 식민지 전락의 원인, 국권회복운동에 대한 관심이 고조되었다. 러일전쟁 때 한국은 중국과 동일하게 전쟁 지역이었다. 그런데 러일전쟁 이후 중국은 식민지화를 모면했지만 한국은 식민지로 전락했다. 이같이 한·중의 운명을 상반되게 결정한 주요 요인은 동아시아 국제 정세에 있었다. 국제 정세와 동아시아 정세는 연동됐고, 유럽의 동맹 체결은 동아시아 정세에 반영됐다. 러일전쟁 이후 동아시아 정세에 영향을 준 국가는 미국·영국·일본·러시아·독일·프랑스였으며, 한반도의 운명도 이들 국가들의 동향에 따라 결정됐다. 따라서 대한제국의 주권이 상실되는 과정을 이해하려면 동아시아 정세의 변동을 탐구할 필요가 있다. 또 한국인의 국권회복운동도 동아시아 국제정세 변동과 연계됐다. 그러므로 이 시기의 한국사를 명확히 이해하려면 동아시아 정세 변동과 그에 대응하여 전개된 한국인의 민족운동을 검토할 필요가 있다고 여겨진다.

본서에 수록되어 있는 논문들은 많은 학자들의 훌륭한 의견이 반영되어 있다. 논문들에 대한 심사를 맡아주신 제현께 심심한 사의를 표한다. 모쪼록 사람들이 본서를 통해 대한제국에 흥미를 가졌으면 한다. 또 본서가 현재 대한민국이 당면한 문제를 해결하는 데 참고서 역할을 하여 국민 통합에 기여하기를 바란다. 끝으로 이 책의 출판을 흔쾌히 허락해주신 윤관백 사장님, 수고해주신 편집 직원 분들께 감사를 드리는 바이다.

2016년 9월
저자 씀

목차

※ 조선 왕조는 1897년 10월 12일 대한제국으로 개칭됐다. 본서는 편의상 조선
　과 대한제국을 한국으로 통일했다.

제1부

대한제국의 정치 주도세력의 활동

제1장

황실측근의 정치 활동

1. 머리말

고종은 1897년 10월 5일 칭제를 단행한 뒤 강력한 황제권을 행사하고자 했다. 대한제국[1]의 집권층은 황제 중심의 정국운영을 추종하는 황실측근파와 의정부 중심의 국정운영을 지향했던 의정부대신 집단으로 구분된다. 고종은 의정부대신들이 자신의 의사에 쉽게 추종하지 않을 뿐만 아니라 독립협회를 지지하거나 입헌군주제를 지지한다고 의심하였으므로 대신들을 불신했다. 그러므로 고종은 의정부를 국정운영의 주체로 삼지 않고, 내장원, 평리원, 원수부 등의 황제직속기구를 신설한 뒤 측근을 배치하여 정국을 주도했다.

황실측근파는 대체로 중인 이하의 신분 출신이었다. 황실측근은 자신의 낮은 신분을 극복하는 길은 황제에 대한 절대적 충성이라는 것을 인식하였다. 그러므로 그들은 황제가 요구하는 망명자 체포·특사 외교·황실재정 관리·군경 장악에 심혈을 기울였다. 즉 이들은 고종의 전제정치의 산물이

---

1) 이하 조선과 대한제국을 '한국'으로 통일함.

라고 할 수 있다. 그러나 이들의 기반은 사회적 계급에 기초한 것이 아니라 황제에 대한 개인적 충성에 기초를 둔 것이어서 측근세력들 간에 연대감은 그리 크지 않았다. 황실측근파가 정계에 진출하는 계기는 황실과의 인연, 탁월한 외국어 구사 능력으로 발탁된 경우가 대부분이었다. 대표적인 측근 으로는 이용익 · 김영준 · 이학균 · 현상건 · 이근택 · 길영수 · 이유인 · 이인영 · 이기동 등을 들 수 있다. 황실측근세력은 전제군주제를 추종하면서 망명자 문제 등을 이용하여 의정부대신들을 제거하려 하였다. 이에 의정부 중심의 국정운영을 지향하였던 의정부대신들은 황실측근세력과 치열한 권력투쟁 을 전개해야만 했다.

황실측근에 대한 기존의 연구는 많지 않다. 대표적인 황실측근인 이용익 의 활동에 대한 연구는 중앙은행 설립 활동, 러일전쟁 직후의 대외활동에 집중했다.[2] 그 밖에 광무정권의 형성과정, 일제에 대한 저항 및 해체과정 에서 드러난 측근세력의 동향을 분석한 연구가 있다.[3] 후자의 연구는 1899 년에서 1904년까지 측근세력과 의정부대신의 권력투쟁을 정밀하게 분석했 다. 그러나 황실측근파를 집중적으로 분석한 연구는 부재한 실정으로 보여 진다.

본 글은 대한제국 수립 이후 러일전쟁에 이르는 시기까지 황실측근파의 동향을 구명하는 데 그 목적이 있다. 구체적으로 독립협회 해산 직후 시기, 대한국국제 반포 직후 시기, 의화단사건 시기, 영일동맹 체결 시기, 러일전 쟁 시기 등 정국에 지대한 영향을 끼친 사건을 중심으로 분석했다. 본 연구 가 황실측근파와 대한제국의 정치사를 이해하는 데 기여하기를 기대한다.

---

2) 나애자, 「이용익의 화폐개혁론과 일본제일은행권」, 『한국사연구』 45, 한국사연구 회, 1984: 廣瀬貞三, 1988, 「李容翊の政治活動」, 『朝鮮史研究會論文集』 25, 朝鮮 史研究會.
3) 서영희, 「광무정권의 형성과 개혁정책 추진」, 『역사와 현실』 26, 1998; 서영희, 『대한제국 정치사』, 서울대학교 출판부, 2003.

2. 대한제국 수립 직후 황실측근의 정치 활동

1) 국내외 정세의 변동

고종은 1898년 12월 독립협회를 황제권에 도전한다고 보고 강제 해산시켰다. 그러나 독립협회 일부 세력은 해산 이후에도 황제권에 도전하는 운동을 중단하지 않았다. 그 과정에서 대원군의 손자인 이준용을 최고 통치자로 추대하려는 쿠데타 모의가 속속 적발되었다. 1899년 3월 귀국한 일본 유학생 어용선·윤세용·이규승 등은 이준용을 민주공화정 하의 대통령으로 추대하려 하다가 체포되었다.[4] 일본에 체류 중인 반체제인사들인 망명자들은 계속해서 귀국을 시도하였다. 4월에는 정난교·이창렬·구연수·조희문·이승구가 귀국하였고, 5월 초에는 권형진이 귀국하려 한다는 풍설이 유포되었다.

6월에는 과거 만민공동회 회장 고영근 등이 박영효 등 망명자와 연계하여 수구파로 지목한 신기선·조병식·홍종우·이용익·이유인 등의 자택에 폭탄을 투척하는 사건이 발생했다.[5] 이 사건은 1894년 청일전쟁 당시의 구체제로 회귀하려는 황제와 정부에 대한 불만을 배경으로 했다.[6] 투탄사건 주도자들은 민란을 일으켜 일본의 출병을 야기시킨 뒤 망명자를 귀국시키려 하였다.[7] 경악한 고종은 미·러 공사관 사이의 도서관으로 피신하였다.

---

4) 『고종실록』 권39, 광무 3년 4월 24일; 일본 외무성 편, 『日本外交文書』 32권(일본 국제연합협회, 1985), 1899년 3월 29일, 923~924쪽; 같은 책, 기밀제69호, 1899년 6월 19일, 935쪽.

5) 『日本外交文書』 32권, 기밀제59호, 1899년 6월 10일, 930쪽.

6) 『영국외무성 한영외교사관계자료집』, 동광출판사, 1997(이하 『한영외교자료집』으로 약칭) 9, No.62. 1899년 6월 15일, p.194.

7) 국사편찬위원회 편, 『주한일본공사관기록』, 1995(이하 『일사기록』으로 약칭) 13, 왕56, 1899년 6월 9일, 441쪽; 『일사기록』 13, 기밀제59호, 1899년 6월 30일, 306~308쪽.

고종은 이후에도 투탄사건이 계속되자 제2의 아관파천을 고려하기도 했다.[8] 투탄사건 후에도 참위 윤태흥·윤제보·김영필 등 군 장교들이 고종을 폐위하고 이준용을 추대하려 한 모의가 적발됐다.[9]

고종은 반체제운동이 계속되자 황제권을 물리적, 제도적으로 강화하려 시도했다. 고종은 황제권 강화의 물리적 기반으로서 1899년 6월 원수부를 황궁 내에 설치하였다. 원수부는 국방·용병·군사를 주관하고 군부와 서울과 지방의 군대를 지휘, 감독했다. 또 황제는 대원수, 황태자는 원수가 되어 모든 군령권을 행사할 수 있게 되었다.[10] 동시에 고종은 군부관제를 개정하여 군부를 무력화시켰다.[11] 고종은 황실에 대한 충성을 유도하기 위해 훈장 수여기관인 표훈원을 신설하고, 장충단을 축조하였다. 또 고등재판소를 평리원으로 개칭하여 황제의 명령으로 국사범에 대한 재판을 전담하게 하였다.[12] 역대 평리원장은 대부분 황실측근파가 장악하여 황제권 강화의 선도자가 되었다. 아울러 추숭사업 등 황실의 권위를 강조하거나 신격화하는 작업도 진행되어 황실에 대한 충성을 이념적으로 강화시켜 나갔다. 1901년에는 흉년으로 재정 부담이 가중되었음에도 불구하고 황실사업이 계속되었다. 그것은 황제권 강화의 가시적 사업으로써 중요하게 생각되었기 때문이었다.[13]

고종은 황제권을 재정적으로 뒷받침하고자 황실 재원을 확충해나갔다.[14]

---

8) 『日本外交文書』 32권, 기밀제59호, 1899년 6월 10일, 930쪽.

9) 『日本外交文書』 32권, 기밀제69호, 1899년 6월 19일, 935쪽.

10) 송병기·박용옥·박한설 편, 『韓末近代法令資料集』 2(국회도서관, 1971), 1899년 6월 22일, 조칙.

11) 『日省錄』 1899년 8월 18일.

12) 『고종실록』 권39, 광무 3년 7월 4일; 『고종실록』 권40, 광무 4년 6월 25일, 10월 27일; 『고종실록』 권41, 광무 5년 2월 16일; 『韓末近代法令資料集』 2, 1899년 5월 30일, 법률 제3호.

13) 金允嬉, 「대한제국기 皇室財政運營과 그 성격」, 『韓國史研究』 90, 한국사연구회, 1995, 108쪽.

14) 須川英德, 「朝鮮一九世紀後半における상업정책」, 『조선사연구회논문집』 27, 조선

그 연장선상에서 고종은 농상공부 소속이었던 광산세 및 포사세와 선세 등
각종 재원을 궁내부로 이속시켰다.[15] 궁내부는 서북철도국 · 광학국 · 박문
원 · 수민원 · 평식원 · 철도원 · 수륜원 · 관리서 등 방대한 기구를 신설하여
황제권 실현 장치로 기능했다.[16]

　궁내부 중에서도 최대 규모의 기구는 내장원이었다. 고종은 1899년 8월
내장사를 내장원으로 승격하고 그 인원을 증원했다. 내장원은 황실재정 강
화정책과 병행하여 황실의 재정을 총괄하는 기구로 격상됐다. 그 결과 내
장원은 장원과 · 공세과 · 기록과 · 종목과 · 전성과 · 삼정과 · 수륜과를 거느
리는 방대한 기구로 확대 · 개편되었다. 내장원은 지세와 호세를 제외한 모
든 분야에서 수세권을 장악하였다. 내장원은 1900년부터 각종 재원을 내장
원에 이속시켰다. 내장원은 종래 탁지부 소속이었던 역둔토를 내장원에 이
속시켰다. 역둔토 도조 수입의 내장원 이속은 황실 재정의 기반을 확립했
다는 점에서 중요한 의미를 가지는 것이었다. 또 내장원은 상업세, 유통세
의 성격을 띠고 있는 어 · 염 · 선 · 곽 · 포사 · 포구 · 인삼세 등도 산하에 귀
속시켰다.[17] 이 외에도 내장원은 국자회사 · 도진회사 · 삼정사 · 철물회사
등 상인단체들에 독점권을 부여하고 매년 상납금을 징수하여 황실 재정을
증대해 나갔다.[18] 내장원은 황제의 개인 금고 역할을 하면서 독자적 재정
권을 행사하였다.[19] 황실재정은 이러한 내장원 수입 외에도 탁지부에서 지
출되는 황실비 · 궁내부 수입 등이 있었고 그 외에도 수시로 탁지부에 대해
서 예산 외 지출을 추가시켰다. 황실 수입의 또 다른 원천은 화폐주조사업

　사연구회, 1990.
15) 『황성신문』 1899년 8월 13일, 8월 18일, 9월 13일, 10월 9일.
16) 서영희, 「1894~1904년의 정치체제 변동과 궁내부」, 『한국사론』 23, 서울대학
　　교 국사학과, 1990, 374~377쪽.
17) 이윤상, 「대한제국기 내장원의 황실재원 운영」, 『한국문화』 17, 서울대학교 한국
　　문화연구소, 1996, 229쪽.
18) 『황성신문』 1902년 3월 11일, 1902년 3월 14일, 1902년 3월 21일.
19) 김윤희, 앞의 논문, 108~109쪽.

이었다.

 정부 소속의 각종 재원이 궁내부와 내장원으로 이관된 후 정부 재정은 악화되어 갔다. 1900년도 정부 예산에서는 상공학교 · 여학교 · 농업학교 등의 교육비가 정지되었다. 탁지부에서는 내장원 · 총해관 등에서 지폐를 차입하여 겨우 봉급을 지불하는 실정이었다.[20] 의정부는 1899년 후반기부터는 활동이 침체되어 국정운영 기구로서의 역할을 할 수 없게 되었다. 의정부는 황제권이 아직 미약한 단계에서는 정책결정과정에서 독자적인 기능을 발휘할 수 있었으나 황제권이 강화됨에 따라 황실권력의 보조기구로 전락하였다. 중추원은 황제권 강화와는 반비례로 더욱 약화되어 회의 자체가 개최되지 않을 정도였다.[21]

 고종은 독립협회를 무력으로 해산시킨 뒤 황실측근파를 중용했다. 고종은 황제직속기구에 측근을 배치하여 정국을 주도하고자 했다. 황실측근파는 궁내부 · 원수부 · 평리원 · 내장원 · 경위원 등을 기반으로 고종의 황제권 강화정책을 뒷받침하였다. 나아가 고종은 황실측근파를 의정부협판직에 배치하여 의정부를 장악하였다. 황실측근파는 망명자 문제 등을 이용하여 의정부대신들을 제거하려 하였다. 황실측근의 주요 인물은 다음 도표와 같다.[22]

---

20) 『황성신문』 1900년 1월 19일, 1900년 11월 29일, 1901년 12월 4일, 1901년 11월 20일.
21) 오연숙, 「대한제국기 의정부의 운영과 위상」, 『역사와 현실』 19, 1996; 『황성신문』 1899년 7월 13일.
22) 황실측근파는 사료에 궁중파 · 별입시 등의 명칭으로 등장하는데 이들에 대한 자료는 다음과 같은 기록을 참조하였다. 『大韓季年史』 · 『매천야록』 · 『朝鮮貴族列傳』 · 『續陰晴史』 · 『일사기록』.

성명	신분	독립협회 해산 이전의 관력	독립협회 해산 이후의 관력
김영준 (金永準)	서얼	시종원 시종 궁내부 참서관겸 외사과장(97) 비서원승 경무사 강원도 관찰사(98)	한성부 판윤 법규교정소 의정관 경무사서리 군부협판(육군참장) 군부대신서리(99) 평리원재판장 원수부검사국총장서리 탁지부 대신서리 법부대신서리 형법교정부총재(00)
이인영 (李寅榮)	중인	내부참서관 군부군무국 외국과장(95) 시종원 분시종(96) 육군부령(98)	군부경리국과장 법부 법무국장(99) 서북철도국장 평리원판사(00) 서북철도국총재서리(02) 내장원감독 중앙은행 사무위원(03)
이근택 (李根澤)	중인	춘천부 주사(95) 친위제3대대 대대장(참령)(96) 한성부판윤 시종원 시종 경무사(98)	친위대대장 함경북도 관찰사(99) 경부협판 평리원재판장 헌병사령관(육군참장) 경위원총관 (01) 법부대신서리 호위대총관 원수부검사국총장 겸 경무사(02) 군부대신(육군부장)(03)
주석면 (朱錫冕)	평민	왕후궁 주사(95) 시종원 시종 군부협 판(참장)(97) 법부협판(98)	군부대신서리 원수부 군무국장서리 탁지부 협판(99) 원수부 검사국총장(00) 기록국총 장(02) 경기관찰사(03)
현영운 (玄暎運)	중인	외부 번역관(95) 법부 법률기초위원(97) 궁내부 참리관(98)	시종원 시종(00) 예식원 번역관(01) 칠원군수(02) 철도원 회계과장(03)
이유인 (李裕寅)	천민	중추원 1등의관(96) 법부대신 고등재판소 재판장(98)	경무사(99) 평리원재판장서리(00) 경상북도 관찰사(01) 시종원경(02) 한성부 판윤 경무사서리(03)
현상건 (玄尙健)	중인	외부 번역관보(98)	궁내부 물품사장 법규교정소위원 궁내부 번 역과장 시종원 시종(99) 광무학교장 예식원 외무과장(00) 예식원 번역과장 광학국장(02) 원수부기록국원(육군정위) 박문원 부장(03)
이학균 (李學均)	중인	궁내부 참리관 시위대 대대장(참령)(95) 친위대 대대장(97) 무관학교장(98)	원수부 검사국장(육군참장)(99) 원수부 기록국총장(00) 육군법원장(03)
이용익 (李容翊)	평민	함흥부 관찰사(95) 서북금광감리(96) 탁지부 전환국장(97) 철도사 감독 궁내부소관 각도 각광감독(98)	내장사장 궁내부소관 삼정 각광감독 내장원 경(99) 경부협판 탁지부협판 서북철도국총 재서리(00) 지계아문부총재 육군참령(01) 탁지부대신서리 경무사서리 평리원재판장서 리(02) 중앙은행부총재 헌병사령관 지계아 문총재(03) 군부대신 원수부검사국총장(04)
이기동 (李基東)	평민	시종원 시종(96) 법부협판 시위대 대대장(참령) 수원지방대 대대장(98)	시위대 연대장(육군부령)(99) 군부 포공국장 농상공부협판(01) 법부협판(02) 육군부령(03)

길영수 (吉永洙)	천민	경효전 충의 과천군수(97)	농상공부 상공국장(99) 군부참서관(00) 진위대대대장(참령)(01) 친위대대대장 철도원감독(02) 한성부판윤 원수부군무국부장(부령)(03) 진위대연대장(04)

　고종은 1899년 7월 일종의 입법기관인 법규교정소를 설치하고 법규교정
소 의정관에는 총재 윤용선, 의정관 서정순·이종건·이윤용·권재형·박
용대·르장드르(Charles W. Legendre)·브라운(J. McLeavy Brown)·그레이트
하우스(Clarence R. Greathouse)·성기운·김영준, 위원에 김익승·고희경·
현상건 등을 임명했다. 법규교정소는 1897년의 교전소와는 달리 황제권 강
화를 지지하는 인물들로 구성되었다.[23] 법규교정소는 1899년 8월 17일 일
종의 헌법인 대한국국제를 반포하였다.[24] 대한국국제는 대한제국이 자주
독립국이자 전제정치국가로서 황제는 법률제정권, 육해군 통솔권, 계엄·
해엄령선포권, 관료임면권, 전쟁·강화선포권 등 무한한 권력을 소유한다
고 규정하였다. 대한국국제는 메이지헌법 제1장 천황편과 매우 유사한 것
을 볼 때 황제권 확립에 그 목표를 둔 것을 알 수 있다.[25] 일본의 메이지헌
법이 외관상 3권분립의 입헌주의를 명시한 것과는 달리 대한국국제는 황제
의 대권만을 규정하고, 의회·사법·국민의 기본권에 관한 규정이 없었다.
　중국의 서남부지방에서 시작된 의화단(義和團)은 1900년 4월 수도인 북
경(北京)에 진입하는 등 급속히 세력을 확장했다. 의화단사건은 동북아 정
세를 급변시키는 결과를 초래하였고, 한국에도 심대한 영향을 주었다. 의화
단은 봉기 지역을 확대하여 7월에는 압록강의 맞은편에 위치한 안동까지
그 세력을 확장했다. 유럽 열강은 의화단의 확대에 자극을 받고 연합군을

---

23) 『日省錄』 1899년 7월 5일, 7월 10일, 8월 1일.
24) 서진교, 「대한제국기 고종의 대한국 국제 반포와 전제황제권 추구」, 『한국근현대
　　사연구』 5, 한국근현대사연구회, 1996.
25) 『고종실록』 권39, 광무 3년 8월 17일.

편성하여 의화단에 대한 진압작전을 개시한 결과 8월 북경을 점령했다.

한국 정부는 의화단의 북경 진입과 뒤이은 연합군의 북경 점령에 큰 충격을 받았다. 의정 윤용선은 청국에서 사단이 발생하여 순망치한의 화근을 우려하였고, 농상공부대신 민병석도 이웃 국가가 위급상황이며 한국도 그 영향을 받을 것이라고 우려했다.26) 알렌(H. N. Allen) 주한 미국공사는 고종에게 한국에서 무질서한 사태가 발생할 경우 외국이 자국민을 보호하기 위해 파병할 가능성이 있다고 충고했다.27) 그 무렵 러·일은 한국에 파병을 검토하고 있었다.28) 특히 러시아는 한국 정부에 파병을 타진하기도 했다. 파블로프(A. Pavlov) 주한 러시아공사는 7월 고종에게 러시아 군대의 한국 국경 진입, 한·러 양국병의 의화단 공동 진압, 러·일의 서울 파병 등을 제의하였으나 거부당했다.29) 그런 중 러시아는 동청철도를 보호한다는 구실로 16만 대군을 파견하여 만주를 점령하였으며, 일본의 반발을 무마하고자 일본 정부에 한국을 39도선에서 분할할 것을 제의하였다.30) 그 과정에서 한국에서는 한국분할설이 유포되었다.31) 한국 정부는 1896년 모스크바 협정의 비밀조항을 한국분할 의도로 규정한 바 있었으므로 한국분할설에 큰 충격을 받았다. 고종은 외부대신 박제순을 일본공사관에 보내 러·일간에 새로운 협상이 진행되었는가를 문의하는 한편, 미국공사관으로의 파천을 검토했다.32) 그런 중 한국에서는 체일망명자 박영효의 귀국설이 유포되었다.

26) 『承政院日記』光武 4년 7월 16일, 7월 31일.
27) Scott. s. Burnett. *Korean-American Relations*』*Documents Pertaining to the Far Eastern Diplomacy of the United States, VOLUME Ⅲ.* (1896~1905) University of Hawaii Press. HONOLULU, HAWAII, 1989(이하 K-A-R Ⅲ로 약칭) No.275. 1900년 8월 31일, p.82.
28) 『日本外交文書』北淸事變 別冊, 1900년 7월 20일; 같은 책, 1900년 7월 23일, 389쪽.
29) 『日本外交文書』, 北淸事變 別冊 中, 第167號, 1900년 7월 24일, 391쪽.
30) 『日本外交文書』北淸事變 別冊, 1900년 7월 19일, 386쪽;『皇城新聞』1900년 8월 8일 〈雜報〉; 김윤식, 『續陰晴史』上, 1900년 8월 23일.
31) 『皇城新聞』1900년 8월 8일 〈雜報〉.
32) 『皇城新聞』1900년 8월 30일, 〈雜報〉;『일사기록』14, 機密第370號, 1900년 8월 6일, 370쪽;『續陰晴史』上, 1900년 8월 23일.

2) 이용익의 활동

이용익

대한제국 수립 직후 최고 권력을 행사한 측근은 황실 재정을 관리한 이용익이었다. 그는 고종이 가장 총애한 인물이었다. 그는 일찍이 탁월한 광산 경영으로 고종의 총애를 받아 단천부사 등의 직책을 역임했다. 이용익은 1896년 2월의 아관파천으로 본격적으로 중앙정계에 진출했다. 아관파천 직후 정동파가 일시 정권을 장악했다. 그러나 고종의 왕권강화책에 의해 측근들이 부상하기 시작하였다. 고종은 의정부대신보다는 이용익 등 측근을 중용하였다. 이 시기에는 경무관이 국왕에 직속되어 있었으므로 그 어떤 고관도 측근의 참소로 체포되었다. 그에 따라 측근세력은 그 권력이 내각을 압도했다. 아관파천 당시 세력을 떨치고 있었던 측근은 이용익 외에도 김홍륙·홍종우·이유인 등이 있었다.[33] 이용익은 의정부대신들과 자주 충돌했다. 그 과정에서 법부대신 조병직은 1897년 4월 농상공부대신 이윤용을 무고했다는 혐의를 적용하여 이용익을 유형 10년형에 처하게 했다. 그럼에도 불구하고 고종은 이용익을 신임했다. 고종은 황제에 오른 직후인 11월 이용익을 탁지부 전환국장에 임명했다. 또 고종은 12월 이용익에게 각 도, 각 군의 금·은·동·철·석탄의 광산 사무를 감독할 것을 지시했으며, 1898년 7월에는 그를 철도사 감독에 임명했다.

이용익은 황제권을 옹호했으므로 황제권을 축소시키려던 독립협회와 격렬하게 대립했다. 이용익은 독립협회의 탄압에 앞장섰고, 독립협회는 이용익을 재판소에 고소했다. 이용익은 독립협회 해산 직후인 1899년 1월 이유

---

33) 『일사기록』 11, 기밀제3호, 1897년 1월 20일, 222~224쪽.

인·이기동·홍종우·길영수 등과 함께 정계에 복귀하였다. 그는 이기동·길영수·이인영·현상건·이학균·민영선·김중환 등과 긴밀한 관계를 유지하였다. 독립협회 격파에 결정적인 역할을 했던 보부상 지도자 길영수는 13도에 보부상 복설을 성사시켰으며, 상무소를 상무회사로 개칭했다. 길영수는 보부상의 일부를 대한제국의 군대에 편입시켜 자신의 강력한 지지기반으로 만들었다.[34]

이용익은 1899년 8월 초대 내장원경에 취임함으로써 궁중에 세력을 확장하였다. 그는 탁지부의 관할인 전환국 사무까지 담당하여 재정권을 장악하였다.[35] 그는 12월에는 내장원 산하에 삼정과, 종목과를 신설하여 인삼, 목장 등을 총괄 운영했다.

또 내장원은 지세와 호세를 제외한 모든 분야에서 수세권을 장악하였다. 이용익은 내장원경, 광산 감독, 삼정 감독, 전환국장 등 요직을 겸직하면서 방대한 황실재산을 관리했다. 내장원의 회계는 공개되지 않았기 때문에 이용익만이 그 전모를 파악하고 있었다. 그는 스스로를 유일한 충신 내지는 황실의 창고지기로 자처했다. 그는 역둔토에서 거둔 미곡을 매각하여 상납했다. 그는 내탕금을 외국은행에 예금하거나 혹은 개항장의 상인에게 대부하여 그 수익을 황실에 충당하여 고종의 신임을 독점하였다.[36] 내장원경 이용익은 전환국장을 겸직하면서 외국 회사와 계약을 체결하고 백동화를 발행하였다.[37] 이용익은 화폐제도의 개혁과 서북 철도를 기공시키려는 목적으로 1899년 11월 미국·영국·러시아·일본 등과 차관 도입을 교섭했다.

이용익은 내장원경, 전환국장을 역임하는 등 승승장구하여 궁내부 소관

---

34) 『大韓季年史』下, 1899년 1월 4일. 1899년 3월 16일;『續陰晴史』上, 1899년 4월 19일. 무관학도생 150여 명은 길영수를 대한제국의 군대 수반으로 추대하고 군가에도 그의 이름을 삽입하였다. 『大韓季年史』下, 1899년 1월 17일.
35) 『고종시대사』, 1899년 8월 24일.
36) 『동경조일신문』 1900년 3월 27일.
37) 『황성신문』 1899년 9월 13일, 9월 21일, 11월 2일.

삼정, 각광 감독을 맡는 등 권력의 실세로 부상했다. 이용익은 내장원의 광산 관리를 총괄했으며, 은산금광, 평양탄광을 궁내부에 이속시켰다.[38] 그는 각 지역에 각광감리를 두어 채굴을 허가하고, 광산세를 징수했다.[39] 그 무렵 주한 영국공사 조던(J. N. Jordan)은 1899년 11월 외부에 은산금광을 요구했다.[40] 이용익은 은산금광채굴권은 이미 한국인 자본가에 허여하였고, 또 목하 채굴 중이라는 이유로 결단코 영국인에게 허여할 수 없다고 반대했다.[41]

이용익은 고종의 절대적인 신임으로 내정은 물론 외교 분야에까지 막강한 영향력을 행사했다. 이용익의 외교활동은 고종의 의중을 수행한 측면이 있었지만 반대로 고종의 외교정책에 상당한 영향을 주었다. 이용익의 외교노선은 중립노선으로 평가된다. 그는 러·일과 차관 도입을 교섭하기도 했다. 이용익은 러·일 사이에서 중립을 고수하여 러·일공사로부터 소외되기도 하였다. 종래 이용익을 반일적 성향이 강한 친러파로 인식하는 경향이 있으나 '일본파'라는 호칭을 들을 정도로 수차례 일본 측과 차관 도입을 협의했고,[42] 러시아의 침략적 요구를 거부했다.

한편 조병세 등 의정부대신들은 이용익의 숙청을 도모하였으며[43], 중추원도 이용익에 대한 공격을 강화했다. 중추원 의장 정낙용은 궁금숙청 차원에서 이용익을 탄핵하였다. 그는 이용익이 정부의 지시를 어기고 파원·독쇄관을 파견하여 잡세를 징수했다고 공격했다. 중추원 의관들도 이용익을 징계할 것을 건의했다. 이용익을 비호하는 북도의 선비 100여 명은 연명

38) 『황성신문』 1899년 7월 10일.
39) 이윤상, 「대한제국기 내장원의 황실재정 운영」, 249쪽.
40) 『구한국외교문서 영안 2』(고려대학교 아세아문제연구소, 1968), No.1672. 광무 3년 11월 11일; 같은 책, No.1680. 광무 3년 11월 16일.
41) 『일사기록』 14, 기밀제120호, 1899년 12월 16일, 46~47쪽.
42) 『日本外交文書』 32권, 제185호, 1899년 12월 6일; 같은 책, 제186호, 1899년 12월 13일, 318쪽.
43) 『고종실록』 권40, 광무 4년 4월 20일.

으로 법부에 의장 정낙용과 재판할 것을 청원했다.[44] 그러나 이용익은 1900
년 3월 내장원경에서 면직되었다.[45]

이용익은 의정부대신들을 견제하는 수단으로 망명자문제를 활용하였다.
그 무렵 일본에 체류 중인 망명자 안경수는 1900년 초 주한 일본공사 하야
시 곤스케(林權助)의 신변안전 보장을 받고 귀국했다. 한편 권형진도 안경
수가 귀국한 지 수개월이 지나도 신변에 이상이 없음을 확인하자 자진 귀
국했다. 그러나 그는 심한 고문을 받고 안경수가 을미사변에 가담했다고
자백하였다.[46]

이용익은 강석호 · 홍종우 · 이학균 · 민경식 · 주석면 · 이기동 · 길영수 등
황실측근파와 제휴하여 안경수를 처단하려 하였다. 그는 보부상을 동원하
여 안경수의 처단을 건의하게 하였다.[47] 결국 황실측근파인 평리원재판장
이유인, 평리원검사 장봉환, 평리원판사 이인영은 두 사람을 전격적으로 처
형하였다.

이용익을 비롯한 황실측근파가 안경수를 처형한 것은 체제수호의 목적
이 있었다. 안경수는 박영효 등과 같이 내각 중심의 입헌군주제를 지향했
던 인물이었다. 따라서 이용익은 그를 전격적으로 처형하여 입헌군주제 지
지 세력의 재기를 차단하려 했던 것이고, 여기에는 고종의 의중도 반영되
었다고 봐야 할 것이다. 원수부 · 경무청 · 평리원 등을 기반으로 하고 있었
던 황실측근파는 귀국한 망명자나 망명자의 밀사들을 체포하는 한편 망명
자와 연계된 모의를 적발해냈다. 망명자문제는 황실측근파를 강화시켰다.

일시 실각했던 이용익은 1900년 9월 정계에 복귀하였다. 이용익은 김영
준 · 민경식 · 주석면 등이 실각하자 가장 강력한 세력을 형성하였다.[48] 그

---

44) 『日省錄』 권37, 광무 4년 3월 12일; 『황성신문』 1900년 3월 12일, 3월 13일, 3월
    14일; 『고종실록』, 광무 4년 6월 2일.
45) 『황성신문』 1900년 2월 26일, 3월 14일; 『續陰晴史』 上, 광무 3년 3월 31일.
46) 『황성신문』 1900년 5월 29일.
47) 『동경조일신문』 1900년 2월 26일, 1900년 3월 2일 〈한경잡저〉.

는 고종의 각별한 신임으로 재정권을 장악했다. 이용익은 9월 자신이 책임 자인 내장원 산하에 봉세관, 공세과, 기록과를 신설하여 징세권을 총괄했으 며, 서북철도국을 신설하여 철도 부설사업을 주관했다. 그는 11월 탁지부협 판 취임을 계기로 정부 재정까지 장악하는 등 재정 관계의 실세로 부상하 였다.49) 그에 탁지부대신 조병식은 이용익의 월권을 강력히 비판했다.

이용익은 군부 · 경찰 · 사법 분야에도 관여하였다. 또 그는 고종의 절대 적인 신임을 바탕으로 경의철도 부설 · 프랑스 차관 교섭 · 양전사업 실시 · 중앙은행 창설 등 수많은 사업을 주관하여 대한제국의 대부분 사업은 그를 제외하고서는 언급할 수 없을 정도였다. 이용익은 화폐제도의 개혁과 경의 철도를 기공시키려는 목적으로 러시아, 프랑스공사의 강력한 후원과 강석 호 · 이인영 등의 지지를 받아 1901년 4월 프랑스 운남조합과 500만원의 차 관계약을 체결하였다.50) 강석호는 친미파로 활동하던 내관이었는데, 이용 익과 제휴한 것은 중립화 구상의 측면에서 이해할 필요가 있다.51) 서북철 도국 감독 이인영은 프랑스어에 능통하여 고종과 프랑스공사 사이의 통역 을 담당하는 한편 궁중과 프랑스공사관을 긴밀하게 연결시켜 1900년 이래 프랑스인을 제반 분야에 고빙시키는데 핵심적인 역할을 하고 있었다. 고종 및 이용익파가 프랑스와의 차관교섭을 신속하게 타결지은 것은 프랑스로 하여금 러 · 일간의 분쟁을 조정하고52), 나아가 프랑스를 통해 한국의 중립

48)『일사기록』 16, 기밀제53호, 1901년 5월 22일, 48쪽.

49)『上疏存案』(奎章閣 No.17232-1) 1900년 2월 15일;『일사기록』 14, 기밀제84호, 1900년 9월 15일, 377쪽.

50)『일사기록』 16, 기밀제53호, 1901년 5월 22일, 48~49쪽;『동경조일신문』 1901년 4월 20일, 〈朝鮮의 佛國借款〉, 1901년 5월 6일, 〈韓廷借款詳報〉.

51) 강석호는 내관(內官)으로 고종이 1896년 2월 11일 아관파천할 당시 시종하여 크 게 총애를 받았다. 정치적으로는 황태자 및 민씨척족과 제휴하여 엄비와는 대립 적인 위치에 있었다. 그의 대외적 성향은 친미 · 반일적이었고 러시아공사 파블 로프와도 교류하였다. 그리고 이용익 · 이근택 · 이봉래 등과는 사안에 따라 협조 관계를 유지하였다.

52)『일사기록』 16, 기밀제53호, 1901년 5월 22일, 49쪽. 이인영은 이속 출신으로서 프

화를 타진해 보겠다는 의도라 할 수 있다.

이용익은 프랑스 차관 도입을 시도하는 동시에 영국인 총세무사 브라운을 축출하려 하였다.[53] 이는 프랑스차관이 브라운이 관할하는 해관세를 담보로 한 때문이기도 했다. 그러나 한편으로는 이용익이 재정권을 완전 장악하려 했기 때문이었다. 그러나 영·일 공사는 이용익의 계획을 간파하고 고종에게 이용익의 면직을 요구하는 동시에 무력시위를 전개하여 이용익의 기도를 좌절시켰다.[54]

고종은 영·미·일 공사의 설득으로 프랑스 차관의 파기를 결심했다. 고종은 차관건에 대한 문책으로 1901년 5월 내각을 교체하여 서정순을 참정, 조병식을 법부대신, 김규홍을 농상공부대신, 민영소를 학부대신, 권재형을 찬정, 이지용을 육군참장에 임명했다. 새로 입각한 이들은 모두 이용익 반대파였으므로[55] 프랑스 차관은 난항을 겪게 되었다. 친일파와 친미파, 그리고 영·미·일 공사는 프랑스차관을 강력하게 반대하였다.[56] 특히 하야시 일본공사는 박제순·이지용을 통해 반대 공작을 벌였다.[57]

이용익은 프랑스 차관이 난항을 겪고 있는 가운데서도 프랑스 상인으로부터 안남미 수입계약을 체결하는 등[58] 프랑스와의 친교를 지속시키려 하였다. 또 그는 강석호·이기동과 연합하여 프랑스 차관을 재차 도입하려 했지만[59], 이근택·이지용·박제순 등의 반대로 차관교섭이 진전되지 않았

랑스 공사관 요리사의 하인으로서 프랑스어를 공부하였다. 이후 프랑스공사관의 통역이 되어 고종의 총애를 얻었다. 정치적으로는 이용익과 긴밀한 관계를 유지하여 이용익이 서북철도 건설, 중앙은행 설립, 프랑스차관 도입, 국외중립선언 등을 추진할 때 적극 지지하였다.

53) 『한영외교자료집』 12, No. 14, 1901년 4월 26일, p.250.
54) K-A-R Ⅲ, No.335. 1901년 4월 24일, p.89;『동경조일신문』1901년 5월 8일,〈借款問題〉.
55) 『고종실록』광무 5년 5월 19일;『동경조일신문』1901년 5월 21일,〈韓廷大臣更迭〉.
56) K-A-R Ⅲ, No.346. 1901년 5월 11일, pp.94~96.
57) 『일사기록』16, 기밀제53호, 1901년 5월 22일, 52~53쪽.
58) 『일사기록』16, 기밀제97호, 1901년 9월 10일, 349쪽.
59) 『일사기록』17, 기밀제11호, 1902년 1월 13일, 113쪽.

다.[60) 그에 이용익·강석호는 농부협판 이기동으로 하여금 이지용·이근택이 망명자와 문서를 왕복하고 있다고 상주시켜[61] 이들을 숙청하려 하였다. 그러나 일본측은 이용익에게 고종이 추진하고 있던 망명자 교섭을 중단할 것이라고 위협하며 차관 협상을 중단하도록 압력을 가하였다.[62] 한편 이용익은 이근택의 주도로 망명자 문제가 진전되자 오오미와 쵸오베(大三輪長兵衛)와 함께 별도로 망명자 대책을 논의한 뒤 그를 도일시켜 망명자 특사 및 감형을 일본 정부와 교섭하게 하였다.[63]

3) 김영준의 활동

황실측근파는 황제권을 강화하려는 고종의 의중을 충실히 수행했다. 그 무렵 측근 중의 선두주자는 1899년 후반 핵심 실세로 부상한 김영준이었다. 김영준은 서얼 출신으로서 1897년 시종원 시종, 궁내부 외사과장을 지냈고, 1898년에는 비서원경, 경무사, 강원도 관찰사를 역임했다. 김영준은 부자들에게 혐의를 적용하여 거액을 수취하고 이를 고종에게 상납하는 방법으로 고종의 총애를 얻었다.[64] 고종이 김영준을 신임하게 된 것은 내탕금 상납 외에도, 경무사로서 망명자 체포에서 탁월한 수완을 발휘하였기 때문이었다. 김영준은 1896년 옥사로 망명했다가 귀국해 원산항에 잠입해 있던 이창렬을 체포하였다. 또 그는 이승린·이조현을 체포하여 박영효 쿠데타 모의를 적발하였다.[65]

---

60) 『일사기록』 16, 기밀제13호, 1902년 1월 15일, 96쪽.
61) 『일사기록』 17, 기밀제11호, 1902년 1월 13일, 113쪽. 이근택·이근호 형제는 1899년 경 박영효와 연계하여 모의를 획책하고 있다는 참소로 인해 고종의 총애를 상실한 바 있었다. 『日本外交文書』 32권, 기밀제52호, 1899년 6월 27일, 936~939쪽.
62) 『일사기록』 16, 기밀제5호, 1902년 1월 5일, 88~89쪽.
63) 『일사기록』 17, 기밀제135호, 1901년 12월 16일, 106쪽.
64) 『고종실록』 권 39, 광무 3년 11월 5일; 『동경조일신문』 1899년 10월 13일, 〈조선통신〉.
65) 『황성신문』 1899년 11월 6일, 11월 11일, 11월 29일; 『고종실록』 권40, 광무 4년

한편 망명자와의 연계설로 그 권력이 약화되고 있던 의정부대신들은 세력 만회를 도모하였다. 그러자 김영준은 망명자 정국이라는 일종의 공안정국을 조성하여 심상훈·민영환·민영기·민영준·유기환·이재순 등 의정부대신들을 궤멸시키고자 공작했다. 김영준은 망명자 정국 조성에 궁내부 시종 신석린을 이용했다. 당시 신석린은 주한 일본공사 하야시 곤스케와 교유하여 고종의 총애를 받고 있었다. 김영준은 신석린에게 접근을 시도했으나 실패하자 그를 제거하고자 했다. 때마침 제주도에 유배 중인 이승오가 일본으로의 탈주를 시도하다가 적발된 사건이 발생했다. 김영준은 이승오의 탈주가 이준용과 관계있다고 조작하여 신석린 등 200여 명을 용의자로 체포했다. 그에 대해 하야시가 김영준에게 체포에 신중을 기할 것을 충고할 정도였다.[66]

김영준은 신석린을 체포한 뒤 망명자와 관련된 의혹을 제기하여 민영환, 민영준 등이 이에 연루되었다고 고발하였다. 또 윤용선·심상훈·이재순·박정양·유기환·신기선·조병직·한규설 등 의정부대신들이 국왕을 구궐에 이거시키고, 의화군(義和君)을 옹립하려 했다고 조작했다. 김영준이 의정부대신들을 일거에 숙청하려 한 의도를 보여준다.[67] 고종은 항상 제위계승설에 민감하여 사실을 확인하지 않고 추궁하는 경향이 있었는데, 이를 김영준이 이용한 것이다. 이에 의정 윤용선은 김영준을 탄핵했고, 찬정 이하영, 민영소도 상소를 제출하였다.[68] 김영준은 신석린에게 망명자 안경수와 서신교환을 통해 한국의 최고 권력자가 누구인가 등을 알려주었다는 '한국사정 누설죄'를 적용했다. 결국 이 사건은 신석린의 유배로 종결되었다.[69]

12월 31일;『독립신문』 1899년 11월 2일, 12월 2일.
66) 『독립신문』 1899년 11월 17일;『大韓季年史』 1899년 11월.
67) 『일사기록』 14, 기밀제113호, 1899년 11월 16일, 35~37쪽.
68) 이 때 윤용선가에 병정 20인과 순검 10인을 보내 호위하게 했다.『황성신문』 1899년 11월 6일;『독립신문』 1899년 11월 10일.
69) 『독립신문』 1899년 11월 10일.

이 사건으로 고종은 김영준을 더욱 총애하게 되었고, 윤용선 등 의정부대신들을 멀리 했다.[70]

이상과 같이 김영준은 자신의 세력을 확고히 하기 위해 망명자 문제를 활용하였다. 김영준은 일련의 망명자 사건을 통해 측근 중에서도 최고의 실력자로 부상했다. 김영준은 1899년 하반기 한성부판윤, 경무사서리, 군부협판(육군참장), 군부대신서리에 승진했으며, 탁지부협판 주석면, 귀족원경 민영선, 법부협판 이근호, 농부협판 민경식, 원수부 참장 이학균 등과 함께 막강한 권력을 휘둘렀다.

김영준의 정계 입문은 일본공사관에의 출입이 계기가 되었다. 그는 황제의 비밀 탐정 역할을 수행했다.[71] 김영준의 외교노선은 표면상으로는 친일을 표방했으나 실제로는 러시아 공사와 교류를 하기도 하였다. 그는 일정한 외교관이 있었던 것 같지는 않다. 그는 주로 고종의 의중을 따라 대외교섭을 담당한 것으로 보여진다.

김영준은 고종의 총애로 한동안 독주를 거듭했다. 김영준의 독주에 강력하게 제동을 건 세력은 내관 강석호, 그리고 그와 제휴한 친미파였다. 고종은 러, 일의 압력을 받을 때마다 미국공사와 상의하였다. 그 때문에 친미파는 독립협회 해산 이후에도 세력을 유지할 수 있었다.[72]

친미파는 샌즈(William F. Sands)를 중심으로 뭉쳤다. 주한 미국공사관 서기관이었던 샌즈는 1899년 10월 궁내부고문에 취임했다.[73] 샌즈는 영어·프랑스어에 능통한 현상건을 수석 통역관, 영어에 능통한 고희경을 차석 통역관으로 선정하여 고종을 알현할 때 통역을 담당하게 했다. 또 샌즈는 이학균 등과도 긴밀히 접촉했다. 친미파는 샌즈의 궁내부고문 취임을 계기

---

70) 『동경조일신문』 1899년 11월 27일, 〈漢城雜姐〉.
71) 『일사기록』 14, 제113호. 1899년 11월 16일. 35~37쪽.
72) Harrington, 『개화기의 한미관계』, 일조각, 1973, 326쪽.
73) 『일사기록』 14, 1899년 10월 30일, 172쪽.

로 강력한 정치세력으로 부상하였고, 샌즈의 후원으로 급속히 세력을 신장시켜 1900년 중반에는 내각을 조종하고 외교에까지 관여했다.[74]

김영준은 친미파의 도전에 맞서 1900년 1월 쿠데타 음모사건을 조작하였다. 그 내용은 강석호가 미국공사 알렌, 궁내부 고문 샌즈, 기타 대관 십여 명과 연합하여 공화국 창립을 음모하고 있으며, 또 미국인과 결탁하여 엄귀인을 폐위하고 태상궁을 책봉하려 한다는 것이었다. 김영준은 황족 이재극에게 그 내용 전달을 부탁했다. 그러나 이재극은 그 사실을 강석호에게 밀고하였다. 알렌은 그 같은 정보를 입수하자 친미파인 이윤용, 이채연으로 하여금 김영준 배척운동을 전개하도록 권고하였다. 또 알렌은 고종에게 샌즈와 친미파의 정부 전복설에 대한 해명을 요청했다. 뒤늦게 김영준의 무고임을 알아차린 고종은 알렌에게 미국 정부에 보내는 보고서를 철회한다면 김영준을 면직시킬 것이라고 약속하였다. 그에 반해 김영준과 친밀했던 일본 공사는 그의 면직을 저지하기 위해 노력하였다.[75]

한편 의정 윤용선과 중추원 의장 정낙용 등 원로대신들은 김영준을 법률 집행이 불공정하여 민심을 격동케 하였다는 이유로 탄핵하였다.[76] 결국 고종은 2월 김영준을 면직시켰다. 김영준은 일본에 망명을 요청했지만 일본 정부는 탐관오리라는 이유로 그의 망명을 거부했다. 결국 김영준은 3월 아산으로 유배되었다.[77]

한편 박영효는 의화단사건이 확산되자 쿠데타를 기획했다. 고종은 측근을 활용하여 비상시국을 돌파하고자 했다. 그 과정에서 고종은 실각했던 김영준을 1900년 9월 평리원재판장 겸 경부협판에 임명했다.[78] 김영준은 박영효의 쿠데타 기도를 적발하였다. 이후 김영준은 법부대신서리에 취임하

74) 『東京朝日新聞』 1900년 8월 8일, 〈韓國內閣動搖〉.
75) K-A-R Ⅲ, No.229, 1900년 2월 16일, pp.166~167; 『황성신문』, 1900년 1월 29일.
76) 『日省錄』 권37, 광무 4년 3월 12일; 『황성신문』 1900년 3월 12일, 3월 13일, 3월 14일.
77) 『고종실록』 권40, 광무 4년 3월 14일; 『일사기록』 15, 1900년 7월 4일, 71~72쪽.
78) 『황성신문』 1900년 9월 1일.

는 등 내각에 진출하였고, 박제순·이건하·민병석·권재형 등 친일 성향의
각료를 후원하면서 내각을 장악하였다.[79] 김영준은 원수부 검사국총장서
리, 탁지부대신서리, 법부대신서리, 형법교정부총재 등 요직을 역임하였다.

김영준은 재차 친미파를 숙청하려 시도하였다. 그 과정에서 1900년 8월
중순에 발생한 친미파 이채연의 급서는 김영준과 연관이 있었던 것으로 알
려졌다.[80] 친미파도 김영준을 제거하려 진력하였다. 그 과정에서 11월 김
영준·이용익의 민란사주설이 유포됐다. 즉 김영준·이용익이 평안도·황
해도에서 민란을 유도하여 외국인과 기독교도를 살해하고자 정부 명령서
를 유포시켰다는 것이었다. 이에 법부대신 김영준은 평소 친분을 유지하던
러시아공사에게 결백을 호소했고, 『황성신문』에 자신은 이 사건과 무관하
다는 해명기사를 게재하게 하였다. 실제 조사한 결과 정부 명령서에 사용
된 김영준의 인장은 위조로 판명되었다. 그러나 미국공사 알렌은 이 사건
을 사실로 보고 고종에게 예방책을 강구할 것을 건의하였다. 러시아 공사
는 자신이 후원하는 이들이 연루된 데 대해 불만을 표시하였다. 고종은 정
부명령서를 폐기하도록 지시했다.[81] 김영준은 모의 조작의 주체는 강력한
측근을 제거하려는 일부 대신들이라고 단정했다. 그러나 고종은 그 사건을
일본에 피신하고 있는 망명자들의 소행으로 보고, 김영준에게 심문을 지시
했다.[82] 이 사건은 의화단사건으로 반외세 항쟁을 경계하는 분위기를 이용
하여 체일 망명자가 김영준·이용익 등 황실측근파를 제거하려는 의도에서
전개된 것으로 여겨진다. 1900년 12월 공포된 보안조례는 김영준이 체일 망

---

79) 『동경조일신문』 1901년 2월 18일, 〈朝鮮時事〉.
80) 고종은 미국공사에게 종래 일본당이 미국당을 제거하려 한다는 소문을 이야기하
   면서 이번 사건도 이와 연관이 있을 것이라고 언급하였다. K-A-R Ⅲ, No.275. 1900년
   8월 31일, pp.81~83.
81) K-A-R Ⅲ. No.300. 1900년 11월 22일, p.199; K-A-R Ⅲ, No.307. 1900년 12월 14일,
   p.201; 『황성신문』 1900년 11월 27일; 『동경조일신문』 1900년 12월 6일 〈朝鮮時事〉
82) 『러시아문서번역집』 4, 선인, 2011, 143~146쪽.

명자를 견제하려는 차원에서 그 제정에 관여한 것으로 여겨진다.[83]

김영준은 전 주한 일본공사 가토 마쓰오(加藤增雄)을 궁내부고문으로 고빙하여 샌즈를 견제하려 하였다.[84] 그 뒤에도 김영준은 친미파, 그 중에서도 강석호와 극심한 알력을 빚고 있었다. 김영준은 1901년 3월 친미파의 러시아공사관 공격설을 담고 있는 익명서사건을 조작했다. 익명서의 내용은 강석호·심상훈·민병석·민영환 등이 러시아공사관을 공격하려는 음모를 기획 중에 있다는 것이었다. 김영준은 친러파 민경식에게 익명서를 러시아공사에게 전달할 것을 부탁했다. 그는 그 계획이 여의치 않을 경우 최후의 수단으로 러시아공사관에 발포시키고 범인을 조작하여 친미파를 숙청하려 하였다. 그러나 김영준의 계획은 민경식이 익명서 사건을 고종에게 밀고하였기 때문에 수포로 돌아갔고, 김영준은 처형됐다.[85]

한편 황실측근파 사이에도 상호 견제가 심했다. 이유인은 박제순·김영준·권재형 등 친일세력이 망명자와 연결하여 황태자를 해치려는 음모를 하고 있다고 건의하여 박제순이 사의를 표명하는 등 친일 내각에 타격을 가하였다.[86]

4) 이근택의 부상

김영준이 실각한 후 그의 역할을 대신한 인물은 이근택이었다. 이근택은 1898년 독립협회운동기 박영효와 망명자들의 동향을 탐지한 공로로 경무사가 된 바 있었다.[87] 그는 친족인 일본유학생 이규승을 사주하여 이승만, 어

---

83)『동경조일신문』1900년 12월 11일,〈朝鮮時事〉;『황성신문』1900년 11월 30일.

84)『일사기록』16, 기밀제2호, 1901년 1월 6일, 284쪽; 같은 책, 기밀제30호, 1901년 3월 25일, 318쪽.

85) K-A-R Ⅲ, NO.321. 1901년 3월 12일, pp.83~84;『일사기록』16, 기밀제28호, 1901년 3월 22일, 315~317쪽.

86)『일사기록』16, 기밀제9호, 1901년 1월 18일, 295~296쪽;『동경조일신문』1900년 11월 15일,〈趙秉式의 飛躍〉, 1901년 1월 23일.

용선 등에게 혁명을 제의하게 한 뒤 이들을 역모혐의로 체포하는 등 탁월한 수완을 발휘한 바 있었다.[88] 그러나 그는 박영효와 연루되었다는 혐의를 받아 고종의 총애를 상실한 바 있었다.[89]

이지용·박제순 등은 강력한 후원자였던 김영준의 처형으로 권세가 약화되자 그 대체자를 탐색했다. 이지용·박제순 등은 이용익이 정국을 주도하자 이용익을 견제하려는 의도에서 이근택을 끌어들였다. 이근택이 정계에 복귀한 배경에는 엄비의 후원도 있었지만 그가 과거에 보여준 망명자 처리에 고종이 기대를 한 것도 작용하였다고 보여진다. 경부협판에 취임한 이근택은 엄비와 결탁하여 평리원재판장·헌병사령관에 승진하는 등 그 세력을 강화했고, 김영준처럼 이지용·박제순·권재형 등을 원조하여 정부를 조종하였다.

고종은 1901년 11월 경위원을 창설하는 등 내부 단속에 주력하였다. 경위원은 황궁의 경위·황실전복 음모의 색출에 주력하여 황제권 수호의 기반이 되었다. 또 세출도 궁내부에서 가장 많아 내부 예산을 능가할 정도였다.[90] 이근택은 경위원 총관에 취임했다. 이근택이 단시일 내에 초고속 승진을 거듭한 것은 망명자 체포에 혁혁한 공을 세웠기 때문이었다. 대한제국기 망명자는 강력한 반체제세력이었고, 측근은 망명자들의 반체제운동을 저지하기 위해 총력을 기울였다.

이근택은 이지용·박제순의 친일 외교노선을 지지하면서 이용익의 외교활동을 견제했다. 이근택은 만환교환설이 유포되자 일본의 대한정책을 탐지하기 위하여 부하를 일본에 파견하였고,[91] 일본공사가 박제순의 방일을

---

87)『일사기록』17, 기밀제4호, 1902년 1월 18일, 112쪽.

88)『日本外交文書』32권, 1899년 3월 29일, 923~924쪽;『동경조일신문』1899년 1월 26일, 〈朝鮮의 恐慌〉.

89)『日本外交文書』32권, 기밀제52호, 1899년 6월 27일, 936~939쪽.

90) 서진교,「대한제국기 고종의 황제권 강화책과 경위원」,『한국근현대사연구』9, 한국근현대사연구회, 1998.

91)『일사기록』16, 기밀제95호, 1901년 9월 6일, 343쪽.

제의하자 박제순의 방일을 적극 지원하였다.

5) 이학균의 활동

이용익이 재정을 주관하는 측근이라면, 군사를 주관하는 측근은 이학균이었다. 이학균은 중인 출신으로서 1888년 연무공원에서 미국인 교관의 조교로 근무한 바 있었다. 그는 1895년 을미사변의 현장을 목격하는 과정에서 일본을 경계한 것으로 보여진다. 그는 1897년 11월 육군참령으로서 친위대 제1연대 제2대대장에 취임하여 군부에 두각을 나타냈다. 그 직후 고종은 1898년 5월 무관학교관제를 반포하고[92] 칙임관으로 하여금 18세에서 27세 사이의 남자를 천거하게 했으며, 그 중 200명의 학생을 선발하여 7월 2일 무관학교를 개교하도록 조치했다.[93] 그 무렵 고종은 사관 육성에 큰 관심을 보였다. 즉 고종은 "나라에서 방비를 사전에 철저히 하는 것이 가장 급선무이다. 오늘이 더욱 그러하다."고 언급했다.[94] 그 직후 고종은 이학균을 무관학교 교장으로 임명하여 군 장교를 육성하는 중책을 담당하게 했다.

이학균은 1898년 7월 시위대 제1연대 제2대대장, 1899년 7월 원수부 검사국장, 8월 육군참장에 승진했다. 그 무렵 이학균은 안경수 쿠데타 모의를 적발했다. 독립협회 회장을 역임했던 안경수는 1898년 7월 경 고종이 신임하는 대신들과 합세하여 황태자 대리청정을 건의하여 내각 교체를 시도했다.[95] 안경수 쿠데타 모의는 이 사건에 박영효가 관련되어 있었고, 안경수 자신이 참여했던 갑오개혁이 군주권을 제한하려 했던 점을 고려할 때 내각

---

92) 『官報』 6, 952호, 1898년 5월 18일, 292-3쪽.
93) 『軍部來去文』, 광무 2년 5월 19일; 『奏本』 2, 281쪽.
94) 『高宗實錄』 권37, 광무 2년 7월 2일.
95) 이 사건에 연루된 바 있었던 윤효정의 진술에 의하면 안경수가 김재풍·윤효정 등과 모의하여 황제가 신임하는 대신들과 함께 황태자 대리청정을 건의하여 정계를 일신하려 한 것으로 되어 있다. 『황성신문』 1903년 12월 9일.

중심의 입헌군주제를 수립하려 한 것으로 볼 수 있다.[96] 이학균은 안경수 쿠데타 모의를 적발하여 고종의 절대적인 신임을 얻었다. 이학균은 원수부가 설치되자 원수부총장에 취임하여 군부의 실력자로 부상했다.

고종은 의화단사건이 확산되자 전국의 요충지에 진위대를 증설하는 등 군사력 증강에 진력하였다. 한편 러·일의 침략성을 강렬하게 인식하고 있던 친미파는 중립화를 추진하였고, 중립화의 전제조건을 충족시키기 위해 군사개혁을 추진했다. 자위력의 보유는 러·일 등 열강이 중립의 전제조건으로 요구했던 사항이었기 때문이었다. 친미파 중에서도 군사력 증강에 적극 관여한 인물은 이학균이었다.

이학균은 1900년 3월 원수부기록국총장에 취임하자 군사력 증강의 플랜을 작성했다. 이학균의 플랜을 적극 지지한 인물은 민영환이었다. 민영환은 1900년 3월 원수부회계국총장, 7월 군법교정총재, 8월 헌병대사령관에 취임하여 군부에 영향력을 행사하고 있었다. 따라서 이학균의 군사력 증강안은 민영환의 적극적인 지원을 받을 수 있었다. 이학균은 7월 군대 증설을 목적으로 미국으로부터 차관 도입을 추진했다. 그는 민영환·이윤용·샌즈 등과 연합해 해관세를 저당으로 하여 미국인으로부터 천만 원의 차관을 도입하려 했으나 총세무사 브라운, 러·일공사의 반대로 난관에 봉착했다.[97] 특히 일본 측은 미국 차관을 저지하기 위해 브라운과 일본으로부터의 차관 도입을 협의했다. 결국 이학균은 1900년 말 결정된 결세 인상을 기반으로 포병 2개 대대·공병 1개 중대·치중병 1개 중대·군악대·산포 2개 중대·야포 1개 중대 등의 신설을 건의하여 고종의 재가를 받았다.[98] 그는 1901년 3월 무관학교 교장에 취임하여 명실상부한 군부의 실세가 되었다. 그 뒤에

---

96) 宋京垣, 「韓末 安駉壽의 政治活動과 對外認識」, 『韓國思想史學』 8, 1997, 256쪽.
97) K-A-R Ⅲ. No.272. 1900년 8월 23일, pp.62~63; 『일사기록』 14, 기밀제94호, 1900년 9월 27일, 381~384쪽.
98) 『東京朝日新聞』 1901년 1월 6일, 〈朝鮮時事〉

도 이학균은 민영환과 함께 광산회사를 설립하고 미국인 기사를 고빙하여 광산을 경영하고자 시도했다.

이학균은 군사력 증강을 진두지휘하는 한편 러시아가 의화단 토벌을 이유로 압록강 부근의 국경지대에 침투하려 하자 이를 경계했다. 이학균은 검찰사의 자격으로 샌즈와 1901년 10월부터 1902년 2월까지 모든 국경지대를 시찰하며 공금 유용, 뇌물 수수 등 비리에 연루된 장교를 적발하여 군기를 확립했다.[99] 그리고 요새에 장교들을 파견하고 수비를 강화하는 등 필요한 조치를 취하여 러시아군의 월경을 저지했다.[100] 러시아의 북부 국경 침투는 일본의 경계심을 자극하여 일본의 출병을 초래할 수 있는 것이었다. 이는 러시아의 용암포 강점 때 일본이 민감한 반응을 보인 것을 고려할 때 명백한 것이었다. 이학균의 군사 활동은 중립화가 실현되지 않은 상황에서 열강의 출병을 막아보려는 의도가 있었다.

3. 러일개전 전후 측근의 정치 활동

1) 국내외 정세의 변동

러시아는 의화단사건을 계기로 만주를 점령한 뒤 청과의 단독협정을 추진했다. 이에 대해 영국과 일본은 러·청간의 협정 체결을 극력 반대하고 나섰다. 일본은 러시아가 러·청 단독협정을 계속 추진하자 전쟁을 검토하여 1901년 3-4월 경 전쟁발발 위기가 고조되었다. 그 뒤 러시아는 만주점령을 연장한다고 발표했다. 일본 정부는 러시아에 대항하기 위해 영국과의

---

99) 『元帥府奏本附』(奎 No.17784), 奏本 第194號, 광무 5년 12월 17일.
100) 『뮈텔 주교 일기』 Ⅲ, 1901년 10월 8일, 86쪽; 같은 책, 1902년 2월 6일, 122쪽.

동맹을 추진했다. 영·일의 협상에서 가장 중요한 것은 한국문제였다. 영국은 러시아의 반발을 우려하여 일본의 한국에서의 자유행동 요구에 부정적이었다. 그러나 영국은 일본 일각의 대러협상론에 자극을 받고 일본의 요구를 수용하여 1902년 1월 30일 제1차 영일동맹을 체결했다. 영일동맹은 영국과 일본이 러시아에 대항하려는 목적에서 체결된 것이었다.[101] 하야시 공사는 2월 12일 외부대신 박제순에게 영일동맹의 내용을 통보하면서, 한국은 조속히 일본과 비밀조약을 체결할 것을 권고했다.[102] 하야시는 영일동맹을 계기로 한국의 내정에 한층 깊숙이 개입했다. 하야시는 고종에게 반체제세력인 망명자를 포함시켜 거국내각을 조직할 것을 권고하였다.[103]

한편 러시아는 1903년 4월 한국에 삼림채벌계약에 따른 채벌사업 개시를 통보하고, 조계도 아닌 용암포에 진입하여 병참기지 구축에 착수하였다. 그리고 러시아는 채벌권 지역과는 거리가 먼 백마산성 북쪽에 위치한 의주 일대의 토지까지도 매입하기 시작하였다.[104]

일본 정부는 러시아와의 전쟁을 결정한 뒤 12월 한국 정부와 청일전쟁 때와 같은 공수동맹이나 보호적 성격의 조약을 체결할 것을 결의했다. 일본은 한일밀약을 체결하기 위해 고종이 우선적으로 해결하기를 원했던 망명자 처분에 나섰다.[105]

---

101) 영일동맹에 대해서는 申相溶, 「英日同盟과 日本의 韓國侵略」, 『露日戰爭前後 日本의 韓國侵略』, 역사학회 편, 일조각, 1986 참조.
102) 박종효 편역, 『러시아 국립문서보관소 소장 한국관련문서 요약집』, 한국국제교류재단, 2002(이하 『러시아문서 요약집』으로 약칭), 1902년 2월 14일, 99쪽; 같은 책, 1902년 2월 14일, 274쪽.
103) 『續陰晴史』 下, 광무 6년 2월 26일.
104) 김원수, 「露日戰爭의 발단과 義州 개방 문제」, 『한일관계사연구』 11, 1999, 83~84쪽.
105) 『일사기록』 18, 기밀호외 別紙, 1904년 1월 4일, 434~437쪽; 같은 책, 來電第204호, 1903년 12월 27일, 450~451쪽; 『일사기록』 21, 왕전제465호, 1903년 12월 28일, 420쪽.

1900년경의 제물포 - 러일전쟁 때 일본함대가 러시아함대를 공격한 장소

2) 이용익의 동향

　제1차 영일동맹은 대한제국의 외교는 물론 국내정치에도 중대한 영향을 주었다. 영일동맹이 체결되자 각 정치세력은 각기 그 의미를 해석하면서 긴박하게 활동을 전개하기 시작하였다. 고종은 영국·벨기에·프랑스공사를 접견하여 영일동맹의 의미를 파악하고자 하였고,106) 궁내부 시종 현상건을 영국과 일본 이외의 각국 공관에 파견하여 그 의미를 탐지하게 하고 샌즈를 불러 미국공사와 친미파의 의견을 하문했다. 강석호·이윤용·이완용·이하영·박정양·김가진 등 친미파는 샌즈와 연합하여 러·일과 일정한 거리를 두는 친미파내각을 조직하려 하였다.107)

　고종은 강력한 내정개혁 의지를 표명하여 열강의 내정간섭 소지를 배제하려 하였다. 고종은 친미파의 주장과 주한 미국공사·주한 독일공사의 의

---

106) 『日省錄』 권39, 광무 6년 2월 14일, 광무 6년 2월 17일, 광무 6년 4월 5일.
107) 『일사기록』 18, 기밀제36호, 1902년 2월 25일, 12쪽.

견을 채택하여 '중립내각'을 조직하고자 했고,[108] 그에 따라 신기선·한규설·심상훈을 각각 군부대신·법부대신·탁지부대신에 임명했다.[109]

이용익의 전횡에 분노하고 있던 탁지부대신 심상훈은 궁중·부중에 세력을 떨치고 있던 이용익을 숙청하려 하였다. 그런 가운데 일본 공사가 이용익에게 탁지부대신서리를 사직하고, 내장원경·전환국장 직위만 유지할 것을 권고하자 이용익은 탁지부 업무에서 손을 뗐다.[110] 이용익은 탁지부대신서리에서 면직되자 세력을 유지하기 위하여 전환국을 탁지부에서 독립시키고[111] 프랑스 차관의 교섭을 지속하였다.

유길준

이용익은 망명자와 독립협회 잔여세력을 숙청하여 고종의 신임을 회복하려 하였다. 그 무렵 유길준은 강석호, 이용익 등 측근을 숙청한 뒤 신정부를 수립하고자 쿠데타를 기획했다.[112] 유길준은 의화군을 추대하고 정부를 개조하려 했다.[113] 그러나 이용익은 1902년 4월 경무사로서 유길준의 쿠데타 모의를 적발한 뒤 박정양·이완용·이하영·한규설·민영소·심상훈·이윤용 등 쿠데타 연루 혐의를 받던 의정부대신들을 철저히 조사하였다.[114]

그 결과 이용익은 다시 고종의 총애를 얻게 되었다. 그는 내장원경·탁지부대신서리로서 대한제국의 재정을 총괄하는 외에 경무사·평리원재판장·시위대대장까지 겸직하여 사실상 대한제국의 2인자가 되었다. 일부 외교 사절은 그를 부황제로 호칭할 정도였다.[115] 이후 이용익은 황실범·

108)『일사기록』16, 기밀제53호, 1902년 3월 31일, 136~142쪽.
109)『高宗實錄』卷42, 광무 6년 2월 15일, 2월 16일.
110)『일사기록』18, 기밀제36호, 1902년 2월 25일, 14쪽;『동경조일신문』1902년 2월 26일,〈日英協約과 韓廷〉
111)『황성신문』1902년 2월 22일;『동경조일신문』1902년 3월 21일,〈朝鮮特電〉.
112) 尹炳喜,「일본망명시절 俞吉濬의 쿠데타음모사건」, 37~39쪽.
113)『일사기록』17, 기밀제62호, 1902년 5월 2일, 125쪽.
114) K-A-R Ⅲ, No.455, 1902년 5월 2일, p.79.

국사범 중 칙주임관을 장정에 의거하여 체포할 수 있게 하는 취지의 경무
청관제의 개정을 추진하였고[116), 그 결과 경무청제가 신설됐다. 경무청은
내부의 통제를 받지 않게 되었고, 경무사는 정부회의에 참석하여 죄인 체
포를 직접 건의할 수 있게 되었다.[117) 이용익이 경무청을 신설하려 한 것은
유길준 거사에 다수의 대신들이 연루되었기 때문에 이들을 용이하게 체포
하고자 한 것이었다. 한편으로는 정적 이근택이 경위원을 통해 세력을 확
장해 나가고 있는 것에 대한 견제책으로 보여진다.

이용익은 내정은 물론 외교에까지 관여하였다. 이용익은 외부대신이 고
종을 알현할 수 없는 상황에서 외교에 관여하여 사실상 외부대신으로 활동
했다. 청 외교관은 "이용익은 고종의 절대적인 신임으로 권력이 일국을 기
울일 정도이다. 그는 외부대신이 권한이 미약하고 황제를 자주 알현할 수
없는 데 비해, 항상 황제를 시종하고 있어 각국 사신들은 그와 접촉해야만
한다."고 언급하여 이용익이 외교에도 깊숙이 관여했다고 지적하였다.[118)

이용익은 실권을 장악하자 친미파를 제거해 나가기 시작하였다.[119) 그가
친미파를 숙청하려 한 것은 이들이 미국에의 이권 양여에 적극 협조하고[120),
내각중심의 국정운영을 주장했기 때문으로 분석된다. 그 밖에 그 자신이
과거 친미파 거두인 이채연에 의해서 실각된 것도 주요 요인으로 작용했
다. 이용익은 미국인들에 대한 적대적인 태도와는 달리 프랑스인에 대해서
는 우호적이었다. 그가 시종일관 프랑스를 신뢰한 것은 프랑스를 자신의
중립화 구상에 있어 필수불가결한 국가로 인식했기 때문이었다. 프랑스인

115) K-A-R Ⅲ, No.534, 1902년 11월 21일, pp.177~178;『일사기록』18, 기밀제144호,
    1902년 12월 5일, 130쪽.
116)『황성신문』1902년 6월 3일.
117)『황성신문』1902년 11년 17일, 11월 18일.
118)『淸季中日韓關係史料』제9권, No.3966, 광서 29년 10월 25일, 5740~5741쪽.
119) K-A-R Ⅲ, No.720, 1904년 4월 14일, pp.126~127; K-A-R Ⅲ, No.534, 1902년 11월
    21일, pp.177~178.
120) K-A-R Ⅲ, No.275, 1900년 8월 31일, pp.82.

법부고문 크레마지(Crémazy)는 법부대신·내부대신에게 한국의 중립화에 대한 국제공법상의 문제, 프랑스의 중립화정책에 대한 보고서를 제출하여 한국의 중립정책에 진전을 가져왔다. 프랑스어학교 교사 마르텔(Martel)은 한국 정부의 외교 교섭에 참여하는 한편 한국 정부의 요청으로 천진에 가서 의화단의 동정을 파악하였다.[121] 그는 중립정책에 관여하고 있던 샌즈·이학균 등과 접촉하였고,[122] 1904년 1월에는 국외중립선언을 발표하는 데 중요한 역할을 담당했다.

이용익은 친미파의 후견인인 샌즈가 북경을 방문하기 위해 출국하자 샌즈를 축출하고 벨기에인을 궁내부고문에 고빙하려 했다. 이용익은 샌즈와 빈번히 접촉하기도 했으나 샌즈의 외교활동이 성과를 거두지 못하자 그를 소외시키고 자신이 중립정책을 주도하려 한 것이다. 친미파의 일원으로 활동했던 현상건·이학균 등은 샌즈의 영향력 약화를 계기로 이용익과 제휴했다.[123] 이는 같은 황실측근이라는 정치적 입장 외에도 중립화 실현이라는 외교노선의 일치에 있었다.

고종은 의정부대신들의 국정주도 움직임으로 인해 일시 권위의 손상을 받았다. 이에 따라 고종은 황제권 강화 차원에서 황실사업을 추진하였고, 대표적인 것은 서경 공사와 칭경례식이었다. 고종은 1902년 5월 서경이 왕기가 모인 곳이라 지적하면서 충의의 기풍을 현양한다는 명목으로 평양에 서경 설치를 지시했다. 고종은 극심한 기근 상황에서도 내탕금 50만 냥을 지출하였고, 평안도 주민에게 300만 냥의 비용을 부담하게 하였으며, 황실사업에 사역하는 인민들에게 조세 감면의 혜택을 부여하였다.[124] 또 고종

---

121) 『皇城新聞』 1900년 6월 23일.
122) 『皇城新聞』 1902년 9월 30일.
123) 현상건은 미국공사의 광산 양여 요구에 대해 이용익에 보고하는 등 미국의 요청에 소극적인 자세를 보였다. 현상건은 현영운의 조카로서 중인출신이었다. 그는 프랑스어에 능통하였으며 이용익의 천거로 예식원 번역과장이 된 뒤 미국공사관에 출입하는 등 고종의 대외교섭에 중요한 역할을 수행하였다.

은 즉위 40주년을 성대하게 치를 것을 결정하였고 이를 위해 대대적으로 궁궐을 신축하게 하였다.[125] 이용익은 적극적으로 황실사업에 참여하여 고종의 신임을 얻었다. 이용익은 송성건의소 건립에 주도적 역할을 자임하였고, 정부에 거액의 예산외 지출을 제의했다.[126] 그는 각종 방면에서 거액을 조달하여 심상훈을 제치고 다시 탁지부대신이 되었다.[127]

의정부대신들을 무력화시킨 이용익은 최대의 정적인 이근택파를 숙청하기 위하여 평리원재판장직을 자원하였다. 이는 이근택·이지용 등이 매관매직의 알선자로서 지칭되었기 때문에 국고 수입의 증대라는 명분하에 공전건체 지방관을 엄격히 추궁하면 이지용·이근택파를 숙청하기가 용이하다고 보았기 때문이었다.[128] 이용익이 이근택파를 숙청하려 한 것은 명실공히 최고의 권력자가 되어 자신의 외교노선을 관철하고 재정을 관할하려 한 것으로 볼 수 있다.

3) 이근택의 동향

이용익이 유길준 쿠데타 모의사건을 조사하는 과정에서 세력을 강화하자, 이근택도 독립협회 잔여세력을 체포하여 고종의 신임을 얻으려 하였다. 이근택은 이상재·남궁억 등 10여 명의 독립협회파가 망명자와 연계하여 일본 내 조선협회의 지원을 받아 독립협회를 부활하려 했다는 혐의를 적용

---

124) 『日省錄』권39, 광무 6년 5월 1일, 광무 6년 5월 6일, 광무 6년 5월 10일, 광무 6년 5월 14일, 광무 6년 6월 10일;『續陰晴史』下, 1902년 5월 21일, 1902년 5월 14일;『고종실록』권42, 광무 6년 10월 10일.
125) 『續陰晴史』下, 1902년 9월 2일, 1902년 10월 19일.
126) 『황성신문』, 1902년 3월 25일.
127) 심상훈은 칭경비가 거액으로 탁지부와 전환국에서 그 지출을 감당하지 못하였기 때문에 여러 차례 유련의 폐를 간언하는 바람에 고종의 신임을 잃었고, 또 자금조달에 있어서 이용익에 미칠 수 없었기 때문에 탁지부대신직에서 면직되었다.『동경조일신문』1902년 8월 24일, 〈한경잡저〉.
128) K-A-R Ⅲ. No.541. 1902년 11월 26일, pp.99~100.

하여 이상재 등을 체포하였다.[129] 이근택은 조선협회를 처음부터 경계하고
있던 중 유길준사건을 계기로 그 연관성을 신문한 것이었다. 그러나 조선
협회는 독립협회세력과는 무관하였고, 여론은 이 사건을 날조된 것으로 보
고 있었다.[130] 이후에도 이근택은 망명자 중 요인인 조희연을 유인하여 체
포하려고 공작하는 등[131] 이전보다 치밀하게 망명자 문제에 접근하여 고종
의 신임을 얻으려고 하였다. 이와 같이 망명자 문제는 황실측근파가 의정
부대신을 약화시키는 데 이용되었고, 황실측근파 내부의 권력투쟁에도 활
용되었다.[132]

한편 이근택은 경위원 총관 재직 시 무고한 사람을 추궁하여 재산을 빼
앗고 매관매직을 자행하였다. 이근택을 추종하던 내부대신 이건하는 지방
관을 불법으로 임명하여 자주 물의를 빚었다.[133] 이근택은 자파를 숙청하
려는 이용익의 의중을 간파하고 평리원재판장 이용태에게 유임을 설득했
으나 실패하였다. 평리원재판장에 취임한 이용익은 지방관을 체포하여 고
문을 가하는 등 엄격하게 법을 집행하기 시작하였다. 위기의식을 느낀 이
근택파는 대응책을 모색하였고, 결국 승후운동에서 그 탈출구를 찾았다. 승

---

129) 『황성신문』 1902년 5월 1일; 『한영외교자료집』 12, No.49, 1902년 5월 8일,
    pp.321~322; 『동경조일신문』 1902년 5월 1일, 〈朝鮮特電〉.
130) 『한영외교자료집』 12, 1902년 5월 8일, pp.322~324.
131) 이근택은 고종이 조희연을 민비시해의 주범으로 지목하고 있었기 때문에 조희
    연의 부하 엄달환과 인척 이하종을 이용하여 그를 귀국시키려 하였다. 조희연
    은 이근택이 이하종을 귀국시켜 궁내관직에 임용하고 또 고종에게 자신을 변호
    한 사실을 듣고 귀국을 고려하였다. 『일사기록』 17, 기밀송제62호, 1902년 9월 23
    일, 151쪽; 『일사기록』 22, 별지 갑비 제194호, 1904년 8월 19일, 482쪽.
132) 이유인은 김영준·이용익·박제순·권재형 등이 망명자와 연결되어 황태자에게
    위해를 가할 음모를 하고 있다고 건의하였고(『일사기록』 16, 기밀제9호, 1901년
    1월 18일, 295~296쪽; 『동경조일신문』 1900년 11월 15일, 〈조병식의 비약〉 1901년
    1월 23일), 이용익·강석호·이기동도 반대파인 이근택·이지용을 제거하기 위해
    이들이 망명자와 서신을 주고받았다고 고발하였다.(『일사기록』 17, 기밀제11호,
    1902년 1월 13일, 112~113쪽)
133) 『大韓季年史』 下, 1904년 2월 21일; 『황성신문』 1902년 11월 12일, 〈論說〉.

후운동은 단순한 황후 책봉에 그치는 것이 아니라 정치세력의 판도에 심대한 영향을 줄 수 있는 고리였다. 즉 엄비를 황후로 책봉할 경우에는 엄비의 아들 영친왕이 차기 황제가 될 가능성이 있는 것이었다. 이는 황태자를 지지했던 이용익에게는 재앙이 될 수 있었다. 승후운동 추진자는 이근택·엄준원·엄주익·이남희·이봉래·구영조 등의 엄비 측근 인물과 조병식·조병세·윤용선 등 원로대신들이었다. 승후반대세력은 황태자를 지지하는 민씨척족·강석호·이용익 등이었다. 민씨척족은 을미사변 이후 그 정치적 지향을 달리해 왔으나 승후운동이 전개되자 단합된 행동을 보이면서 황태자를 지지하였다. 특히 민영준·민영소 등은 새 황후 간택을 청원하는 상소운동을 전개하였다. 이용익과 이지용도 승후에 반대했으며,[134] 원수부총장 네 명도 승후반대운동을 전개하다가 파면되었다.

이근택은 승후운동을 이용하여 이용익을 숙청하려 하였다. 그런 가운데 1902년 말 이용익이 고종을 당 고종, 엄비를 양귀비에 비유한 사건이 발생하자 이근택·엄주익·김영진 등은 조병식·조병세·심순택·윤용선·민종묵·권재형 등 의정부대신들과 연계하여 이용익을 탄핵하였다. 일본 공사도 프랑스 차관 등으로 이용익과 대립하였기 때문에 이용익의 면직을 요구하는 동시에 이근택파를 비호하였다.[135] 이에 맞서 주석면·민영선·이기동은 이용익을 비호하고자 반(反)이근택파를 결집하였다. 민씨척족도 이용익을 동정하여 이근택파가 이용익 제거를 기도하고, 영친왕 추대를 기도하고 있다는 설을 유포시켰다. 고종은 원로대신들이 황제권에 도전한다고 인식하였으므로[136] 이용익을 비호하여 그를 러시아 공사관으로 피신하게 하

---

134) 『일사기록』 18, 기밀제111호, 1902년 9월 13일, 44~48쪽; 『동경조일신문』 1902년 8월 24일, 〈韓京雜姐〉.
135) 『일사기록』 18, 기밀제144호, 1902년 12월 5일, 72~75쪽; 『일사기록』 18, 기밀제153호, 1902년 12월 22일, 80~22쪽; 『동경조일신문』 1902년 12월 3일, 〈韓廷의 內訌〉.
136) 『일사기록』 18, 기밀제149호, 1902년 12월 12일, 77~79쪽; 『동경조일신문』 1902년 12월 7일 〈조선통신〉.

였다.[137) 이후 이용익은 미곡무역 사무의 명목으로 러시아 군함을 타고 여순으로 피신하였다.[138) 이용익사건을 둘러싼 정파간 대립은 외세의 개입, 승후운동에 대한 태도 등 모든 정치적 입장이 집약된 성격을 띠었다.

이근택은 이용익 숙청에 실패하여 이 사건의 주동자로 책임을 면할 수 없게 되었으나 러시아 정부의 특사로 내한한 베베르(Karl Ivanovich de Waeber)와 결탁, 가까스로 실각을 모면하였다. 이근택은 종전 친일적인 입장을 취했으나 자신의 정치적 입지를 위해 친러파로 변신했다. 베베르는 이근택을 친러파의 영수로 전환시켜 정국을 주도하게 하려 하였다. 베베르는 1903년 1월 이용익이 돌연 귀국하자 범친러파 결속이라는 차원에서 이근택과의 화해를 도모했으나 실패하였다. 이후 이용익은 민영선·이기동 등과 연대하여 이근택의 숙청을 시도하였다.[139)

내장원경에 복직한 이용익은 중앙은행을 창설하고 금화를 발행하고자 벨기에측과 차관 도입을 교섭했다. 그에 맞서 이근택은 다른 국가로부터 차관 도입을 시도했다.[140) 한편으로 이용익은 벨기에 고문을 고빙하여 중립화의 방법을 배우고자 했다. 그러나 이용익의 중립노선은 그의 정치 생명을 위태롭게 하였다. 종전부터 이용익을 기피해 온 일본은 물론 그에게 우호적이었던 러시아도 더 이상 그를 비호하지 않자 이근택파의 공격이 가열되었다. 이근택은 이용익이 병원에 입원하자 궁중의 친러파와 결탁하여 그를 살해하려 했고, 재차 이용익의 와병설을 건의하여 내장원경·전환국 감독직을 박탈하려 하였으나 실패로 끝났다.[141) 그럼에도 불구하고 이근택

---

137) K-A-R Ⅲ. No.544. 1902년 12월 2일, pp.226~227.
138) 『日省錄』 권39, 광무 6년 12월 17일.
139) 『일사기록』 20, 기밀제38호, 1903년 2월 17일, 248~249쪽; K-A-R Ⅲ. No.567. 1903년 1월 22일, pp.229~230.
140) 『일사기록』 20. 기밀 제38호. 1903년 2월 17일, 248쪽.
141) 『러시아문서번역집』 3, 1903년 6월 5일, 201쪽; 『고종실록』 권43, 광무 7년 8월 21일; 『大韓季年史』 下, 1903년 8월 21일; 『동경조일신문』 1903년 6월 28일, 〈조선통신〉.

은 승후운동의 주도자로서 엄비의 비호를 받아 세력을 유지할 수 있었고, 이용익은 반승후운동의 주도자로서 황태자의 비호를 받아 이근택을 견제할 수 있었다.[142]

이후 이용익은 자파 세력을 강화하기 위하여 평양진위대 연대장인 길영수와 연합하였다.[143] 길영수는 보부상을 기반으로 군부에 세력을 확장하여 농상공부 상공국장, 군부참서관, 진위대 대대장, 친위대 대대장 등을 거쳐 1903년에는 한성부판윤, 원수부군무국부장에 승진했다. 그는 정치적으로 이용익과 긴밀한 관계를 유지하였다. 이용익은 길영수와 함께 경의철도 부설 사업을 추진하는 방식으로 정국을 주도하고자 시도했다.[144] 한편 이근택파인 경위원 경무국장 권종석은 이용익을 살해하려 하였고[145], 그에 맞서 이용익·길영수·이기동도 이근택을 살해하려 했다.[146]

두 세력은 정국의 주도권을 장악하기 위해 극한투쟁을 반복하였다. 황실측근파는 정국을 주도하였고, 입지를 상실한 의정부대신들은 승후운동에 참여하는 방식으로 명맥을 유지하였다. 황실측근파가 정국을 주도하는 상황에서 정계는 이용익파와 이근택파로 양분되었으며 두 세력은 권력투쟁을 전개하는 한편 대외정책에 있어서도 주도권을 장악하려 경쟁하였다.

4) 측근의 외교노선

이근택은 러·일의 대립에서 러시아를 지지하였다. 그는 군부대신의 자격으로 베베르와 밀약 체결을 협의하였다.[147] 이근택은 일본의 개전방침설

---

142) 『일사기록』 20, 기밀제107호, 1903년 6월 20일, 276~277쪽.
143) 길영수는 민영기의 천거로 관계에 진출했다. 그 뒤 그는 1898년 보부상이 독립 협회를 공격할 때 공로가 있어 중용되었다.
144) 『일사기록』 15, 친전, 1903년 7월 16일, 177~178쪽.
145) 『大韓季年史』 下, 광무 7년 8월.
146) 『황성신문』 1903년 10월 19일, 10월 21일, 10월 22일.
147) 『일사기록』 21, 왕전제150호, 1903년 6월 3일, 299쪽.

이 유포되자 고종에게 망명자들이 이 기회를 이용하여 일본 병력을 이용하여 귀국할 것이므로 러시아에 의지하여 방어책을 수립할 것을 건의하였다.[148]

한편 일본은 한국의 재정권을 장악하기 위해 1902년경부터 제일은행권을 불법 유통시켰다. 외부대신 조병식은 1903년 1월 제일은행권 유통을 합법화하려 했다. 그에 대해 이용익은 조병식을 매국노로 규탄하여 사직시켰고,[149] 이근택도 보부상을 조종하여 제일은행권 유통을 저지하려 했다.[150] 그러나 황실측근파의 전횡으로 소외되고 있던 일부 의정부대신들은 이 문제를 정권쟁탈의 기회로 이용하려 하였다. 이들은 일본이 보다 강경하게 대처하기를 기대하였다.[151] 결국 제일은행권 문제는 일본의 포함외교로 8개월 만에 일본의 의도대로 타결되었다.[152]

군함구입사건도 제일은행권문제와 유사하게 흘러갔다. 군부대신 신기선은 1903년 초 일본의 미쓰이 회사와 군함구입 계약을 체결하였다. 한국 정부는 구입한 양무호를 칭경례식에 사용하려 하였고, 일본 정부는 양무호 계약을 통해 한국 해군을 통제하려 하였다.[153] 이근택을 중심으로 하는 원수부는 일본으로부터의 군함 구입을 반대하였고[154], 이용익도 계약 취소운동을 전개하였다.[155]

---

148) 『동경조일신문』 1903년 7월 10일, 〈조선통신〉.
149) 『일사기록』 17, 기밀제13호, 1903년 1월 23일, 32~33쪽; 『일사기록』 20, 기밀제26호, 1903년 2월 2일, 241쪽.
150) 조재곤, 『고종대 보부상 조직의 변천과 역할』, 국민대학교 사학과 박사학위논문, 1997, 136쪽.
151) 『일사기록』 17, 기밀제40호, 1903년 2월 17일, 66쪽.
152) 『일사기록』 21, 왕전제52호, 1903년 2월 12일, 259~260쪽.
153) 『일사기록』 21, 왕전제16호, 1903년 1월 25일, 242쪽.
154) 『일사기록』 19, 기밀제104호, 1903년 6월 17일, 36~38쪽; 『동경조일신문』 1903년 6월 19일, 〈조선통신〉.
155) 『일사기록』 20, 기밀제26호, 1903년 2월 2일, 240~241쪽.

양무호

러시아는 1903년 4월 한국에 삼림채벌계약에 따른 채벌사업 개시를 통보
했고, 백마산성 북쪽에 자리한 의주 일대의 토지를 매입하기 시작하였다.[156]
외부대신 이도재는 5월 러시아인이 점거하고 있는 백마산성 지역은 벌목계약
에 포함되지 않는다고 하면서, 러시아인들이 용암포에서 철거할 것을 요청
하였다.[157] 외부협판 이중하도 러시아인이 용암포에서 토지를 구매하여 건
물을 축조하는 것은 국제조약에 위반된다고 주장했다.[158] 한국의 외부는
러시아의 용암포 강점을 강력히 거부한 것을 보여준다.

이용익은 고종에게 용암포의 토지는 1보라도 임대해서는 안 된다고 건의
한 데 비해,[159] 이근택은 러시아의 입장을 옹호하였다. 의정부대신들은 대

---

156) 김원수, 1999, 「露日戰爭의 발단과 義州 개방 문제」, 『한일관계사연구』 11, 83~84쪽.
157) 『일사기록』 19, 조회13호, 1903년 5월 4일, 83쪽; 같은 책, 조회14호, 1903년 5월
　　5일, 83쪽.
158) 『일사기록』 19, 1903년 5월 22일, 〈압록강안 문제에 관한 녹지〉, 105쪽.
159) 『일사기록』 19, 기밀제78호, 1903년 5월 13일, 87쪽.

체로 일본의 입장을 지지하였다.[160] 외부대신 이도재는 8월 조성협과 러시
아인 간에 체결된 용암포조차계약은 협정의 효력이 없음을 통보하였고,[161]
총세무사 브라운과 용암포 개방문제를 협의하였다.[162] 이도재 후임으로 외
부대신에 취임한 이하영은 러시아의 요구를 거부했다. 그는 이근택·이용
익 등에게 용암포 개방을 고종에게 건의할 것을 요청하였으나 성과가 없었
다.[163]

이용익은 용암포 개방은 러시아의 출병을 초래하여 한국의 안전을 위태
롭게 할 수 있다고 보아 이를 거부하였다.[164] 이근택도 이하영이 용암포 개
방을 성명하자 그를 외부대신직에서 축출하였다.[165] 이근택과 이용익은 용
암포 사건에서 명확한 외교노선의 차이를 보였다. 이용익이 시종 중립을
유지한 데 비해 이근택은 시종 러시아의 입장을 지지했다. 이근택은 베베
르의 권고로 10월 육군참령 김인수를 여순에 파견하여 극동총독에게 차병
을 요청하게 하였다. 이에 대해 이용익은 러·일간의 대립은 전적으로 청국
에 관한 것이므로 한국은 당연히 중립적 입장을 고수해야 한다고 하면서
강력히 반대하였고,[166] 유사시 프랑스공사관 등 외국공관으로 파천할 것을
건의하였다.[167]

평안감사를 사직한 뒤 중앙정계에 진출한 민영철은 일본 정부의 한일밀

---

160) 『일사기록』 19, 기밀제94호, 1903년 6월 8일, 140~141쪽.
161) 『일사기록』 19, 照覆94호, 1903년 8월 17일, 281쪽; 같은 책, 왕전제249호, 1903년
    8월 19일, 285쪽.
162) 『일사기록』 19, 왕전제254호, 1903년 8월 21일, 286~287쪽.
163) 『일사기록』 19, 왕전제357호, 1903년 10월 14일, 362쪽; 같은 책, 왕전제363호,
    1903년 10월 19일, 363쪽.
164) 『일사기록』 19, 왕전제345호, 1903년 10월 7일, 348쪽.
165) 『동경조일신문』 1903년 12월 12일 〈조선통신〉.
166) 『日本外交文書』 36권, 제349호, 1903년 10월 10일, 767쪽;『일사기록』 18, 기밀제
    171호, 1903년 10월 30일, 431~433쪽;『동경조일신문』 1903년 10월 24일, 〈조선통
    신〉, 1903년 10월 29일, 〈한정의 밀사〉.
167) 『일사기록』 18, 기밀제171호, 1903년 10월 30일, 432쪽.

약 제의에 호응하면서 이근택을 적극 회유했다.[168] 이근택은 한동안 한일
제휴론자를 적극 견제했지만 결국 한일밀약론을 수용하여 이지용, 민영철
등과 행동을 함께 했다.

주한 일본공사관측은 동맹 체결을 위해서는 이용익의 지지가 절대 필요
하다고 판단하였다. 이지용은 이용익을 끌어들이려고 공작하였고, 이용익
은 이지용과의 제휴를 거부했다. 이용익은 고종에게 한일밀약은 러시아의
반발을 초래하여 한국의 독립을 위태롭게 한다고 건의했다.[169] 강석호 · 이
학균 · 현상건 · 이인영 등 중립파도 이용익의 입장을 지지했다.[170]

이용익 등 중립파는 한일밀약 체결을 적극 저지하는 한편 중립노선을 견
지하여 주권을 지키려 했다. 중립파는 전쟁이 발발할 경우를 대비하여 적
십자를 이용하고자 했다. 즉 이들은 전쟁이 발발할 경우 적십자기를 설치
하면 교전국의 군대에 의해 국토가 유린되는 것을 예방할 수 있다고 판단
했다. 그에 따라 이용익 · 현상건은 벨기에고문, 마르텔 등 외국어학교 교사
들과 함께 궁중에 적십자사를 설치할 것을 건의하여 고종의 승인을 얻었
다.[171] 동시에 이용익 · 강석호 · 이학균 · 현상건 · 이인영은 벨기에고문 · 영
국 · 미국 · 프랑스 · 독일어학교 등 외국어교사들과 함께 국외중립선언을 준
비했고, 1904년 1월 21일 프랑스공사관의 협조를 얻어 국외중립(局外中立)
을 선언하였다. 중립선언문은 주한프랑스 대표 퐁트네(Vicomte de Fontenay)
가 작성하였고, 중국 지부 주재 프랑스부영사를 통해 각국에 발송되었
다.[172] 중립파는 중립선언이 성공적으로 발표되자 고무되었다. 내장원경
이용익은 중립선언으로 한국이 전쟁의 위험에서 탈피할 것으로 판단했

---

168) 『일사기록』 18, 극비제11호, 1903년 11월 30일, 433쪽.
169) 『일사기록』 18, 왕전제78호, 1904년 1월 24일, 472쪽.
170) 『일사기록』 18, 왕전제81호, 1904년 1월 24일, 475쪽; 『일사기록』, 왕전제83호,
    1904년 1월 25일, 476~477쪽.
171) 『일사기록』, 왕전제81호, 1904년 1월 24일, 475쪽; 『東京朝日新聞』 1904년 1월
    21일, 1904년 1월 27일, 〈朝鮮特電〉.
172) 『일사기록』 18, 왕전제80호, 1904년 1월 24일, 474쪽; 이창훈, 앞의 글, 109~112쪽.

고,[173] 한성부판윤 길영수도 러·일전쟁은 두 나라간의 문제이므로 한국은 전쟁에서 무사할 것이라고 예측했다.[174] 예식원 외무과장 고희경 역시 중립이 열강들에 의해 인정되었으므로 전쟁이 발생해도 두려울 것이 없다고 낙관했다.[175]

고종은 국외중립선언 직후 이용익을 군부대신, 원수부검사국총장, 원수부회계국총장서리에 임명하여 군부의 실권을 장악하게 했다. 이용익은 현상건과 함께 2월 초 프랑스공사관으로의 파천을 추진하는 한편 프랑스공사와 서울을 국외중립지로 하는 방안을 협의하였다.[176] 이용익은 평양진위대 사령관이자 상병대사령관인 길영수와 긴밀히 연락을 취했다. 길영수는 파천을 지원하고자 경운궁과 프랑스공사관 사이에 병력을 배치했다.[177] 그러나 프랑스공사관 파천은 일본군의 서울 진입으로 인해 무산되었다.[178]

하야시 일본 공사는 정부대신들을 설득하여 보호국적 성격을 지닌 한일의정서를 조인시키려 했다.[179] 참정 심상훈은 의정 이근명의 동의를 얻어 2월 21일 의정부회의에서 의정서 체결을 의결하려 하였다. 그러나 이용익은 러시아가 육전에서 승리할지도 모른다고 판단했으므로 일본과의 조약 체결에 반대했다. 그는 러시아가 승리할 경우 한일밀약은 한국 병탄의 구실이 될 것이라고 주장했다. 고종은 현상건·이학균 등도 동일한 취지로 건

173) McKenzie, F. A./ 신복룡 역, 1999, 『대한제국의 비극』, 집문당, 134~135쪽.
174) 『皇城新聞』 1904년 2월 13일.
175) 미국공사는 한국인들이 중립적 행동이 전쟁 중에 영토를 보전케 해줄 것이라는 오해를 갖고 있다고 인식하였다. 『한영외교자료집』 13, No.26, 1904년 2월 1일, p.428.
176) 『일사기록』 23, 왕전제104호, 1904년 2월 8일, 155쪽; 『일사기록』 23, 왕전제105호, 1904년 2월 8일, 156쪽.
177) 『일사기록』, 往電 第102號, 1904년 2월 7일, 154~155쪽; 『일사기록』, 往電 第104號, 1904년 2월 7일, 155쪽; 『東京朝日新聞』 1904년 2월 9일, 2월 10일, 2월 13일, 〈朝鮮特電〉.
178) 『동경조일신문』 1904년 2월 19일, 〈최근의 한경〉.
179) 『일사기록』 23, 왕전제177호, 1904년 2월 23일, 181쪽.

의하자 한일의정서 조인의 연기를 고려하였다. 이에 용기를 얻은 이용익은 외부대신 이지용에게 의정서의 불완전함을 역설하고, 만일 이에 조인할 경우에는 대죄인으로 처분할 것이라고 경고했다. 이지용은 후환이 두려워 조인을 거부하기로 하였으나 일본공사의 강력한 설득으로 조인에 동의했다.[180) 일본 정부는 고종이 거부했음에도 불구하고 강압적으로 2월 23일 한일의정서를 강제 체결하였다.

그 뒤 의정부대신들은 그동안 황실측근파의 별동대 역할을 수행해 온 상무사를 혁파시켰다. 그에 맞서 보부상들은 한일의정서 체결에 관여한 외부대신서리 이지용·외부참서관 구완희를 살해하려 하였다. 중추원부의장 이유인도 중추원의관들과 합동으로 이지용·구완희를 매국노로 탄핵하고 의정부대신들을 공격하였다.[181) 길영수도 친위대·시위대·평양진위대·보부상 등을 동원하여 심상훈 등 의정부대신들을 살해하려고 시도하였다. 이에 일본공사는 경계를 강화하였다.[182)

일본은 한일의정서를 체결한 직후 중립파를 가장 먼저 제거하려고 하였다. 그에 따라 일본공사는 이용익을 일본으로 납치하였다. 그에 강석호·길영수는 지방으로 은신하였으며, 현상건·이학균은 상해로 망명하였다.[183)

---

180) 『일사기록』 23, 왕전제159호, 1904년 2월 18일, 174쪽; 『일사기록』, 왕전제177호, 1904년 2월 23일, 181쪽.
181) 『고종실록』 권44, 광무 8년 2월 28일; 『일사기록』 23, 왕전제231호, 1904년 3월 3일, 197쪽; 『황성신문』 1904년 3월 3일; 『일사기록』 23, 왕전제225호, 1904년 3월 2일, 196쪽.
182) 『일사기록』 23, 왕전제248호, 1904년 3월 5일, 201~201쪽.
183) 『일사기록』 21, 1904년 3월 15일, 461쪽; 『일사기록』 23, 왕전제285호, 1904년 3월 12일, 208쪽; 『동경조일신문』 1904년 3월 13일, 1904년 3월 17일, 〈조선특전〉.

4. 맺음말

황실측근파가 정계에 진출하는 계기는 이기동·이용익·이유인·길영수 등과 같이 왕실과의 인연, 김홍륙·현상건·이학균·현영운·이인영·고희경·주석면과 같이 탁월한 외국어 구사 능력 등이었다. 황실측근파는 의정부대신들이 주로 문과를 통해서 정계에 진출한 데 비하여 황실과의 인연으로 정계에 등장했다. 이들은 명문 출신의 의정부대신들과는 달리 중인 이하의 낮은 신분출신이었다. 황실측근은 전제군주제를 추종하였기 때문에 독립협회와 대립하였고, 나아가 독립협회를 해산시키는 데 있어서도 주도적 역할을 담당하였다. 고종은 독립협회 해산 이후 황실측근파를 전면에 등장시켜 망명자 체포, 특사 외교, 황실재정 관리, 군대·경찰 장악 등을 담당하게 하였다. 황실측근파는 궁내부·원수부·평리원·내장원·경위원 등을 기반으로 고종의 황제권 강화정책을 뒷받침하였다. 나아가 고종은 황실측근파를 의정부협판직에 임용하여 의정부를 장악하였다. 황실측근파는 망명자문제 등을 이용하여 의정부대신들을 제거하려 하였다.

1897년 10월 대한제국 수립 직후 최고의 권력을 행사한 측근은 황실 재정을 관리한 이용익이었다. 평민 출신인 이용익은 황제권을 옹호했으므로 황제권을 축소시키려던 독립협회와 격렬하게 대립했다. 이용익은 독립협회 해산 직후인 1899년 1월 이유인·이기동·홍종우·길영수 등과 함께 정계에 복귀하였다.

이용익이 재정을 주관한 측근이라면, 군사를 주관한 측근은 중인 출신 이학균이었다. 고종은 이학균을 무관학교 교장으로 임명하여 군 장교를 육성하는 중책을 담당하게 했다. 이학균은 안경수 쿠데타 모의를 적발하여 고종의 절대적인 신임을 얻었으며, 원수부총장에 승진하여 군부의 실력자로 부상했다.

고종은 1899년 8월 황제권을 강화하고자 대한국국제를 반포하였다. 황실측근파는 황제권을 강화하려는 고종의 의중을 충실히 수행했다. 그 무렵 측근 중의 선두 주자는 1899년 후반 핵심 실세로 부상한 서얼 출신 김영준이었다. 고종이 김영준을 신임하게 된 것은 내탕금 상납 외에도, 경무사로서 망명자 체포에서 탁월한 수완을 발휘하였기 때문이었다. 김영준의 독주에 강력하게 제동을 건 세력은 내관 강석호, 그리고 그와 제휴한 친미파였다.

김영준과 쌍벽을 이룬 측근은 이용익이었다. 이용익은 1899년 8월 초대 내장원경에 취임함으로써 궁중에 세력을 확장하였고, 탁지부의 관할인 전환국 사무까지 담당하여 정부의 재정권을 장악하였다. 이용익은 고종의 절대적인 신임으로 내정은 물론 외교 분야에까지 막강한 영향력을 행사했다. 이용익의 외교활동은 고종의 의중을 수행한 측면이 있었지만 반대로 고종의 외교정책에 영향을 주었다. 이용익은 김영준과 마찬가지로 의정부대신들을 견제하는 수단으로 망명자문제를 활용하였다. 이용익을 비롯한 황실 측근파가 안경수를 처형한 것은 입헌군주제 지지세력의 재기를 차단하려 했기 때문이었다.

의화단은 1900년 4월 중국의 수도인 북경에 진입하는 등 급속히 세력을 확장했다. 이 사태는 동북아 정세를 급변시키는 결과를 초래하였고, 한국에도 심대한 영향을 주었다. 그 과정에서 대두한 러·일의 한국분할설에 충격을 받은 고종은 미국공사관으로의 파천을 검토했다. 고종은 의화단사건이 확산되자 전국의 요충지에 진위대를 증설하는 등 군사력 증강에 진력하였다. 한편 친미파는 중립화를 추진하였고, 중립화의 전제조건을 충족시키기 위해 군사개혁을 추진했다. 친미파 중에서도 군사력 증강에 적극 관여한 인물은 이학균이었다. 이학균은 1900년 3월 원수부기록국총장에 취임하자 군사력 증강의 플랜을 작성했다. 이학균은 군사력 증강을 진두지휘하는 한편 러시아가 의화단 토벌을 이유로 압록강 부근의 국경지대에 침투하려 하자 이를 경계했다.

고종은 측근을 활용하여 의화단사건의 비상시국을 돌파하고자 했다. 그 과정에서 고종은 실각했던 김영준을 1900년 9월 평리원재판장 겸 경부협판에 임명했고, 김영준은 박영효의 쿠데타 기도를 적발하였다.

이용익은 고종의 각별한 신임으로 한국의 재정권을 장악했다. 이용익은 9월 자신이 수장인 내장원 산하에 봉세관, 공세과, 기록과를 신설하여 징세권을 총괄했으며, 서북철도국을 신설하여 철도 부설사업을 주관했다. 그는 11월 탁지부협판 취임을 계기로 정부 재정까지 장악하는 등 재정 관계의 실세로 부상하였다.

이용익은 군부·경찰·사법 분야에도 관여하였다. 또 그는 경의철도 부설·프랑스차관 교섭·양전사업 실시·중앙은행 설립계획 등 수많은 사업을 주관하여 대한제국의 대부분 사업은 그를 제외하고서는 언급할 수 없을 정도였다. 이용익은 김영준·민경식·주석면 등이 실각하자 가장 강력한 세력을 형성하였다. 이용익은 화폐제도의 개혁과 서북 철도를 기공시키려는 목적으로 러·프 공사의 강력한 후원과 강석호·이인영 등의 지지를 받아 1901년 4월 프랑스 운남조합과 500만 원의 차관계약을 체결하였다. 이용익파가 프랑스와의 차관교섭을 신속하게 타결지은 것은 프랑스로 하여금 러·일간의 분쟁을 조정하고, 나아가 프랑스를 통해 한국의 중립화를 타진해 보겠다는 의지라 할 수 있다. 그러나 이용익의 프랑스 차관 도입은 영·미·일 공사의 강력한 반대로 무산됐다.

한편 김영준은 내각을 장악한 뒤 재차 친미파를 숙청하려 시도하였으나 수포로 돌아갔다. 김영준이 친미파와의 대립 과정에서 실각한 후 그의 역할을 대신한 인물은 이근택이었다. 이근택이 정계에 복귀한 배경에는 엄비의 후원과 그가 과거에 보여준 망명자 처리에 고종이 기대를 한 것도 작용하였다. 경부협판에 취임한 이근택은 엄비와 결탁하여 평리원재판장·헌병사령관에 승진하는 등 그 세력을 강화했고, 김영준처럼 이지용·박제순·권재형 등을 원조하여 정부를 조종하였다. 이근택은 1901년 11월에는 경위원 총관에 취임했다. 이근택이 초고속 승진을 거듭한 것은 망명자 체포에 혁혁한 공을 세웠기 때문이었다. 이근택은 이지용·박제순의 친일 외교노선을 지지하면서 이용익의 외교활동을 견제했다.

제1차 영일동맹은 대한제국의 외교는 물론 국내정치에도 중대한 영향을 주었다. 고종은 친미파의 주장과 주한 미국공사·주한 독일공사의 의견을 채택하여 신기선·한규설·심상훈을 각각 군부대신·법부대신·탁지부대신에 임명했다. 이용익은 심상훈과 일본 공사의 압력으로 탁지부대신서리에서 물러났다. 이용익은 세력을 만회하는 수단으로 망명자와 독립협회 잔여세력을 숙청하여 고종의 신임을 회복하려 하였다. 이용익은 1902년 4월 경무사로서 유길준의 쿠데타 모의를 적발한 뒤 박정양·이완용·이하영·한규설·민영소·심상훈·이윤용 등 의정부대신들을 철저히 조사하였다. 그 결과 이용익은 다시 고종의 총애를 획득했다. 그는 내장원경·탁지부대신서리로서 대한제국의 재정을 총괄하는 외에 경무사·평리원재판장·시위대 대대장까지 겸직하여 사실상 대한제국의 2인자가 되었다.

이용익은 실권을 장악하자 친미파를 제거해 나가기 시작하였다. 이용익은 친미파의 후견인인 샌즈를 축출하고 벨기에인을 궁내부고문에 고빙하려 했다. 그는 친미파의 일원으로 활동했던 현상건·이학균 등과 중립외교노선의 일치를 이유로 제휴했다. 한편 이용익은 황실사업을 적극 지원하여 고종의 신임을 얻었다. 의정부대신들을 무력화시킨 이용익은 최대의 정적인 이근택을 숙청하기 위하여 평리원재판장직을 자원하였다. 이용익이 이근택을 숙청하려 한 것은 명실공히 최고의 권력자가 되어 자신의 외교노선을 관철하고 재정을 관할하려 한 것으로 볼 수 있다.

이용익이 유길준사건을 조사하는 과정에서 세력을 강화하자, 이근택도 독립협회 잔여세력을 체포하여 고종의 신임을 얻으려 하였다. 또 이근택은 망명자 중 요인인 조희연을 유인하여 체포하려고 공작하는 등 치밀하게 망명자 문제에 접근하여 고종의 신임을 얻었다. 이와 같이 망명자문제는 황실측근파가 의정부대신을 약화시키는데 이용되었고, 황실측근파 내부의 권력투쟁에도 활용되었다.

한편 평리원재판장에 취임한 이용익은 지방관을 체포하여 고문을 가하는 등 엄격하게 법을 집행하기 시작하였다. 위기의식을 느낀 이근택파는 대응책을 모색하였고, 결국 승후운동에서 그 탈출구를 찾았다. 승후운동은 단순한 황후 책봉에 그치는 것이 아니라 정치세력의 판도에 심대한 영향을 줄 수 있는 고리였다. 승후운동 추진자는 이근택·엄준원·엄주익·이남희·이봉래·구영조 등의 엄비 측근 인물과 조병식·조병세·윤용선 등 원로대신들이었다. 승후반대세력은 황태자를 지지하는 민씨척족·강석호·이용익 등이었다. 이근택은 승후운동을 이용하여 이용익을 숙청하려 하였다. 그런 가운데 1902년 말 이용익이 고종을 당고종, 엄비를 양귀비에 비유한 사건이 발생하자 이근택·엄주익·김영진 등은 조병식·조병세·심순택·윤용선·민종묵·권재형 등 의정부대신들과 연계하여 이용익을 탄핵하였다. 그러나 고종은 확고하게 이용익을 신임했다. 이근택은 이용익의 숙청에 실패하여 이 사건의 주동자로 책임을 면할 수 없게 되었으나 러시아의 특사 베베르와 결탁, 실각을 모면하였다. 이근택은 종전 친일적인 입장을 취했으나 자신의 정치적 입지를 위해 친러파로 변신했다.

내장원경에 복직한 이용익은 중앙은행을 창설하고 금화를 발행하고자 벨기에측과 차관 도입을 교섭했다. 그에 맞서 이근택은 다른 국가로부터 차관 도입을 시도했다. 이용익은 벨기에 고문을 고빙하여 중립화의 방법을 배우고자 했다. 그러나 이용익의 중립 노선은 그의 정치 생명을 위태롭게 하였다. 종전부터 이용익을 기피해 온 일본은 물론 그에게 우호적이었던 러시아도 더 이상 그를 비호하지 않자 이근택파의 공격이 가열되었다. 이후 이용익은 자파 세력을 강화하기 위하여 평양진위대 연대장인 길영수와 연합하였다. 이용익은 길영수와 함께 경의철도 부설 사업을 추진하는 방식으로 정국을 주도하려 하였다. 황실측근파가 정국을 주도하는 상황에서 정계는 이용익파와 이근택파로 양분되었다. 두 세력은 권력투쟁을 전개하는 한편 대외정책에 있어서도 주도권을 장악하려 하였다.

일본은 한국의 재정권을 장악하기 위해 1902년경부터 제일은행권을 불법 유통시켰다. 그에 대해 이용익은 유통을 허가하려는 외부대신 조병식을 매국노로 규탄하여 사직시켰고, 이근택도 보부상을 조종하여 제일은행권 유통을 저지하려 했다. 군함구입사건도 제일은행권문제와 유사하게 흘러갔다. 군부대신 신기선은 1903년 초 일본의 미쓰이 회사와 군함구입 계약을 체결하였다. 이근택은 일본으로부터의 군함수입을 반대하였고, 이용익도 군함계약을 추진하였던 신기선을 강력하게 비판하는 한편 계약 취소운동을 전개하였다.

이근택과 이용익은 4월 발생한 용암포 사건에서 명확한 외교노선의 차이를 보였다. 이용익이 시종 중립을 유지한 데 비해 이근택은 시종 러시아의 입장을 지지했다. 이용익은 러·일간의 대립은 전적으로 청국에 관한 것이므로 한국은 당연히 중립적 입장을 고수해야 한다고 주장했다.

일본 정부는 러시아와의 전쟁을 결정한 뒤 1903년 12월 한국 정부에 대해서는 청일전쟁 때와 같은 공수동맹이나 보호적 성격의 조약을 체결할 것을 결의했다. 주한 일본공사관측은 동맹 체결을 위해서는 이용익의 지지가 절대 필요하다고 판단하였다. 이지용은 이용익을 끌어들이려고 공작하였고, 이용익은 이지용과의 제휴를 거부했다. 강석호·이학균·현상건·이인영 등 중립파도 이용익의 입장을 지지했다. 이용익 등 중립파는 한일밀약 체결을 적극 저지하는 한편 중립노선을 견지하여 주권을 지키려 했다. 이용익·강석호·이학균·현상건·이인영은 1904년 1월 21일 프랑스공사관의 협조를 얻어 국외중립을 선언하였다. 그 무렵 이용익은 군부대신, 원수부검사국총장, 원수부회계국총장서리에 취임하여 군부의 실권을 장악했다. 이용익은 현상건과 함께 2월 초 프랑스공사관으로의 파천을 추진하는 한편 프랑스공사와 서울을 국외중립지로 하는 방안을 협의하였다. 그러나 프랑스공사관 파천은 일본군의 서울 진입으로 인해 무산되었다.

　하야시 일본공사는 정부대신들을 설득하여 보호국적 성격을 지닌 한일
의정서를 조인시키려 했다. 참정 심상훈은 의정 이근명의 동의를 얻어 2월
21일 의정부회의에서 의정서를 의결하려 하였다. 그러나 이용익은 현상
건·이학균 등과 함께 러시아가 승리할 경우 한일밀약은 한국 병탄의 구실
이 될 것이라는 반대사유를 제기했다. 일본 정부는 고종이 거부했음에도
불구하고 강압적으로 2월 23일 한일의정서를 강제 체결하였다. 일본은 한
일의정서를 체결한 직후 중립파를 가장 먼저 제거하려고 하였다. 그에 따
라 일본 공사는 이용익을 일본으로 납치하였다. 그에 강석호·길영수는 지
방으로 은신하였으며, 현상건·이학균은 상해로 망명하였다.

제2장

의정부대신의 정치 활동

1. 머리말

고종은 1873년 친정 이후 정국 운영 방식은 잦은 관직이동, 하위직 관료와의 직접적 접촉, 대간의 무력화, 신권의 발언기회 축소 등을 통해 신권의 자립성 약화를 추구했다. 또 정국 운영의 주도권 행사를 위한 제도적 장치로서 '내아문체제'를 확립하고, 그를 통해 인사와 재정 및 군사권을 장악했다.[1] 고종은 부강정책을 추진하는 과정에서 통리기무아문, 통리군국사무아문, 내무부 등 부강정책추진기구에 권력을 집중시켰다. 그에 따라 의정부는 점차 정책 결정과정에서 밀리게 됐다.[2]

---

[1] 고종의 내아문체제 확립에 대해서는 은정태, 「고종친정 이후 정치체제 개혁과 정치세력의 동향」, 『한국사론』 40, 1998 참고.

[2] 1880년대 부강정책추진기구의 강화와 의정부의 약화에 대해서는 다음 저술 참고. 이미애, 「1880~1884년 부강정책추진기구와 의정부」, 『한국사론』 44, 2000; 장영숙, 「내무부 존속년간 고종의 역할과 정국 동향」, 『상명사학』 8·9, 2003; 한철호, 『한국 근대 개화파와 통치기구 연구』, 선인, 2009; 김성혜, 「고종 친정초기 차대를 통해 본 국정 운영」, 『이화사학연구』 38, 2009.

고종의 정국 운영 방식은 갑오개혁으로 심각한 도전에 직면했다. 일본 정부는 1894년 7월 23일 경복궁을 습격한 뒤 친일내각을 수립했다. 그 뒤 의정부제도가 폐지되고 내각제도가 도입되자, 내각 중심의 국정 운영을 도모하려는 의정부 대신들과 국왕 중심의 국정 운영을 고수하려는 고종의 갈등은 극심해졌다.[3] 그 과정에서 고종은 1896년 2월 아관파천을 단행하여 친일 내각을 전복시켰다. 고종은 9월 내각제도를 폐지하고 의정부를 복설했으며 총리대신을 의정으로 개칭했다. 종래 내각제도하에서 국가의 중요 정책은 내각의 의결을 거쳐야 했다. 그러나 의정부제도하에서 국왕은 자신의 의사를 관철시킬 수 있었다. 아관파천 시기 고종은 이용익 등 측근을 중용했고, 김병시 · 조병세 등 의정부 대신들은 그에 맞서 환궁을 추진했다.

고종은 1897년 10월 대한제국을 선포하며 황제의 자리에 올랐다. 내아문을 중시하는 고종의 국왕친정기구 강화 경향은 대한제국기에도 궁내부 확대 등으로 계속됐다.[4] 고종은 황제권을 강화하고자 대한국국제를 반포하는 한편[5] 황실 의례를 강화했고,[6] 국민의 충성심을 고취시키고자 장충사업과 국가 상징물을 제작했다.[7] 그리고 황제권을 제도 · 재정 · 군사적으로 뒷받침하고자 궁내부 · 내장원 · 원수부 · 경위원 등의 황실기구를 창설했다.[8]

---

3) 갑오개혁 시기 왕권 강화를 둘러싼 고종과 의정부 대신들의 갈등에 대해서는 다음 논문 참고. 왕현종, 「대한제국기 고종의 황제권 강화와 개혁 논리」, 『역사학보』 208, 2010; 김성혜, 「1890년대 고종의 통치권력 강화 논리에 대한 일고찰」, 『역사와 경계』 78, 2011; ─, 「고종시대 군주를 둘러싼 통치체제 구상에 대한 일고찰-갑오개혁기를 중심으로-」, 『정신문화연구』 120, 2010.
4) 서영희, 「1894~1904년의 정치체제 변동과 궁내부」, 『한국사론』 23, 서울대학교 국사학과, 1990.
5) 서진교, 「1899년 고종의 대한국국제 반포와 전제황제권 추구」, 『한국근현대사연구』 5, 1996.
6) 서진교, 「대한제국기 고종의 황실추숭사업과 황제권 강화의 사상적 기초」, 『한국근현대사연구』 19, 2001; 이현진, 「대한제국의 선포와 종묘 제도의 변화」, 『한국사상사학』 40, 2012; 임민혁, 「대한제국기의 국가의례」, 『대한제국』, 민속원, 2011.
7) 이민원, 「대한제국의 장충사업과 그 이념」, 『동북아 문화연구』, 2012; 목수현, 「제국이 되기 위하여」, 『대한제국과 한일관계』, 경인문화사, 2014.

고종은 황실기구에 측근을 대거 배치하여 정국을 주도했다. 그러나 공식
적으로 국정의 최고 기관은 의정부였다. 그러므로 의정부 대신들은 정국의
주도권을 장악하고자 진력했다. 그 과정에서 의정부 대신들은 황실측근들
과 격렬하게 대립했다. 그런 시각에서 대한제국의 정치사를 이해하려면 황
실측근과 의정부대신의 동향을 심층적으로 구명할 필요가 있다. 종래 대한
제국기 집권세력을 측근친위세력과 정부대신으로 구분한 선행 연구가 있
다.9) 이 연구는 측근친위세력이 고종의 의중을 개혁을 추진한 반면에 정부
대신은 측근세력에 밀려 외세에 의존하는 행태를 보였다고 지적하였다. 이
연구는 측근세력의 동향을 심층적으로 분석하여 대한제국 정치사 연구에
큰 진전을 가져왔다.

의정부 대신들과 황실측근은 사회적 배경을 달리했다. 이용이 · 김영준 ·
길영수 · 이유인 · 이인영 · 이기동 등 주요 측근은 서얼, 평민, 천민 등 낮은
신분 출신이었다. 그에 비해 의정부 대신들은 대부분 1880년대 문과, 무과
시험 합격으로 중앙정계에 진출한 높은 신분 출신이었다. 황실측근은 자신
의 낮은 신분을 극복하는 길은 황제에 대한 절대적 충성이라는 것을 인식
하였기 때문에 황제가 요구하는 망명자 체포 · 특사 외교 · 황실재정 관리 ·
군경 장악에 심혈을 기울였다. 즉 이들은 고종의 전제정치의 산물이라고
할 수 있다. 황실측근은 전제군주제를 추종하면서 망명자문제 등을 이용하
여 의정부대신들을 제거하려 하였다. 이에 의정부 중심의 국정 운영을 지
향하였던 의정부대신들은 황실측근세력과 치열한 권력투쟁을 전개해야만
하였다.

---

8) 이영호, 「대한제국시기 내장원의 외획 운영과 상업활동」, 『역사와 현실』 15, 1995;
   양상현, 「대한제국기 내장원의 광산 관리와 광산 경영」, 『역사와 현실』 27, 1998;
   서진교, 「대한제국기 고종의 황제권 강화책과 경위원」, 『한국근현대사연구』 9,
   1998; 김영수, 「대한제국 초기 고종의 정국 구상과 궁내부의 세력 변동」, 『사림』
   31, 2008; 장영숙, 「고종의 군통수권 강화시도와 무산과정 연구」, 『군사』 66, 2008.
9) 서영희, 『대한제국 정치사』, 서울대학교 출판부, 2003.

종래 대한제국의 정치세력에 관한 연구는 황실측근세력에 집중되어 의정부대신에 대한 연구는 상대적으로 희소한 편이라 할 수 있다.[10] 기존 의정부에 대한 연구는 의정부의 주요 구성원인 의정, 참정, 찬정, 참찬을 집중적으로 분석하여 의정부 연구에 큰 진전을 가져왔다고 평가된다. 그러나 기존 연구는 의정부의 권력이 약화되었다는 것에 집중한 나머지 의정부대신들의 동향 및 국정 운영론에 대해서는 거의 주목하지 않았다. 그러나 의정부대신도 국정 운영의 한 축이었다는 사실을 고려할 때 의정부대신들의 동향 및 국정 운영론에 대한 연구가 필요하다고 여겨진다. 의정부 대신들은 대한제국 수립, 독립협회 해산, 제1차 영일동맹 체결, 러일전쟁 등 격변기마다 예민한 반응을 보이면서 정국을 주도하고자 시도했다.

본 연구는 대한제국 시기 의정부대신들의 황제권 제한 시도를 구명하고자 한다. 먼저 대한제국 수립 직후 의정부대신의 황제권 제한 시도를 분석하고자 한다. 구체적으로 대한제국 수립 직후 의정부대신들은 정세 변동에 어떻게 대응했고, 어떠한 국정 운영론을 개진했는지를 검토하고자 한다. 다음으로 러·일의 개전을 전후한 시기 의정부대신들의 황제권 제한 시도를 분석하고자 한다. 구체적으로 의정부 대신들은 제1차 영일동맹과 러·일의 개전을 인지한 뒤 어떻게 대응했는지, 또 의정부대신들의 국정 운영론은 어떠했는지를 분석하고자 한다. 그 과정에서 의정부대신들이 지향한 정치체제는 어떤 것이었는지를 분석하고자 한다. 본 연구가 대한제국의 정치사 연구에 일정 부분 기여하기를 기대한다.

---

10) 오연숙·한명근, 「정책결정기구-의정부와 중추원을 중심으로」, 『대한제국기 권력기구의 성격과 운영』, 한국역사연구회, 1994; 오연숙, 「대한제국기 의정부의 운영과 위상」, 『역사와 현실』 19, 1996.

2. 대한제국 수립 직후 의정부대신의 정치 활동

1) 의정부대신의 동향

고종은 대한제국 수립 후 원수부, 경위원, 평리원 등 황제 직속기구를 신설하여 국정을 장악했다. 고종은 1898년 6월 의정부차대규칙을 공포했다.[11] 의정부차대규칙의 핵심은 황제는 매주 1회 의정 이하 각부 대신을 입대하며, 매일 각부 대신을 입대한다는 내용으로서 황제의 국정 장악을 의도한 것이었다. 그럼에도 불구하고 의정부는 공식적으로 대한제국의 최고 정무기구였다. 대한제국기 주요 의정부대신은 다음 표와 같다.

성명	신분	독립협회 해산 이전의 관력	독립협회 해산 이후의 관력
이도재 (李道宰)	문반	홍문관 부수찬(1882) 이조참의(1884) 대사성(1885) 공무아문 협판(1894) 군부대신(1895)) 외부대신(1898) 농상공부대신(1898)	의정부찬정, 외부대신서리(1899) 농상고부대신(1904)
민영환 (閔泳煥)	문반	병조판서(1888) 형조판서(1893) 이조판서(1894) 내부대신(1898)	궁내부특진관(1899) 원수부 회계국 총장(1900) 내부대신(1904)
권재형 (權在衡)	서자	참의내무부사(1894) 군국기무처의원(1894) 군부대신서리(1895) 농상공부대신(1898)	법부대신(1899) 의정부찬정(1900) 농상공부대신(1901)
조병세 (趙秉世)	문반	대사성(1877) 대사헌(1885) 이조판서(1888) 우의정(1889) 좌의정(1893) 의정(1898)	궁내부특진관(1899) 중추원의장(1902)
박정양 (朴定陽)	문반	대사성, 이조참판(1882) 형조판서, 호 조(1891) 총리대신(1895) 의정부찬정(1897) 의정부참정(1898)	양지아문총재관(1899) 궁내부 특진관(1900) 학부대신(1904)
박제순 (朴齊純)	문반	주진대원(1886) 외부협판(1895) 외부대신 (1898)	외부대신(1899) 의정부찬정(1901) 주청공사(1902) 법부대신(1904)

11)『고종실록』권37, 광무 2년 6월 10일.

조병식 (趙秉式)	문반	이조참의(1867) 이조판서(1890) 법부, 외부대신(1897)	탁지부대신(1900) 주일공사의정부 참정(1900) 외부대신서리(1902)
민영소 (閔泳韶)	문반	의정부좌참찬(1893)공조판서(1894)	양지아문총재관(1900) 학부대신(1902) 궁내부 특진관(1904)
정낙용 (鄭洛鎔)	무반	후영사(1885) 형조판서1(1887) 한성부판윤(1896)	중추원의장(1900) 궁내부 특진관(1900)
심상훈 (沈相薰)	문반	이조참의(1884) 이조판서1893) 탁지 부대신(1898)	의정부 참정(1899) 주청공사(1899) 탁지부대신(1902)
신기선 (申箕善)	문반	학부대신(1896) 중추원부의장(1898) 법부대신(1898)	내부대신 의정서리의정부 참정 (1899) 중추원의장(1900) 군부대신(1902) 의정부 참정(1904)
이하영 (李夏榮)	문반	주미공사관서기관(1887) 주일공사(1896)	의정부찬정(1899) 외부대신서리(1903)
윤용선 (尹容善)	문반	내각총리대신(1896) 의정부 참정(1898)	의정부 의정(1899) 궁내부특진관(1900)
이근명 (李根命)	문반	대사성(1880) 내부대신(1898)	궁내부특진관(1900) 의정부 의정(1903)

고종은 정국을 주도하고자 다양한 인사 방식을 구사했다. 첫째, 고종은 대신직에 해당 업무에 전문성을 갖추지 못한 인물을 임명했다. 신기선은 법부대신, 중추원 부의장, 고등재판소 재판장직을 제수받자 법률에 문외한 이라는 이유로 사의를 표명하였다.[12] 심상훈도 군부대신에 취임한 뒤 수개월간 재직했으나 업적을 남기지 못하자 군국의 대계가 없다는 이유로 사직하였다.[13] 기타 대신들도 임명되기가 무섭게 사직했다.

둘째, 고종은 대신들에게 권한을 이양하지 않았다. 그러므로 프랑스공사관은 1898년 6월 "고종은 권한 중 일부를 대신들에게 부여하지 않는다. 그러므로 가장 충성스러웠던 자들도 황제와 소원해졌다. 대신들은 책임이 큰

---

12) 『上疏存案』(규장각 No.17232-1), 1898년 7월 30일.
13) 『上疏存案』, 1898년 9월 5일.

공직에서 속속 사직하고 있으므로 현 정권도 단기에 끝날 것이다."라고 본
국 정부에 보고했다.[14]

셋째, 고종은 한 인물에게 여러 부서의 대신직을 겸임하게 했다. 그 과정
에서 경무사와 군부대신을 겸임한 민영기는 경무청 사무가 날로 번잡하여
겸직은 벅차다는 이유로 사직했다. 고종은 그의 경무사직만 면직시켜 주었
다.[15] 이도재도 농상공부대신과 외부대신서리, 비서원경을 겸직하게 되자
정부와 궁부의 요직을 수행하기가 어렵다고 호소하였다.[16] 이건하는 양지
아문, 혜민원 총재, 법규교정소, 내부대신, 규장각 학사를 겸직하였다. 그는
그 직책들을 중요한 직책이라 지적하며 면직을 건의하였으나 규장각 학사
만 면직되었다.[17] 실제 이들의 경력상 해당 업무와 연관이 없는 경우가 많
아 업무처리에 역부족인 경우가 많았다. 고종의 겸직 제수정책은 두 가지
의미를 가졌다고 보여진다. 하나는 기존의 대신들을 예우하는 제스처를 취
해 회유하려는 것이었고, 하나는 비전문가인 대신들을 임용하여 의정부의
정국 주도를 저지하려는 것이었다.

넷째, 고종은 대신들을 빈번히 교체했고, 그 결과 대신들의 재직기간이
매우 짧았다. 고종은 1898년에서 1899년 사이에 31차례나 내각을 교체하였
다.[18] 고종의 빈번한 대신 교체는 여러 가지 의도를 가졌다고 보여진다. 즉
대신들의 세력 형성을 방지하고자 하는 의도와 대신들이 전문성을 축적할
시간을 주지 않는 방식으로 국왕에 대한 발언권을 약화시키려는 의도가 깔
려 있었다고 보여진다. 고종에게 있어서 의정부는 국정의 주체가 아니라

---

14) 국사편찬위원회, 『프랑스외무부문서』8, 2009(이하 『프랑스문서』8로 약칭), 1898년
   6월 5일, 204~205쪽.
15) 『上疏存案』 1898년 4월 23일.
16) 『上疏存案』 1898년 7월 29일; 1898년 7월 30일.
17) 『上疏存案』 1898년 9월 5일.
18) 『韓國近代史에 대한 資料』(서울대학교 독일학연구소, 1992) No.32 1899년 6월 10
   일, 379~380쪽; 같은 책, No.33. 1899년 6월 10일, 381쪽; 같은 책, No.36. 1899년
   6월 20일, 384쪽.

자신의 결정을 추인하는 기구에 불과했다. 그러나 공식적으로 최고 국정기구인 의정부를 부정할 수는 없었다. 고종이 비전문가에게 대신직을 제수하고 빈번하게 교체한 이유는 스스로가 정국을 주도하려는 열망이 강했기 때문이라 보여진다. 전문성을 가진 대신들에게 해당 직책을 장기간 담당하게 하고 또 그들이 참석하는 의정부 회의를 존중하면, 영국·일본 등의 내각제로 가는 길을 열어줄 것이기 때문이었다.

의정부대신들은 고종의 황제권 강화와 의정부 무력화 정책에 대해 비판적이었다. 의정부대신들은 고종의 황제권 강화 정책에 어떻게 대응했을까. 첫째, 일부 대신들은 독립협회와 제휴했다. 독립협회는 전제군주제로는 내정개혁이 불가능하다고 인식하여 내각 중심의 정치체제를 수립하고자 하였다. 즉 중추원에 참정권을 부여하고 개혁적 내각을 조직하여 황제권을 견제하고자 했다.[19] 그 과정에서 독립협회와 대신들은 내각 중심의 정국운영에 동의한 것으로 여겨진다. 독립협회는 민영환·박정양·한규설·권재형 등으로 하여금 강력한 내각을 조직하여 국정을 담당시키려 했다.[20] 특히 미국에서 귀국한 민영환은 국정개혁의 포부를 갖고 있었다. 그는 무관학교, 일반 병사에게 단발을 지시하고, 급진적인 궁정개혁안을 제출하고자 했다.[21] 민영환은 황실의 정치 개입을 부정적으로 인식하고 있었고, 황실비의 증액에 대해서 강력하게 반대하는 입장이었다. 민영환은 의정부 예산에서 궁실비를 100만 원으로 두 배 증액하려 하자 이에 반대하여 고종의 신임을 상실하였다.[22]

민영환

---

19) 『일사기록』 12, 발제75호, 1898년 11월 8일. 511~513쪽.
20) 신용하, 『독립협회연구(상)』, 일조각, 2006, 431~432쪽.
21) 『일사기록』 12, 발제175호, 1898년 11월 8일, 511쪽; 『독립신문』 1899년 1월 19일.
22) 『동경조일신문』 1899년 2월 1일, 〈조선시사〉.

의정부대신들은 독립협회가 국정에 강력한 영향력을 행사하자 고종의 지시보다는 독립협회의 의견에 귀를 기울였다.[23] 그런 중 독립협회는 만민공동회를 개최하여 내각의 국정 주도를 핵심으로 하는 헌의6조와 홍범14조의 시행을 요구하였다. 학부대신 이도재는 왕권을 제한하는 헌의6조를 긍정적으로 보고 문서에 서명했다. 이도재는 자신이 이에 서명한 것은 장정과 다수 관계되어 실시에 적합하다고 생각했기 때문이라고 해명하였다.[24] 이도재는 황제권을 제한하고 내각의 책임을 강조하는 정치체제에 동의한 것이라고 볼 수 있다. 고종은 의정부에 헌의6조에 대해 검토할 것을 지시하기는 했지만 이를 반포할 의사는 없었다. 고종은 김병시·조병세·민영환·박정양 등 대신들이 황실측근파의 숙청을 요구하자, 이들이 입헌군주제를 추구하고 있다고 의심하며 경원시했다.[25]

한편 일본은 한국에서 내각 중심의 정치체제가 수립되기를 요구했다. 가토 주한 일본공사는 고종에게 일본식의 내각제를 운영할 것을 권고했다.[26] 의정부대신들은 그 같은 일본의 입장에 고무된 것으로 보여진다. 고종은 독립협회 운동으로 황제권이 위협을 받자 일본 대리공사에게 자문을 구하였다. 이에 일본 대리공사는 현재 한국은 무정부 상태에 가깝다고 하면서, 일국이 무정부 상태이면 주변 국가는 공법상 간섭할 권리가 있다고 경고하였다. 이어 그는 이러한 무정부 상태를 종식시키려면 한국도 유럽, 일본과 같이 황제의 신임과 인민의 여망을 반영하고 내각원이 일체가 되는 강력한 정부를 구성해야 한다고 주장했다. 나아가 그는 황제의 신임은 정부권력의 근원으로서 일단 각료로 임명하면 철저히 신임해야 한다고 하였다. 이에 고종은 박정양, 민영환이 여망이 있어 이들을 등용하려 하나 이들이 입각

---

23) 『프랑스문서』 8, 1898년 6월 30일, 209~210쪽.
24) 『上疏存案』 1898년 11월 10일.
25) 맥켄지, 『韓國의 獨立運動』, 一潮閣, 1969, 38쪽.
26) 『일사기록』 13, 기밀제36호, 1899년 5월 17일, 276~281쪽.

을 기피한다고 응답하였다.[27] 일본 공사가 고종에게 내각 중심의 국정운영을 권고한 것은 친일 성향의 내각을 조종하여 한국 침략을 용이하게 하려는 의도였다. 그리고 그 같은 일본의 의중은 갑오개혁 때 극명하게 드러난 바 있었다.

둘째, 일부 대신들은 쿠데타를 통해 고종을 축출하고자 기도했다. 독립협회 회장을 지낸 안경수는 황실측근의 전횡으로 개혁이 후퇴하고 있다고 판단했다. 그는 1898년 7월 일부 대신들과 연합하여 내각 교체를 기도했다. 그는 의화군 혹은 이준용을 추대한 뒤에 김병시·민영준·박정양 등 정파를 초월하여 내각을 조직하려고 하였다.[28] 안경수의 쿠데타 기도는 이 사건에 박영효가 관련되어 있었고, 안경수 자신이 참여했던 갑오개혁이 군주권을 제한한 정치체제였던 점을 고려할 때 내각 중심의 입헌군주제를 수립하려 한 것으로 여겨진다.[29] 그러나 황실측근 이학균은 안경수 모의를 적발했고, 안경수는 일본 공사관으로 피신했다. 쿠데타 피의자들은 대부분 독립협회 소속이었다. 고종은 이 사건과 연루된 관리 다수를 체포하도록 지시했다.[30] 또 고종은 이 사건의 연루자들과 정적 관계에 있는 조병식을 법부대신에 임명했다. 그에 맞서 독립협회는 고종에게 정부의 실정을 비판하는 상소를 제출함으로써 안경수사건에 연루된 대신들을 비호했다. 고종은 독립협회 박멸을 생각할 정도로 황제권 도전세력에 대해 부정적이었다.[31] 고종은 보수유생집단과 러시아 공사가 전제정치를 수호하려면 독립협회를 해산시켜야 한다고 건의하자 전제정치 고수의 방침을 굳혔다.[32]

27) 『일사기록』 12, 기밀제56호, 1898년 12월 13일, 457~461쪽.

28) 『일사기록』 12, 기밀제33호, 1898년 9월 19일. 426~428쪽.

29) 송경원, 앞의 논문, 256쪽.

30) 『프랑스문서』 8, 1898년 8월 16일, 215~216쪽;『한영외교자료집』 9, No.126. 1898년 7월 15일, p.95.

31) 『한영외교자료집』 9, No.128. 1898년 7월 24일, pp.96~97쪽;『일사기록』 12, 기밀제52호. 1898년 11월 23일, 447~450쪽.

32) 『일사기록』 12, 1898년 11월 22일, 453~455쪽, 〈謁見始末〉.

고종은 독립협회가 박영효를 소환하여 등용하자고 제의하고, 중추원에서
민영환·박정양·한규설·서재필·박영효·윤치호 등을 정부대신 후보로
추천하자 1898년 12월 독립협회를 강제 해산시켰다. 고종은 1899년 1월 의
정부의 인사이동을 단행했다. 그 결과 독립협회 해산 이후 출범한 의정부
에는 참정 심상훈, 법부대신 유기환, 탁지부대신 민영기, 학부대신 신기선,
내부대신 서리 민병한, 군부대신 민병석이 입각했다. 심상훈 내각은 의정부
중심의 정국운영을 시도하였다. 심상훈은 각부 대신들은 해당 부서에서 매
일 시무하고, 별도의 예산을 편성하여 각 부 관청을 건축할 것을 지시하였
다. 신기선도 의정의 한 마디는 국가의 안위를 좌우할 수 있는 것이라 주장
하며 의정부의 중요성을 강조했다.『독립신문』도 지금은 외세의 간섭이 없
는 때이므로 크게 개혁할 때라고 지적하며 의정부 중심론을 지지하였다.[33]

2) 의정부대신의 국정운영론

그렇다면 의정부대신들은 어떠한 방식의 국정운영을 추구했을까. 첫째,
의정부대신들은 고종에게 의정 및 대신들에게 실권을 부여할 것을 촉구했
다. 갑오개혁 때 군부대신서리를 지낸바 있던 참찬 권재형은 "수상은 잠깐
재임했다가 빨리 해임되고, 재상은 아침에 고했다가 저녁에 교체되고 있습
니다. 1인이 하루도 편히 자리에 있기 어려워 미래가 어둡습니다. 국가의
근본인 정부가 요동치면 정령을 시행하기가 곤란하여 국가의 국가됨을 기
대할 수 없습니다. 금일 국세가 위태한 이유는 정부 대신들이 모두 그 책임
을 말하지 않기 때문입니다"라고 주장하면서 고종의 의정부 소외정책을 비
판하였다.[34] 학부대신 이도재도 현인을 등용한 후 오래 기용하면 민심이
감복하고 국가 기강이 완비될 것이라고 지적하며[35] 전문성을 가진 인물에

---

33)『독립신문』1899년 1월 10일, 2월 28일;『上疏存案』1899년 3월 22일.
34)『上疏存案』1898년 10월 18일.

게 해당 직책을 장기간 담당시킬 것을 건의했다.

의정 조병세도 고종이 의정부를 국정에서 소외시키고 있다고 비판하였다. 그는 한 사람의 좋은 정승을 얻으면 국가의 체면이 저절로 높아지고 여러 사람들이 스스로 복종하는 법이라고 주장했다. 그는 중요한 의정직을 오랫동안 공석으로 놔둔 것은 황제가 의정을 무시하는 증거라고 지적하였다. 또 그는 고종이 의정부를 무시하니 외국에서는 한국에는 정부가 없는 것으로 간주한다고 주장했다. 그는 정부가 없으면 외국이 업신여기어 국권을 수호할 수 없을 것이라고 지적하였다.[36] 조병세는 얼마 지나지 않아 의정직을 사직했고, 다른 대신들도 권한이 없는 대신직을 기피했다.

『독립신문』은 고종의 인사정책을 비판했다. 『독립신문』은 외국의 경우 대신들은 장기간의 재직으로 사무에 숙달한데 비해 한국은 대신, 협판을 주막의 나그네처럼 1년에 수차례 교체시켜 사무를 학습할 시간을 주지 않는다고 지적했다. 그러면서 『독립신문』은 외국인은 한국 정부를 불신하고 있다고 비판했다.[37]

고종은 1899년 7월 일종의 입법기관인 법규교정소를 설치했다. 법규교정소는 8월 17일 일종의 헌법인 대한국국제를 반포하였다. 대한국국제는 대한제국이 전제정치국가로서 황제는 법률제정권, 육해군 통솔권, 계엄 · 해엄령 선포권, 관료임면권, 전쟁 · 강화선포권 등 무한한 권력을 소유한다고 규정하였다. 특히 대한국국제의 제7조는 황제는 행정 각부의 관제를 제정 혹은 개정할 수 있으며 행정상 필요한 각 항목을 칙명으로 공포할 수 있다고 규정했고, 제8조는 황제는 문무관의 출척, 임면을 행할 수 있다고 규정했다.[38] 고종은 대한국국제 제정을 통해 의정부를 비롯한 관리에 대한 통

---

35) 『上疏存案』 1898년 11월 12일.
36) 『고종실록』 권38, 광무 2년 11월 24일, 11월 30일.
37) 『독립신문』 1898년 5월 31일, 〈외국 사람의 의견〉.
38) 『고종실록』 권39, 광무 3년 8월 17일.

제권을 합법적으로 행사할 수 있게 됐다.[39]

고종은 대한국국제를 반포를 계기로 친정을 더욱 강화하였다. 그에 따라 의정부는 1899년 후반기부터는 활동이 침체되어 국정운영 기구로서의 역할을 할 수 없게 되었다. 의정부는 탁지부 청의의 예산 외 지출, 주임관 인사, 법률 개정, 외국인 고빙 등을 승인하는 역할에 그쳤다.[40] 고종은 의정부의 수장인 의정에게 주로 황실의 의식을 맡겼다.[41] 그에 대해 의정 윤용선은 건강상의 이유를 대며 계속 사직 상소를 제출한 결과, 의정직은 반년 이상 공석으로 방치되었다.[42] 외부대신의 경우 실권이 없어 외교에 거의 영향력을 행사하지 못하는 형식적인 존재에 불과했다.

이 같은 고종의 의정부 소외정책에 대해 가장 강력하게 반발했던 사람은 1880년대 이래 좌의정 등 요직을 역임했던 조병세였다. 조병세는 황실측근파가 정국의 주도권을 장악하자 의정 윤용선과 함께 1900년 4월 고종을 면담한 석상에서 정국 운영의 주체문제에 대해 토론했다.

> 조병세: 조정의 지시는 3일을 가지 못하고 의정이 권한 없음은 이전보
> 다 심합니다.
> 고 종: 의정은 실권이 없다. 이는 각부의 대신들이 모두 권한이 있어서
> 각자 자기 의견을 주장하기 때문이다. 구미 각국에서도 대신들
> 이 총리를 존경하는 것이 이전과는 다르다. 속관들도 대신들에
> 게 복종하고 있어서 대신이 문서를 점검할 때는 속관들은 공손
> 히 서서 물러가지 않는다. 그리고 지금 세계는 황실과 국가의
> 구분이 명확하며 대신의 권한이 강화되어 수상의 지위는 약화
> 되고 있다.

---

39) 대한국국제의 특성에 대해서는 서진교, 「대한제국기 고종의 대한국국제 반포와 전제황제권 추구」, 『한국근현대사연구』 5, 1996 참고.
40) 오연숙, 앞의 논문, 66쪽.
41) 오연숙, 앞의 논문, 53~54쪽.
42) 『고종실록』 권40, 광무 4년 3월 12일, 8월 9일; 『고종실록』 권41, 광무 5년 9월 27일, 10월 10일.

조병세: 국왕이 의정을 신임하여 그의 말을 그대로 따르고 그 권리를 보
　　　 장해야 합니다. 지금 아주 낮은 벼슬도 왕의 처분을 받지 못하
　　　 면 임명하지 못합니다. 이는 왕을 피곤하게 하여 잘 선발하지
　　　 못할 것이 분명하니 의정에 일임하는 것이 옳습니다.
고　종: 근년에 황실과 국가의 구분이 더욱 명확해지고 있다. 각부에서
　　　 도 권리의 자유를 주장하면서 서로 침범하지 않고 있고 의정의
　　　 간섭을 허용하지 않고 있다.
조병세: 그렇다면 참정 한 사람으로도 충분한데 의정이 무슨 소용이 있
　　　 겠습니까. 있어도 쓸데없을 바에는 없애는 것이 옳습니다. 만일
　　　 의정을 그대로 두려고 하면 의정에게 전적으로 책임지워 일을
　　　 맡기어 그 직책에 힘쓰도록 해야 합니다. 한갓 의식이나 맡기어
　　　 의장과 기물을 다루는데 분주히 돌아다니게 하여 수고스럽게
　　　 해서는 안 됩니다. 또 지금은 의정의 권위가 없어서 지난날 하
　　　 나의 감역만도 못합니다. 의정에게 정치를 전임시키고, 의정부
　　　 를 정치의 중심으로 한다면 외침은 두려울 것이 없습니다.
고　종: 의정부에 녹사를 한 명 더 둘 것이다.[43]

　조병세는 김병시와 더불어 대한제국의 정치가 중에서 고종에게 직언을
자주 행하였던 인물이었다. 그 때문에 고종은 그를 가장 경원시했다. 조병
세는 고종에게 의정의 관리인사권을 부여해야 한다고 직언했다. 이에 대해
고종은 외국의 예를 들면서 거부했다. 조병세는 고종에게 의정의 권한을
인정할 것을 강조하였으나 고종은 의정부는 반드시 회의를 열어야 한다고
반복할 뿐이었다.[44]
　전권공사 유기환은 의정부의 무력화에 대해 윤용선 이하 의정부대신들
을 직무 유기로 탄핵하였다. 유기환은 의정부의 무력화가 대신들의 책임만
은 아니라는 것을 잘 알고 있었을 것으로 여겨진다. 그러나 그는 고종을 직
접 비판하기가 곤란하였고, 또 대신들의 방관이 고종의 국정 관여를 더욱

---

43)『承政院日記』1900년 4월 20일.
44)『고종실록』권40, 광무 4년 6월 4일.

강화시켜 준다고 판단하여 이러한 행동을 한 것이라 보여진다. 이에 대해 고종은 유기환의 상소문을 기각시킨 뒤 그를 유배형에 처했다.[45] 그것은 고종이 의정 및 대신들에게 실권을 부여할 의사가 없다는 것을 의미했다.

둘째, 의정부대신들은 탁지부의 재정권 주관을 위하여 내장원의 폐지를 추진했다. 고종은 1899년 8월 내장사를 내장원으로 개칭하고 증원하여 그 위상을 격상시켰다. 초대 내장원경 이용익은 탁지부의 관할인 전환국 사무까지 담당하는 등 세력을 강화했다. 내장원은 작인, 사음에 대한 감독 강화, 도조, 도전의 인상, 대전납의 철회와 본곡 수납의 강제, 타조의 실시, 결세의 작인 전가, 거납 작인에 대한 처벌 강화 등의 방식으로 지주 경영을 강화하여 농민들의 항쟁이 빈발하였다.[46] 의정부 소속의 각종 재원이 궁내부와 내장원으로 이관된 후 정부 재정은 더욱 악화되어 갔다.

조병세는 내장원에서 정부 소속의 재원을 급속도로 이관시키는 현실을 비판했다. 조병세는 고종에게 "부세는 탁지부의 관할하에 전적으로 넘기어 지출하게 해야 합니다. 내장원은 인민에게 여러 가지 조세를 독촉하여 극심한 부담을 주고 있으므로 빨리 폐지해야 합니다. 내장원이 철폐되어야 국가의 재정이 이원화되지 않습니다. 아울러 국가 보전을 위하는 유일한 길은 궁금 숙청뿐입니다"라는 의견을 피력했다. 이에 대해 고종은 내부로 하여금 훈령을 내려 철수하게 하였는데 이행되지 않는다는 지적에 반신반의하였다.[47] 조병세는 이러한 모든 일이 측근 이용익에 의해 자행되는 것이라 판단하고 궁금 숙청을 주장했다. 의정부대신들은 내장원에 의한 재정 관리를 반대했으며, 탁지부의 재정 관리를 역설했다. 의정부대신들은 내장원 소속의 각종 재원을 의정부로 이관시켜 의정부 중심의 국정운영의 기반

---

45) 『고종실록』 권40, 광무 4년 8월 4일.
46) 김도형, 「대한제국의 개혁사업과 농민층동향」, 『한국사연구』 41, 한국사연구회, 1983, 111쪽.
47) 『고종실록』 권40, 광무 4년 4월 20일.

으로 삼으려 했다. 홍종우도 그 같은 주장을 지지했다. 그는 내장원이 궁내부에서 분리된 뒤 더욱 비대해진 결과 잡세의 온상지가 되고 있다고 비판했다. 그는 고종에게 잡세를 모두 폐지하고 모든 조세는 탁지부에서 전담하게 해야 한다고 건의하였다.[48]

셋째, 의정부대신들은 황실의 매관매직 관행을 청산하고자 시도했다. 당시 지방관 인사는 내부대신의 소관이었는데, 황실은 조종하기 쉬운 인물을 내부대신직에 배치했다. 이 무렵 유력한 황실 인사는 궁중에 세력을 형성하고 있던 엄귀인이었다.[49] 내부대신서리 민병한은 엄귀인의 지시로 수십 개의 군수직을 교체하려 하였으나 정부 내 반대로 보류했다. 민병한의 집은 군수직을 구매하려는 양반들로 장시를 이룰 정도였다. 민병한이 재차 원래의 주본을 제출하자 참정 심상훈은 강력히 반대했다. 심상훈은 1899년 3월 고종에게 임기가 끝나지 않은 군수를 교체한 것이 110여 군에 이른다고 지적하며, 민병한이 제출한 군수주본을 시행하지 말 것을 건의하였다. 심상훈이 민병한을 탄핵하자 대신들 중 민영기·박제순·유기환·민병석이 이에 동조했다.[50] 고종은 대신들의 태도가 황제권을 위협한다고 간주했다. 그에 따라 고종은 재가된 주본을 임의로 유치시켰다는 이유로 문책 인사를 단행했다. 그 결과 심상훈은 15년 유배형에 처해졌고, 박제순 등 다른 대신들은 파면됐다.[51] 결국 심상훈 내각은 출범한지 얼마 되지 않아 와해됐다.

그 뒤에도 매직은 근절되지 않았다. 그 결과 주임관, 판임관 시험과 임명 규칙은 시행되지 않았다.[52] 궁내부 특진관 민영주는 8월 내부대신 이건하에게 황제의 지시라 사칭하고 군수주본을 작성하게 하였다. 민영주는 한직

---

48)『황성신문』1900년 10월 2일.
49)『고종실록』권39, 광무 3년 3월 21일;『일사기록』13, 기밀제19호, 1899년 3월 28일, 238~239쪽;『동경조일신문』1899년 4월 6일, 4월 16일, 4월 24일.
50)『독립신문』1899년 3월 20일;『고종실록』권39, 광무 3년 3월 21일;『일사기록』13, 기밀제19호, 1899년 3월 28일, 238~239쪽.
51)『독립신문』1899년 3월 16일.
52)『고종실록』권39, 광무 3년 7월 18일.

에 있었으나 1899년 6월 투탄사건 당시 고종을 호위한 공로로 일약 고종의 총애를 받은 인물이었다.[53] 의정 윤용선은 민영주의 군수주본에 대해 고종에게 "국가의 정사는 수령 선택이 중요한데 100여 자리를 한꺼번에 주본한 것은 장정을 어긴 것일 뿐만 아니라 의정부를 무력화시킨 것입니다."라고 지적하며 강력히 반발하였다. 결국 고종도 그 건의를 수용하여 민영주와 이건하의 파면을 지시하였다.[54] 의정부대신들이 황실의 매직을 강력히 저지한 것은 지방관을 의정부 중심의 국정 운영에 핵심적인 요소로 보았기 때문이었다. 즉 지방관은 의정부대신들의 국정 운영을 집행하는 중요한 직책이었다.

넷째, 의정부대신들은 의정부-관찰사-군수의 행정계통을 통해 국정을 운영하고자 했다. 그러므로 의정부대신들은 지방관의 권한을 강화하고자 했다. 이도재는 갑오개혁 때 관찰사, 군수의 군사권, 사법권이 박탈된 뒤 민인이 지방관을 두려워하지 않아 왕명이 집행되지 않는다고 개탄하였다. 이도재는 이에 대한 대안으로 고종에게 관찰사가 왕에게 직접 장계를 올리던 구제의 부활을 건의하였다. 조병세도 관찰사와 군수를 잘 선발하면 민심이 안정되어 국가가 평안해진다고 인식했다. 조병세는 전주관찰사 조한국의 선정으로 전주의 민심이 안정되었다고 지적하면서, 그에게 민을 구제하는 대책을 물어야 한다고 건의하였다.[55]

다섯째, 의정부대신들은 황실의 특파관리 관행을 반대했다. 특파관리는 지방관의 조세징수와 업무가 중복되었고, 황실을 배경으로 했으므로 그 권력이 지방관을 압도했다.[56] 특히 시찰관은 지방관의 조세 징수업무에 간섭

---

53) 『독립신문』 1899년 8월 12일; 『동경조일신문』 1899년 6월 23일, 〈경성통신〉.
54) 『독립신문』 1899년 8월 8일, 8월 15일; 『고종실록』 권39, 광무 3년 8월 6일.
55) 『고종실록』 권40, 광무 4년 8월 1일; 『고종실록』 권41, 광무 5년 9월 27일.
56) 파원이 군에 내려가서 해군 군수가 차정한 각 면 집강들을 모두 교체하고 임의로 타인을 차정하고 호포전을 해군에는 납부하지 못하게 하여 행정권을 행사하기도 했다. 『독립신문』 1899년 5월 3일.

함과 동시에 대민 수탈을 자행하였다. 의정부-관찰사-군수의 지방행정체계를 제대로 작동하지 못하게 한 것은 매관매직 외에도 특파관리의 존재 때문이었다. 황실은 정부 파견의 지방관과는 별도의 관리를 파견하는 방식으로 국정에 개입했다. 대표적인 특파관리는 시찰관이었다. 시찰관은 원래 내부 소속으로서 지방행정을 감찰하는 관직이었다. 13도에 파견된 시찰관은 군수들의 장부와 신구 미납 공전을 전권으로 관리하는 등 막강한 권한을 행사하였다. 그 때문에 시찰관은 봉급이 지급되지 않았는데도 불구하고 매직의 대상이었다.[57]

의정 윤용선은 1899년 6월 고종에게 "시찰관 임명은 내부를 거치지 않고 명령은 의정부를 거치지 않습니다. 그 결과 관리와 민인들은 시찰관들을 두려워하게 되었고, 수령이나 관찰사의 직무는 그저 형식적인 것이 되어버렸습니다"라고 지적하며 시찰관 등을 속히 소환할 것을 건의하여 고종의 승인을 얻어냈다.[58] 윤용선은 시찰관이 의정부와는 무관하게 파견된 결과, 의정부 휘하의 관찰사와 군수를 무력화시킨 것을 비판했다.

내장원에서도 특파관리의 파견이 있었다. 즉 내장원은 조세 독려, 잡세 징수 등을 이유로 의정부와 협의 없이 특파 관리를 파견했다. 내장원은 갑오개혁기 폐지된 바 있었던 잡세를 부활하는 한편 새로운 세원을 발굴하여 징수했다.[59] 내장원은 독쇄관, 위원, 파원을 파견하여 잡세를 징수했다. 의정 윤용선은 1900년 3월 허다한 명목의 특파관리는 폐단에 폐단을 더하는 것이므로 모두 폐지하여야 민심이 안정될 것이라고 건의하였다. 그는 이들이 파견되는 주요 이유가 잡세의 징수에 있으므로 무명잡세를 폐지하고, 조세감독권을 탁지부에 전담시켜야 한다고 건의하였다. 중추원 의장 정낙

---

57) 같은 특파관리인 어사도 매직의 대상이 되고 있었다. 『독립신문』 1899년 3월 15일, 3월 30일, 4월 15일, 4월 17일.
58) 『고종실록』 권39, 광무 3년 6월 29일, 7월 3일.
59) 이윤상, 「대한제국기 내장원의 황실재원 운영」, 254~255쪽.

용도 별도로 관리를 파견하여 광산, 물산, 둔전세 등에 대해 징세하는 것은 국가를 좀먹고 민을 피곤하게 한다고 비판하였다.[60]

조병세도 고종을 알현하는 자리에서 "파원들이 황제의 지시에 핑계대고 못하는 짓이 없어 죄 없는 국민들만 그 피해를 입습니다."라고 비판하였다. 동석했던 심순택도 지방의 각 면에는 파원이 없는 곳이 없다고 지적하면서 조병세의 의견에 동조하였다.[61] 그 뒤 윤용선은 6월 준원전의 화상을 안치하기 위하여 북도에 갔다가 특파관리 문제가 여전한 것을 간파했다. 그는 서울로 돌아온 뒤 고종에게 "이전에 지시한 파원, 위원, 독쇄관 소환령이 이행되기는커녕 도리어 이들에 의해 잡세가 남징되어 민원이 빈발하고 있습니다. 신도 정부의 지시가 집행되지 않는 사태를 어쩔 수 없습니다. 이들이 계속 조세를 징수한다면 관찰사와 군수는 무엇 때문에 파견한 것입니까"라고 토로하였다. 그에 대해 고종은 이들을 모두 폐지할 것을 약속하였다.[62]

고종은 의화단사건이 확산되는 과정에서 민란을 우려했기 때문에 더 이상 의정부의 주장을 무시할 수 없었다. 그러므로 고종은 1900년 7월 의정부가 중심이 되어 국정을 집행할 것을 지시하고 독쇄관, 위원, 파원의 폐지를 명했다.[63] 고종은 그 같은 조치를 취하는 한편 8월 내장원 장원과장 밑에 13인의 봉세관을 신설했다. 봉세관은 역둔토 조사, 도조의 책정과 징수, 각종 세금의 징수 중 지방에서 내장원의 재산과 수입에 관한 일체의 사무를 담당했다. 그리고 봉세관의 업무가 과중한 곳에는 봉세위원, 봉세파원을 보내 봉세관을 돕도록 했다.[64]

---

60) 『承政院日記』 1900년 3월 12일.
61) 『고종실록』 권40, 광무 4년 4월 20일.
62) 『承政院日記』 1900년 6월 4일. 간성군의 경우는 어민이 탁지부, 농상공부, 내장원에 같은 명목의 세금을 세 번이나 납부하여 민인이 의정부에 호소하였다. 이에 의정부는 파원은 이미 혁파하였으니 부군에서 이를 실행하라고 지시하였으나 군수는 자신이 함부로 할 수 없다고 주저하는 형편이었다. 『황성신문』 1900년 6월 22일.
63) 『고종실록』 권40, 광무 4년 7월 19일.
64) 이윤상, 「대한제국기 내장원의 황실재원 운영」, 235쪽.

대신들은 봉세관의 파견을 반대하였다. 윤용선은 고종에게 "각 도에 파견한 봉세관들을 소환해야 합니다. 각 군의 역참토지와 둔전은 공토이므로 조세징수는 봉세관이 아니라 일체 군수에게 맡겨야 합니다. 봉세관이 함부로 조세를 징수하고 성화처럼 독촉하여 민원이 사무쳐 민란이 일어날 지경입니다."라고 지적하며 시급히 봉세관을 소환할 것을 건의하였다.[65]

조병세는 준원전 화상을 봉안하고 귀경한 후 고종에게 지방의 실정을 보고했다. 그는 "목장과 역참의 토지에서 두 번 조세를 받아 민원은 극심합니다. 허튼 문서를 가지고 민을 침해하는 것은 사실 국용에 아무 보탬이 되지 않고 민에 고통만 가중시킵니다. 조세를 받는 관리를 일체 폐지하고 지방 관리들이 참작해서 받게 하는 것이 좋습니다."라고 건의하였다. 고종도 그 같은 건의를 긍정적으로 검토하겠다고 약속하였다.[66] 그 뒤에도 조병세는 고종에게 무명잡세 혁파령이 실효가 없으니 엄칙해야 한다고 주장하며 내장원 등에 의한 무명잡세를 전폐하고 탁지부, 군수에 의한 조세 징수를 건의하였다.[67] 조병세, 윤용선이 내장원 봉세관의 폐지를 주장한 것은 두 가지 의도를 가지고 있는 것으로 보인다. 하나는 국가 재정을 탁지부-군수로 이어지는 계통이 주관하게 하여 의정부 중심의 국정 운영을 추구했다고 볼 수 있다. 또 하나는 봉세관의 수탈로 인한 민란을 우려한 것이었다.[68] 실제로 내장원 봉세관 등에 의한 잡세 징수는 제주민란 등의 민란을 야기하고 있었다.[69]

고종은 봉세관의 소환을 지시했으나 이행되지 않았다. 봉세관은 근본적으로 황실 재정의 필요성 때문에 파견됐다. 내장원경 이용익은 황실 재정

---

65) 『고종실록』 권41, 광무 5년 10월 10일.
66) 『고종실록』 권41, 광무 5년 5월 27일.
67) 『고종실록』 권41, 광무 5년 9월 27일.
68) 김해군 상민들은 탁지부, 선희궁, 내장원에서 각자 수세하니 이번 조칙에 의거 일체 혁파를 요망하고 있었다. 『황성신문』 1900년 11월 24일.
69) 김도형, 「대한제국의 개혁사업과 농민층동향」, 116~121쪽.

확충 방침을 고수했다. 그는 잡세란 지방관, 이서, 토호가 자의적으로 수취하는 것을 의미하며, 내장원에서 징수하는 각종 세금은 황실 사용에 충당하는 것으로서 결코 잡세로 볼 수 없다고 인식했다.[70] 그러므로 이용익은 황실의 봉세관 소환 지시를 무효로 만들었다.[71]

여섯째, 의정부대신들은 황실측근파를 숙청하고자 시도했다. 대신들은 황실측근파를 의정부 중심의 국정 운영에 대해 가장 큰 걸림돌로 인식했다. 의정부 중심의 국정운영을 주장하는 사람들은 기회가 있을 때마다 고종에게 궁금 숙청을 건의하였다. 대신들은 황실측근 때문에 의정부와 대신들이 소외되고 있다고 지적하면서 궁금 숙청을 주장하였다. 최익현은 황실측근을 소인으로 규정하고 이들을 견제하기 위하여 경연, 승정원, 사관, 간관제도를 강화할 것을 상소하였다.[72]

의정부대신들은 광산, 화폐, 철도, 인삼전매를 총괄하던 이용익을 숙청하려 했다. 이용익은 대표적인 황실측근으로서 황실의 재정을 주관했다.[73] 독립협회도 이용익을 제거하려는 운동을 개시했다. 독립협회는 이용익에 반대하는 논의 석상에 궁내부대신, 농상공부대신, 탁지부대신을 초대했다. 대신들은 이용익에 대한 백성의 원성이 크다는 독립협회의 주장에 동의했으며, 황제에게 그의 숙청을 건의할 것을 약속했다. 독립협회는 이용익을 고등법원에 소환하기로 결정했다. 고종은 총애하는 이용익을 보호하고자 정치적 집회를 금지했으며 대규모의 군대를 배치했다.[74]

의정부대신들은 독립협회 해산 이후에도 황실측근파를 숙청하고자 기도했다. 대한국국제 반포 이후 고종의 신임을 크게 얻었던 인물은 김영준이

70) 이윤상, 「대한제국기 내장원의 황실재원 운영」, 278쪽.
71) 윤웅렬은 이용익이 중간에 전보를 쳐서 칙령을 빈번하게 취소시켰다고 비판했다. 『大韓季年史』下, 1904년 2월 21일.
72) 『고종실록』 권38, 광무 2년 12월 10일.
73) 이용익의 국내 활동에 대해서는 오진석, 「광무개혁기 근대산업육성정책의 내용과 성격」, 『역사학보』 193, 역사학회, 2007 참조.
74) 『프랑스문서』 8, 1898년 8월 16일, 215~216쪽.

었다. 의정 윤용선은 간사하고 잡다한 무리들이 수시로 궁궐을 출입하여 나라의 체면을 손상시키고 있으므로 궁금 숙청이 시급한 과제라는 취지의 상소를 올렸다.[75] 그러나 고종이 계속 김영준을 신임하자 의정부대신들의 반발도 드세졌다. 윤용선은 김영준을 탄핵하는 두 번째 상소에서 "한 관리의 책임에 지나지 않는 일을 의정인 자신이 담당하게 된다면 모든 관리를 통솔하여 국왕을 보좌하는 의정의 권위가 퇴색할 것입니다. 그리고 궁금 숙청을 단행하여야 합니다. 황실과 종친과 외척 중에서 승후관으로 임명된 자도 승인하는 지시가 있어야 들어가도록 해야 합니다."라고 건의하였다. 그는 별입시가 궁궐에 출입하는 것을 차단하고자 시도했다. 중추원 의장 정낙용은 궁금 숙청 차원에서 이용익을 처단할 것을 상소했다.[76] 고종은 원로대신들의 강력한 건의를 수용하여 김영준을 유배 보냈고, 이용익의 내장원경직을 면직시켰다. 그러나 고종의 궁금숙청 약속은 지켜지지 않았다.[77] 고종은 얼마 뒤에 김영준과 이용익을 정계에 복귀시켰다. 의정부대신들은 계속해서 황실측근파를 숙청하고자 기도했다. 일부 대신들은 1900년 11월 고종에게 김영준·이용익이 평안도·황해도에서 외국인과 기독교도 살해를 명목으로 민란을 유도하려 했다며 숙청을 건의하였다.[78]

한편 의정부대신들은 황실측근의 주요 세력기반인 보부상의 폐지를 기도했다. 보부상은 상표를 강매하기도 하고 지방관의 지시에 대항하는 등 지방행정을 교란하기도 했다. 윤용선은 궁금숙청 차원에서 보부상 지도자인 길영수, 이기동을 숙청하고자 했다. 그것은 새로이 부상한 황실측근을

---

75) 『상소존안』 1899년 11월 3일, 1901년 12월 31일.
76) 이용익은 정부의 지시를 어기고 파원, 독쇄관을 파견하여 잡세를 징수한 이유로, 김영준은 법률집행이 불공정하여 민심을 격동케 하였다는 이유였다. 『日省錄』 1900년 3월 12일; 『황성신문』 1900년 3월 12일, 3월 13일, 3월 14일.
77) 『황성신문』 1900년 3월 14일; 『속음청사』 上, 1899년 3월 31일; 『고종실록』 권40, 광무 4년 11월 20일.
78) 『러시아문서번역집』 4, 선인, 2011, 143~146쪽; K-A-R Ⅲ. No.300. 1900년 11월 22일, p.199; ibid., No.307. 1900년 12월 14일, p.201; 『황성신문』 1900년 11월 27일.

견제하려는 것이었다. 윤용선은 고종에게 "보부상은 처음에는 서울에서부터 시작하여 점차 부와 군으로 확대되어 갑니다. 이들의 부당하게 징수하는 폐단으로 관청의 지시가 시행되지 않고 상업은 침체하며 민원이 넘칩니다. 일체 해산시켜서 민심을 안정시켜야 합니다."라는 취지의 상소를 올렸다.[79] 조병세도 보부상들이 불법행위를 감행해도 수령들은 막지를 못한다고 지적하는 등 보부상에 의한 국가기강의 문란을 비판하였다. 의정부대신들은 황실측근의 주요 세력기반인 보부상의 해산을 기도했다.

독립협회 해산 직후 의정부는 윤용선·신기선·이도재 등 보수적 성향의 대신들이 주류를 이루었다. 보수적 대신들은 독립협회처럼 내각 중심의 정치체제를 주장하지는 않았지만 황제의 전제정치에도 동의하지 않았다. 그들은 의정의 관리임면권을 요구하고 의정이 대신을 감독할 것을 주장했다. 그런데 이는 좀 더 나아갈 경우에는 군주제하 내각제로 이행할 여지가 있었다고 평가된다. 의정부대신들은 근본적으로는 국왕의 정치관여를 제한하는 의정부 중심의 정치체제를 지지한 것으로 보여진다. 그것은 후술하듯이 의정부대신들이 조병세를 중심으로 의정부 중심의 국정 운영을 추구한 것을 볼 때 명확하다고 할 수 있다. 조병세는 황제 중심의 국정운영에 가장 비판적인 언행을 보였던 인물이었다.

3. 러일개전 전후 의정부대신의 정치 활동

1) 의정부대신의 동향

영국과 일본은 1902년 1월 30일 러시아에 대항하여 제1차 영일동맹을 체결했다. 고종은 2월 12일 주한 일본공사의 통보로 영일동맹의 내용을 인지

---

79) 『上疏存案』 1899년 11월 3일.

하자 큰 충격을 받았다. 고종은 일본이 1894,5년 당시와 같은 내정간섭을 시도할 것을 경계했다. 실제로 영일동맹이 체결되자 영국과 일본은 고종에게 반체제세력인 망명자를 포함하는 거국내각을 조직할 것을 권고하였다.[80]

한편 그동안 소외되었던 원로대신들은 일체 외국의 후원에 의지하지 않는 내각을 조직하여 내정을 개혁하려고 시도하였다. 이들은 조병세를 의정에 추대하고 심상훈·신기선·한규설·민영소·민영환·유기환·신태휴·민영기 등으로 내각을 조직하려고 운동을 하였다. 박제순도 고종에게 공고한 내각을 조직하여 내정의 개혁에 힘쓸 것을 건의하였다. 고종은 이들의 주장과 미·독 공사의 의견을 채택하여 내각을 조직하였다. 새 내각에는 친미 성향의 인물들이 진출하였고, 친일 성향 인물들도 그 지위를 유지했다.

그밖에 독자적 정파로 자임했던 신기선·한규설·심상훈은 각각 군부대신, 법부대신, 탁지부대신에 임명되었다. 새 내각은 대체로 일본에 우호적인 인물들로 구성됐다.[81] 고종이 영일동맹을 인지한 뒤 불과 4일 만에 내각 개편을 단행한 것은 영일동맹에 대한 충격을 잘 보여주는 것이었다.

새 내각은 황제의 국정 관여를 부정적으로 인식하고 있었기 때문에 황제의 국정 관여의 통로였던 황실측근파를 숙청하고자 진력했다. 외부대신 유기환은 궁중에 별개의 내각이 존재하여 황제의 친재 수단이 되고 있다고 비판하였다. 민영환은 고종에게 독대 폐지를 건의하였고, 탁지부대신 심상훈도 이용익의 전횡을 거세게 비판했다. 내각은 먼저 궁중, 부중에 세력을 떨치던 이용익 배척에 착수하였다. 주한 일본공사도 이용익에게 탁지부대신서리를 사직하고, 내장원경, 전환국장 직책만을 유지할 것을 권고했다.[82] 결국 이용익은 탁지부 업무에서 축출되었다. 이용익은 세력을 유지하기 위

---

80) 『續陰晴史』 下, 광무 6년 2월 26일.
81) 『일사기록』 16, 1902년 3월 31일, 136~142쪽.
82) 『일사기록』 16, 1902년 3월 19일, 108쪽; 『황성신문』 1902년 3월 12일; 『일사기록』 18, 1902년 2월 25일, 10쪽; 『동경조일신문』 1902년 2월 26일, 〈일영협약과 한정〉.

하여 전환국을 탁지부에서 독립시키고, 프랑스 차관의 교섭을 재개하였다. 그에 대해 유기환, 박제순, 이지용 등 친일 성향의 대신들은 강력하게 반대했다. 결국 고종은 프랑스 차관을 취소시키고 이들과 심상훈으로 하여금 일본 측과 차관을 교섭하게 하였다.[83]

한편 미국도 러시아를 견제하고자 영일동맹을 지지하였으므로 한반도의 세력균형은 영·일·미 연합으로 기울어져 갔다. 그에 따라 대한제국의 정치체제도 일본이 희망하는 내각제로 굳어지는 듯 했다. 그러나 영일동맹에 대항할 목적으로 3월 16일 발표된 노불선언은 고종에게 반격의 기회를 주었다. 고종은 노불선언이 영일동맹을 견제하여 한국의 안보가 확고해졌다고 판단했다.[84] 그 같은 고종의 정세 판단은 의정부 중심의 국정 운영에 제동을 가하는 방향으로 이끌었다.

황실측근파도 반격을 개시했다. 측근은 고종 즉위 40주년 기념식을 활용했다. 황실기념사업 비용은 해관세 수입으로도 부족하여 외국 차관이 검토될 정도였다.[85] 의정부대신들은 대규모 황실사업에 대해 비판적이었다. 찬정 이용직은 내부에서 석고비를 징수하게 명령하자 이를 비판하다가 면직되었다.[86] 탁지부대신 심상훈도 황실사업에 부정적인 태도를 견지하다가 면직되었다. 반면 이용익, 이근택 등 황실측근파는 적극적으로 황실사업에 참여하여 고종의 신임을 얻었다. 이용익은 송성건의소 건립에 주도적 역할을 자임하였고, 정부에 거액의 예산외 지출을 제의했다.[87] 그는 각종 방면에서 거액을 조달하여 심상훈을 제치고 다시 탁지부대신이 되었다.[88]

의정부대신들은 쿠데타연루설로 심각한 타격을 입었다. 유길준은 신정

---

83) 『황성신문』 1902년 2월 22일; 『동경조일신문』 1902년 3월 21일, 〈조선특전〉.
84) K-A-R Ⅲ, No. 470, 1902년 5월 31일, pp.171~172.
85) 『일사기록』 18, 1902년 9월 13일, 44쪽.
86) 『續陰晴史』 下 1902년 4월 1일.
87) 『황성신문』, 1902년 3월 25일.
88) 『동경조일신문』 1902년 8월 24일, 〈한경잡저〉.

부를 수립하기 위해 쿠데타를 기획하였다.[89] 그는 쿠데타가 성공한 뒤 이완용·한규설·민영준·심상훈·이윤용·민영환·김윤식·김가진·권재형·박제순·윤치호 등과 제휴하여 새로운 내각을 조직하려 했다.[90] 그는 이를 위해 박정양·이완용·이하영·한규설·민영소·심상훈·이윤용·민영환 등에게 협조를 요청하는 서한을 보냈다.[91] 유길준의 포섭대상이 되었던 대신들은 개혁의 필요성에 공감했으며 황제의 국정운영에 강한 불만을 가지고 있었다.[92] 유길준의 쿠데타 모의에 연루된 대신들은 이 시기 한국 정계에서 최고의 대신후보라는 평가를 받고 있었다. 이들은 유길준과의 연루설로 인해 체포될 운명에 처했지만 주한 미국공사·주한 일본공사의 구명운동으로 체포를 모면했다.[93]

의정부는 쿠데타연루설로 다시 무력화됐다. 외부대신은 단지 그 자리를 지킬 뿐이었다. 고종은 외부대신을 외국과의 교섭에서 직·간접적인 재가 부여를 회피하는 수단으로 여겼다. 박제순이 사직한 이후 외부대신은 몇 달 동안 공석인 상태였다. 다른 의정부대신들도 직접 황제의 재가를 받을 수 없었기 때문에 협판 혹은 측근을 통해 건의하여 칙명을 받는 것이 관례가 되었다. 그 결과 국정운영은 궁중을 자유로이 출입하는 황실측근의 차지였다.[94]

의정부대신들은 고종의 의정부 무력화정책에 강력히 반발했다. 군부대신에 취임한 신기선은 의욕적으로 직책을 수행하려 하였으나 의정부가 무력화되자 사표를 제출하였다. 의정부 찬정 이용직도 정부가 무사안일하여 외국에 국권을 손상시키고 있다고 비판하며, 고종에게 명망 있는 인재를

89) 尹炳喜,「일본망명시절 兪吉濬의 쿠데타음모사건」,『한국근현대사연구』 제3집, 1995, 37~39쪽.
90)『高宗實錄』권44, 광무 8년 3월 11일.
91)『한영외교자료집』12, Inclosure in No.26, 1902년 5월 8일, pp.322~324.
92)『한영외교자료집』12, No.49, 1902년 5월 8일, pp.321~322.
93) K-A-R Ⅲ, No. 455, 1902년 5월 2일, p.79.
94)『일사기록』20, 기밀제19호, 1903년 1월 28일, 236쪽.

등용할 것을 건의하였다. 이에 대해 의정 윤용선이 인책 사직하자 고종은 이용직에게 3년 유배형을 지시하였다.[95] 윤용선이 사퇴한 뒤에 1903년 1월 의정에 취임한 이근명은 대신들의 지시는 이행되지 않아 권위는 서리만도 못하다고 탄식했다.[96]

일부 의정부대신들은 의정부 중심의 국정운영을 실현시키고자 일본과 제휴하려 했다. 앞서 언급했듯이 일본 측은 고종에게 일본식의 내각제를 운영할 것을 권고했다. 의정부대신들과 일본공사의 제휴는 바로 이 같은 측면에서 이해할 필요가 있다. 측근세력의 전횡으로 소외되고 있던 심상훈 등은 제일은행권 유통문제를 정권탈환의 기회로 이용하였다. 이들은 겉으로는 제일은행권 유통에 반대하는 제스처를 취했지만 실제로는 일본이 강경하게 대응하기를 기대하였다. 의정부대신들은 군함구입사건도 제일은행권문제와 유사하게 대응했다. 1903년 초 군부는 일본으로부터 군함을 구입하려 하였다. 이에 대해 이용익은 군함계약을 추진하였던 군부대신 신기선을 강력하게 비판하는 한편 계약 취소운동을 전개하였다. 이근택도 일본으로부터의 군함수입을 반대하였다. 그러나 외부대신 이도재, 군부대신 윤웅렬 등 의정부대신들은 계약 이행을 주장했다. 전농상공부대신 김가진 등도 군함구입문제가 일본의 강경대응을 촉발시켜 측근세력을 축출하는 계기가 되길 기대했다.[97]

한편 일본 정부는 1903년 8월부터 시작된 러시아와의 협상에 불만을 가졌다. 일본 정부는 러시아와의 전쟁을 결정한 뒤 12월 한국 정부와 청일전쟁 때와 같은 공수동맹이나 보호적 성격의 조약을 체결할 것을 결의했다.[98]

---

95) 『상소존안』, 1902년 3월 29일; 『고종실록』 권42, 광무 6년 3월 20일.
96) 『고종실록』 권43, 광무 7년 1월 25일.
97) 『일사기록』 21, 왕전제16호, 1903년 1월 25일, 242쪽; 『일사기록』 20, 기밀제26호, 1903년 2월 2일, 240~241쪽; 『일사기록』 19, 기밀제104호, 1903년 6월 17일, 36~38쪽; 『일사기록』 19, 기밀제104호. 1903년 6월 17일, 36~37쪽; 『일사기록』 20, 기밀제113호, 1903년 6월 29일, 278쪽.

그런 중 한국에서는 1904년 1월 초순 러일전쟁설이 유포됐다. 그 과정에서 미국 정부는 자국 공사관을 보호한다는 명분을 내세우며 미군을 서울에 진주시켰다. 친미 성향의 대신들은 고종에게 내정을 개혁하여야 열강의 개입을 예방할 수 있으며, 러일전쟁이 발발할 경우 미국에 의뢰할 것을 건의하였다.[99] 고종은 1904년 1월 초 미국 공사에게 전쟁이 발발할 경우 미국공사관으로 파천하고 싶다는 의사를 타진했다. 그런 중 의정부대신들은 정파간에 활발한 교류를 시작하였다. 친미 성향의 대신들은 고종에게 이완용, 윤치호를 각각 외부대신, 외부협판으로 추천하였고, 이재순·신기선, 한규설, 심상훈 등은 친미 성향의 대신과 제휴하여 권력을 회복하려고 운동하였다.[100]

의정부대신들은 의정부 주도의 개혁이 성공하기 위해서는 황실측근파의 숙청이 급선무라고 판단하였다. 이들은 러·일의 대립 사이에서 일본을 지지하는 입장이었다. 조병세를 중심으로 하는 의정부대신들은 먼저 이근택, 이용익을 제거한 다음 민영철, 이지용 등도 숙청하려 하였다. 의정부대신들의 공격이 시작되자 이용익·이근택·이지용·민영철은 신속하게 제휴하여 이에 대항하였다. 고종은 조병세가 이 운동을 주도하자 황제권에 대한 도전으로 인식하여 부정적인 반응을 보였다.[101]

고종은 대대적인 인사이동을 단행하였다. 그 결과 주요 요직은 참정 심상훈, 학부대신 박정양, 내부대신 조병호, 법부대신 이재극, 군부대신 윤웅렬, 의정부 찬정 주석면, 이하영, 원수부총장 민영철·이용익, 헌병사령관 이지용, 경무사서리 민경식 등으로 안배됐다.[102] 고종은 인사이동을 통해

---

98) 『일사기록』 18, 기밀호외 別紙, 1904년 1월 4일, 434~437쪽; 같은 책, 내전제204호, 1903년 12월 27일, 450~451쪽; 『일사기록』 21, 왕전제465호, 1903년 12월 28일, 420쪽.

99) 『일사기록』 19, 왕전제41호, 1904년 1월 9일, 454쪽; 『東京朝日新聞』 1904년 1월 16일, 〈朝鮮特電〉; 1904년 1월 20일, 〈朝鮮通信〉.

100) K-A-R Ⅲ, No.636, 1904년 1월 2일, p.107.

101) 『일사기록』 23, 왕전제59호, 1904년 1월 1일, 133~134쪽.

102) 『고종실록』 권44, 광무 8년 1월 20일, 1월 21일, 1월 23일, 1월 25일, 2월 4일, 2월 6일.

각 정파의 주요 인물들을 기용하여 상호 견제를 유도했다. 이후 고종은 2월 23일 일본의 요구로 한일의정서를 체결한 뒤 이하영·신기선·민병석·윤웅렬 등 일본을 지지하는 인물들을 요직에 임명하였다. 이후에도 고종은 의정부에 참정 조병식, 학부대신 민영환, 농상공부대신 김가진, 법부대신 이지용, 내부대신 이도재, 의정부 찬정 심상훈, 한규설, 권재형 등 친일 성향의 대신들을 대거 포진시켰다.[103] 고종이 이들을 임명한 것은 이들을 신뢰했다기보다는 일본의 압력을 차단하는 보호막으로 삼으려 한 것으로 보여진다.

고종은 황제권 축소를 시도하는 의정부대신들을 신임하지 않았다. 고종은 의정부대신들이 내각제를 지향하고 있다고 경계했다. 고종과 의정부대신들의 국정운영을 둘러싼 대립은 1907년 고종이 강제로 퇴위되기 전까지 계속되었다.[104]

2) 의정부대신의 국정운영론

이 시기 의정부대신들은 어떠한 국정운영을 소망했을까. 첫째, 의정부대신들은 황실에서 파견하는 특파관리의 폐지를 추진했다. 고종은 영일동맹이 체결되자 자신이 원하지 않았던 의정부 중심의 정국운영을 하겠다는 제스처를 취했다. 즉 고종은 "나라에는 반드시 정부가 있어야 한다. 정부란 위의 지시를 받고 아래의 제의를 접수하면서 명령을 내리고 시행하기 위한 것이다. 오늘날 의정부의 여러 신하들은 무사안일하여 당면한 정사를 시행하지 않고 있다. 그 결과 여러 해 동안 질서가 하나도 잡히지 않고 있어서 관찰사와 군수들도 위를 두려워하지 않고 있다. 지금 전국에서 원망하고 있는 것은 시찰관, 조세징수관, 선세위원, 금광파원들이 공사를 빙자하여

---

103)『고종실록』권44, 광무 8년 2월 24일, 3월 2일, 3월 7일, 3월 8일.
104) 고종과 대신들의 대립에 대해서는 서영희, 앞의 책 참고.

이속을 채우기 위해서 무명잡세를 남징, 토색질하고 있는 것이다. 의정부에
서는 소환령을 내려야 한다. 또 역둔토세, 해세는 모두 각 해당 지방관청에
서 받아들이도록 규정을 정할 것이다."라고 선언했다. 동시에 고종은 봉세
관, 시찰관, 해세위원, 금광파원 등의 소환, 무명잡세 폐지령을 재가하였
다.105) 이상과 같은 고종의 조치는 그 동안 의정부대신들이 줄기차게 건의
했던 특파관리 폐지 등을 수용한 것이었다.

그러나 고종의 지시는 준수되지 않았다. 그러므로 1903년 1월 의정에 취
임한 이근명은 내장원 특파관리의 문제점을 지적했다. 내장원은 폐지된 잡
세를 부활하거나 새로운 잡세를 창출했다. 이근명은 "시찰관, 파견관의 소
환령을 내렸으나 이행되지 않고 있습니다. 다시 각도에 엄훈을 내려 축출
하도록 하고 법부로 하여금 압송, 징계해야 합니다."라고 주장하며 특파관
리의 소환을 건의하였다. 고종도 이를 수용하여 의정부에서 즉시 소환할
것을 지시하였다.106) 그러나 고종의 형식적 지시로 파원 등에 의한 잡세 수
취는 근절되지 않았다. 이근명은 재차 고종에게 봉세관의 수탈에 대한 민
원을 전달하였다.107) 민란이 일어나자 내장원경 이용익도 해세장정 외에는
일체 혁파할 것을 지시하는 등108) 위기의식을 가졌다.

한편 고종의 잡세혁파령에도 불구하고 외방 잡세와 파원의 관행은 중단
되지 않았다. 의정 이근명은 황실재정 강화는 필연적으로 대민수탈을 야기
하여 민심의 이반을 가져왔다고 인식했다. 이근명은 고종이 내장원을 통해
역둔토 경영과 잡세 징수 등으로 황실재정을 증대시킨 것이 민생을 악화시
켰다고 보고 사표를 제출했다.109) 잡세는 근본적으로 황실재정의 필요에 의

---

105) 『日省錄』 1902년 2월 15일, 1902년 2월 16일;『속음청사』하, 1902년 2월 26일;
　　　『동경조일신문』 1902년 2월 28일, 〈한경통신〉.
106) 『황성신문』 1903년 3월 7일, 5월 21일, 6월 30일;『고종실록』 1903년 10월 15일.
107) 『고종실록』 권43, 광무 7년 12월 10일;『황성신문』 1903년 12월 15일.
108) 『황성신문』 1904년 1월 11일.
109) 『日省錄』 1904년 1월 28일;『續陰晴史』下, 1904년 3월 10일.

한 것이었기 때문에 황제의 전제정치가 계속되는 한 근절될 수 없었다. 이에 따라 황실정치를 비판하는 대신들은 내장원 폐지를 급선무로 삼았다.[110]

둘째, 의정부대신들은 황실측근파의 국정개입을 차단하려 했다. 의정부대신들은 내장원과 경위원의 폐지, 모든 수입의 탁지부 주관, 지방관직의 매매 금지, 궁궐숙청 등을 통해 황실 및 황실측근파의 국정개입을 차단하려 했다. 그러나 고종은 내장원, 경위원 폐지에 대해 완강히 거부하였다.[111] 고종은 황실측근을 통한 국정운영을 포기하지 않겠다는 의사를 명확하게 표출한 것으로 평가된다.

의정부대신들은 러일전쟁을 정국주도의 계기로 삼으려 하였고, 그 연장선상에서 황실측근파를 맹렬히 공격했다. 군부대신 윤웅렬은 한일의정서 체결 직후 이용익이 내장원을 통해 취렴을 일삼았다고 비판하였다. 그는 이용익이 파원·시찰·검세·광무 등을 지방에 파견하여 민을 수탈했으며, 정부대신이 이들의 소환을 건의하면 중간에서 전보하여 칙명을 저지시켰다고 탄핵하였다.[112] 신기선도 왕의 지시나 관청의 지령이 중앙과 지방에 반포되기는 하나 시행되는 것이 없어 나라가 풍전등화에 처했다고 비판했다.[113]

그런 중 의정부는 황실의 친위부대 역할을 수행해 온 상무사를 혁파시켰다.[114] 황실측근파는 의정부의 조치에 대해 강력하게 저항했다. 보부상들은 상무사 해산령이 반포되자 한일의정서 체결에 관여한 외부대신 서리 이지용, 외부 참서관 구완희의 자택에 폭탄을 던지려 했다.[115] 중추원 부의장

---

110) 『日省錄』 1904년 7월 15일.
111) 『日省錄』 1902년 2월 15일, 1902년 2월 16일; 『속음청사』 하, 1902년 2월 26일; 『동경조일신문』 1902년 2월 28일, 〈한경통신〉.
112) 『大韓季年史』 下, 1904년 2월.
113) 『고종실록』 권44, 광무 8년 3월 1일.
114) 『고종실록』 권44, 광무 8년 2월 28일.
115) 『일사기록』 23, 왕전제231호, 1904년 3월 3일, 197쪽; 『일사기록』 21, 1904년 3월 2일, 458쪽.

이유인도 중추원 의관들과 합동으로 이지용, 구완희를 매국노로 탄핵하고 의정부대신들을 공격하였다. 의정부대신들이 곤경에 처하자 하야시 일본 공사는 이유인에게 압력을 행사하여 탄핵안을 취하시켰다. 길영수·현상건·이학균 등 측근도 의정부대신들이 국가를 오도하고 있다고 규탄하였다. 특히 평양진위대장이었던 길영수는 친위대, 시위대, 평양진위대, 보부상 등을 동원하여 심상훈·이지용·윤웅렬·민영환 등 의정부대신들을 살해하려고 시도하였다. 그에 당황한 의정부대신들은 일본 공사에게 수비대를 증원할 것을 요청하였다.[116] 일본 공사는 일본 헌병을 시중 요처에 주둔시키는 한편 길영수 등의 운동이 성공할 경우에는 평양대를 강제 해산시키고, 수도 경찰권은 일본 경찰과 공동 행사시키려고 하였다. 일본 공사는 이용익을 일본으로 납치했다. 현상건·이학균은 일본군의 감시가 삼엄한 가운데 주한미국공사의 주선으로 미 군함을 타고 상해로 망명하였다.[117]

셋째, 의정부대신들은 의정부 중심의 국정운영을 추구했다. 고종은 영일동맹 때 의정부는 매일 회의를 열어 직책을 다해야 한다고 지시했다. 그러나 1903년 1월 의정에 취임한 이근명은 대신들의 지시는 이행되지 않아 권위는 서리만도 못하다고 탄식했다.[118] 고종은 1904년 1월 러일 개전의 조짐을 인지하자 크게 개혁하여 국가를 중흥시킬 때라고 강조하였다. 고종은 민란이 계속 발생하고 있다고 개탄하면서, 이는 의정부의 책임이라고 지적하였다. 고종은 각 관청의 관리들의 직무 수행 여부는 전적으로 의정부의 관리평정에 따르는 인사처리에 달린 것이라고 유시하였다. 고종은 의정부에 유능한 인재의 선발, 쓸데없는 관청의 혁파, 공정한 관리 등용, 수령의

116)『황성신문』1904년 3월 3일;『일사기록』23, 왕전제225호, 1904년 3월 2일, 196쪽;『일사기록』23, 왕전제248호, 1904년 3월 5일.
117)『일사기록』23, 왕전제254호, 1904년 3월 7일, 202~203쪽;『일사기록』21, 1904년 3월 1일, 461쪽;『일사기록』23, 왕전제285호, 1904년 3월 12일, 208쪽;『동경조일신문』1904년 3월 13일, 3월 17일,〈朝鮮特電〉.
118)『고종실록』권43, 광무 7년 1월 25일.

신중한 택차, 궁궐의 숙청, 법률의 공정한 적용, 재물의 절약, 외교의 신의 등을 주문하였다.[119]

한편 의정부대신들은 의정부 중심의 국정운영을 시도했다. 의정 이근명은 고종에게 경위원으로 하여금 규정을 만들어 궁궐을 숙청할 것과 무명잡세를 모두 폐지하고, 무명잡세와 연관 있는 파원의 소환, 폐단을 자행하고 있던 봉세시찰관의 소환을 건의하였다. 계속해서 그는 궁내부 소속 표훈원, 혜민원, 평식원, 철도원, 수륜원, 박문원, 관리서, 지계아문 등을 용관으로 규정하고 폐지하거나 기구를 축소하여 의정부 산하에 배치할 것을 건의하였다. 이어 그는 평리원 재판장은 고등재판소 규례대로 법부대신 혹은 협판이 맡고, 궁내부 산하의 서북철도국은 농부에 이속시킬 것을 건의하였다. 고종은 그 건의안 모두를 승인했다. 그러나 뒤에 의정부에서 경위원의 폐지를 건의하자, 고종은 황제를 보호하는 관사를 폐지하여 주권을 삭감하고, 민권을 확장하려는 것이라며 격노하였다.[120] 이상을 통해 의정부대신들은 궁내부 산하의 기구를 의정부로 이관시키는 방식으로 황실의 국정관여를 차단하고 의정부 중심의 국정운영을 추구한 것을 보여준다. 그러나 고종은 그 같은 시도를 황제권 축소로 간주하고 강력히 반대했다.

의정부대신들은 고종의 국정운영 방식에 변함이 없자 한층 비판의 수위를 높여갔다. 찬정 권재형은 1904년 7월 고종이 의정부 관리를 대하는 것이 한가한 관청 관리를 대면하는 것 같다고 지적하였다. 그는 고종이 정기접견을 이행하지 않고 대신, 참찬을 돌아가며 임명한 결과 사무에 어두워 문건이 적체되고 있다고 주장했다. 또 의정부대신이 국왕을 면담하려고 하면 승후관의 비위를 맞춰야 하고 국왕의 지시는 별입시의 구두 전달에 의거할 뿐이라고 비판했다.[121] 권재형은 1898년에도 비슷한 상소를 제출했던 바,

---

119) 『고종실록』 권44, 광무 8년 1월 8일.
120) 『日省錄』 1904년 1월 11일, 2월 3일; 『동경조일신문』 1904년 1월 13일, 〈朝鮮特電〉; 『황성신문』 1904년 1월 15일; 『일사기록』 23, 내전제23호, 1904년 1월 15일, 7쪽.

고종의 의정부 무력화정책에 변화가 없었다고 인식한 것을 보여준다.

참정 신기선은 고종이 정기 접견, 차대 접견을 해야 하는데도 신하와의 접견이 드물고 잡배, 서리, 하인 등을 통해 국왕의 의사를 곧장 외국인에게 전달한다고 비판하였다. 그리고 고종이 국익과 흥망에 관계되는 중대사를 측근 1, 2명과 의논하여 급히 결정하고, 내시를 통해 비준서를 전달한다고 비판했다. 신기선은 국왕은 날마다 대신과 토론하여 가부를 결정해야 한다고 촉구하였다. 또 신기선은 매관매직을 중지하고, 개인의 감옥인 경위원, 개인의 재물인 내장원을 즉각 폐지할 것을 건의하였다. 찬정 윤웅렬도 현재는 난국이라고 지적하면서 국정 개혁을 건의하였다. 그는 국왕이 매사에 관여함은 오히려 국왕의 권위를 실추시킨다고 지적했다. 그리고 고종은 황제권에 집착하지 말고 표창, 형벌권만 행사하여야 하며 매사를 해당 관청에 일임해야 한다고 건의하였다.[122]

넷째, 의정부대신들은 대신 중심의 국정운영을 제도화하고자 내각제도의 수립을 추진했다. 의정부대신들은 영일동맹 체결 직후 정치적 성향을 초월하여 공고한 내각을 구성하고자 했다. 그것은 내각 중심의 국정운영을 고종에게 충고한 일본의 측면 지원이 있었기 때문이었다. 대신들은 황제와 측근의 국정개입을 저지하고자 내각제의 정치체제를 도입하는 방향으로 나아갔다.

의정부대신들은 독립협회가 해산될 무렵 민권 억압을 목적으로 제정했던 상소규칙을 개정하였다. 그들은 언론을 확대한다는 명분을 내세웠다.[123]

---

121) 『고종실록』 권44, 광무 8년 7월 27일.
122) 『日省錄』 1904년 9월 2일.
123) 개정된 상소규칙의 내용은 다음과 같다.
  • 1월 칙임관은 현임이건 전임이건 막론하고 상소를 올리는 것을 막지 않는다. 1월 현임 주임관은 상소를 올려 문제를 말하도록 허락하되 사직소는 끼워 넣을 수 없다.
  • 1월 전에 주임관을 지낸 사람, 판임관 및 선비들과 보통사람이 문제를 말하려고 할 경우에는 중추원에 제의를 올리도록 허락하되 관리나 선비들이 연명으로

이어 의정부대신들은 의정부관제의 개정을 시도하였다. 개정안의 핵심은 의정부회의에서 가결된 사항에 대해 황제는 모두 재가해야 한다는 것이었다.124) 의정부대신들은 명백히 내각제를 수립하고자 하는 의도를 드러냈다. 의정부대신들의 개혁은 일본 공사와의 사전 조율이 있었던 것은 아니었다. 대신들의 개혁조치는 오히려 일본 측의 내정간섭을 회피하려는 목적에서 신속하게 진행된 것이었다.125) 이에 대해 고종은 비록 각의에서 가결된 사항이라도 재가를 부여하지 않을 수 있다는 규정을 추가시킬 것을 요구했다. 고종이 강경하게 반대하자 참정 심상훈, 내부대신 민영환, 농상공부대신 민영소, 학부대신 이용직, 찬정 권재형 등 개정에 관여한 대신들은 황제권을 경시한 것에 책임을 지고 사표를 제출하였다.126)

그 뒤 의정부대신들은 의정부관제를 수정하여 의정부회의에 황제가 출석하는 경우도 있다고 규정하였다. 또 황제는 회의에서 결정한 의안이 자신의 의사와 반대되면 재론을 지시할 수 있다고 규정함으로써 황제의 국정

상소를 올리는 때만은 서명하는 것을 막지 않는다.
● 1월 칙임관 이하의 관리가 상소를 올린 사람에게 대응해서 규탄하려고 할 경우에는 증거가 확실해야 상소를 올리는 것을 허락하며 전해들은 명백치 못한 것을 근거로 삼아 제의를 올릴 수 없다.『고종실록』권44, 광무 8년 3월 2일.
124) 제출된 의정부관제는 의정의 내각 통솔권이 강화되어 내각제로의 진전을 기대할 수 있는 것이었다. 즉 의정은 참정, 찬정 및 각부 대신들을 통솔하여 국정의 책임을 지고 중요한 사무는 주임대신과 같이 진행할 수 있었으며 대신들과 칙·주임관이 태만하거나 과오를 저질렀을 경우 문책을 청의할 수 있게 되었다. 그리고 법률과 칙령은 반드시 의정과 주임대신의 수표를 받아야 한다고 규정되었다. 이어 의정부회의의 합의를 중요시하여 의정이하 3분의 2 이상이 참석해야 회의 성립이 가능하도록 하였고, 주임대신이 출석하지 않았을 경우에는 해당부서의 의안을 토의할 수 없게 하여 대신의 위상을 강화시켰다. 이렇게 격상된 의정부에서는 법률 및 칙령의 개폐, 예결산 심의, 국채·조약 토의, 칙·주임관의 임명, 관제개편, 각부 권한 조정, 예산외 지출, 조세 신설 및 폐지, 전선·철도·광산 관리 등 국정 전반을 논의할 수 있게 되었다.『고종실록』권44, 광무 8년 3월 4일.
125)『일사기록』23, 왕전제270호, 1904년 3월 9일, 205~206쪽.
126)『일사기록』23, 왕전제271호, 1904년 3월 9일, 206쪽.

관여 통로를 열어 두었다.127) 의정부대신들은 고종의 강력한 반발로 황제의 국정관여를 용인하는 의정부관제를 최종 의결함으로써 내각제의 법제화에 실패했다.

한편 고종은 의정부대신들이 급진적인 개혁을 추진하자 1904년 3월 하순 내한한 일본 국왕의 특사 이토 히로부미(伊藤博文)에게 국정운영 방식에 대해 자문하였다.

고종: 정부대신들은 국왕이 국정에 관해 관여하지 않을 것을 희망한다. 내각에서 의결된 것은 모두 이를 수긍해야 하며, 국왕은 오직 그 주청에 따라 꼭 이를 채용해야 하고, 거부할 권능은 없다고 한다. 만일 국왕의 의견을 첨가해 이에 시비할 것 같으면 대신들은 바로 국왕의 행위를 비난하며 국왕이 할 도리가 아니라고 반대하고 있다. 그러나 서양 각국도 국왕이 국정에 관해 적부득실을 고념하여 그 각의에 개입, 관여하는 예가 있는데 대신들은 전혀 이에 반대되니, 나는 심히 당혹스럽다.

이토: 국정은 모두 내각의 의논을 거쳐 국왕에게 직접 주청, 재가를 구해야 합니다. 무책임한 측근에 의지하여 국정을 의논함은 국정문란을 초래하므로 극히 불가합니다. 국왕은 대신을 신임하여 대권을 맡겨 정령이 일도에서 나오게 해야 합니다. 국정은 하나같이 각의를 거쳐 이를 실행해야 하며 만일 각의를 거친 것이라도 국왕이 이롭지 않다고 생각할 때는 재의에 부칠 여지는 있습니다. 국정에 만기를 총람하여 일일이 이를 친재함은 불가능하므로 정부기관이 필요한 것입니다. 이에 정부에 대권을 위임하는 법입니다. 만일 국왕이 만기를 총람할 경우에는 정치상의 실수는 바로 책임이 국왕에게 귀속되게 마련입니다. 그리하여 국왕은 책임을 대신들의 무능으로 돌리고 대신들은 국왕의 부덕을 시비하여 군신 상호간에 알력이 심화될 우려가 있습니다. 지금 한국은 대신의 경질이 빈번하여 대신이 그 직책에 안정하여 정책을 수행해 나갈 수 없습니다. 일단 맡긴 대신들에게는 충분한 신용으로 독려하여 성

127) 『고종실록』 권44, 광무 8년 3월 4일.

책하게 해야 합니다.

고종: 대신을 자주 경질한 것은 적임자를 구해 치적을 이루게 하기 위해
서였다. 즉 적임자를 얻지 못해서 경질을 거듭한 것이다. 그러나
한국의 역사를 보면 호조판서는 재정을 담당하는 관직으로서 장
기 재직을 요하기 때문에 8~15년에 걸쳐 그 직에 근속하는 예는
적지 않았다. 내정개선을 하기 위해서는 대신을 빈번히 경질해서
는 안 된다는 말은 수용하겠다.[128]

고종은 이토에게 대신들은 국왕이 국정에 관해 관여하는 것을 기피한다
고 호소했다. 그에 이토는 국정은 모두 내각의 의논을 거쳐 국왕에게 직접
주청, 재가를 구해야 하며 무책임한 측근에 의지하여 국정을 의논함은 극
히 불가하다고 응답했다. 이토는 고종과 의정부의 논쟁에서 명확히 의정부
대신의 손을 들어주었다. 이 같은 이토의 태도는 한국의 황실과 내각을 분
리하여 후자를 전자의 간섭으로부터 벗어나게 하려는 것이었다.[129] 한편
이토는 황실측근파가 내각제에 저해요소라는 것을 잘 인식하고 있었다. 그
러므로 그는 일본에 납치된 이용익이 수차 귀국을 요청했지만 단호히 거부
하였다. 일본 공사도 한국 대신의 지위가 불안정한 상태에서 전제군주제
맹종자라고 규정한 이용익이 귀국하면 궁중, 부중의 조화가 무너질 우려가
있다며, 그의 귀국을 반대하였다.[130]

한편 의정부대신들은 이토의 내각제 주장에 용기를 얻은 것으로 보여진
다. 그들은 의정부를 총리아문으로 하고, 의정을 총리대신으로 변경하는 등
갑오개혁 당시의 내각제도를 부활시키려 기도했다. 그리고 대신들은 총리
대신 후보로 박정양, 심상훈을 거론했다. 그러나 고종은 이토가 귀국하자
의정부 개혁안을 거부하고 친정을 계속하였다. 고종은 측근 이근택을 충청
북도에 보내 보부상 등을 규합하게 하였다.[131] 이에 일본 공사는 고종에게

---

128) 『일사기록』 22, 1904년 3월 24일, 396쪽.
129) 『韓國近代史에 對한 資料』, 1904년 4월 6일, 517~518쪽.
130) 『일사기록』 22, 기밀제28호, 1904년 3월 31일, 392쪽.

측근에 의지하지 말고 각 대신을 접견하여 정무를 청취할 것을 요구하였다. 심상훈·이지용·이하영·박용화 등 대신들은 일본의 황무지개척권 요구 등에 적극 협조하면서 정국 주도를 도모하였다.[132]

4. 맺음말

고종은 1897년 10월 대한제국 수립 후 원수부, 경위원, 평리원 등 황제직속 기구를 신설하여 국정을 장악했다. 고종은 세력형성을 방지하기 위하여 대신들을 빈번히 교체했다. 의정부대신들은 국왕의 정치관여를 제한하는 의정부 중심의 정치체제를 지지했다. 의정부대신들은 고종의 의정부 무력화 정책에 대응하고자 독립협회와 제휴했다.

독립협회 해산 직후 출범한 의정부는 윤용선, 신기선, 이도재 등의 보수적 대신들이 주류를 이루었다. 보수적 대신들은 독립협회처럼 내각 중심의 정치체제를 주장하지는 않았지만 황제의 전제정치에도 동의하지 않았다. 조병세는 황제 중심의 국정운영을 격렬하게 비판했다. 그는 고종에게 의정의 관리임면권을 요구하고 의정이 대신을 감독할 것을 주장했다. 그의 주장은 더 나아갈 경우 군주제하 내각제로 이행할 여지가 있었다.

의정부대신들은 독립협회 해산 이후에도 의정부 중심의 국정운영을 지지했다. 의정부대신들은 첫째, 고종에게 의정에 대해 실권을 부여할 것을 촉구했다. 둘째, 탁지부의 재정권 주관을 위하여 내장원의 폐지를 추진했

---

131) 『韓國近代史에 對한 資料』, 1904년 4월 6일, 517~518쪽; 『동경조일신문』 1904년 4월 11일, 〈朝鮮特電〉; 『일사기록』 21, 한기제67호, 1904년 4월 20일, 465쪽.

132) 『일사기록』 23, 왕전제461호, 1904년 5월 11일, 253쪽; 『일사기록』 22, 기밀제54호, 1904년 6월 7일, 407쪽; 『일사기록』 23, 왕전제573호, 1904년 7월 6일, 285쪽; 『일사기록』 23, 왕전제591호, 1904년 7월 14일, 291쪽.

다. 셋째, 황실의 매관매직 관행을 청산하고자 시도했다. 넷째, 의정부-관찰사-군수의 행정계통을 통해 국정을 운영하고자 지방관의 권한을 강화하려 했다. 다섯째, 황실의 특파관리 관행을 반대했다. 여섯째, 국정에 영향력을 행사하는 황실측근파를 숙청하고자 진력했다. 일곱째, 보부상의 폐지를 기도했다.

일본은 러시아와의 전쟁에 대비하여 1902년 1월 제1차 영일동맹을 체결했다. 영일동맹으로 한국에서는 일본의 영향력이 크게 증대됐다. 의정부대신들은 의정부 중심의 국정운영을 실현시키고자 일본과의 제휴를 추구했다. 의정부대신들은 공고한 내각을 조직하여 내정을 개혁하려고 시도했고, 조병세를 중심으로 결속했다. 대신들은 조병세를 의정에 추대하고 심상훈·신기선·한규설·민영소·민영환·유기환·신태휴·민영기 등으로 내각을 조직하려고 시도했다.

이 시기 의정부대신들은 어떠한 국정운영을 추구했을까. 첫째, 의정부대신들은 황실에서 파견하는 특파관리의 폐지를 추진했다. 둘째, 의정부대신들은 황제의 국정 관여의 통로였던 황실측근파를 숙청하고자 했다. 의정부대신들은 궁내부 산하의 기구를 의정부로 이관시키는 동시에 경위원, 상무사를 폐지하여 황실측근파의 국정개입을 차단하려 했다. 의정부대신들은 일본의 지원을 받아 황실측근파의 반발을 제압하고 개혁 작업을 추진하였다. 셋째, 의정부대신들은 모든 재정 수입의 탁지부 주관, 지방관직의 매매 금지 등 의정부 중심의 국정운영을 추구했다. 넷째, 의정부대신들은 의정부 중심의 국정운영을 제도화하고자 의정부관제를 개정하여 내각제를 도입하려 시도했다. 의정부대신들은 고종의 강력한 반대로 내각제 법제화에 실패했다. 의정부대신들은 이토가 내각제의 우월성을 강조하자 의정부를 총리아문으로 하고, 의정은 총리대신으로 변경하는 등 갑오개혁 당시의 내각제도로 복귀하려고 기도했다. 고종과 의정부대신들의 정치체제를 둘러싼 대립은 1907년 고종이 강제로 퇴위될 때까지 계속되었다.

제2부

외세의 대한제국 인식

제3장

대한제국 주재 외교사절단의
독립협회운동 인식과 대응

1. 머리말

1896년 7월 출범한 독립협회는 국권수호를 기치로 내세우며 활발한 활동을 전개했다. 독립협회는 1897년 10월 대한제국 수립 직후 러시아의 내정간섭이 강화되자 그에 대해 강력히 저항했으며, 다른 열강의 이권 요구에 대해서도 강력한 저지운동을 전개했다. 독립협회는 서구적 개혁을 요구하는 한편, 수구적 경향을 보인 대신들을 정부에서 축출하는 정치운동을 전개했다. 독립협회는 창립 이후 독립문 건립, 토론회 개최 등을 통해 국민계몽운동에 앞장섰다. 그 과정에서 독립협회가 점차 국민의 지지를 획득해나가자 러시아·영국·미국·일본·독일·프랑스 등 열강은 독립협회 운동에 촉각을 곤두세웠다. 열강은 독립협회의 운동 방향을 예의 주시했다. 그러나 열강은 처음부터 독립협회운동에 대해 공동보조를 취하지는 않았다.

독립협회는 고종 황제와 타협, 대립을 거듭하다가 1898년 12월 강제 해산됐다. 독립협회운동의 실패는 국내적 요인은 물론 국외적 요인도 고려해야

할 것이다. 기존의 연구들은 대부분 수구파 정권의 무력탄압, 독립협회 지
도층의 지도력 부족과 과격성 등 국내적 요인들이 독립협회운동의 실패를
야기했다고 보았다.[1] 그에 비해 독립협회운동의 실패는 열강 공사의 간섭
등 국외적 요인들이 크게 작용했다고 보는 시각도 있다.[2] 후자의 연구는
독립협회 해산 원인을 러·일 공사의 개입 때문으로 보았다. 고종이 독립협
회에 대한 무력 해산을 결심했을 때 대한제국 주재 열강 공사와 상의한 것
을 고려할 때 열강 공사의 독립협회 입장은 주목할 가치가 있다. 그런 측면
에서 열강 공사의 독립협회운동 인식과 대응은 심층적으로 구명할 필요가
있다고 여겨진다.

본 연구는 열강 공사의 독립협회 인식과 대응을 분석하고자 한다. 본 연
구는 먼저 열강 공사는 독립협회 지도부에 대한 인식은 어떠했는지를 분석
하기로 한다. 다음으로 열강 공사는 독립협회 운동을 어떻게 평가했는지를
검토하고자 한다. 끝으로 열강 공사는 독립협회운동에 어떻게 대응했는지
를 분석하고자 한다. 본 연구가 독립협회운동을 이해하는 데 기여하기를
기대한다.

---

1) 독립협회에 대한 연구 동향에 대해서는 이민원, 「대한제국의 성립과 광무개혁,
   독립협회에 대한 연구성과와 과제」, 『한국사론』 25, 국사편찬위원회, 1995 참조.
   그 뒤에 발표된 논문은 다음과 같다. 김신재, 「독립협회의 대외인식과 자주국권
   론」, 『경주사학』 17, 동국대학교 경주사학회, 1998; 오태진, 「독립협회의 대외인
   식과 민족교육론」, 『한국교육사학』 21, 한국교육학회 교육사연구회, 1999; 임선
   화, 「선교사의 독립협회와 대한제국 인식」, 『전남사학』 14, 전남사학회, 2000; 최
   형익, 「한국에서 근대 민주주의의 기원 -구한말 독립신문, 독립협회, 만민공동회
   활동」, 『정신문화연구』 96, 한국정신문화연구원, 2004; 이신철, 「독립협회와 만민
   공동회의 근대성 논의 검토」, 『사림』 39, 수선사학회, 2011.
2) 이민원, 「독립협회에 대한 열국공사의 간섭」, 『청계사학』 2, 청계사학회, 1985.

2. 미국의 독립협회운동 인식과 대응

1) 미국의 독립협회 지도부 인식

알렌 주한 미국공사는 친미파가 독립협회에 참여하고 있음을 인지했다. 독립협회 지도자들은 알렌의 협력자들이었다.[3] 미국 공사관은 한국에서 정치세력을 육성했다. 그 결과 미국 공사는 러시아, 일본과 함께 한국 정계에서 일정한 세력을 보유했다.[4] 친미파가 한국 정계에 등장한 것은 워싱턴에 소재한 주미공사관과 깊은 연관이 있었다. 박정양·이완용·이하영·이채연 등 주미공사 출신들은 귀국한 뒤 고종의 총애를 얻어 일정한 세력을 구축하기 시작했다. 이른바 친미파의 기원이라 할 수 있다. 친미파는 아관파천기에도 근왕주의자로서 세력을 유지했다.[5] 친미파는 독립협회 창설과정에서도 주도적인 역할을 담당했다. 즉 이완용은 1896년 7월 2일 독립협회 창립 때 위원장이었고 이채연, 이상재, 민상호는 독립협회 창립 위원이었다.[6]

알렌은 독립협회에 대해 긍정적인 입장이었다. 그것은 첫째, 독립협회를 미국에 대해 호의적인 단체로 인식했기 때문으로 보여진다. 그는 본국 정부에 독립협회의 성향을 다음과 같이 보고했다.

> 독립협회의 회원들은 최근 회의에서 자유를 옹호하는 감동적인 연설을 행한 직후 그들의 노비들을 자발적으로 해방시켰다. 독립협회는 한국 관리들 중에서 최고의 자질을 지닌 사람들로 구성됐다. 만일 방해받지

---

3) 『개화기의 한미관계』, 313쪽.
4) 『일사기록』 13, 기밀제20호, 1899년 3월 28일, 240-241쪽; 『일사기록』 13, 기밀제36호, 1899년 5월 17일, 276-281쪽.
5) 한철호, 『친미개화파 연구』, 국학자료원, 1998, 264쪽.
6) 한흥수, 「독립협회의 조직과 운영」, 『한국사』 41, 1999, 214~215쪽.

않는다면 그들은 한국의 큰 이익을 추구할 것이다. 독립협회는 미국을 모델로 채택한 것 같다.[7]

알렌은 독립협회가 미국을 모델로 근대화를 추구한다고 인식했다. 그는 독립협회 회원들은 노비 해방에 앞장서는 등 자유주의자라고 인식했다. 그는 독립협회의 지도부는 한국 관리 중에서 최고의 인재로 구성되어 한국의 국익에 크게 기여할 것으로 내다봤다. 둘째, 알렌은 독립협회가 친미파가 다수 포함된 내각을 구성하려 한다고 인식했다. 국정개혁을 추진하던 독립협회는 1898년 10월 초순의 내각 교체 때 민영환·박정양 등을 의정부대신 후보로 추천했다.[8] 알렌은 그 때 입각한 윤치호·박정양·민영환·민상호 등에 대해 다음과 같이 평가했다.

독립협회 회장 윤치호는 1883-1884년 미국 주재 한국공사의 통역원이었다. 그 뒤 그는 미국학교에서 10년간 공부했다. 그는 미국 학교의 교육을 받고 개화된 기독교 신사로 탈바꿈했다. 그는 서울 『Independent』 신문의 간행자이다. 그의 일부 논설은 대학 교육을 받은 미국인의 명예를 보여준다. 그는 미국에서 터득한 높은 표준과 그의 일상생활을 일치시키고 있다. 그는 주한 미국공사관을 성가시게 하지 않는다. 비록 그는 여러 한계로 인해 당파를 장악하기가 어렵다고 고백하지만, 신념과 용기를 가진 사람이다. 최근 치안방해죄로 윤치호가 체포됐다는 설이 유포됐다. 그것은 큰 흥

윤치호

분을 야기하여 유혈사태가 예측된다. … (중략) … 상소자는 결국 성공했다. 지난 밤 악명 높은 고관에 대한 면직조칙이 내려졌고, 오늘 아침에는 관보에 새 내각의 조직이 발표됐다. 의정 박정양, 외부대신 박제순, 군부대신 민영환, 탁지부대신 조병호, 내부대신 이근명, 학부대신 이도재, 법부대신 서정순, 궁내부대신 윤용구, 농상공부대신 민병석, 협

---

7) K-A-R Ⅲ, No.33. 1897년 11월 13일, p.47.
8) 신용하, 『독립협회연구(상)』, 431~432쪽.

판은 민상호이다. 한국인은 과거에 결코 그렇게 높은 수준의 내각을 소
유한 바가 없다. 그 고급관리들이 얼마나 오래 그 자리를 유지하는가가
과제이다. 새 각료 중 한명인 박정양은 워싱턴에서 초대 한국공사를 지
냈다. 그는 지난 여름 부당하게 체포당한 바 있다. 훌륭한 민영환은 최
근 워싱턴 체류지에서 귀국했다. 그는 과거 사명이 실패한 뒤 러시아
공사직으로부터 귀국을 일시 중단했다. 민상호는 워싱턴에서 국제우편
연합 업무로 근무하다가 귀국했다. 상기한 3명의 지명은 독립협회에게
큰 만족을 주었다.[9]

알렌은 윤치호에 대해서는 미국에서 받은 교육으로 『독립신문』에서 수
준 높은 논설을 쓰고 있다고 호평했다.[10] 박정양에 대해서는 초대 주미 한
국공사를 지낸 인물이며, 민영환에 대해서는 유럽에서 공사직을 수행한 경
력의 소유자로 평가했다. 민상호에 대해서는 워싱턴에서 국제우편연합 관
련 업무를 담당한 바 있다고 인식했다. 알렌은 한국은 과거 그 같은 내각을
구성한 바 없다고 높게 평가했다. 알렌은 미국에서 교육을 받았거나 주미
공사관에서 근무한 경력자, 혹은 미국의 근대 시설에서 근무 경험이 있는
친미파를 한국의 국익을 증진시킬 인재라고 확신했다. 알렌은 독립협회가
친미파 중심의 내각 구성을 전폭적으로 지지한다고 확신했다. 알렌은 독립
협회가 친미파가 주도하는 내각을 강력히 지지하자 독립협회에 대해 호감
을 보인 것으로 보여진다. 알렌은 후술하는 노륙법 반대운동 때에도 독립
협회가 박정양, 민영환 등 한국 최고 인물을 입각시켰다고 평가했다.[11]

알렌은 그 뒤에도 친미파 인사에 대해 호감을 보였다. 1902년 5월 유길준
은 강석호 · 이용익 등 황실측근세력을 제거한 뒤 신정부를 수립하기 위해
쿠데타를 기획하였다.[12] 유길준은 쿠데타가 성공할 경우 한규설 · 민영환 ·

---

9) K-A-R Ⅲ, No.152. 1898년 10월 13일, pp.52~53.
10) 독립협회 간부인 정교는 윤치호에 대해 개신교도로서 지나치게 서양 사람들의
    호의에 연연한다고 평가했다. 『대한계년사』 3, 133쪽.
11) K-A-R Ⅲ, No.152. 1898년 10월 13일, pp.52~53.

김가진·권재형·이완용·박제순·윤치호 등과 제휴하여 새로운 내각을 조직하려 했다.[13] 주한 영국공사관은 유길준의 포섭대상이 되었던 인물들은 개혁에 호의적인 편으로서 국정 운영에 강한 불만을 가지고 있다고 평가했다.[14] 알렌은 친미파가 다수 포함된 대신 후보자들을 한국 정계에서 최고의 후보라고 평가했다. 그러면서 알렌은 쿠데타 연루설로 인해 체포위기에 처한 후보자들에 대한 구명운동을 전개했다.[15]

독립협회운동을 지도한 또 다른 중요 인물은 서재필이었다. 그는 독립협회 창립을 주도했고 독립협회의 고문으로 활동했다. 문일평은 서재필을 윤치호, 이상재와 함께 독립협회의 3대 거두로 평가했다.[16] 서재필은 1895년 12월 귀국한 뒤 중추원고문으로 활동했다. 고종은 서재필이 독립협회의 반정부 활동을 사주한다고 판단하고 1898년 4월 해고 조치했다. 서재필은 5월 15일 한국을 떠났다. 알렌은 한국 정부에 서재필의 잔여봉급 지불을 요청했다.[17] 알렌은 서재필이『독립신문』의 편집인으로서 독립협회에서 저명인사라는 것을 잘 알고 있었다. 또 알렌은 서재필이 독립협회의 상소에 공감을 표명했다는 것을 인지했고, 그 때문에 한국 정부가 그의 면직을 요청했다는 것도 알고 있었다. 그 때 스페에르(Alexei de Speyer)주한 러시아공사는 미국 시민권자인 서재필이 러시아에 대한 공격을 사주한다고 인식하고 알렌에게 강력히 항의했다. 그에 대해 알렌은 서재필은 한국 정부의 고문으로서 다른 고문처럼 자유롭게 자문할 권리가 있다고 반박했다.[18] 알렌은 서재필이 독립협회를 주도하고 있음을 인지했고, 러시아의 공격으로부터 서재필을 적극 비호했다. 그것은 알렌이 독립협회에 긍정적 입장이었음

---

12) 윤병희,「일본망명시절 유길준의 쿠데타음모사건」37~39쪽.
13)『고종실록』권44, 광무 8년 3월 11일.
14)『한영외교자료집』12, No. 49, 1902년 5월 8일, pp.321~322.
15) K-A-R Ⅲ, No. 455, 1902년 5월 2일, p.79.
16) 한홍수, 앞의 논문, 224쪽.
17)『대한계년사』3, 51쪽.
18) K-A-R Ⅲ, No.77. 1898년 2월 26일, pp.47~48.

을 보여주는 사례로 평가된다.

알렌은 독립협회에 대해 긍정적인 입장이었으므로 독립협회 지도자를 비호한 것으로 보여진다. 고종은 독립협회가 공화정체 수립을 모의하고 있다고 의심하고 1898년 11월 5일 독립협회 간부들에 대한 체포령을 내렸다. 경무청은 독립협회 간부 중 17명을 체포했다. 17명의 지도자 중 한 명은 예배당과 학교로 사용 중인 미국인의 집으로 피신했다. 알렌은 그 지도자가 체포되자 외부와 교섭하여 그를 다시 그 미국인 집으로 보내도록 조치했다. 그 뒤 그 지도자는 자발적으로 경무청에 출두했다.[19] 알렌은 황제의 지시로 체포당할 위기에 처한 독립협회 지도자를 보호한 것을 보여준다.

독립협회는 1897년 9월 1일 고종의 요청으로 개국기원절 경축식을 개최했으며, 경축식 때 '황제 만세'의 구호를 외쳤다.[20] 독립협회는 고종의 요청으로 독립관에서 11월 11일 대한제국 국호 채택을 기념하는 연회를 개최했다. 그 때 독립협회는 알렌에게 참석을 요청했다. 알렌은 그 날 영사 업무로 제물포에 갈 예정이었지만 방문을 연기하고 경축식에 참석했다.[21] 알렌이 어려운 상황에서도 참석을 강행한 것은 독립협회에 대해 호의적이었음을 보여준다. 그런데 알렌이 참석한 집회는 고종의 요청으로 개최됐다는 사실을 주시할 필요가 있다. 즉 알렌은 고종과 독립협회가 협력관계에 있을 때 독립협회에 대해 호의적인 반응을 보인 것을 의미한다.

알렌은 한국에서 미국의 국익을 획득하는 일에 진력했다. 알렌은 전기, 전차 계약을 체결하는 등 한국 정부와 좋은 관계를 유지했다.[22] 알렌은 외국에 대한 이권 허여에 타협적인 외부대신을 선호했다. 그는 박제순이 1898년 8월 27일 외부대신서리에 취임하자 크게 환영했다. 그것은 박제순이 타

19) K-A-R Ⅲ, No.161. 1898년 11월 14일, pp.54~55.
20) 정교, 『대한계년사』 3, 소명, 2004, 124쪽.
21) K-A-R Ⅲ, No.33. 1897년 11월 13일, p.47.
22) K-A-R Ⅲ, No.77. 1898년 2월 26일, pp.47~48.

협적으로서 외국사절들과 좋은 관계를 가질 수 있는 인물이라고 믿었기 때문이었다.[23] 알렌은 고종과의 관계를 매우 중시했다. 그러므로 그는 독립협회가 황제와의 타협을 통해 목표를 성취할 것을 기대했다.

알렌은 독립협회 인사들을 높이 평가했다. 그것은 독립협회 지도부의 미국 유학 및 주미공사관 근무 경험을 높게 평가한 결과였다. 그는 독립협회가 미국을 모델로 서구화를 추구하는 것에 높은 점수를 주었다.

2) 미국의 독립협회운동 평가

(1) 황제권 도전 평가

독립협회는 1898년 7월 3일 내각을 비판하는 상소를 올렸다. 그 직후 독립협회 회장을 지냈던 안경수는 7월 11일경 일부 대신들과 연합하여 황태자 대리청정과 내각 교체를 기도했다. 고종은 그 사건의 연루자들과 정적 관계에 있는 조병식을 법부대신에 임명했다. 조병식은 그 사건을 기화로 독립협회를 궤멸시키려 획책했다. 피의자들은 대부분 독립협회 소속이었다.[24] 독립협회 회원은 조병식의 면직을 요구하는 시위를 전개하여 21일 조병식을 면직시키게 했다.[25] 그 뒤 독립협회는 황실측근인 이용익의 숙청을 기도했다. 독립협회는 이용익에 대해 광산을 개발하여 전국에 해독을 끼쳤고, 무리한 인삼정책으로 인삼 재배농민들에게 원성을 샀으며, 화폐의 남주로 전국의 혈맥에 피해를 주었다고 비판했다. 독립협회는 8월 3일 고등재판소에 이용익에 대한 재판을 청원했다.[26] 알렌은 다음과 같이 서울의 정치적 상황을 미 국무장관에게 보고했다.

---

23) 『프랑스문서』 8, 1898년 10월 9일, 227쪽.
24) 『프랑스문서』 8, 1898년 8월 16일, 215~216쪽.
25) 『한영외교자료집』 9, No.128. 1898년 7월 24일, pp.96~97.
26) 『大韓季年史』 3, 102쪽.

독립협회는 최근 매우 중요한 문제를 떠안았다. 독립협회는 과격파에 대한 통제를 상실할 위험성에 처했다. 그 결과 독립협회는 서울과 한국의 평화에 위협 요인으로 간주됐다. 독립협회는 7월 악명 높은 조병식의 제거에 성공했다. 독립협회는 최근 그의 동료 이용익을 제거하고자 진력하고 있다. 최근 독립협회 위원회와 5, 6명의 각료들은 그 주제로 회의를 개최했다. 『INDEPENDENT』는 독립협회에 신중을 기하라고 경고하는 기사를 게재했다. 그레이트하우스가 독립협회에서 연설을 했다. 많은 사람들이 그 연설에 대해 언급했고, 러시아·독일의 외교사절은 나에게 그 연설에 대한 주의를 환기시켰다. 그 때문에 그 연설이 게재된 한글 신문을 번역하여 보낸다. 그레이트하우스는 그 담화 기사에 오류가 있다고 주장한다. 그는 한국 정부의 고문으로서 한국 정부로부터 어떤 조치를 취하라는 요청을 받았다. 그의 진로는 그 스스로가 판단할 문제이다. 그는 그 같은 담화를 하는 것을 최선이라고 생각한다. 나는 한국 정부가 그의 견해에 반대했는지에 대해서는 알지 못한다.[27]

알렌은 독립협회가 조병식에 이어 고종의 측근인 이용익의 숙청을 시도하자 한국의 평화를 해치는 행동으로 규정했다. 알렌은 독립협회가 급진파를 통제하지 못하고 있다고 우려했다. 그러면서 그는 법부고문 그레이트하우스가 독립협회에 대해 중대한 메시지를 주었다고 평가했다. 그레이트하우스는 7월 29일 독립협회에 출석하여 독립협회운동에 대한 자신의 견해를 피력했다. 그의 담화는 『독립신문』의 8월 1일자 논설 난에 〈고문관 권념〉이라는 제목으로 게재됐다. 그의 담화의 요지는 "한국은 아시아 세계의 열쇠이다. 동서양 각국은 한국의 틈을 엿보고 있다. 현재 두 국가가 한국을 보호국으로 만들려 시도하고 있다. 보호국으로 전락하면 한국인은 타국 군인, 경찰의 핍박을 면치 못할 것이다. 독립협회는 나라의 형편을 보아 적절한 조치를 취해야 한다."라는 것이었다.[28] 그레이트하우스가 연설을 한 싯점은 독립협회가 이용익을 제거하고자 분주히 움직인 때였다.

---

27) K-A-R Ⅲ, No.131. 1898년 8월 4일, p.49.
28) 『독립신문』 1998년 8월 1일, 〈고문관 권념〉.

그레이트하우스는 과거 고종이 정국 주도를 목표로 창설한 내무부의 협
판을 지낸 바 있었던 황제권 강화론자였다.[29] 그레이트하우스는 황제의 측
근인 이용익을 비호했고 황제에 대해 온건한 태도를 유지한 윤치호와 제휴
했다.[30] 알렌은 그레이트하우스가 한국 정부와 사전 교감을 가진 다음에
그 같은 담화를 한 것으로 이해했다.

알렌은 독립협회가 정치적으로 매우 중요한 단체로 성장했음을 인정했
다. 그는 독립협회 급진파는 황제 측근의 숙청을 시도한다고 단정했다. 알
렌은 독립협회가 황제와의 타협을 통해 목표를 성취할 것을 기대했다. 그
러므로 그는 독립협회의 황제권 도전을 부정적인 시선으로 바라보았다고
여겨진다.

(2) 노륙법 반대운동 평가

러시아 공사관의 통역관 김홍륙은 1896년 2월 아관파천 이후 러시아의
후원을 등에 업고 국정을 농단했다. 그에 분개한 궁내부대신 이재순은 사
람을 시켜 1898년 2월 22일 궁중출입문 옆에서 김홍륙을 살해하려 했으나
미수에 그쳤다.[31] 알렌은 고종이 김홍륙을 기피한 결과 스페에르 러시아
공사에게 김홍륙을 교체시켜 달라고 요청한 사실을 인지했다.[32]

김홍륙은 8월 23일 탐오죄로 유배형을 받자 9월 14일 고종의 독살을 시
도하다가 실패했다. 중추원 의장 겸 법부대신인 신기선은 노륙법, 연좌법을
부활하려 시도했다. 그에 대해 독립협회는 봉건적 악법을 부활하려 한다며
강력한 반대운동을 전개했다. 독립협회는 10월 2일 중추원 앞에서 민중대
회를 열고 악법의 부당성을 알리고 신기선의 사퇴를 요구했다. 그 뒤 독다

---

29) 그레이트하우스의 황제권 수호활동에 대해서는 김현숙 「한말 고문관 그레이트하
　　우스의 국제법 및 사법 자문활동」,『이대사원』31, 이대사학회, 1998 참고.
30)『대한계년사』3, 148쪽.
31)『대한계년사』3, 26쪽.
32) K-A-R Ⅲ, No.77. 1898년 2월 26일, pp.47~48.

사건에 연루된 궁중요리사가 옥중에서 고문으로 사망하자 독립협회는 책임자 퇴진운동을 전개했다. 결국 고종은 10월 10일 법부대신 신기선, 법부협판 이인우를 파면시켰고, 군부대신 심상훈, 탁지부대신 민영기를 해임시켰다. 또 스스로 사직한 의정 심순택과 함께 10월 12일 참정 윤용선도 해임됐다. 그 결과 일곱 명의 대신들이 퇴진했다. 고종은 독립협회의 건의를 수용하여 의정 서리에 박정양, 법부대신에 서정순, 군부대신에 민영환, 탁지부대신에 조병호 등을 임명했다.[33] 박정양, 민영환은 독립협회가 강력하게 입각을 요구한 인물이었다.[34]

알렌은 노륙법 반대운동은 김홍륙 처벌이 도화선이 되었다고 평가했다. 알렌은 김홍륙이 과거 독립협회에 가장 적대적이었던 인물이었음에도 불구하고 독립협회는 김홍륙에 대해 공정한 재판을 요구했다고 인정했다. 알렌은 한국인들은 독다사건 연루자들의 자백에 대해 잔인한 고문 탓으로 인식한다고 논평했다. 알렌은 독립협회 회원 수백 명은 고문 및 시신유기에 항의하여 밤낮으로 궁궐 앞에서 법부대신과 법부협판의 면직을 요구했으며, 시민들도 헌금을 바치고 철시하는 방식으로 지지 의사를 표시했다고 보았다. 알렌은 노륙법 반대운동에 대해 나름대로 평가했다. 첫째, 그는 독립협회가 강력한 정치단체임을 인정했다. 그는 일곱 명의 대신의 퇴진을 목격하고, 독립협회가 한국인의 다수를 대표하는 정도로 성장했다고 평가했다. 알렌은 "최근 서울은 강렬한 흥분의 시간을 보냈다. 대중의 요구로 내각의 완벽한 교체가 행해졌다. 평화적 혁명이 발생했다"고 인식했다. 그는 그 같은 내각교체는 1894년 일본이 실질적으로 한국을 지배한 시기에 있었고, 1896년 파천 때 세 각료를 잔인하게 살해한 뒤에 행해졌다고 지적했다. 둘째, 알렌은 독립협회의 집회를 과거 한국이 보지 못했던 시위라고 평가했다. 그는 독립협회운동의 모든 것은 질서정연한 방식으로 행해졌다

---

33) 신용하, 「독립협회의 활동」, 『한국사』 41, 국사편찬위원회, 1999, 353쪽.
34) K-A-R Ⅲ, No.77. 1898년 2월 26일, pp.47~48.

고 지적하며 독립협회의 집회 수준을 높게 평가했다.[35] 알렌은 독립협회를
수준 높은 정치단체로 규정했고, 내각 교체를 관철시킬 수 있는 파워를 가
졌다고 평가했다.

(3) 의회설립운동 평가

고종은 10월 20일 독립협회의 토론을 정치문제 이외의 것에 한정시키고,
그 집회 장소는 독립관으로 한정한다는 조칙을 내렸다. 그 같은 조치는 언
론과 집회의 자유를 근본적으로 제한한 것으로 볼 수 있었다. 그에 대해 독
립협회는 10월 22일 만장일치로 언론과 집회의 자유의 허락을 요구하는 상
소운동을 전개하기로 결의하고 23일 상소를 제출했다. 고종은 독립협회가
연속으로 4일을 철야하자 25일 언론의 자유를 허락했다.

알렌은 독립협회가 언론의 자유를 인정하는 칙령을 얻어냈고, 대중 회의
를 획득하는데 성공했다고 평가했다. 그리고 그는 독립협회가 대중 선거로
구성되는 입법기구의 창립으로 나아갈 것이라고 예측했다.[36] 실제 독립협
회는 10월 12일 개혁파 내각이 출범하자 정부에 공한을 보내 의회 설립에
대해 협의할 것을 요청했다. 정부는 15일 독립협회와 의회 설립을 협의하
기 시작했다. 독립협회는 24일 의회로의 중추원 개편안을 작성했다. 중추원
개편안의 요지는 중추원을 상원으로 개편하고 의회의 입법권을 갖게 하고,
그 의원은 총 50명으로 하되 25명은 정부에서 추천하고 25명은 독립협회가
선출한 민선의원으로 구성한다는 것이었다. 그러나 고종은 황국협회에게도
민선의원을 배정해야 한다고 주장하며, 민선의석 25명 중 17석을 독립협회
에 배정한다는 조서를 내렸다. 그 경우 독립협회는 총 의석의 1/3만을 갖게
되어 개혁추진은 어려웠다. 그에 불만을 가진 독립협회는 황국협회에 25석
모두를 배정할 것을 건의했다. 그러나 의회를 담당할 능력이 없던 황국협

35) K-A-R Ⅲ, No.152. 1898년 10월 13일, pp.52~53.
36) K-A-R Ⅲ, No.154. 1898년 10월 27일, pp.53~54.

회는 27일 민석의석 배정을 사양했다. 그에 따라 독립협회는 민선의석을 모두 차지하게 됐다.[37]

알렌은 정부가 중추원 의원의 정원을 51명으로 하고 17명은 독립협회 인사, 17명은 정부 지명인사, 17명은 황국협회 지명인사로 구성하며, 독립협회 회장 윤치호를 중추원 부의장에 임명한다는 방침을 정한 것을 인지했다. 알렌은 홍종우가 회장으로 있는 황국협회는 독립협회에 적대적인 인물들로 구성되었다고 인식했다. 알렌은 윤치호는 그 때문에 황국협회 인사 17명과 함께 구성될 부의장직을 사직했다고 판단했다. 알렌은 고종은 상기의 방침을 정한 뒤 집회를 금지하는 칙령을 반포하여 독립협회 해산을 기도하고 있다고 인식했다. 그러나 알렌은 독립협회는 언론의 자유를 획득하려는 투쟁을 전개하여 고종의 허가를 얻었다고 평가했다.[38] 알렌은 고종의 의중은 황제의 의사가 반영되는 의회를 창립하는 대신 독립협회를 해산하는데 있다고 단정했다. 그는 고종이 황국협회를 통해 의회를 통제하려 한다고 판단했다. 알렌은 독립협회는 줄기차게 언론의 자유를 획득하고자 투쟁했고, 결국 언론의 자유를 쟁취했다고 인정했다. 그리고 그는 언론 자유의 획득은 국민 선거로 구성되는 의회의 창립으로 나아갔다고 평가했다.

독립협회는 의회설립운동에서 큰 성과를 거두자 그 성과를 전국민적으로 굳건히 하고자 10월 28일 종로에서 관민공동회를 개최했다. 관민공동회는 10월 29일 헌의6조를 채택했고, 고종은 10월 31일 헌의6조를 재가했다. 박정양 내각은 11월 4일 중추원 신관제를 공포했다. 그러나 조병식 일파는 고종에게 독립협회가 박정양, 윤치호를 각각 대통령, 부통령으로 하는 공화정 수립을 기도하고 있다고 참소했다. 그에 고종은 독립협회 간부들의 체포를 지시하는 한편 조병식을 의정부 참정, 민종묵을 외부대신에 임명했다. 그 직후 경무청은 독립협회 간부 중 17명을 체포했다. 고종이 강경조치를

37) 신용하, 「독립협회의 활동」, 355~374쪽.
38) K-A-R Ⅲ, No.154. 1898년 10월 27일, pp.53~54.

취할 수 있었던 것은 러, 일공사의 강력한 지원을 받았기 때문이었다. 그러나 서울 시민들은 11월 5일부터 그 같은 조치에 격렬하게 항의하며 만민공동회를 개최했다. 결국 고종은 10일 독립협회 간부 17명을 석방조치했다.[39]

만민공동회

알렌은 관민공동회에서 협의한 결과 헌의6조가 마련됐고, 고종이 헌의6조를 칙령으로 인정했다는 사실을 인지했다. 또 알렌은 조병식, 민종묵의 입각과 독립협회 지도자 체포령은 수천 군중을 감옥에 집결시키는 등 대중적 흥분을 야기했다고 평가했다. 알렌은 17명의 지도자가 석방됐는데도 군중이 해산하지 않고 조병식 일파의 체포를 외치자 심각한 소요를 우려했다. 알렌은 관민공동회의 의장인 윤치호는 황제에 대한 존중의 규칙을 고수한 반면, 만민공동회 운동은 지도부의 통제를 넘어섰다고 평가했다. 그러

---

39) 신용하, 「독립협회의 활동」, 375~399쪽.

면서 그는 본국 정부에 11월 10일자『독립신문』의 기사를 보고했다.[40] 11월 10일자『독립신문』기사는 익명서 조작사건을 규탄하는 만민공동회의 상소, 군인들의 만민공동회장 난입, 시전상인의 철시 기사가 주류를 이루었다.

이상을 통해 알렌은 독립협회와 만민공동회를 구분하는 것을 보여준다. 만민공동회는 독립협회가 정치활동을 개시할 무렵에 등장했고, 독립협회의 정치활동을 외곽에서 지원했다.[41] 그럼에도 불구하고 알렌은 독립협회 의장인 윤치호의 지도하에 진행된 집회에 대해서는 긍정적으로 평가한 반면, 만민공동회에 대해서는 독립협회의 통제를 넘어섰다고 지적하며 부정적으로 평가한 것을 보여준다.

(4) 여성운동 평가

알렌은 한국의 여성운동에 대해서도 주목했다.『독립신문』은 1898년 4월 21일 여성도 교육을 통해 권리를 찾아야 한다는 취지의 논설을 게재했다.[42] 그 뒤 북촌의 양반층 여성들을 중심으로 한국 최초의 여성 단체인 찬양회가 조직됐다. 찬양회는 9월 여성의 동등한 정치 참여, 균등한 교육 기회, 평등한 직업 참여의 기회를 요구하는 여권통문을 공표했다. 또 찬양회는 남녀평등의 입장에서 여성 인재를 육성할 여학교의 설립을 추진했다. 찬양회 소속 부인들은 10월 11일 대궐문 밖에서 상소를 올렸다. 그 요지는 "예로부터 우리나라는 여자를 가르치는 법규가 있었습니다. 구미 각국은 여학교를 설립하여 개명진보에 도달한 바, 한국에만 유독 여학교가 없습니다. 황제께서 학부에 칙령을 내려 여학교를 설립해야 합니다. 그렇게 하면 한국을 동양의 문명국으로 만들 수 있고 각국으로부터 평등한 대접을 받을 수 있습니다."였다.[43] 고종은 학부에 관립여학교 설립을 검토하라고 지시했지만

---

40) K-A-R Ⅲ, No.161. 1898년 11월 14일, pp.54~55.
41) 한홍수, 앞의 논문, 231쪽.
42)『독립신문』1898년 4월 21일,〈논설〉.

정부회의에서 부결됐다.

알렌은 본국 정부에 "한국 여자들은 장옷과 가마 없이는 외출을 할 수 없는 등 가장 엄중하게 격리되어 왔다. 그들은 공개적으로 언급되지 않는 폐쇄적 집단이다. 그러나 독립협회운동이 모든 계층을 고무시킨 결과, 여성들도 권리를 요구하기 시작했다. 수백 명의 여자들은 여학교 설립을 요청하는 상소를 제출했으며, 고종도 더 이상 여성의 목소리를 무시하지는 못할 것이다."라고 보고했다.[44] 알렌은 독립협회운동은 오랫동안 사회적으로 격리되었던 여성들에게도 권리의식을 고취시켰다고 평가했다. 그리고 여성들은 황제에게 여학교 설립을 건의하는 등 교육권 쟁취 투쟁에 돌입했다고 인식했다.

여성의 장옷

그 뒤에도 알렌은 여성의 동향을 주시했다. 『독립신문』도 부인 단체인 찬양회가 사무소를 서울 매동에 있는 찬양회 회장의 자택으로 이전했다는

43) 『독립신문』 1898년 10월 13일, 잡보 〈부인 상쇼〉.
44) K-A-R Ⅲ, No.152. 1898년 10월 13일, pp.52~53.

사실을 보도하는 등 관심을 보였다.[45] 알렌은 10월 26일 독립협회 주도로 서울의 중심가에서 개최된 집회를 주목했다. 그는 그 집회에 대해 여성 클럽에서 선출된 13명의 위원들이 집회의 한 축을 형성하고 있다고 인식했다. 그는 그 광경을 보고 여자들이 격리된 한국에서 일어난 가장 놀랄만한 사건으로 평가했다.[46] 알렌은 한국의 여성운동이 급속도로 발전하고 있다고 평가한 것을 보여준다.

(5) 고종의 독립협회 대응에 대한 평가

가. 용병고빙

고종은 독립협회운동을 종식시키고자 군, 경에 강경 진압 명령을 내렸다. 그러나 군, 경은 고종의 진압 명령에 소극적인 태도를 보였다. 고종은 독립협회운동이 격화하는 정국에서 시위대의 충성심에 회의를 느낀 나머지 상해에서 미국·영국·프랑스·독일·러시아 국적의 외국인을 고빙해서 친위대를 조직하고자 했다.[47]

의정부대신들과 군·경은 친위대 조직을 인지하고 크게 동요했다. 독립협회는 9월 17일 대신들에게 항의서를 보내 누가 외국인을 서울에 오게 했는지를 밝히라고 요구했다. 외부대신 박제순은 용병 건에 대해 전혀 몰랐다고 답변했고, 고종도 외국인 고용의 지시를 내린 바 없다고 통보했다. 독립협회는 18일에도 외부에서 회의를 소집하고 외부대신에게 6가지 반대이유를 통보했다. 외부대신은 그 안건을 의정부에 제출했고, 의정부는 19일 만장일치로 용병의 고빙을 반대했다. 그 결과 친위대는 복무에 들어가기도 전에 해산됐다.[48]

---

45) 『독립신문』 1898년 10월 27일, 잡보 〈부인회 사무쇼〉.
46) K-A-R Ⅲ, No.161. 1898년 11월 14일, pp.54~55.
47) 신용하, 『독립협회연구 (상)』, 415-417쪽.

용병부대의 창설 아이디어를 고안해낸 것은 법부 고문 그레이트하우스였다.[49] 그레이트하우스는 황제권 강화를 지지했고 러시아 공사와 친밀한 관계를 유지했다.[50] 그는 여러 가지 측면에서 독립협회와 대척점에 섰던 인물이었다. 그는 독립협회 타도라는 명확한 목표를 가지고 용병을 고빙하려 했다.

용병의 숫자는 미국인 9명, 영국인 9명, 프랑스인 5명, 독일인 5명, 러시아인 2명이었다. 알렌은 용병이 서울에 도착할 때까지 그레이트하우스의 용병 고빙 계획을 알지 못했다. 알렌은 과거에 그러한 목적으로 미국인들을 고빙하겠다는 제의를 받은 바 있었다. 그러나 그는 비조직, 비훈련, 비통제의 집단은 큰 위험의 요인이 될 수 있다고 지적하며 용병 고빙에 강력히 반대하는 입장을 보였다. 그는 외국인 용병들을 적절한 통제가 없으면 서울의 평화를 교란시킬 집단으로 지목했다. 알렌은 물론 외교사절들도 용병 고빙을 강력하게 비난했다. 용병은 그들 국가의 영사의 지시에만 복종할 것으로 보았기 때문이었다. 그러므로 외국 사절들은 그레이트하우스를 맹렬히 비난했다.[51]

알렌은 종래 그레이트하우스로부터 미국인 용병부대의 창설을 제의받은 것으로 보여진다. 그러나 알렌은 용병부대는 통제하기가 어렵다고 판단했다. 알렌은 용병부대의 창설을 주도한 사람이 미국 국적인 그레이트하우스라는 사실을 인지했다. 그럼에도 불구하고 알렌은 그레이트하우스의 계획에 매우 비판적인 입장을 보였다. 그것은 미국 정부의 지시와도 연관이 있었다고 보여진다. 즉 미국 정부는 그레이트하우스 건과 관련하여 알렌에게 한국 거류 미국인에게 한국의 정치문제에 개입하거나 한국의 내정에 대한

---

48) 『프랑스문서』 8, 1898년 9월 20일, 223-224쪽.
49) 『대한계년사』 3, 148쪽.
50) 『개화기의 한미관계』, 314쪽.
51) K-A-R Ⅲ, No.145. 1898년 9월 17일, p.50.

의견 표명을 엄격하게 제한할 것을 지시했다.52)

나. 보부상 동원

고종은 외국인 용병부대의 창설이 무산되자 보부상을 이용하여 독립협회를 해산하고자 했다. 그에 고종은 보부상 지도자 이기동에게 보부상을 기반으로 황국협회를 조직할 것을 지시했다.53) 한편 서울 시민들은 독립협회를 복설하고, 헌의6조를 실행시키며, 익명서를 조작한 수구파를 숙청하고자 11월 11일 만민공동회를 재개했다. 그에 맞서 길영수·이기동은 16일 보부상을 소집했다. 보부상은 18일 입경한 뒤 21일 인화문 앞에서 집회를 하던 만민공동회를 습격했다. 분노한 서울 시민들은 22일 보부상을 공격했다. 그 때 군인들은 만민공동회에 동정을 표시하며 무력 진압을 거부했다. 그에 놀란 고종은 22일 독립협회를 복설시키는 한편 각국 공사를 궁궐에 초대했다. 시민들은 23일 일시 해산한 뒤 26일 종로에서 만민공동회를 재개했다. 그 날 고종은 만민공동회와 황국협회의 대표들을 돈례문(경운궁 남문)으로 소집했다.54) 동시에 고종은 외교사절을 같은 장소로 불러 독립협회 및 만민공동회운동에 대한 자문을 요청했다. 그러므로 외교단의 최고참인 알렌의 역할은 중요했다. 이 무렵 알렌은 서울의 상황과 자신의 대응에 대해 다음과 같이 본국 정부에 보고했다.

본인의 항의로 11월 14일 새로 지명된 친러파 고관들은 면직됐다. 그러나 그들은 궁궐에 피신중이다. 정부의 무력 사용으로 서울은 무법 강도의 수중에 있다. 6,000명의 서울 군인들과 1,100명의 경찰은 군중에 공감을 표시했다. 그들의 가족은 상소를 제출하고자 집회에 참가 중이다. 그러므로 황제는 군경을 동원하여 군중을 해산시키는 것은 무망하다는 것

---

52) K-A-R Ⅲ, No.96. 1898년 9월 22일, p.50.
53) 『대한계년사』 3, 133쪽.
54) 신용하, 「만민공동회의 정치투쟁」, 『한국사』 41, 국사편찬위원회, 1999, 400~412쪽.

을 인식한 것으로 보인다. 예로부터 보부상은 강력한 조직이었다. 수천 명에 달하는 보부상은 한반도 전역을 누비며 매우 단결력이 강하고 배타적이다. 그들은 1894년 개혁 때 특권을 상실했다. 고종은 군대가 군중 공격을 거부하자 보부상에게 특권을 약속하고 도시로 유인했다. 11월 21일 수백 명의 보부상은 공격, 해산을 감행했다. 상호간에 공격은 난무했다. 다음날 군중은 도시 외곽으로 가서 보부상을 공격했다. 보부상은 수명의 상소자를 살해했다. 분노한 군중은 보부상을 지지한 관리의 자택을 파괴했다. 일본인은 서울에 200명의 군대를 소유하고 있고 대규모의 유능한 경찰도 보유하고 있다. 러시아는 3명의 경비병만을 보유하고 있다. 영국은 조던의 요청으로 해군을 파견했다. 본인(알렌)은 보부상과 군중은 외국인에 적대적이지는 않다고 보았으므로 미국 경비군 요청을 거부했다. 그것은 순수히 한국의 문제다. 외교 사절들은 11월 22일 9시의 알현에 초대받았다. 고종은 자문을 요구했다. 본인은 자문을 거부했다. 그러나 보부상의 군중 공격으로 미국인이 위험에 처한 것에 대해서는 강력히 항의했다. 11월 23일 내각은 총사직했다. 고종은 그 소요를 야기한 친러파를 궁궐에 잔류시켰다. 소요는 더 심각해져서 외교 사절들은 11월 26일 알현을 요청받았다. 외교 사절들은 마튜닌을 제외하고 모두 궁궐로 갔다. 고종은 보부상과 군중에게 해산을 호소하는 연설을 고려했다. 면담은 성공적이었다. 고종은 헌의6조의 실시를 약속했고 독립협회의 허가장을 부활시켰다. 또 17인을 체포한 5명의 관료에 대한 재판을 약속했다. 군중은 그 약속을 믿고 해산했다. 보부상 해산령이 공포됐다. 현재 모든 것은 조용하다. 러·일 공사는 로바노프-야마가타 의정서를 침범하지 않으려고 매우 신중했다. 각국은 단독으로 한국문제에 개입하지 않을 것을 약속했다. 그러나 어느 한쪽은 다른 쪽의 협정 침범을 감시하고 있다. 그 사건은 외국이 개입하지 않고 순수하게 한국인이 일으킨 중대한 소요의 첫 번째 사례였다. 그것은 한국인에 의해 스스로의 방식으로 해결됐다. 그러나 그것은 향후 일어날 비슷한 성격의 소요의 선구자일 가능성이 크다.[55]

---

55) K-A-R Ⅲ, No.162. 1898년 11월 28일, pp.56~57.

알렌은 고종이 독립협회를 해산시키고자 군경을 제쳐놓고 보부상을 동원했다고 파악했다. 그리고 고종이 보부상에게 특권 부여를 약속하고 독립협회를 습격하게 했다고 판단했다. 알렌은 만민공동회운동에 대해 외세의 사주를 받지 않은 한국의 자생적 운동으로 평가했다. 알렌은 만민공동회와 보부상의 충돌에 대해 한국의 국내문제로 인식했으므로 고종의 자문 요청을 거부했고, 미군을 서울에 주둔시키자는 고종의 제의도 거부했다. 알렌은 소요의 책임이 고종의 조병식 일파 비호와 보부상 동원에 있다고 인식했다. 알렌은 보부상의 공격으로 미국인이 피해를 보았다며 우회적으로 보부상의 행태를 비난했다. 결국 고종은 알렌의 의견을 수용한 것으로 보인다. 고종은 다섯 대신의 처벌, 보부상 폐지, 헌의6조 실행 등을 약속했다.[56]

고종은 만민공동회에 대한 약속을 이행하는 뜻으로 11월 29일 중추원 의관 50명을 지명했다. 그러나 고종은 직접 제시한 국정개혁의 약속을 어기고, 다시 수구파를 중용하며 반격을 기도했다. 고종은 10일이 지나도록 약속을 준수하지 않았다. 그에 수만 명의 서울 시민들이 12월 6일부터 종로에서 만민공동회를 개최했다. 만민공동회는 다섯 대신의 처벌, 보부상 폐지, 헌의6조 실행을 상소했다. 그러나 조병식 일파는 독립협회가 공화정을 수립하려 한다고 참소했다. 고종은 재차 보부상을 소집하는 한편 중추원을 열어 독립협회와 만민공동회의 요구사항을 다루게 했다. 그에 따라 12월 15일 중추원에서 회의가 열렸다. 그 중 독립협회 출신 의관은 정부 대신에 입각할 인재를 추천하자고 제의한 결과, 11명의 대신 후보자가 천거됐다. 고종은 망명자 박영효가 명단에 포함되자 매우 강경한 입장을 보였다. 고종은 12월 23일 군대를 동원하여 만민공동회를 해산시켰고, 25일 독립협회와 만민공동회를 불법화시켰다.[57]

---

56) 신용하, 「만민공동회의 정치투쟁」, 412쪽.
57) 신용하, 「만민공동회의 정치투쟁」, 412~432쪽.

알렌은 고종이 헌의6조의 실시, 독립협회의 복설, 보부상 해산령 등의 개혁을 약속한 11월 26일 이후 고종의 동향과 만민공동회의 운동 방향을 주시했다. 알렌은 고종이 외교사절단과 만민공동회에 약속한 사항을 전혀 이행하지 않았다고 평가했다. 그리고 서울 시민은 항의의 표시로 만민공동회를 개최한 결과 한국은 무정부 상태에 빠졌다고 인식했다.[58]

다. 친러파 중용

독립협회는 10월 말 강력한 운동을 전개하여 의회 설립과 헌의6조 채택이라는 성과를 거두었다. 그에 맞서 조병식을 비롯한 친러파는 독립협회가 황제정을 폐지하고 공화정을 수립하려 모의한다는 '익명서사건'을 조작했다.

알렌은 종래 조병식을 악명 높은 인물로 지목한 바 있었다.[59] 알렌은 고종의 총애를 받는 조병식의 동향을 주시했다. 알렌은 조병식 일파는 대중집회의 파괴를 추구한다고 인식했다. 그는 조병식 일파가 헌의6조가 칙령으로 공포되자 고종에게 독립협회의 진정한 목표는 한국을 공화정으로 인도하는 것이라고 참소했다고 파악했다. 알렌은 조병식 일파가 독립협회가 대통령선거를 요구한다는 내용의 프래카드를 날조했다고 단정했다. 알렌은 독립협회운동의 동기를 잘 알고 있는 사람들은 공화정 아이디어는 사악한 자들의 조작이라고 확신할 것이라고 인식했다.[60]

고종은 '익명서사건'을 인지한 직후 독립협회 지도자 17명을 체포하고, 독립협회를 해산시켰다.[61] 아울러 고종은 11월 5일 친러 성향의 조병식을 법부대신, 민종묵을 외부대신에 임명하였다. 그에 대해 알렌은 본국 정부

---

58) K-A-R Ⅲ, No.167. 1898년 12월 23일, pp.57~58.
59) K-A-R Ⅲ, No.131. 1898년 8월 4일, p.49.
60) K-A-R Ⅲ, No.161. 1898년 11월 14일, pp.54~55.
61) 『고종실록』 권37, 광무 2년 11월 4일; 유영렬, 『대한제국기의 민족운동』, 일조각, 1997, 16-17쪽.

에 고종은 부패하고 무도한 조병식을 수상, 문제 많은 민종묵을 외부대신에 임명했고, 조병식 일파는 독립협회 지도자들을 체포했다고 보고했다. 수천 명의 군중이 체포당한 지도자와 함께 수감될 것을 요구하자, 고종은 민종묵을 면직했다. 알렌은 조병식파가 면직되기는 했으나 궁궐에 남아 고종에게 영향력을 행사하고 있다고 단정했다.[62] 알렌은 고종이 조병식 일파를 크게 신임하고 있음을 명확히 인식했다. 그는 고종이 조병식 일파가 독립협회의 공격으로 면직된 뒤에도 계속 신임하는 것을 납득할 수 없었다. 그는 조병식 일파를 사악하고 부패하며 무도한 사람들로 인식했기 때문이었다. 그 뒤에도 알렌은 조병식 일파에 대한 부정적 시각을 거두지 않았고, 조병식 일파를 축출하고자 시도했다. 즉 알렌은 11월 14일 고종에게 강력히 항의하여 새로 입각한 친러파 고관들을 면직시켰다.[63]

알렌은 과거 한국 정부의 탐관오리 숙청안을 지지한 바 있었다.[64] 알렌은 시종일관 수구적인 성향의 조병식을 사악하고 부패하며 무도한 인물로 규정했다. 알렌은 조병식 일파가 한국의 진보를 저지하는 집단으로 인식한 것을 보여준다. 그 결과 알렌은 조병식 일파를 비호하는 고종에 대해 부정적 시각을 가지게 된 것으로 여겨진다.

3) 미국의 독립협회운동 대응

미국 정부는 1896년 1월 11일 실(John M.B. Sill) 공사에게 한국 거류 미국인에게 한국의 문제에 개입하거나 한국의 국내 정책에 대해 의견 표명을 엄격하게 제한할 것을 지시했다.[65] 알렌 공사는 미국 정부의 지침을 준수

---

62) K-A-R Ⅲ, No.161. 1898년 11월 14일, pp.54~55.
63) K-A-R Ⅲ, No.162. 1898년 11월 28일, pp.56~57.
64) 『개화기의 한미관계』, 312쪽.
65) K-A-R Ⅲ, No.96. 1898년 9월 22일, p.50.

하고자 노력했지만 독립협회운동에 대해 자율적인 대응을 보이기도 했다.

먼저 알렌은 노륙법 정국에서는 미국 정부의 지침을 준수했다. 독립협회는 김홍륙의 독다 연루 자백을 잔인한 고문 탓으로 단정하고 1898년 9월 법부대신과 법부협판의 면직을 촉구했다. 외교 사절들도 법부대신의 면직을 요구하는 서한을 작성하고 각자 서명했다. 그러나 알렌은 법부대신의 면직을 요구하는 서한에 서명하지 않았다. 그는 서명에 대해 미국을 독립협회 노선에 일치시키는 것이라고 인식했다. 그는 그 서한에 서명하지 않은 것에 대해 올바른 행동이었다고 자평했다.[66]

알렌은 11월 5일부터 개시된 만민공동회 정국에 대해서는 나름대로의 대응을 보였다. 고종은 공화정 익명서사건을 계기로 독립협회 간부들의 체포를 지시하는 한편 조병식을 참정, 민종묵을 외부대신에 임명했다. 민종묵은 각국 공사관에 무력진압 의사를 타진했다. 서울에 거주하는 미국인들은 11월 6일 알렌을 방문하여 독립협회에 대한 무력 진압을 저지해달라고 요청했다. 그들은 군대가 무력 해산을 도모할 경우 강도가 서울 각처에 분산 거주하는 미국인들을 공격할 것이라 경고했다.[67] 알렌은 미국인의 생명과 재산권 보호를 중재하고자 진력했다. 한편 조던은 같은 날 서울 거주 영국인의 비슷한 호소를 듣자 알렌을 방문했다. 그 직후 영·미 공사는 함께 마튜닌(N. G. Matiunin) 러시아공사를 방문했다. 마튜닌은 감옥에 집결한 군중의 해산을 지지하지만 유혈사태에는 반대한다는 의사를 피력하며, 그 의사를 외부대신에게 전달해줄 것을 요청했다. 알렌은 자신이 외교 사절 중 최고참이라는 사실을 의식하며 7일 조던과 함께 외부대신 민종묵을 방문하여 그 같은 메시지를 전달했다.[68] 그들은 민종묵에게 군대를 동원하여 민회를 억압할 경우 외교 사절들은 한국을 떠날 것이라고 경고하며 독립협회에 대

---

66) K-A-R Ⅲ, No.152. 1898년 10월 13일, pp.52~53.
67) 『대한계년사』 4, 40~41쪽.
68) K-A-R Ⅲ, No.161. 1898년 11월 14일, pp.54~55.

한 무력사용을 반대했다.[69] 민종묵은 군중에게 충분한 고지를 주기 전에는 무력을 사용하지 않을 것이라고 약속했다. 그러나 그는 고종에게 알렌의 의사를 제대로 보고하지 않았다. 민종묵은 고종에게 알렌이 무력사용을 지지한다고 거짓 보고했다.[70] 그러므로 고종은 알렌이 가장 강경한 조치를 찬성하고 있다고 믿는 등 알렌의 의향을 정확히 파악하지 못하고 있었다. 그것은 알렌의 말을 황제에게 전하는 사람들이 중간에서 내용을 크게 변질시켰기 때문이었다. 고종은 만민공동회의 무력진압을 고려했다.[71]

알렌은 3일 뒤 고종이 군중에 무력을 사용하고자 군사에 대한 지식이 없는 인물을 재판관에서 제1 연대장에 임명한 것을 인지했다. 조던은 알렌에게 항의차 황제를 알현하자고 제의했다. 그러나 알렌은 일본 공사의 지지를 얻어야 했기 때문에 그 제의를 거부했다. 그는 러·프 공사에 대항하여 영, 일공사와 같은 편에 서는 것을 원하지 않았다. 그러므로 그는 개인적으로 고종에게 알현을 요청하자고 제의했다.[72]

이상과 같이 알렌은 11월 5일 만민공동회가 재개됐을 때 무력 진압을 반대했다. 그러나 알렌은 만민공동회를 지원할 의사는 없었다.[73] 알렌이 무력 사용을 반대한 것은 서울에 거주하는 미국인들을 보호하려 했기 때문이었다. 결국 알렌은 고종에게 강력한 메시지를 전달하여 무력 진압을 저지하는 데 성공했으며[74], 독립협회 간부 17명에 대한 석방 조치도 이끌어냈다.

이후 만민공동회는 구속된 지도자들의 석방과 독립협회의 복설을 요구하며 강력한 투쟁을 전개했다. 고종은 사태가 걷잡을 수 없이 확산되자 22일 독립협회 대책에 대한 자문을 구하고자 주한외교사절단을 초청했다. 히

---

69) 『대한계년사』 4, 40~41쪽.
70) K-A-R Ⅲ, No.161. 1898년 11월 14일, pp.54~55.
71) 『프랑스문서』 8, 1898년 11월 16일, 229~230쪽.
72) K-A-R Ⅲ, No.161. 1898년 11월 14일, pp.54~55.
73) 『대한계년사』 4, 52쪽.
74) K-A-R Ⅲ, No.161. 1898년 11월 14일, pp.54~55.

오키 마스시(日置益) 일본 대리공사는 고종으로부터 22일 접견을 통보받자 수석 공사인 알렌에게 외교 사절들의 의견을 수합한 뒤 대책을 제시하자고 제의했다. 그 결과 외교 사절들은 보부상 해체, 공고한 내각의 조직과 개혁의 실행, 질서 회복 등 7개 조항에 합의했다. 히오키는 알렌에게 연합하여 고종에게 건의할 것을 제의했다. 그에 대해 알렌은 한국 정부에 항의는 할 수 있지만 권고는 훈령 밖이라고 거절했다.[75] 러시아 공사 마튜닌은 끝내 22일의 알현에 참석하지 않았다. 그는 고종이 외국 사절들에게 독립협회 무력 진압의 책임을 분담시킬 우려가 있다는 이유로 참석을 거부했다.[76]

일본 대리공사는 고종에게 만민공동회에 대한 무력 진압을 권고했다. 그는 고종이 영·미 공사를 의식하여 무력 사용을 망설이자 영·미 공사를 적극 설득하였다.[77] 한편 알렌은 "미국은 민주국으로서 민론 중시를 국시로 한다. 과거 미국 정부는 군대를 동원하여 민론을 진압한 사관을 처형한 사례가 있다."라고 언급하며 만민공동회에 대한 무력 진압을 반대했다.[78] 동시에 알렌은 보부상의 군중 공격으로 미국인이 위험에 처했다고 지적하며 강력히 항의했다.[79] 조던은 22일 알현 석상에서 고종에게 정부가 보부상을 동원한 것을 강력히 항의했다.[80] 미·영 공사는 알현 석상에서 보부상의 무력 사용에 강력히 항의했다. 그 같은 항의는 독립협회에 대한 더 이상의 무력사용을 저지한 것으로 보여진다.

서울 시민들은 23일 일시 해산한 뒤 26일 종로에서 만민공동회를 재개했다. 그 날 고종은 외교사절을 초대하여 그에 대한 자문을 요청했다. 외교사절들은 마튜닌을 제외하고 모두 궁궐로 갔다. 고종은 외교사절 앞에서 헌

75) 『일사기록』 12, 기밀제52호, 1898년 11월 23일, 447~450쪽.
76) 『日本外交文書』 31-2, 1898년 11월 23일, 415쪽; 같은 책, 1898년 11월 28일, 423쪽.
77) 『일사기록』 12, 기밀제54호, 1898년 12월 10일, 453-454쪽; 『일사기록』 12, 기밀제55호, 1898년 12월 13일, 455-456쪽.
78) 『일사기록』 12, 기밀제54호, 1898년 12월 10일, 453~455쪽.
79) K-A-R Ⅲ, No.162. 1898년 11월 28일, pp.56~57.
80) 『한영외교자료집』 9, No.2, 1898년 11월 25일, pp.131~133.

의6조의 실시, 독립협회의 복설, 보부상 해산 등을 약속했다. 알렌은 황제의 약속으로 한국은 평온하다고 인식했다.[81] 또 알렌은 러·일 공사는 로바노프-야마가타 의정서(Lobanov-Yamagata Protocol)를 준수하는 차원에서 한국문제에 개입하지 않고 있다고 파악했다.[82]

고종은 11월 26일 직접 제시한 국정개혁의 약속을 어기고, 반격을 기도했다. 이에 맞서 수만 명의 서울 시민들이 12월 6일부터 만민공동회를 개최했고[83], 독립협회도 고종의 약속 불이행에 분개하여 상소를 제출했다.[84] 미국인 선교사들은 독립협회운동에 적극 가담하는 한편 한국인 개신교도들에게 독립협회의 참석을 권고했다.[85] 그 결과 미국 선교회 소속의 한국인 개신교도들은 12월 9일과 10일 개최된 만민공동회에 참가했다.[86]

보부상 지도자 길영수는 정동교회에 편지를 보내 개신교도는 독립협회 같은 역적의 꼭두각시라고 비난하며, 보부상은 교회를 파괴하고 교도를 살해할 것이라고 경고했다. 알렌은 즉각 외부에 조회하여 길영수 편지 건을 상세히 조사할 것을 요구했다.[87] 개신교도들도 10일 경무사 이근호에게 길영수의 체포를 요구했다. 고종은 개신교도가 만민공동회를 후원할 것을 우려하여 알렌에게 무마를 부탁했다. 알렌은 미국인 선교사로부터 교육을 받은 개신교도들이 집회에 참가한 사실을 인지했다. 알렌은 미국인의 재산에 대한 위협이 행해지자 개신교도들의 집회 참가를 저지하고자 했다. 알렌은 미국인 선교사 아펜젤러 (Appenzeller)에게 1897년 5월 11일 미 국무성이 보낸

아
펜
젤
러

81) K-A-R Ⅲ, No.161. 1898년 11월 14일, pp.54~55.
82) K-A-R Ⅲ, No.162. 1898년 11월 28일, pp.56~57.
83) 최형익, 앞의 논문, 200-201쪽.
84) 『한영외교자료집』 9, No.5. 1898년 12월 6일, p.136.
85) 『개화기의 한미관계』, 313쪽.
86) 류대영, 『개화기 조선과 미국 선교사』, 한국기독교역사연구소, 2007, 124쪽.
87) K-A-R Ⅲ, No.161. 1898년 11월 14일, pp.54~55; 『대한계년사』 4, 181~182쪽.

회람의 준수를 촉구하는 편지를 전달하며 교도에 대해 엄중 단속을 요구했다. 또 개신교도에게는 경무청 집회 참여를 금지할 것을 요청했다. 아울러 알렌은 외부에 길영수건에 대해 더 이상의 취조를 중단하도록 부탁했다.[88]

알렌은 미국인의 재산권이 위협을 받자 미국인 선교사는 물론 한국인 개신교도들의 만민공동회 참가를 강력 저지했다. 또 그는 길영수 측의 협박 편지에 대해서도 문제 삼지 않았다. 보부상 두령 길영수는 고종의 신임이 두터운 인사였다. 그러므로 알렌이 길영수 측의 협박에 대해 더 이상의 조사를 중지시킨 것은 황제와의 관계 악화를 방지하려 했기 때문으로 보여진다.

마튜닌은 독립협회운동이 격화되자 개입을 시도하였다. 그는 일본 공사에게 러시아와 일본이 수수방관할 경우 영국과 미국이 개입하여 한국에서 세력을 부식할 것이라고 지적하고, 러·일이 공동으로 개입하여 독립협회를 무력 해산시킬 것을 제의했다.[89] 한편 가토 마쓰오 주한 일본공사는 10월 13일 휴가차 귀국했다가 12월 13일 한국으로 귀임한 뒤 15일 고종에게 15일 국서를 봉정했다. 알렌은 일본 공사의 동향을 예의 주시했다. 그 때 일본 정부는 가토를 변리공사에서 전권공사로 승진시켰다. 그것은 일본 정부의 독립협회 대응 변화를 알 수 있는 신호로 볼 수 있었다.

> 가토는 12월 15일 장시간의 알현 때 군중에게 한 약속을 수행할 때까지 군중에게 무력해산을 반대했다고 본인에게 통보했다. 또 그는 고종에게 일본 정부는 망명자 귀국의 불허를 약속했다. 며칠 전에 박영효의 제물포 도착설이 유포됐다. 그는 애국자, 능력자로 인식되었으므로 군중은 그의 등용을 상소했다. 고종은 상소 서명자에 대한 체포령을 내렸다. 마튜닌은 자주 로바노프-야마가타 의정서에 불만을 표명하며 그 협정을

---

88) K-A-R Ⅲ, No.167. 1898년 12월 23일, pp.57~58;『대한계년사』4, 194쪽. 아펜젤러의 선교활동에 대해서는 임선화, 「선교사의 독립협회와 대한제국 인식- 언더우드와 아펜젤러를 중심으로-」,『전남사학』14, 전남사학회, 2000 참고.

89)『일본외교문서』31-2, 1898년 12월 13일, 432쪽.

무시하기를 열망했다. 그러나 가토는 거부했다. 일본 군대가 한국 내 일본인을 보호한다. 일본은 한국내 많은 추종 관료를 보유한다. 일본은 점차 영향력을 강화중이다. 한국인이 몇몇 열강에 의지하거나 자문을 받는 것은 명백하다. 한국은 러시아 군이 철수한 뒤 더 악화되고 있다.[90]

알렌은 가토가 마튜닌의 공동 개입 제의를 거부하는 한편 고종에게 독립협회에 대한 무력해산을 반대했다고 인식했다. 그러나 알렌의 추측과는 달리 가토는 고종에게 독립협회에 대한 무력 해산을 강력히 건의했다. 가토는 고종에게 일본도 메이지유신 초반에는 군대를 동원하여 민회를 진압했다고 주장하면서 독립협회 해산을 권고하였다.[91]

한편 미국 정부는 21일 알렌에게 독립협회에 대한 훈령을 주었다. 알렌은 미국 정부의 훈령을 받자 종전의 입장을 바꿔 독립협회의 강제 해산을 지지했다.[92] 알렌의 입장 변화는 고종에게 중대한 영향을 준 것으로 보여진다. 고종은 그 직후인 23일 시위대에게 독립협회에 대한 무력 해산을 지시했고, 25일에는 독립협회의 집회를 금지시켰다.

알렌은 독립협회운동과 독립협회를 외곽에서 지원한 만민공동회운동을 순수히 한국 내부의 문제라 인식하고 그에 개입하지 않았다. 그는 독립협회 및 만민공동회가 미국에 적대적이지 않다고 판단했다. 그러나 그는 미국인의 재산권을 보호하고자 미국인 선교사와 한국인 개신교도들의 만민공동에 참가를 반대했다.

---

90) K-A-R Ⅲ, No.167. 1898년 12월 23일, pp.57~58.
91) 『대한계년사』 4, 220쪽.
92) 신용하, 『독립협회연구(하)』, 일조각, 2006, 652쪽.

3. 프랑스의 독립협회운동 인식과 대응

1) 프랑스의 독립협회 지도부 인식

영국정부는 러시아가 여순·대련을 점령하자 일련의 사태를 러시아의 만주와 한반도에 대한 동시진출로 인식하고, 1897년 12월 동양 함대를 제물포에 급파하였다. 플랑시(Collin de Plancy) 주한 프랑스공사는 영국 함대의 방한에 따른 정국의 추이를 예의 주시했다. 플랑시는 러프동맹과 그에 맞선 영·미의 제휴를 강하게 의식했다. 그는 그 같은 열강의 대립구도는 한국 정계에서 친러파, 친불파 연합과 친미파, 친영파 연합의 대립으로 이어졌다고 판단했다. 프랑스 공사관은 친러파, 친불파를 통해 한국 내각에 영향력을 행사했다. 법부대신 조병식, 탁지부대신 정낙용은 러시아·프랑스공사관의 대변인 역할을 하고 있었다.[93] 특히 조병식은 가톨릭교회에 출석했고, 프랑스공사관을 빈번히 방문했다.[94]

플랑시는 친미파, 친영파는 영국 함대가 수도 근처에 주둔하고 있는 상황을 이용하여 반러적 성향의 인물들로 신정부를 구상중이라고 판단했다. 플랑시는 고종은 러시아의 강압에 분개한 나머지 법부대신과 외부대신을 겸직한 조병식을 해직하고 이유인을 법부대신, 이도재를 외부대신에 임명했다고 파악했다.[95] 플랑시는 영국 함대의 무력시위는 고종에게 영향을 주어 친러파, 친불파를 실각하게 하고 친미파, 친영파의 부상을 야기했다고 인식했다. 플랑시는 영국의 적극적 동아시아 정책이 친영파를 고무시킨 것으로 판단했고, 친영파의 실체를 예의 주시했다. 플랑시는 친미파, 친영파는 영국 총영사의 사주를 받아 고종을 영국공사관으로 파천시킨 뒤에 체영

---

93) 『한영외교자료집』 8, No. 22. 1897년 12월 9일, pp. 449~450.
94) 『한영외교자료집』 8, No. 140. 1897년 10월 5일, p. 373.
95) 『프랑스문서』 8, 1898년 1월 31일, 116~118쪽.

중인 이준용을 추대할 것이라는 첩보를 예의주시했다.[96]

주목할 것은 플랑시가 다른 외교사절과는 달리 친미파는 물론 친영파도 독립협회와 긴밀한 연관이 있다고 파악한 점이다. 그것은 절영도 저탄소의 조차문제를 보는 시각에서 잘 드러난다. 러시아는 1897년 8월부터 한국 정부에 러시아 해군을 위하여 절영도 저탄소의 조차를 요구했다. 외부대신 이도재는 절영도 조차는 물론 러시아의 목포, 증남포 조차 요구도 거부했다.[97] 플랑시는 친미파, 친영파가 이도재에게 절영도의 조차를 거부하도록 압력을 행사했다고 인식했다.[98] 플랑시는 러시아에 대한 절영도 조차 거부를 친미파, 친영파의 공작의 결과로 단정함으로써 친미파, 친영파가 러시아에 적대적이라고 판단했다.

그 뒤 이도재는 외부대신직을 사직했고, 민종묵이 2월 16일 외부대신에 취임했다. 민종묵은 의정부와의 논의도 거치지 않고 러시아에 절영도의 조차를 허가하려 했다. 독립협회는 절영도 저탄소의 조차를 강력히 반대했다. 독립협회는 고종에게 절영도 저탄소 설치 협정을 취소시키고 서울에 개설된 한러은행을 폐쇄할 것을 건의했다.[99] 플랑시는 민종묵이 러시아에 절영도 저탄소의 조차를 허가하려 하는데 반해, 외부의 관리들은 러시아에 대한 협조를 거부한다고 인식했다. 플랑시는 의정부대신들이 민종묵의 독단을 비판하며 사직서를 제출했으며 한러은행 설립도 반대한다고 인식했다. 또 플랑시는 독립협회가 민종묵에게 일본에 허여한 바 있던 절영도 부지를 회수하라고 요구했고, 탁지부대신에게는 한러은행과의 거래를 하지 말도록 요구했다는 것을 인지했다.[100] 러시아는 3월 17일 한국정부에 대한 절영도 조차 요구를 철회했다.

96) 『프랑스문서』 8, 1898년 3월 5일, 133쪽.
97) 신용하, 『독립협회연구(상)』, 400~402쪽.
98) 『프랑스문서』 8, 1898년 2월 19일, 120~122쪽.
99) 『독립신문』 1898년 3월 10일, 〈논설〉.
100) 『프랑스문서』 8, 1898년 3월 9일, 134~136쪽.

플랑시는 러시아에 대한 절영도 조차 거부를 친미파, 친영파의 공작의 결과로 규정했고, 독립협회를 절영도부지 반대운동의 주체로 지목했다. 플랑시가 친미파, 친영파와 독립협회의 연관성을 의식했을 가능성을 보여주는 대목이다.

독립협회는 1898년 2월 고종에게 상소를 올려 러시아의 이권 침탈을 비판하면서 러시아 군사, 재정 고문을 해고시킬 것을 건의하였다.[101] 플랑시는 독립협회가 3월 10일 만민공동회를 열고 러시아의 사관·탁지부 고문관 철수를 요구했다는 사실을 인지했다.[102] 스페에르는 독립협회가 러시아 군사·재정고문의 철수를 요구하자 한국 정부에 24시간 내 러시아의 교련 사관·탁지부 고문관의 고빙 지속 여부에 대해 회답할 것을 요구하였다. 플랑시는 스페에르가 고종에게도 동일한 요구를 했다고 파악했다.[103] 의정부대신들은 러시아 고문의 송환을 결정했다. 민종묵은 3월 12일 러시아 공사에게 보낸 공문에서 "한국은 외국의 지원없이도 군대를 재정비하고 재정을 관리할 수 있다. 향후 군무는 전적으로 한국인으로 하여금 주관하게 할 것이므로 일체 외국인 사관·고문관 등을 고빙하지 않겠다."고 통보했다.[104] 플랑시는 고종은 러시아 황제의 선의를 믿고 러시아 재정고문과 군사고문이 계속 체류할 것을 희망한다고 인식했다. 플랑시는 고종이 의정부대신들에게 러시아 교관의 체류 필요성을 역설했지만, 대신들은 고종의 의사를 따를 듯한 태도를 보이다가 결국 러시아 교관의 철수를 요구했다고 파악했다. 플랑시는 스페에르가 그 날 저녁 민종묵의 답장을 러시아 정부에 전달했음을 인지했다.[105] 플랑시는 독립협회의 철수 요구가 러시아 정부의 철수 검토를 야기했으며, 의정부대신들의 철수 요구도 독립협회와 연관이 있

101) 『고종실록』 권37, 광무 2년 2월 22일.
102) 『프랑스문서』 8, 1898년 3월 12일, 138~139쪽.
103) 『프랑스문서』 8, 1898년 3월 9일, 134~136쪽.
104) 『아안 1』 1001호, 광무 2년 3월 12일.
105) 『아안 1』, No.1001, 광무 2년 3월 12일;『프랑스문서』 8, 1898년 3월 14일, 142~143쪽.

다고 판단한 것을 보여준다. 플랑시는 결론적으로 독립협회는 러시아에 대해 적대적이라고 단정했다. 그는 그 근거로서 김홍륙 피습사건, 절영도 조차 거부, 러시아 고문 반대를 예시했다.

플랑시는 친미파, 친영파가 독립협회에 참여했다고 판단했다.[106] 플랑시는 친미파, 친영파가 사실상 독립협회를 주도하고 있다고 파악한 것으로 보여진다. 플랑시는 독립협회 주도층의 노선을 급진파와 온건파로 분류했다. 플랑시는 급진파가 공화 혁명을 꿈꾸며 황제체제의 와해를 기도하는데 비해, 온건파는 황제체제를 부정하지는 않는다고 파악했다. 그는 온건파는 황태자를 황제로 옹립하기를 반대하고 영국에 체류 중인 이준용 혹은 일본에 체류 중인 의화군 중 어느 한 명을 황제후보자로 선택하려 한다고 인식했다. 플랑시는 그 중 의화군은 추종자들이 황제로 추대할 경우를 대비해서 귀국 준비를 하고 있으며, 그 때문에 황실은 그를 경계하고 있다고 파악했다.[107] 그 무렵 조던은 독립협회가 혁명적 수단으로 나아갈 것이라고 예측함으로써 급진파의 득세 가능성을 예측했다.[108] 그러나 플랑시는 공화정 수립을 기도하는 급진파보다는 황위교체를 추구하는 온건파에 주목했다.

플랑시는 전 독립협회 회장 안경수의 쿠데타 기도도 황위교체에 있다고 인식했다. 안경수는 1898년 7월 일부 대신들과 연합하여 황태자 대리청정과 내각 교체를 기도했다. 안경수의 쿠데타 기도는 이 사건에 박영효가 관련되어 있었고, 안경수 자신이 참여했던 갑오개혁이 군주권을 제한한 정치체제였던 점을 고려할 때 내각중심의 입헌군주제를 수립하려 한 것으로 여겨진다.[109] 고종은 이 사건의 목적은 의화군이나 이준용에게 양위하는 것이라고 의심했다. 그 과정에서 정부는 이 사건과 연루된 진보적 관리 다수

---

106) 『프랑스문서』 8, 1898년 3월 3일, 127~128쪽.
107) 『프랑스문서』 8, 1898년 6월 5일, 202~203쪽.
108) 『한영외교자료집』 9, No.128. 1898년 7월 24일, pp.96~97.
109) 송경원, 앞의 논문, 256쪽.

를 체포했다.[110] 고종은 이 사건의 연루자들과 정적 관계에 있는 조병식을 법부대신에 임명했다. 그에 맞서 독립협회는 정부의 실정을 비판하는 상소를 제출함으로써 안경수사건에 연루된 각료들을 비호했다. 또 독립협회는 조병식의 면직을 요구하는 시위를 전개하여 조병식을 면직시켰다. 그 과정에서 독립협회 회원은 지속적으로 증가했고, 지방으로까지 활동 영역을 확장했다. 플랑시는 쿠데타 모의에 연루된 사람들을 대부분 독립협회 소속이라고 인식했다.[111] 플랑시는 안경수의 쿠데타 기도를 독립협회와 연계하여 황위 교체를 추구한 것이라고 판단한 것을 보여준다.

2) 프랑스의 독립협회운동 평가

1898년 2월 22일 러시아 통역관 김홍륙이 궁중출입문 옆에서 피습을 당한 사건이 발생하였다. 플랑시는 독립협회가 러시아 군사, 재정 고문을 해고시킬 것을 주장하고, 김홍륙의 횡포를 비난했다는 사실을 인지했다. 플랑시는 고종이 시위자가 많은 것에 겁을 먹고 상소에 긍정적인 답변을 했고, 그 직후 김홍륙이 궁중출입문 옆에서 피습을 당한 사건이 발생하였다고 파악했다.[112] 플랑시는 김홍륙 피습은 반러운동을 전개하던 독립협회와 연관이 있고, 고종도 이 사건과 연관이 있다고 판단했다.

독립협회는 1898년 3월 2일 만민공동회를 열고 김홍륙을 매국노로 지칭하며 처벌을 요구했다. 플랑시 프랑스공사는 3월 집회를 계기로 독립협회 활동을 주시한 것으로 여겨진다. 그 사건 이전 플랑시는 독립협회에 대해 특별히 언급한 바가 없었다. 플랑시는 독립협회의 상소와 그 영향에 대해 본국 정부에 다음과 같이 보고했다.

---

110) 『한영외교자료집』 9, No.126. 1898년 7월 15일, p.95.
111) 『프랑스문서』 8, 1898년 8월 16일, 215~216쪽.
112) 『프랑스문서』 8, 1898년 3월 3일, 127~128쪽.

김홍륙이 의정부 운영에 개입하는 등 정부의 수장 역할을 자행했으며 대신들을 하인으로 부렸다. 그는 매직을 일삼았고, 사익을 위하여 칙령을 만들었다. 또 그는 사법당국을 움직이고자 칙령을 사용했고 원한을 갚고자 고관들을 투옥시켰다. 궁궐에서의 그의 영향력이 막강하여 그의 지시 없이는 어떤 관리도 궁궐을 출입할 수 없었다. 무법자가 정부를 통제할 때에는 그 어떤 국가도 정의를 누릴 수 없다. 무법자를 지도자로 인정하지 않는 사람은 관직을 유지할 수 없다. 협잡이 판을 쳐서 애국심이 사라졌다. 상소를 지지하는 서명자들이 급증하고 있으며, 많은 사람들이 시위에 참가차 서울로 집결 중이다.[113]

플랑시는 독립협회의 영향력이 점차 중대하고 있다고 판단했다. 그는 많은 한국인들이 정의와 애국심을 호소하는 독립협회의 주장에 공감하며 그 운동에 동참하고 있다고 인식했다.

『독립신문』은 고종의 국정운영 방식을 비판했다. 『독립신문』은 외국의 경우 대신들은 장기간의 재직으로 사무에 숙달한 데 비해 한국은 대신, 협판을 주막의 나그네처럼 1년에 수차례 교체시켜 사무를 학습할 시간을 주지 않는다고 비판했다. 그 때문에 외국인은 한국 정부를 불신한 결과, 외국과 한국의 교제가 친밀하지 못하다고 지적했다.[114]

한편 러시아 정부는 동아시아정책을 만주집중정책으로 전환했다. 그에 따라 러시아는 1898년 4월 25일 일본과 러·일의 한국 내정에의 불간섭, 군사교관과 재정고문의 한국 파견 시 상호 협의, 일본의 한국 내 상공업 발전을 인정하다는 내용의 로젠-니시 협정(Rosen-Nishi Convention)을 체결하였다. 그 결과 러시아는 5월 하순 군사교관단과 재정고문을 철수시켰다.

플랑시는 러시아의 철군 이후 독립협회의 영향력이 갈수록 커지고 있다고 평가했다. 이 무렵 플랑시는 한국의 정국 상황에 대해 다음과 같이 평가했다.

---

113) 『프랑스문서』 8, 1898년 3월 12일, 138~139쪽.
114) 『독립신문』 1898년 5월 31일, 〈외국 사람의 의견〉.

고종은 외국의 후견으로부터 자유를 얻게 되자 큰 혼란에 빠졌다. 고종은 러시아의 무관심이 확실하자 내각구성에 주저하고 있다. 새 내각이 구성되기 무섭게 구성원들 간에 갈등이 계속된 결과 2개월밖에 되지 않았는데도 사직자들이 속출하고 있다. 고종은 논의를 이끌 원칙을 제시할 능력이 없다. 또 황제는 특권에 너무 집착하고 배신을 두려워하므로 권한 중 일부를 관료들에게 주기를 기피한다. 그러므로 가장 충직한 인물마저 황제와 소원해졌다. 그들은 상황을 호전시킬 능력이 없으므로 책임이 큰 공직에서 사직하려 한다. 결국 고관들은 혼란에 연루되기를 기피하여 사직했다. 현 정권은 파국을 맞이하여 단기에 끝날 것이다.[115]

플랑시는 러시아 철군 뒤 고종의 권력이 급격히 약화되고 있다고 판단했다. 플랑시는 정부 각료들이 권한이 없는 대신직을 기피하고 있으며, 황제보다는 독립협회에 의지하고 있다고 단정했다. 얼마 뒤 플랑시는 본국 정부에 황제와 독립협회의 역학관계를 다음과 같이 보고했다.

독립협회는 한국 정부에 대해 고종이 줄 수 없는 자극을 준다. 그토록 나약하고 변덕스런 군주 밑에서는 내일을 기약할 수 없다고 생각하는 대신들은 독립협회에 의지하려 한다. 대신들은 독자적으로는 감히 추진하지 못할 조치들을 독립협회 회원과 논의하고 있으며, 책임을 회피하고자 고종에게는 압력을 피할 수 없다고 보고한다. 대신들은 독립협회의 명령이면 무조건 따르고 독립협회의 심문에 가장 겸손한 태도로 답한다. 그 이상한 태도는 사전 합의에 의한 것이다. 이같은 합의가 내각과 독립협회 간에 존재하지 않는다면 외부대신이 마튜닌과 제(플랑시)가 언론에 대해 요구한 조치를 취하는데 그토록 강경하게 버티지는 않았을 것이다. 유기환은 신중을 기했으므로 동료와 지지자를 얻었고, 덜 신중한 법부대신은 사직해야 했다. 언론은 그를 비난했다. 독립협회는 사관학교의 입학시험에서 부정행위가 벌어지자 군부대신을 강력히 비판했다. 독립협회 회원을 위조지폐를 발행자로 지목한 경무사도 공격을 받았다. 독립협회는 탁지부대신에게 청동 화폐의 명목가치를 유지하기에 해당 화폐의 유통량이 과도하며 은화의 발행이 충분치 않아서 가치

115) 『프랑스문서』 8, 1898년 6월 5일, 204~205쪽.

하락의 위험에 처했다고 지적했다. 그런데 센트의 무한 주조는 황제의 승인 때문이다. 주조업자는 황제에게 많은 수수료를 지불한다. 며칠전 군주가 홍릉으로 행차할 때 비가 오자 많은 수행관리들이 흩어져 거의 혼자 궁에 들어가야 했던 것은 황제에 대한 존경심이 사라지는 것을 보여주는 사건이다.[116]

플랑시는 독립협회가 국정에 강력한 영향력을 행사하자, 의정부대신들은 황제의 지시보다는 독립협회의 의사를 추종하고 있다고 단정했다. 플랑시는 시간이 경과할수록 독립협회의 영향력은 더욱 강화될 것으로 내다봤다.

플랑시는 독립협회는 정부 각료에 영향력을 행사하는 것은 물론 고종의 각료 인선에도 영향력을 행사하고 있다고 인식했다. 그 무렵 외부대신 민종묵은 이태리, 오스트리아에 칭제 사실을 조회하지 않았다는 죄목으로 면직됐다.[117] 그에 대해 플랑시는 독립협회의 외교노선을 지지하는 의정부대신들이 친러 성향의 민종묵에 대해 극심한 적대감을 드러냈으며, 결국 그를 축출했다고 단정했다. 고종은 민종묵을 면직시키고 4월 15일 새 외부대신에 조병직을 임명했다. 플랑시는 조병직이 과거 외부를 맡았을 때 러·프 공사를 비난하는 등 늘 껄끄러운 관계를 유지했음을 상기했다.[118] 플랑시는 조병직이 러시아 공사에 대해 극심한 적대감을 보여온 것을 상기하며, 그 인사는 한·러 간의 단절을 강화시킬 것으로 예측했다.[119] 플랑시는 후임 외부대신 이도재도 스페에르와 대립한 바 있으므로 러시아에 대해 타협하지 않을 가능성이 크다고 내다봤다.[120] 플랑시는 독립협회의 영향력 행사로 친러 성향의 각료는 축출을 당하는 반면 반러 성향의 대신들이 입각하고 있다고 인식한 것을 보여준다.

---

116) 『프랑스문서』 8, 1898년 6월 30일, 209~210쪽.
117) 『고종실록』 권37, 광무 2년 3월 24일.
118) 『프랑스문서』 8, 1898년 6월 1일, 201쪽.
119) 『프랑스문서』 8, 1898년 3월 25일, 167쪽.
120) 『프랑스문서』 8, 1898년 8월 4일, 214쪽.

한편 플랑시는 독립협회가 황실측근의 숙청을 기도한다고 인식했다. 대표적인 황실측근인 이용익은 황실의 재정을 주관했다. 이용익은 1897년 경 뮈텔(Gustav Mutel) 주교를 방문하여 가톨릭 신자가 되겠다고 약속한 바 있었다. 이후 이용익은 프랑스공사를 통해 상해에 있던 프랑스계 은행과 차관도입을 교섭하는 등 본격적으로 프랑스와 접촉을 하기 시작했다.121) 그러므로 플랑시는 이용익을 친불파로 간주하며 그의 동향을 예의 주시한 것으로 보여진다. 다음은 플랑시가 본국 정부에 한국의 정국 동향을 보고한 내용이다.

> 독립협회는 1,300명이 서명한 탄원서를 황제에게 보내 폭넓은 개혁을 요구했다. 독립협회는 악습을 검토하라는 요구가 많은 효과를 거두리라 생각했다. 그리하여 광산, 화폐, 철도, 인삼전매를 총괄하던 이용익을 제거하려는 운동을 개시했다. 이용익은 최하층 계급이었지만 매우 불법적으로 재산을 모았고, 그 재산으로 황제의 내탕고에 헌납금을 바쳐 높은 지위에 올랐다. 독립협회는 이용익에 반대하는 논의석상에 궁내부, 농상공부, 탁지부대신을 불렀다. 대신들은 이용익에 대한 백성의 원성이 한결같다는 견해에 동의했으며, 황제에게 그의 숙청을 건의할 것을 약속했다. 독립협회는 이용익을 고등법원에 소환하기로 결정했다. 그러나 이용익은 도피했다. 고종은 총애하는 이용익을 보호하고자 노력했다. 고종은 황제도 이용익의 공범이므로 황제를 소환해야 한다고 언급한 회원들 가운데 한명을 체포하는 방식으로 독립협회를 위협할 수 있다고 생각했다. 또 황제는 시내에서의 정치적 집회를 금지했으며 대규모의 군대를 배치했다.122)

플랑시는 독립협회는 전제군주제의 강력한 지지자인 이용익을 숙청하려 기도하고 있으며, 의정부대신들이 그 시도에 동조한다고 인식했다. 그리고

---

121) 전정해, 「광무년간의 산업화 정책과 프랑스 자본·인력의 활용」, 『국사관논총』 84, 1999, 4~5쪽.
122) 『프랑스문서』 8, 1898년 8월 16일, 215~216쪽.

플랑시는 고종은 독립협회와 의정부의 공조에 맞서 이용익을 강력 비호한
다고 판단했다.

플랑시는 독립협회운동이 황제권 축소를 지향하고 있다고 평가했다. 그
무렵 독립협회 지도자 윤치호는 고종에게 허가 없이 궁을 드나들며 대신들
의 활동을 방해하는 자들의 출입을 금지할 것, 관리임명에 대한 황제의 권
한을 축소할 것을 건의했다.[123] 플랑시는 전자의 요구안이 성공할 경우 황
제는 환관들, 궁녀들에 둘러싸여 궁에서 고립될 것이며, 후자의 요구안이
성공할 경우 황제는 소득이 크게 줄어들 것이라 예측했다. 플랑시는 독립
협회는 두 문제에 대해 전혀 양보할 기미가 없으며, 두 가지 요구 사안으로
황제의 특권을 위협한다고 인식했다.[124]

플랑시는 독립협회운동이 실제로 고종의 황제권을 축소시켰다고 인식했
다. 고종은 시위대의 충성심과 규율에 회의를 느낀 나머지 상해에서 미국·
영국·프랑스·독일·러시아 국적의 외국인 30인을 고빙해서 친위대를 조
직했다.[125] 플랑시는 애국심을 강조하던 독립협회의 대응을 주시했고, 본
국 정부에 용병고빙 과정을 다음과 같이 보고했다.

> 친위대 조직에 대해 대신과 독립협회, 군·경이 동요하자, 고종은 외국
> 인 고용의 지시를 내린 바 없다고 강변했다. 독립협회는 17일 대신들에
> 게 항의서를 보내 누가 외국인을 서울에 오게 했는지를 밝히라고 요구
> 했으며, 외부대신 박제순은 전혀 그에 대해 몰랐다고 답변했다. 독립협
> 회는 18일에도 외부에서 회의를 소집하고 외부대신에게 6가지 반대이
> 유를 통보했다. 외부대신은 그 안건을 의정부에 제출할 것이라고 답했
> 다. 의정부는 19일 만장일치로 황제의 계획을 반대했으며, 그 결과 친위
> 대는 복무에 들어가기도 전에 해산됐다.[126]

---

123) 『고종실록』 권37, 광무 2년 7월 9일.
124) 『프랑스문서』 8, 1898년 8월 16일, 215~216쪽.
125) 신용하, 『독립협회연구 (상)』, 415~417쪽.
126) 『프랑스문서』 8, 1898년 9월 20일, 223~224쪽.

플랑시는 고종의 용병고빙계획을 강력히 반대한 독립협회는 의정부에 영향력을 행사하여 결국 용병창설을 좌절시켰다고 평가했다.

한국 정부는 친위대 용병과 1년 고용 계약을 체결했었다. 열강 외교관들은 한국 정부가 6개월치 봉급만 지불하려 하자 자국인의 1년 치 지불 요구를 전달했다. 결국 한국 정부는 26일 친위대를 해산하며 거액을 지불해야 했다. 플랑시는 재원이 바닥난 내장원은 친위대의 경비 보상을 위하여 황제가 저지른 행동의 대가를 치러야 할 것이라고 예측했다.[127]

플랑시는 유럽에서의 러프동맹을 반영하듯이 스페에르와 긴밀히 협력하였다. 스페에르는 브라운의 후임으로 프랑스인을 총세무사에 임명시키려 했다. 플랑시는 한국의 재정권을 장악하고자 스페에르의 계획에 동참했고, 프랑스인을 총세무사 후보로 추천했다.[128]

플랑시는 마튜닌과도 긴밀히 협력하였다. 마튜닌은 1898년 5월 11일 외부에 목포, 증남포 토지의 조차를 요구했고, 같은 날 플랑시도 외부에 평양광산의 허여를 요구했다. 독립협회 계열의『매일신문』은 러·프 공사를 격렬히 비난하며 한국인은 그 요구를 좌시하지 말아야 한다고 촉구했다. 그런 중 격앙한 독립협회는 총대위원으로 하여금 외부에 서한을 보내게 하여 향후 대응 조치에 대해 문의하게 했다.[129] 플랑시는 마튜닌의 독립협회 계열 언론에 대한 대응을 예의 주시했다.

> 마튜닌은 한국 언론이 무절제로 치달아 심각한 결과를 야기할 수 있다고 판단한다. 그러므로 그는 외국인에게 공격적으로 대하는 고관, 언론을 제압하고자 육군이나 해군 분견대를 각국 공사관에 주둔시키는 방안

---

127)『프랑스문서』8, 1898년 9월 20일, 223~224쪽;『프랑스문서』8, 1898년 9월 29일, 226쪽.
128)『한영외교자료집』8, No.164. 1897년 10월 27일, p.396;『한영외교자료집』8, No.3. 1897년 11월 6일, p.416.
129)『매일신문』1898년 5월 16일, 5월 17일,〈잡보〉.

을 검토했다. 그는 각국 외교관들이 공동으로 고종에게 정부 구성에 대
해 자문할 필요가 있다고 판단한다.[130]

플랑시는 마튜닌이 독립협회 계열 언론과 반러적인 정부 각료들을 극도
로 혐오하고 있는 것을 잘 알고 있었다. 플랑시는 마튜닌이 조만간 독립협
회에 의해 발생할 것으로 예상되는 사건들을 지연시킬 방법들을 검토하고
있다고 인식했다. 그리고 그는 마튜닌이 생각하는 대응 방안은 각국 외교
관들에게 고종에게 매우 강경한 태도를 취할 필요가 있음을 상기시키게 하
는 것이지만 실현가능성은 없어 보인다고 판단했다. 또 플랑시는 마튜닌은
더 이상 각국 공사관에 경비대를 주둔시키는 방안을 고려하지 않으며, 일
본 공사와 공조할 생각도 포기했다고 추측했다. 플랑시는 일본 공사의 입
장에 대해서는 한국 내정에 불간섭하기로 한 본국 정부의 방침대로 사태를
방임하고 있다고 파악했다.[131] 플랑시는 마튜닌이 독립협회운동에 대해 강
력 대응하려 했지만 각국 공사의 지지를 받지 못하자 독립협회운동에 대해
적극 대응하지 않았다고 파악한 것을 보여준다. 그 무렵 마튜닌은 고종이
대러관계의 과오를 인식하고 있으므로 독립협회운동이 격화될 경우 러시
아의 도움을 요청하게 될 것이라고 장담했다.[132]

플랑시는 마튜닌과 마찬가지로 독립협회의 반외세 운동을 우려했으며,
특히 『매일신문』의 반외세 논조를 우려했다. 플랑시는 막강한 힘을 가지고
있는 한국 언론은 고관들에게 두려움을 고취시키고 있으며, 무절제로 치달
아 심각한 사건을 야기할 수 있다고 판단했다. 플랑시는 본국 정부에 외국
인에게 공격적으로 대하는 언론을 제압하려면 외국군의 주둔이 필요하다
고 건의했다. 그는 육군이나 해군 분견대가 각국 공사관에 주둔 조치를 취
하면 열강이 한 뜻으로 움직인다는 것을 보여주기 때문에, 고종에게 영향

---

130) 『프랑스문서』8, 1898년 6월 5일, 202~203쪽.
131) 『프랑스문서』8, 1898년 6월 30일, 209~210쪽.
132) 『러시아문서 요약집』, 1898년 7월 9일, 15쪽; 같은 책, 1898년 7월 9일, 94쪽.

력을 행사할 수 있을 것이라 판단했다. 그러나 그는 영, 러 간의 대립, 미국의 스페인 전쟁 참여, 독일의 반대 등으로 그 합의는 가능하지 않을 것으로 예측했고, 그 상황을 호전시킬 유일한 방법은 러, 일간의 합의에 있다고 확신했다. 한편으로 그는 본국 정부에 프랑스는 러시아에 합세하여 고종에게 사태의 심각성을 주지시키고 대책을 요구하여 무질서와 무정부상태를 예방해야 한다고 건의했다.133)

이상을 통해 플랑시는 프랑스의 이권요구에 대해 강경한 반대운동을 전개하는 독립협회운동에 대한 강경방침을 천명한 것을 알 수 있다. 그러나 그는 열강의 이해관계로 인해 공동 대응은 어렵다고 보고 러시아와 연합하여 고종에게 강경 진압을 건의하는 방안을 검토했다. 그는 독립협회를 해산시키기 위하여 사실상 무력사용을 지지한 것이다. 앞서 언급했듯이 플랑시는 독립협회의 정치적 파워를 인정했다. 그러므로 플랑시는 독립협회의 반외세 운동에 대응하기 위해서는 외국군의 한국 주둔이 필요함을 인식한 것으로 여겨진다.

한편『독립신문』은 자주독립의 실현이라는 목적을 추구하면서 이중적인 여론 조성을 추구했다.『독립신문』은 외국인의 한국 진출을 무조건 배척하지 않았으며, 그들의 정치, 사회적 목적에 따라 비판과 옹호라는 이중적인 태도로 대응했다. 그 같은 의도는 한국인 대상의 한글판과 외국인 대상의 영문판의 논조가 크게 다른 것을 통해 드러났다.134) 즉 한글판인『독립신문』은 개항은 이익이 크며 손해가 적다고 주장하며 추가 개항의 필요성을 주장했다. 또 외국과 무역이 왕성한 서국 국가들의 경우 인민은 편리하고 국가는 부강하다고 주장했다.『독립신문』은 철도, 광산 등 이권의 허여는 반대했지만 개항과 해외 무역에 대해서는 옹호했다. 그 뒤에도『독립신문』

---

133)『프랑스문서』8, 1898년 6월 5일, 202~203쪽.
134) 김지형,「독립신문의 대외인식과 이중적 여론 조성」,『한국근현대사연구』44, 한국근현대사학회, 2008, 117~119쪽.

은 개항은 경제적 이익뿐만 아니라 민권의 향상을 가져온다고 주장했
다.135) 그에 비해 영문판인『INDEPENDENT』는 한국 정부와 국민이 진보하
여 자기 권리를 보호할 줄 알기 전까지는 외국인에게 철도, 광산 등의 이
권을 허여하는 것과 추가로 개항하는 것을 반대했다.136)『매일신문』도
『INDEPENDENT』와 유사한 논조를 전개했다. 즉『매일신문』은 외국인의 자
본유입은 외국인의 이익 독점, 곡가 상승, 한국인 노동자의 임금 하락을 야
기한다고 지적하며 강력히 비판했다. 또『매일신문』은 외국상품의 수입이
급증할 경우 한국은 재화가 다수 유출하는 반면 외국인은 큰 이득을 볼 것
이라 주장하는 등 수출, 수입의 증가는 한국인에게 손해를 끼칠 것이라 주
장했다. 결론적으로『매일신문』은 자력으로 상업을 흥왕하게 하고, 철도를
부설하기 전까지 개항은 불가하다고 강조했다.137) 플랑시는 독립협회 계열
언론의 반외세운동에 대한 경계를 늦추지 않았다. 그는 본국 정부에 다음
과 같이 독립협회 계열 언론의 반외세 성향을 보고했다.

> 외국인에 대한 공격태도는 점점 심해지고 있다. 한국 언론은 항구 시설
> 의 혜택을 타국인들만 볼 수 있다는 이유로 새로운 항구를 무역 개방에
> 사용하는 것을 비판한다. 타국인들만 영업하여 큰 이익을 본다고 주장
> 한다. 또 수입을 하면 자국의 공업 발전이 저해된다고 주장하며 자국의
> 상품을 수출하면 가격이 상승하여 한국 소비자가 피해를 본다고 경고하
> 고 있다. 그로 인한 혼란은 위험하다. 그간 조용히 지내던 국민들을 선
> 동하는 자들이 추구하는 목적이 무엇인지 알 수 없다. 그들은 극단적인
> 일도 저지를 수 있다. 선동자들이 원하는 것은 외국인들이 현지도자들
> 에 대해 무능하여 아무것도 개선시키지 못할 것이라는 확신을 갖게 하
> 는 것이다. 그들은 체제 전복을 바라도록 상황을 매우 어렵게 만드는데
> 있다.138)

---

135)『독립신문』1898년 6월 9일, 6월 16일, 〈논설〉.
136)『INDEPENDENT』1898년 6월 7일, 〈논설〉.
137)『매일신문』1898년 6월 13일, 6월 14일, 〈논설〉.
138)『프랑스문서』8, 1898년 6월 30일, 209~210쪽.

플랑시는 독립협회가 두 가지의 목적을 추구한다고 파악했다. 하나는 외국인의 무역독점을 격렬하게 공격하여 외국과의 무역을 차단하고, 다른 하나는 외국인으로 하여금 한국 현 체제에 대해 불신감을 증폭시키려 한다는 것이다. 플랑시는 독립협회가 추구하는 운동 방향이 프랑스에 불리하다고 단정했다. 그러므로 플랑시가 독립협회 해산을 적극 지지할 것이라는 점은 명확하다고 할 수 있다.

플랑시는 박제순이 8월 27일 외부대신 서리에 취임하자 크게 환영했다. 그것은 박제순이 타협적이며 외국사절들과 좋은 관계를 가질 수 있는 인물이라고 믿었기 때문이었다. 박제순은 일본 공사와 경인철도 계약에 조인했고, 오래 전부터 약속한 광산을 영국, 독일에 넘긴 바 있었다. 플랑시와 마튜닌은 박제순의 외부대신 취임에 만족했다.[139]

3) 프랑스의 독립협회운동 대응

영·미 공사는 11월 5일 만민공동회가 재개됐을 때 한국 정부에 대해 무력 진압을 반대한다고 통보했다. 플랑시는 알렌 미 공사, 조던 영 공사가 외부대신에게 항의서한을 보내 외교사절단의 동의 없이 유혈사태를 야기할 조치를 절대 취하지 말 것을 요구했다고 파악했다. 그러나 플랑시는 고종은 알렌이 가장 강경한 조치를 찬성하고 있다고 믿는 등 알렌의 의향을 정확히 파악하지 못하고 있다고 추정했다. 그리고 그 이유에 대해서는 알렌의 말을 황제에게 전하는 사람들이 중간에서 내용을 크게 변질시켰기 때문으로 이해했다. 플랑시는 알렌이 고종의 오해를 불식시키려 조던과 공조를 시도하고 있다고 파악했다.[140] 플랑시는 미, 영공사가 독립협회 해산에 강력히 반대하고 있다고 파악했다. 플랑시는 러공사와 함께 규율을 결여한

---

139) 『프랑스문서』 8, 1898년 10월 9일, 227쪽.
140) 『프랑스문서』 8, 1898년 11월 16일, 229~230쪽.

군대가 무력 진압에 성공할 가능성은 희박하다고 판단했다. 플랑시는 영·미공사의 조언을 외국 대리공사로서 신중하지 못한 태도라고 비판했다.[141)

한편 미국 선교회 소속의 한국인 개신교도들은 만민공동회 운동에 참가하고 있었다. 플랑시는 개신교 선교사들에게 소요 책임을 돌렸다. 플랑시는 본국 정부에 개신교 선교사들은 청년단체를 독려하고 정치집회에 참여함으로써 신도들을 지나치게 흥분시켰다고 비난하며, 현재 곤경의 주범으로 보고했다. 또 플랑시는 개신교도들은 경솔하게도 외국인이 함께 하므로 면책이 주어질 것으로 자만한다고 비판했다. 플랑시는 소요가 발생했을 때 러·독·일 공사와 같이 한국의 치안문제에 대한 개입을 자제했다.[142)

만민공동회는 구속된 지도자들의 석방과 독립협회의 복설을 요구하며 강력한 투쟁을 전개했다. 그 과정에서 고종의 지시를 받은 보부상이 만민공동회를 습격하자, 민중은 대신들의 저택을 습격하였다. 고종은 사태가 걷잡을 수 없이 확산되자 11월 22일 외교사절에게 개별적으로 자문을 구했다. 그 때 플랑시는 고종이 만민공동회에 대한 무력 진압의 의사가 있음을 알았지만 무력 진압을 만류하지는 않았다. 그는 황제만이 소요를 진정시킬 수 있다고 언급했을 뿐 특별한 조언을 하지 않았다.[143) 플랑시는 고종의 보부상 동원과 그에 대항한 독립협회의 봉기로 치안이 극도로 불안정해졌는데도 그 문제에 개입하지 않았다. 그것은 종전 한국의 치안이 불안해질 때마다 적극 개입했던 것과는 매우 상반된 자세였다. 플랑시는 조던과는 달리 보부상 해산을 요구하지 않았다. 그 같은 플랑시의 태도는 보부상의 무력사용으로 독립협회의 해산을 기도한 것으로 해석된다. 또 고종의 무력사

---

141) 성균관대학교 프랑스어권연구소 한불외교문서 번역팀, 『국내문제(1897~1904)』(한국학중앙연구원, 2014), No.25. 1898년 11월 12일, 〈만민공동회의 집회와 그들의 요구사항〉, 44쪽.

142) 『프랑스문서』 8, 1898년 11월 16일, 229~230쪽.

143) 『국내문제(1897~1904)』, No.26. 1898년 11월 28일, 〈독립협회의 재건과 헌의6조 요구〉, 47쪽.

용 조치를 사실상 묵인한 것이나 마찬가지라 할 수 있다.

고종은 12월 23일 시위대에게 독립협회를 무력 해산하도록 지시했고, 25일에는 독립협회의 집회를 금지시켰다. 플랑시는 독립협회 해산 뒤에도 독립협회 회원의 동향을 주시했다. 플랑시는 본국 정부에 "독립협회 회원들은 해산 뒤에도 정부 조치에 대한 비판을 지속했으며, 황태자 생일인 1899년 3월 19일 독립협회 재기를 기도하며 집회를 개최하려 했다. 내각의 강경한 태도와 군·경의 삼엄한 경비로 독립협회의 집회가 무산됐다"고 보고했다.[144]

플랑시는 독립협회를 동정한 영·미 공사와는 달리 러시아 공사와 마찬가지로 독립협회를 부정적으로 인식했다. 그것은 독립협회가 러·프의 이권 요구를 격렬하게 반대했기 때문이었다. 또 러시아·프랑스에 우호적인 조병식·민종묵·이용익의 축출을 강경하게 요구한 것도 주요하게 작용했다고 보여진다. 아울러 플랑시는 러시아와 군사동맹을 체결한 국가의 외교관으로서 러시아 공사와 보조를 맞출 필요도 있었다. 영·미는 러시아를 견제하고자 공조하고 있었다. 그는 독립협회는 영·미의 후원을 받는 친미파, 친영파가 주도하고 있다고 인식했다. 그러므로 플랑시는 러시아 공사와 보조를 맞추며 독립협회의 무력 해산을 추구했다.

---

144) 『프랑스문서』 9, 1899년 3월 25일, 6~7쪽.

4. 영국의 독립협회운동 인식과 대응

1) 영국의 독립협회 지도부 인식

영국은 러시아가 아관파천을 계기로 한반도에 대한 영향력을 강화하자 크게 경계했다. 그 결과 영국은 그동안 소홀히 대했던 한반도에 적극적으로 접근했다. 영국 정부는 러시아가 여순·대련을 점령하고 영국인 총세무사 브라운을 해고 조치하자 크게 경계했다. 영국은 일련의 사태를 러시아의 만주와 한반도에 대한 동시진출로 인식하고, 동양함대를 제물포에 급파하였다. 영국 함대는 제물포에 출동하여 12월까지 정박하였다. 12월 중순 영국함대가 제물포에 입항하자 한국에서는 영국의 한국 침공설이 유포되었다.[145]

조던 영국 대표는 고종에게 영국 정부가 브라운의 면직에 강한 불만을 가지고 있다는 사실을 전달하는 한편 스페에르의 요구에 굴복하지 말 것을 건의했다.[146] 조던은 영국을 지지하는 관료를 접촉하는 한편 브라운에 호의적이라고 판단한 알렌 주한 미국공사와 제휴를 추진했다.[147] 조던과 알렌의 제휴는 친미파, 친영파는 물론 고종도 고무시킨 것으로 보인다. 고종은 조던에게 사절을 보내 한국 정부에 대해 브라운과의 계약 이행을 요구하라고 주문했다.[148]

영국은 브라운 해직 문제로 러시아와 갈등을 겪은 뒤 한층 한국을 중시했다. 커즌(Curzon) 외무차관은 1898년 3월 1일 의회 연설에서 동아시아에

---

145) 『한영외교자료집』 9, No.48. 1898년 1월 6일, p.16.
146) 『한영외교자료집』 8, No.149. 1897년 10월 14일, pp.385~386; 『한영외교자료집』 8, No.163. 1897년 10월 26일, p.395.
147) 『한영외교자료집』 8, No.162. 1897년 10월 24일, p.393.
148) 『한영외교자료집』 8, 1897년 11월 3일, p.414.

대한 세력 확장을 역설했다.[149] 영국 정부는 그 직후 조던을 총영사에서 대리공사로 승진시켰다.[150]

그 무렵 독립협회는 만민공동회를 개최하는 등 정치활동을 강화했다. 독립협회는 러시아가 군사교관·재정고문을 파견하여 한국의 군사권·재정권을 장악하자 러시아의 대한 진출을 경계했다. 조던은 이 무렵 독립협회 운동을 어떻게 인식했을까.

> 독립협회는 2,000명의 회원이 있으며 미국인의 교시로 출범했다. 독립협회 운동의 지도자들은 미국에서 교육을 받았다. 서명자인 이완용은 반러 인사이고, 또 다른 서명자인 이채연은 최근 수년간 서울의 변화를 주도한 진보적 인사이다. 이들과 비슷한 계층의 인사들은 러시아에 대해 비판적이며 황제의 나약함을 비판하고 있다. 이들이 상소를 제출한 목적은 절망적 현실을 인식했기 때문이고, 러시아 공사의 정책에 반대하는 데 있다. 베베르가 한국의 지지를 가장하며 러시아의 계획을 추진한 데 비해 스페에르는 노골적으로 가면을 벗어던진 뒤 한국 여론을 무시하고 일을 추진했다.[151]

조던은 독립협회는 친미세력이 주도하고 있으며 진보적 인물로 구성되어 있다고 파악했다. 그는 독립협회는 국내적으로는 한국의 개혁을 지향하고, 국외적으로는 러시아의 외압에 저항하고 있다고 인식했다. 무엇보다도 조던은 독립협회가 러시아에 반대하고 있는 점을 긍정적으로 인식한 것으로 여겨진다.

독립협회가 상소를 제출할 무렵 러시아 통역관 김홍륙이 궁중 출입문 옆에서 피습을 당한 사건이 발생하였다.[152] 조던은 고종과 대신들이 러시아

---

149) 『프랑스문서』 8, 1898년 3월 2일, 125~126쪽.
150) 『영안 1』, No.1333. 광무 2년 3월 10일. 조던은 1896년 10월 19일 서울에 총영사로 부임한 뒤 25일 고종을 알현했다.
151) 『한영외교자료집』 9, 「Anti-Russian Memorial to King」, No.76. 1898년 2월 24일, pp.42~43.

교관단과 김홍륙에 분개하고 있다고 지적하면서, 김홍륙 피습사건에 궁내부대신 이재순이 연루되었다고 인식했다. 이 때문에 조던은 고종이 이재순을 체포한 경무사 이충구를 면직시켰고, 이충구는 러시아공사관으로 피신한 것으로 추측했다. 또 조던은 스페에르가 이 사건을 반러세력을 소탕하고, 독립협회에 일격을 가할 기회로 삼으려 한다고 판단했다.[153] 이상을 통해 조던은 독립협회가 강력한 반러단체임을 인식하게 된 것으로 여겨진다. 그리고 김홍륙 피습사건의 결과 러시아공사와 독립협회가 극단적인 대립관계에 돌입했다고 파악했다.

2) 영국의 독립협회운동 평가

러시아의 군사·재정 고문이 철수한 뒤 4월 고종은 내각의 인사이동을 단행했다. 친러파는 인사이동으로 모두 축출되었다. 친러파의 지도자인 조병식은 한직인 중추원 의관으로 밀려났다. 반면 스페에르가 축출했던 관리들이 복귀했고, 이재순도 궁내부대신에 복직했다. 브라운은 재정고문직, 철도사무감독직을 장악했다.[154] 또 고종은 의정 서리에 박정양, 탁지부대신에 심상훈, 외부대신에 조병직을 임명했다.[155] 새로 입각한 심상훈은 1895년 브라운과의 계약에 서명한 바 있었고, 박정양은 1897년 브라운의 면직에 반대하는 등 영국에 우호적인 정치인이었다.[156] 브라운의 요직 장악, 황실의 영국인 고빙, 친영성향 인물의 내각 진출, 반러 성향의 고관 복직 등은 영국의 한국 내 영향력이 증대되었다는 명백한 증거였다.

한편 조던은 5월 19일 고종에게 국서를 봉정했고, 며칠 뒤인 22일 고종은

---

152) 『고종실록』 권37, 광무 2년 2월 22일.
153) 『한영외교자료집』 9, 「Attempt on Kim Hong Niuk」, No.80. 1898년 3월 3일, pp.47~48.
154) 『프랑스문서』 8, 1898년 7월 25일, 213쪽; 『프랑스문서』 8, 1898년 10월 19일, 228쪽.
155) 『고종실록』 권37, 광무 2년 4월 15일.
156) 『한영외교자료집』 9, No.104. 1898년 4월 21일, p.73.

성기운을 영국 주재 특명전권공사로 임명했다.[157] 일련의 사건은 고종의 대영 중시 정책을 의미했다. 조던은 영국에 우호적인 정치가인 의정 서리 박정양의 입각을 주시했다. 박정양은 독립협회의 강력한 지지를 받는 인물이기도 했다. 그런 측면에서 조던은 독립협회의 동향에 대해서도 큰 관심을 보인 것으로 여겨진다. 그런 중 독립협회 회장을 역임했던 안경수가 1898년 7월 쿠데타를 모의한 사건이 적발됐다.

조던은 안경수가 1894년 일본의 지도하에 한국 정부의 재건을 기획한 바 있던 인물이라고 평가했다. 그리고 조던은 고종이 쿠데타 사건의 궁극적 목적은 체일 중인 의화군이나 체영 중인 이준용에게 양위하는 것이라고 의심하고 있다고 인식했다. 조던은 이 사건으로 진보적 관리 다수가 체포되었지만 한국인들 사이에서는 한국의 많은 고난이 황제와 궁중파의 실정 탓으로 보는 경향이 증대하고 있다고 인식하였다. 또 그는 현재의 제도를 비난하고, 변화를 지지하는 인쇄물이 서울의 사교계, 클럽 등에서 공공연히 회람되고 있다고 지적하면서 개혁이 단행되지 않을 경우 계속해서 유사한 사건이 발생할 것이라고 예측했다.[158] 이상과 같은 조던의 시각은 이 사건을 쿠데타로 보는 고종의 시각과는 현격한 차이가 있는 것이었다. 조던은 이 사건을 진보적 관료들이 주도하는 개혁운동의 일환으로 이해한 것이다. 아울러 조던은 한국인들이 현재의 체제에 대해 비판적이기 때문에 향후 유사한 개혁운동이 계속해서 전개될 것으로 예측했다.

조던은 이 무렵 독립협회가 고종에게 정부의 실정을 비판하는 상소를 제출한 것은 안경수사건에 연루된 각료들을 비호하려는 의도라고 판단했다. 조던은 고종이 이 사건의 연루자들과 정적 관계에 있는 조병식을 법부대신에 임명함으로써 독립협회로 대표되는 민중당과의 대립을 드러냈다고 평가했다. 그리고 독립협회 회원 600명이 조병식의 면직을 요구하는 시위를 전개

---

157) 『고종실록』 권37, 광무 2년 5월 19일, 5월 22일.
158) 『한영외교자료집』 9, 「Conspiracy」, No.126, 1898년 7월 15일, p.95.

하여 조병식을 면직시킨 것은 고종에 대한 결정적 성공을 의미한다고 평가했다. 아울러 조던은 독립협회 회원은 3,000명 정도이지만 계속해서 증가되고 있고, 지방으로까지 활동 영역을 확장중이며 20명의 위원은 한국의 모든 부문의 개혁 청원을 수용하기 위하여 지명되었다고 인식했다. 또 조던은 독립협회는 국정을 감독하고 비판하는 단체로서 의사 진행은 완벽한 규칙으로 이루어지며, 결의안은 서구 국가의 공공집회 때 준수되는 정식 절차로 채택된다고 평가했다. 조던은 향후 독립협회에게 닥칠 어려움은 획득한 영향력을 남용하는 것과 혁명적 수단으로 나아가는 것이라고 예측했다.159)

조던은 독립협회를 민중을 대변하는 국정 감시단체로 파악했고, 강력한 개혁 의지를 가지고 있다고 보았다. 그리고 그는 독립협회는 보수파와의 대결에서 승리한 결과 전국적인 지지를 얻어 회원 수가 급증하고 있다고 평가했다. 또 그는 독립협회의 의사진행이 서구 선진국의 집회와 유사하다고 보아 상당한 수준으로 평가한 것을 보여준다. 이같이 조던은 독립협회 운동을 긍정적으로 보았지만 급진적인 방향으로 흘러갈 경우 실패할지도 모른다고 내다봤다. 그리고 급진적인 방향은 이후의 조던의 행태로 볼 때 독립협회가 황제와 극단적인 대립을 불사하고, 아울러 열강의 이권 침탈을 배척하는 사태를 의미한 것으로 보여진다.

독립협회는 강력한 내각을 조직하여 민영환·박정양·한규설·권재형 등 진보적 인물들로 하여금 국정을 담당시키려 했다.160) 독립협회는 고종에게 헌의6조의 실시, 신망 받는 각료의 선임을 요구했고, 고종의 약속을 받아내자 해산했다. 그러나 조던은 보부상의 잔류, 황제의 약속 파기 가능성 등으로 인해 소요의 재발 가능성이 있다고 예측하였다. 조던은 고종의 유일한 경륜은 한 당파로 하여금 다른 당파를 적대시키는 것이라고 지적하

---

159) 『한영외교자료집』 9, 「Remonstrance by Independence Club to King」, No.128. 1898년 7월 24일, pp.96~97.
160) 신용하, 『독립협회연구(상)』, 431~432쪽.

면서 고종의 개혁의지에 회의적이었다.[161]

조던은 고종이 준수할 의지를 보여준 유일한 조치는 중추원을 의회와 유사한 것으로 전환한 것이라고 평가했다. 조던은 유사의회에 대해 본래 정부 측에서 절반을 지명하고, 절반은 독립협회 측에서 선출한다고 이해했다. 그런데 조던은 고종이 독립협회의 영향력을 무력화시키고, 모든 안건을 허사로 만들기 위하여 독립협회회원은 단지 15명만을 의원으로 임명한데 비해 보부상 출신은 17명이나 지명했다고 비판했다. 조던의 예측대로 독립협회는 고종의 약속 불이행에 분개하여 상소를 제출했다.[162] 결국 고종은 11월 26일 직접 제시한 국정개혁의 약속을 어기고, 다시 보수파와 연합하여 반격을 기도했다. 이에 저항하기 위하여 수만 명의 서울 시민들이 12월 6일부터 만민공동회를 개최했다. 그러나 독립협회와 만민공동회는 12월 23일 군대의 무력진압으로 강제 해산되었다.[163]

조던은 사태가 파국으로 치달은 원인을 고종의 약속 불이행 때문으로 인식했다. 조던은 독립협회가 강제 해산되자 두 적대적 단체 간의 일시적 휴전에 불과하다며 독립협회의 재기 가능성을 예측했다. 조던이 한국이 항구적 평화를 회복하기 어려울 것으로 판단한 이유는 정부의 약속 불이행으로 민중의 불만이 해소되지 않을 것으로 보았기 때문이었다.[164] 1899년 6월 초순 고영근 등이 신기선·조병식·홍종우·이용익·이유인 등의 자택에 폭탄을 투척하는 사건이 발생했다. 이 때 경악한 고종은 외국공사관으로의 피신을 고려할 정도였다.[165] 조던은 투탄사건이 박영효 등 체일 망명자들과 연계되어 있다고 인식했다. 그리고 이 사건은 1894년 청일전쟁 이전에 존재했던 구체제로 회귀하려는 황제와 정부에 대한 전국민적인 불만이 그

161) 『한영외교자료집』 9, 「Disturbance at Seoul」, No.3. 1898년 11월 28일, pp.134~135.
162) 『한영외교자료집』 9, 「Legation guards」, No.5. 1898년 12월 6일, p.136.
163) 최형익, 앞의 논문, 200~201쪽.
164) 『한영외교자료집』 9, 「Legation guards」, No.13. 1899년 1월 19일, p.145.
165) 『日本外交文書』 32권, 기밀제59호, 1899년 6월 10일, 930쪽.

배경이라고 인식했다.[166)]

조던은 독립협회운동을 서구의 영향을 받은 진보적 운동이라고 인식했다. 특히 모국인 영국의 역사에서 보아온 것과 같은 민주주의운동으로 인식한 것을 보여준다. 조던은 러시아공사가 독립협회를 적대시한 것과는 달리 독립협회를 동정했다.[167)] 이같이 영·러 공사가 독립협회운동에 달리 대응한 것은 과거에 보여준 독립협회의 반러운동에 대한 평가가 반영된 것으로 여겨진다. 아울러 조던이 독립협회에 대해 호의를 보인 이유는 독립협회가 계속해서 조병식·민종묵 등 친러세력의 퇴진운동을 전개했기 때문으로 이해된다.

3) 영국의 독립협회운동 대응

고종의 지시를 받은 보부상이 만민공동회를 습격하자, 민중은 대신들의 저택을 습격하였다. 고종은 사태가 걷잡을 수 없이 확산되자 11월 22일 외교사절을 접견하여 자문을 구했다. 이 때 만민공동회의 무력 진압을 지지한 일본 대리공사는 고종이 영·미공사를 의식하여 무력 사용을 망설이자 영·미공사를 설득하였다.[168)]

조던은 11월 22일 소요가 발생한 원인은 고종이 약속한 개혁 조치를 이행하지 않았기 때문으로 파악했다. 조던은 고종이 민중을 동정하는 군경을 이용하는 것에 불안을 느껴 강력한 조직인 보부상을 동원했다고 보았다. 조던은 두 집단 사이의 충돌이 발생한 결과 독립협회를 지지하는 시민들은 개혁을 반대하는 각료의 자택을 습격했다고 이해했다. 조던은 작금의 상황

---

166) 『한영외교자료집』 9, 「Bomb outrages at Seoul」, No.62, 1899년 6월 15일, p.194.

167) 『일사기록』 13, 기밀제36호, 1899년 5월 17일, 276~281쪽.

168) 『일사기록』 12, 기밀제54호, 1898년 12월 10일, 453~454쪽; 『일사기록』 12, 기밀 제55호, 1898년 12월 13일, 455~456쪽.

에서 가장 큰 곤란은 인민이 고종을 불신하는 데 있다고 인식했다. 즉 고종은 지난 몇일 동안 여러 관청의 대신을 빈번히 교체했고, 대신은 취임을 거부한 결과 사실상 정부는 없는 것과 같다고 인식했다. 또 고종이 황궁에 은신중인 보수파 대신들의 충고로 민중을 억압하는 것으로 파악했다. 이에 조던은 22일 알현 석상에서 고종에게 정부가 보부상을 동원한 것을 강력히 비판했고, 11월 24일에는 질서를 회복할 수 있는 대책을 건의했다. 조던은 정부가 보부상을 동원한 것을 재차 비판하면서 보부상 해산이야말로 혼란을 수습하는 필수적 조치라고 건의했다. 이어 조던은 문제의 해결책은 강제적인 수단을 사용하는 것보다는 정직하게 정부를 개혁하려는 시도에 있다고 지적했다.[169] 이상과 같이 조던은 소요의 책임은 독립협회와 민중에 있지 않고, 고종과 보부상에 있다고 인식했다. 따라서 조던은 사태의 해결은 고종이 민중의 요구를 수용하여 신뢰받는 정부를 구성하는 것이라고 보았다. 따라서 조던은 고종이 독립협회의 폐쇄를 결심하고, 영국공사관에 친서를 보내 영국의 지원과 중재를 요청했을 때 알렌과 같이 무력 진압을 반대한 것으로 보인다.[170] 이 같은 조던의 활동은 일시적이나마 고종의 조치에 영향을 준 것으로 여겨진다. 11월 23일 고종이 지도자 석방과 독립협회의 복설을 약속했기 때문이다.

조던은 무력진압을 반대하는 등 독립협회운동에 동정하는 태도를 보였다. 그러나 독립협회운동의 성공은 반드시 영국에 유리한 것만은 아니었다. 조던이 이같이 인식하게 된 것은 다음과 같은 보고서에서 그 시사점을 발견할 수 있다고 여겨진다.

---

169) 『한영외교자료집』 9, 「Disturbance at Seoul」, No. 2. 1898년 11월 25일, pp.131~133.
170) 『러시아문서 요약집』, 1898년 11월 1일, 16쪽; 『日本外交文書』 31-2, 1898년 12월 13일, 432쪽, 496쪽.

민중은 외국의 지원 없이 한국이 독립을 유지하기를 갈망한다. 독립협
회는 재판 없이 처벌받지 않을 것과 의회가 황제권을 제약하기를 요구
했다. 또 차관계약, 차병 등을 결정할 때 해당 대신과 중추원의 동의를
얻을 것을 요구했다. 이들의 핵심 요구는 여섯 가지로 집약되고 있다.
외국에서 진보의 아이디어를 수집한 이들은 한국의 유일한 희망은 정부
의 급진적 개혁이라고 확신하고 있다. 한편 황제와 보수파는 이같은 변
화를 500년간 누려온 특권의 상실로 받아들이고 있다. 이들은 강력한
투쟁 없이는 양보하지 않을 것이다. 대부분의 시민들은 독립협회를 동
정하고 있다.171)

조던은 본국 정부에 헌의6조의 내용을 상세히 보고하면서 궁극적인 목적
은 한국의 독립에 있다고 지적했다. 또 조던은 독립협회가 외국의 진보 관
념을 수용한 선진적 단체라고 보고했다. 그러나 이 시점에서 조던은 독립
협회와 영국의 이익이 일치하지 않음을 발견한 것으로 보인다. 구미 열강
은 독립협회의 활동이 궁극적으로 영국 등의 열강을 겨냥하고 있다고 인식
하여 독립협회 활동을 경계한 것으로 보여진다. 즉 독립협회가 요구한 헌
의6조 중 제2조는 광산·철도 등의 이권을 허여할 경우나 차관과 파병 등의
조약을 체결할 경우 각부대신은 물론 중추원의장의 날인을 의무화하였다.
그렇게 될 경우 한국황제와의 직접 담판으로 이권을 챙겨온 구미 열강의
활동이 상당한 제약을 받을 것은 명확한 것이었다.

알렌 미국공사는 미국 선교회 소속의 한국인 개신교도들이 투쟁에 참가
하자 적극적으로 선교사에게 영향력을 발휘하여 집회 참여를 억제했다. 조
던은 향후 두 단체사이에 더욱 첨예한 대립이 전개될 것으로 예측했음에도
불구하고 알렌의 활동을 긍정적으로 평가했다.172) 이후 알렌은 12월 21일
미국 정부의 훈령을 받자 종전의 입장을 바꿔 독립협회의 강제 해산을 지

---

171) 『한영외교자료집』 9, No.146. 「Struggle between Emperor and Independence Club」,
     1898년 11월 12일, pp.119~120.
172) 『한영외교자료집』 9, 「Legation guards」, No.6. 1898년 12월 12일, p.138.

지했다.[173] 비록 조던이 독립협회의 무력 해산을 지지했다는 증거는 발견
할 수 없지만 알렌의 조치를 긍정적으로 평가한 데서 볼 수 있듯이 조던 역
시 알렌의 입장을 지지한 것으로 판단된다.

5. 러시아의 독립협회운동 인식과 대응

1) 러시아의 독립협회 지도부 인식

러시아는 청의 저항으로 만주 침투계획이 실현되지 않자 1897년 9월 조
선 진출을 적극화하는 노선으로 정책방침을 전환하였다.[174] 스페에르 주한
러시아공사는 새로 수립된 러시아의 조선정책을 집행하고자 획책했다. 스
페에르는 주한 러시아공사를 지낸 베베르를 나약하다고 비판하면서 스스
로를 진정한 러시아인으로 자처한 제국주의자였다.[175] 스페에르는 조선에
서 목재·광산·철도이권의 획득, 군대 장악, 세관 행정·해군근거지 조차
등의 거대한 목표를 세웠다. 그는 고종에게 미국인 고문들을 해임하고, 러
시아인 고문만을 고용할 것을 강요했다.[176] 스페에르는 목표를 달성하고자
조선의 내각을 재조직하려고 기도했다. 그는 고종에게 자신이 구상한 신내
각 명단을 통보하면서, 그의 의견이 수용되지 않을 경우 러시아 수비대를
궁궐에서 철수시키겠다고 경고하였다. 나아가 그는 고종에게 영국인 총세
무사 브라운을 해임시킬 것을 요구했다. 고종은 이를 받아들여 러시아에
우호적인 조병식과 민종묵을 각각 법부대신과 외부대신에 임명했고, 브라

---

173) 신용하, 『독립협회연구(하)』, 652쪽.
174) 崔文衡, 『제국주의 시대의 列强과 韓國』, 264~265쪽.
175) K-A-R Ⅲ, No.22. 1897년 10월 16일, pp.33~34.
176) A. 말로제모프 /석화정 역, 『러시아의 동아시아 정책』, 지식산업사, 2002, 159쪽.

운을 해임한 뒤 알렉시에프(Kiril Alekseevich Alekseyev)를 총세무사 겸 재정 고문으로 임명했다.[177] 그 결과 한국의 재정은 러시아의 통제를 받게 되었 다.[178]

스페에르의 강경한 대한정책은 한국의 반러운동을 촉발시켰다.[179] 독립 협회는 1898년 들어서 열강의 이권 요구가 거세지자 강력한 이권반대운동 을 전개했다. 독립협회는 2월 고종에게 올린 상소에서 외국 열강 중 어느 일국에 군사권 및 재정권을 맡겨서는 안 된다고 건의한 바[180] 여기서 지목 한 일국은 바로 러시아였다. 한편 러시아 공사관의 수석통역관 김홍륙은 러시아 국적의 한인으로서 12년간 공사관 통역을 담당했으며 외부협판, 한 성판윤 등 요직을 역임했다. 고종과 대신들은 러시아 교관단과 김홍륙의 횡포에 분개했다.[181] 그런 중 김홍륙이 궁중출입문 옆에서 피습을 당한 사건 이 발생했다.[182]

스페에르는 피습사건의 주모자를 고종의 친척인 전궁내부대신 이재순이 라고 단정하며 한국 정부에 대해 피습사건 연루자를 문책할 것을 강력히 요구했다.[183] 또 스페에르는 독립협회 상소의 반러 지향성을 인지했다. 스 페에르는 김홍륙 피습사건이 독립협회와 연관이 있다고 인식하면서, 독립 협회를 러시아에 적대적인 사회단체로 규정하였다. 그는 김홍륙이 피습을 당한 것은 러시아에 충성했기 때문이며, 피습 이유는 러시아에 충성을 바 치는 자를 제거하는 데 목적이 있다고 판단했다.[184]

---

177) K-A-R Ⅲ, No.10. 1897년 10월 2일, pp.29~30; ibid., No.27. 1897년 10월 25일, p.34.
178) Ian Nish, *The Origins of The Russo-Japanese War,* London and New York, Longman, 1985, p.34.
179) K-A-R Ⅲ, No.89. 1898년 3월 19일, p.43.
180) 『고종실록』권37, 광무 2년 2월 22일.
181) 『한영외교자료집』9, No.80. 1898년 3월 3일, pp.47~48.
182) 『고종실록』권37, 광무 2년 2월 22일.
183) 『러시아문서 요약집』, 1898년 2월 27일, 377쪽;『러시아문서 요약집』, 1898년 3월 12일, 245쪽.
184) 『러시아문서 요약집』, 1898년 2월 23일, 244쪽; 같은 책, 1898년 2월 26일, 244~245쪽.

스페에르는 독립협회운동이 활발한 이유는 일본과 미국공사관이 배후에서 교사하고 있기 때문이라고 인식했다. 아울러 그는 미국인 선교사들이 독립협회를 후원하고 있다고 판단하여 미국인의 이권획득을 방해하였다.[185] 스페에르는 서울에 주재하고 있는 대부분의 열강 사절들이 러시아를 견제하고 있다고 인식했다. 그러므로 그는 프랑스공사를 제외한 다른 외교사절들을 의심하였고, 그들을 신랄하게 비난했다.[186]

파블로프 공사도 스페에르와 비슷한 독립협회 인식을 드러냈다. 파블로프는 한국의 정파들은 서울에 주재하는 외교 대표들의 지지를 받아 그들의 야망을 달성하려 한다고 인식했다. 그는 한국의 정파들은 외국 대표들이 자신들이 권력을 차지하는 데 영향력을 행사해주는 대가로 이권 허여에 적극 협력한다고 판단했다. 그리고 외국 대표들도 한국의 이권을 획득하고자 모든 방법을 동원하여 자신들이 보호하는 정파에 협력하고 있다고 인식했다. 파블로프는 독립협회도 예외가 아니라고 단정했다. 즉 그는 미국 외교단과 미국인 선교단은 1896년 독립협회 창립에 기여했고, 그 해 미국인은 운산금광채굴권 등 몇 개의 이권을 획득하는 데 성공했다고 인식했다. 파블로프는 독립협회 지도자들은 대부분 관료귀족 계급에 속한다고 인식했다.[187]

베베르 공사는 자유주의적인 친미파가 독립협회를 설립했고, 독립협회는 한국인들에게 큰 인기를 얻었다고 인식했다. 베베르는 독립협회 해산 뒤에 친미파는 영향력을 상실했다고 인식했다.[188] 한국을 방문했던 운테르베르게르(Unterberger) 러시아 육군 중장도 영자신문인 『INDEPENDENT』의 발행인 서재필이 서울에서 일어난 대규모 반정부운동의 중심인물이라고 지목

---

185) 『러시아문서 요약집』, 1898년 2월 26일, 244~245쪽.
186) 『러시아문서 요약집』, 1898년 2월 26일, 377쪽; K-A-R Ⅲ, No.89. 1898년 3월 19일, p.43.
187) 『러시아문서 번역집』 2, 선인, 2011, 89~91쪽.
188) 『러시아문서 번역집』 2, 179쪽.

했다. 그는 서재필은 한국에서 출생했고 미국에서 수학한 인물이라고 인식했다. 또 운테르베르게르는 서울의 미국학교 학생들은 군중들에게 사회문제들에 대해 장황하게 연설하고 있다고 지적함으로써, 미국인들이 독립협회운동에 개입하고 있음을 지적했다.189)

마튜닌 공사는 서울 주재 일본공사가 독립협회를 교사하고 있다고 확신했다.190) 러시아 공사는 대체로 미국공사관과 일본공사관이 독립협회운동에 개입하고 있다고 인식했다. 특히 미국인 선교사가 독립협회를 배후 조종하고 있다고 인식함으로써 미국의 역할을 강조하는 입장을 보였다.

2) 러시아의 독립협회운동 평가

러시아 공사들은 독립협회가 민주공화정체를 지향하고 있다고 인식했다. 베베르 공사는 독립협회는 미국과 비슷한 공화주의 체제와 기관을 도입하려 했다고 인식했다.191) 마튜닌 공사는 고종은 혁명 당파에 대항하고자 수천 명의 보부상을 소집하려 하는데 많은 자금이 필요할 것이라 지적함으로써192) 독립협회를 혁명단체로 인식했다.

그 후에도 러시아공사는 독립협회가 한국인에게 공화주의 사상을 주입시키려 획책한다고 평가했다. 러시아는 11월 4일 한국 정부가 독립협회 폐쇄령을 내린 것은 독립협회가 미국의 공화주의 사상을 수용했기 때문으로 보았다. 러시아는 독립협회 회장 윤치호가 미국인 선교사의 집으로 피신한 것에 주목했다. 또 러시아는 독립협회가 22일 미국인 선교사의 사주를 받고 다시 보신각 주변에서 집회를 열었다고 인식했다. 러시아는 11월 초순

---

189)『러시아문서 번역집』1, 선인, 2010, 74~75쪽.
190)『러시아문서 요약집』, 1898년 7월 9일, 15쪽; 같은 책, 1898년 7월 9일, 94쪽.
191)『러시아문서 번역집』2, 179쪽.
192)『러시아문서 번역집』3, 선인, 2011, 315쪽.

부터 12월 초순까지 한 달 동안 서울의 민중은 독립협회 지도하에 공화주의 사상에 입각하여 국가의 여러 문제들을 논의하고 있다고 판단했다.[193] 러시아는 독립협회는 미국인 선교사의 영향으로 공화주의 사상을 수용한 뒤 민중에게 보급하고 있다고 파악했다.

마튜닌은 1898년 6월 27일 본국 정부에 독립협회와 관련하여 다음과 같이 보고했다.

> 독립협회의 영향력은 지속적으로 증대되고 있다. 한국 정부도 그동안의 무관심한 태도를 벗어나 강경한 대책을 수립하고 있다. 그 대책의 하나는 황국협회를 조직한 것이라 할 수 있다. 고종은 6월 21일 그 정관을 승인했다. 그러나 황국협회는 보부상 등 하층민 대표로 구성되어 협회의 본분에는 부응할 수 없을 것이다. 황국협회에 일부 고관이 가입하기는 했으나 국가를 파멸로 이끄는 정부에 분노하는 인민의 대표들은 황국협회를 지지하지 않을 것이다. 고종이 황국협회 회원들의 충성을 얻으려면 금전을 지불해야 할 것이다. 고종은 자금의 결핍으로 1894년까지 존속했던 체제, 즉 한국의 모든 광물자원을 궁내부가 관리하도록 하는 체제로 회귀할 것이다. 황국협회의 창설로 한국 주민은 진보와 반동의 두 집단으로 분리될 것이다. 그리고 그것은 향후 분란의 시발점이 될 것으로 예측된다.[194]

마튜닌은 독립협회의 영향력이 지속적으로 증대되고 있고, 그에 맞서 고종은 황국협회를 조직했다고 인식했다. 그러나 그는 황국협회는 하층민인 보부상들이 중심을 이루었기 때문에 정치단체로서의 역할을 수행하기에는 한계를 가지고 있다고 평가했다. 또 그는 황국협회는 정부의 지지를 받고 있기 때문에 민중의 지지를 받지 못할 것으로 내다봤다. 그는 독립협회와 대척점에 있는 황국협회의 창설은 한국 사회를 보수와 진보의 극심한 대결

---

193) 『러시아문서 번역집』 1, 87~93쪽.
194) 『러시아문서 번역집』 2, 71~72쪽.

로 인도할 것으로 예측했다.

한편 서울 시민들은 독립협회 복설, 헌의6조 실행, 수구파 숙청을 목표로 11월 11일 만민공동회를 재개했다. 그에 맞서 보부상은 21일 인화문 앞에서 집회를 하던 만민공동회를 습격했다. 분노한 서울 시민들은 22일 보부상을 공격했다. 러시아 공사관은 11월 22일부터 12월 5일까지의 서울의 상황을 다음과 같이 보고했다.

미국·영국·프랑스·독일·중국·일본 학교 등 외국 학교의 거의 모든 학생들이 독립협회 회원이다. 그 학생들의 체포로 학교에는 학생들이 없다. 독립협회는 한국의 정당들 중에서 가장 크고 열성적인 단체다. 독립주의자들의 대항세력으로 보부상 조직인 황국협회가 결성됐다. 황국협회는 전적으로 왕정 중심적인 사상을 가지고 있으며, 국가 경영에서 지속적으로 증가하고 있는 독립협회의 영향력으로부터 국왕을 지키려 한다. 독립협회는 서울 사람들, 외국인의 영향력의 산물인데 비해, 황국협회는 시골 사람들로 구성되어 있다. 고종은 은밀하게 홍종우·길영수 등 황국협회 지도자에게 1만 달러를 주고 당원들을 집결시키라고 지시했다. 황국협회는 11월 20일 보신각 주변에서 처음으로 집회를 열었다. 21일 보부상은 독립협회를 공격하여 많은 사람들에게 부상을 입혔다. 그 직후 궁궐에서는 보부상에게 서울을 떠나도록 지시했다. 그 때 독립협회 회원은 보부상을 공격했다. 22일 독립협회는 미국인 선교사의 사주를 받고 다시 보신각 주변에서 집회를 열고 보부상을 공격했으나 실패했다. 고종은 독립협회를 탄압하는 한편 보부상 지도자의 체포, 독립협회가 증오하는 5대신의 유배를 지시했다. 그러나 독립협회가 가옥을 파괴하고 재물을 약탈한 결과 주민들의 여론은 보부상 편으로 기울었다. 그에 고무된 고종은 군경에게 약탈자를 강력히 탄압할 것을 지시하고 25일 은밀하게 보부상에게 2천 달러를 장려금으로 지급했다. 고종은 26일 궁궐 부근의 광장에서 외교 사절들, 독립협회와 황국협회를 불렀다. 고종은 독립협회의 모든 요구를 수용했고 보부상의 해체를 지시했다. 그러나 고종은 다음 날 보부상에게 2천 달러를 하사하며 귀가하지 말 것을 지시했다. 마튜닌은 구색을 맞추고자 초대되었다고 보아 불참했다. 12월 6일 현재 모든 것은 조용하다. 그러나 보부상은 도시에 체류

중이다. 고종은 독립협회를 징벌하려는 목적으로 평민협회를 창설했다
고 한다. 10월 28일 보신각 앞에서 집회, 무력 해산 때 군인들은 민회를
동정하여 철시도 방관했다. 소상인들, 요리사, 일반 여자들은 자원봉사
를 하는 등 민회를 지지했다.[195]

러시아 공사관은 독립협회가 한국의 정당들 중에서 가장 규모가 크고 열
성적인 지지자들을 거느리고 있다고 인식했다. 구체적으로 외국 학교의 거
의 모든 학생들은 독립협회 회원이며, 소상인들·요리사·여염집 여자 등
서민들도 독립협회를 지지하고 있고, 군인들도 독립협회 운동에 공감하고
있다고 파악했다. 러시아 공사관은 고종은 홍종우·길영수 등 보부상 지도
자에게 황국협회 결성을 지시했다고 파악했다. 그리고 황국협회는 독립협
회의 대항세력으로서 왕정 중심적인 사상을 표방하고 있다고 파악했다. 또
독립협회가 서울 사람들이 다수인데 비해, 황국협회는 시골 사람들이 다수
라고 파악했다. 러시아 공사관은 독립협회가 가옥을 파괴하고 재물을 약탈
하자 주민들의 여론은 보부상 편으로 기울었다고 단정했다. 그리고 그 여
론에 고무된 고종은 군, 경에게 독립협회 회원을 강력히 탄압할 것을 지시
했다고 파악했다. 러시아 공사관은 고종은 헌의6조 실시, 보부상 해체 등
독립협회의 요구를 수용하는 제스처를 취하기는 했지만, 실제로는 보부상
의 해산을 제지했다고 파악했다.

3) 러시아의 독립협회운동 대응

스페에르 공사는 독립협회를 러시아에 적대적인 사회단체로 평가하였
다.[196] 스페에르는 독립협회운동으로 인해 러시아가 한국에서 영향력을 상
실할 수 있다고 우려했다. 스페에르는 러시아 공사관의 통역관이었던 김홍

---

195) 『러시아문서 번역집』 1, 87~93쪽.
196) 『러시아문서 요약집』, 1898년 2월 23일, 244쪽; 같은 책, 1898년 2월 26일, 244~245쪽.

륙 피습사건을 러시아에 대한 공격으로 받아들였으므로 외부대신 민종묵에게 범인을 엄중히 처벌할 것을 요구하는 한편 러시아공사관 경비병을 40명으로 증원하게 했다.[197) 스페에르는 피습사건을 독립협회에 일격을 가할 기회로 삼으려 획책했다.[198) 스페에르는 본국 외무성에 독립협회가 고종을 압박하여 이충구를 파면하도록 했으며, 서울에 개설된 한러은행을 폐쇄시키고, 부산의 저탄소 설치 협정을 취소시켰다고 보고했다.[199)

독립협회는 1898년 2월 고종에게 상소를 올려 러시아의 이권 침탈을 비판하면서 러시아 군사, 재정 고문을 해고시킬 것을 건의하였다.[200) 러시아 외상은 니콜라이 2세(Nicholas Ⅱ)에게 한국의 반러 분위기 때문에 러시아가 한국문제에 적극적으로 개입할 수 없게 되었다고 보고했다. 이에 니콜라이 2세는 한국이 러시아의 지원을 더 이상 필요하지 않다고 인정하고 있는지 문의하라고 하면서 군사·재정고문이 필요치 않다면 러시아는 당연히 그들을 소환해야 한다고 지시했다. 그런 중 외부대신 민종묵은 향후 군무는 전적으로 한국인으로 하여금 주관하게 할 것이므로 일체 외국인 사관·고문관 등을 고빙하지 않겠다고 통보했다.[201) 그것은 한러은행 철수, 러시아인 재정고문 및 군사교관 등의 해고를 의미하는 것이었다.

스페에르는 독립협회운동이 자신의 야심찬 계획을 좌절시키게 되는 상황을 우려했다. 스페에르는 고종을 알현하여 한국의 회답을 취소시키려 시도했으나 소용이 없었다. 그는 이에 대한 대책으로 본국 정부에 한국 정부에 대해 모든 외국인 고문을 파면시킬 것과 통역관 피습사건 연루자를 문책할 것을 요청해야 하며, 한국이 거부할 경우 원산을 점령할 것을 건의했

---

197) 고려대학교 아세아문제연구소, 『구한국외교문서 아안 1』, 1968, No.989, 광무 2년 2월 23일.
198) 『한영외교자료집』 9, No.80. 1898년 3월 3일, pp.47~48.
199) 『러시아문서 요약집』, 1898년 2월 28일, 14쪽.
200) 『고종실록』 권37, 광무 2년 2월 22일.
201) 『아안』 1, 1001호, 광무 2년 3월 12일, 3월 17일, 18일, 19일; 日本外務省 編, 『小村外交史』 1966, 97~98쪽.

다.[202] 스페에르는 본국 정부에 한국의 반러운동을 끝내려면 동시베리아에 주둔중인 러시아군을 진입시켜 한국 북부지방을 점령하게 할 것을 건의했다. 또 스페에르는 고종에게 아관파천을 권고했지만 러시아 외상의 제지를 받자 고종에게 아관파천 제의를 취소했다.[203] 스페에르는 한국영토 점령, 제2의 아관파천 등을 추진할 정도로 독립협회의 반러운동에 격분했다.

마튜닌 공사는 1898년 4월 체결된 로젠-니시 협정이 절대적으로 일본에 유리하다고 인식하여 이 협정의 개정을 주장하는 등 불만을 표명하였다.[204] 그런 중 마튜닌은 5월 11일 외부에 목포, 증남포 토지의 조차를 요구했다. 독립협회 계열의 『매일신문』은 러시아공사를 격렬히 비난했고, 독립협회는 외부에 서한을 보내게 하여 향후 대응 조치에 대해 문의하게 했다.[205] 마튜닌은 한국 언론이 무절제로 치달아 심각한 결과를 야기할 수 있다고 판단했다. 그러므로 그는 외국인에게 공격적으로 대하는 고관, 언론을 제압하고자 육군이나 해군 분견대를 각국 공사관에 주둔시키는 방안을 검토했다. 그는 각국 외교관들이 공동으로 고종에게 정부 구성에 대해 자문할 필요가 있다고 판단했다.[206] 마튜닌은 각국 외교관들에게 고종에게 매우 강경한 태도를 취할 필요가 있음을 상기시키려 했지만 실현가능성은 없어 보인다고 판단했다. 마튜닌은 더 이상 각국 공사관에 경비대를 주둔시키는 방안을 고려하지 않았으며, 일본 공사와 공조할 생각도 포기했다.[207] 마튜닌은 독립협회운동에 대해 강력 대응하려 했지만 각국 공사의 지지를 받지 못하자 독립협회운동에 대해 적극 대응하지 않았다.

마튜닌은 고종이 대러관계의 과오를 인식하고 있으므로 독립협회운동이

---

202) 『러시아문서 요약집』, 1898년 3월 12일, 245쪽.
203) 『프랑스문서』 8, 1898년 3월 14일, 142~143쪽.
204) 『일본외교문서』 31-2, 1898년 11월 24일, 418쪽.
205) 『매일신문』 1898년 5월 16일, 5월 17일, 〈잡보〉.
206) 『프랑스문서』 8, 1898년 6월 5일, 202~203쪽.
207) 『프랑스문서』 8, 1898년 6월 30일, 209~210쪽.

격화될 경우 러시아의 도움을 요청하게 될 것이라고 장담했다.[208] 고종은 독립협회가 10월 말 헌의6조를 채택하는 등 강력한 운동을 전개하자 이를 해산하기로 결정하고, 1898년 11월 1일 러시아에 도움을 요청했다.[209] 만민 공동회는 같은 날 마튜닌 공사에게 국정을 쇄신하고자 간신의 숙청을 건의하는 상소를 제출했다는 해명 편지를 보냈다. 그러면서 만민공동회운동은 한국의 내정문제로서 러시아와의 외교는 무관하다며 만민공동회에 대한 의심의 눈초리를 거두기를 요청했다.[210]

조병식, 민종묵은 러시아 공사를 방문하여 독립협회에 대한 대책을 문의했다. 러시아 공사는 국정에 방해되는 정당은 당연히 타도해야 한다고 주장했다. 그러면서 그는 독립협회 해산으로 열국과 분쟁이 있을 경우 중재할 것이라고 통보했다.[211] 그에 용기를 얻은 조병식·민종묵은 독립협회를 해산하고, 독립협회 지도자를 체포했다. 그 직후 서울 시민들은 독립협회를 복설하고자 11월 11일 만민공동회를 재개했다. 그에 맞서 보부상은 21일 만민공동회를 기습했고, 서울 시민들은 22일 보부상을 공격했다.

히오키는 마튜닌에게 보부상 해체, 공고한 내각 조직과 개혁의 실행, 질서 회복 등 7개 조항을 고종에게 건의할 것을 제의했다. 그에 마튜닌은 러일협정 준수로 권고는 불가하다고 통보했다. 히오키는 러일협정은 내정간섭을 구속하는 것은 맞지만, 간섭과 권고는 다른 것이라고 반박했다. 또 고종이 자문을 요청하고 있으므로 권고해도 지장이 없을 것이라고 설득했다.[212] 이상과 같이 마튜닌은 일본 공사가 한국 사태에 공동 개입을 요청하자 로젠-니시 협정의 준수를 이유로 불개입을 통보하였다. 그러나 마튜닌은 근본적으로 반러운동을 전개한 바 있는 독립협회를 적대시하였으므로

---

208) 『러시아문서 요약집』, 1898년 7월 9일, 15쪽: 같은 책, 1898년 7월 9일, 94쪽.
209) 『러시아문서 요약집』, 1898년 11월 1일, 95쪽; 같은 책, 1898년 11월 1일, 16쪽.
210) 『러시아문서 번역집』 4, 선인, 347~349쪽.
211) 『일사기록』 12, 기밀제50호, 1898년 11월 16일, 443~445쪽.
212) 『일사기록』 12, 기밀제52호, 1898년 11월 23일, 447~450쪽.

독립협회의 무력 해산을 지지하는 입장이었다. 마튜닌은 간접적인 통로로 고종에게 러시아 정부는 그 같은 소요가 일어날 경우 무력을 사용하여 진압한다고 통보했다.[213]

마튜닌은 고종이 독립협회 대책을 문의하기 위해 주한외교사절단을 초청했지만 끝내 참석하지 않았다. 그는 26일 외교사절들에 대한 알현 요청에도 응하지 않았다. 마튜닌의 불참 사유는 외국공사들이 회의에 참석한 뒤 고종이 독립협회를 해산시켰을 경우 외세의 영향으로 독립국의 체면을 손상시켰다는 혐의를 받을 우려가 있고, 반대로 고종이 독립협회를 해산시키지 않을 경우 외국사절들에게 그 책임을 분담시킬 우려가 있다는 것이었다.[214] 그가 참석을 거부한 이유는 그 자신이 언급했듯이 로젠-니시 협정을 준수하려 하였고, 다른 한편으로는 한국에 이용당하지 않으려는 입장이었기 때문으로 이해된다. 즉 공식적으로 개입하여 상황이 여의치 않게 되었을 경우 또 다시 반러운동의 격랑에 휘말릴 것을 우려한 것으로 볼 수 있다.

만민공동회는 고종이 독립협회 복설, 헌의6조 실시, 보부상 해체 등의 약속을 실천하지 않자 12월 6일 집회를 재개했다. 만민공동회는 같은 날 마튜닌에게 11월 26일의 황제의 약속이 하나도 실천되지 않은 것은 몇몇 간신의 사주 때문이라고 지적하고, 그를 규탄하는 상소를 올리려 하니 놀라지 말라는 취지의 편지를 보냈다.[215] 그러나 마튜닌은 만민공동회운동이 격화되자 개입을 시도하였다. 그는 일본공사에게 러시아와 일본이 수수방관할 경우 영국과 미국이 개입하여 한국에서 세력을 부식할 것이라고 지적하고, 러·일이 공동으로 개입하여 독립협회를 무력 해산시킬 것을 제의했다. 그러나 그의 주장과는 달리 이 무렵 영·미 공사는 무력 진압을 반대하였다.[216] 이와 같은 그의 입장 변화는 자주독립을 표방하는 독립협회운동의

213) 『일사기록』 12, 기밀제54호, 1898년 12월 10일, 453~455쪽.
214) 『日本外交文書』 31-2, 1898년 11월 23일, 415쪽; 같은 책, 1898년 11월 28일, 423쪽.
215) 『러시아문서 번역집』 4, 347~349쪽.

성공이야말로 러시아의 한국 내 입지를 더욱 약화시킬 것으로 판단했기 때문으로 이해된다.

고종은 러시아 공사의 강력한 지지를 받자 12월 23일 군대를 동원하여 만민공동회를 해산시켰고, 25일 독립협회와 만민공동회를 불법화시켰다. 파블로프 공사는 독립협회에 대한 탄압을 지지했다. 그는 고종에게 러시아 황제는 독립협회와 유사한 러시아의 허무당을 엄중하게 처벌하였다고 소개하였다. 아울러 그는 한국도 러시아와 같이 강경책을 써야 인민이 함부로 국정을 의논하지 못하게 되어 전제국체가 훼손되지 않을 것이라고 권고했다.[217] 파블로프는 이후에도 고종에게 황제가 중심이 되어 강력한 통치권을 행사해야 민란을 예방할 수 있고, 국가도 안정된다고 강조하였다.[218] 이 같은 그의 황제권 강화 주장은 전제정치를 지향했던 고종의 의중에 영합하려는 의도가 있었다.

6. 일본의 독립협회운동 인식과 대응

1) 일본의 독립협회 지도부 인식

가토 주한 일본공사는 독립협회에 대해 청일전쟁 후 미국과 러시아공사의 후원으로 결성된 반일단체로 인식하였다. 가토는 독립협회는 처음에는 소장 개화파가 다수 참여한 학술집회에 지나지 않았다고 인식했다. 그는 독립협회는 러시아공사의 협박을 계기로 정치결사화하여 1898년 2월 반러

---

216) 『日本外交文書』 31-2, 1898년 12월 13일, 432쪽. 미국 공사는 이후 입장을 바꿔 12월 21일 미국 정부의 훈령에 따라 독립협회의 강제 해산을 지지하였다. 신용하, 『독립협회연구(하)』, 652쪽.

217) 『日本外交文書』 32권, 기밀송제17호, 1899년 3월 18일, 919~920쪽.

218) 『한영외교사자료집』 9, No.61. 1900년 6월 27일, pp.306~307.

운동을 전개하기 시작하였다고 이해하였다.[219] 이상과 같이 가토는 독립협회가 반일단체로 시작했지만 반러단체로 성격이 변했다고 인식했다. 가토는 아관파천 기간 중 주한공사로 임명되었으므로 한국의 반일분위기에 곤욕을 치른 바 있었다. 따라서 그의 활동은 한국의 반일 분위기를 누그러뜨리는 데 초점이 맞추어져 있었다. 이 같은 입장을 가진 그에게 독립협회의 반러운동은 한국의 반일분위기를 희석시킬 수 있다는 점에서 매우 긍정적이었을 것으로 여겨진다.

일본 공사는 독립협회가 1898년 2월 본격적인 정치활동을 전개할 때까지는 독립협회에 대해 크게 주목하지는 않았다. 그러다가 독립협회가 러시아재정, 군사고문단을 철수시키는 데 큰 역할을 보이자 관심을 보이기 시작했다. 가토는 종래 서재필에 대해 수구파 대신과 대립하고 있는 급진파로 규정한 바 있었다.[220] 가토는 독립협회를 국정 개혁을 추구하는 정치단체라고 인식했다. 그는 본국 정부에 "독립협회는 국정이 쇠퇴한 것은 황실의 정치 개입과 정부 대신의 황제 추종 때문이라고 인식하여 근본적인 개혁을 추구한다. 독립협회의 목표는 공고한 정부를 조직하여 폐정을 개혁하는 것이다. 독립협회는 황실의 질서 문란으로 황제권이 남용되고 있다고 인식한다. 그에 독립협회는 먼저 현직 대신을 배척하고 소장파를 추천하여 신정부를 조직하는 동시에 중추원을 개혁하여 참정권을 획득하고자 한다. 독립협회는 그 뒤 정부와 연합하여 정부의 지위를 공고히 하고 황제권을 억제하여 폐정개혁을 단행하는 것이 목표이다."라고 보고했다.[221] 가토는 독립협회는 개혁의 선결조건으로서 공고한 내각의 조직, 의회 개설, 황제권 제한을 추구한다고 인식했다.

일본공사는 친러 성향을 가진 황실 측근의 국정 개입을 매우 부정적으로

219) 『일사기록』 13, 기밀제36호, 1899년 5월 17일, 276~281쪽.
220) 『일사기록』 12, 보고제3호, 1896년 6월 30일, 66~67쪽.
221) 『일사기록』 12, 발제75호, 1898년 11월 8일, 511~513쪽.

보고 있었다. 그러므로 히오키 일본 대리공사는 본국 정부에 고종은 조병식·민종묵·이용익 등의 간신과 국정을 논의하고 있다고 보고할 정도였다.[222] 가토는 10월 13일 휴가차 귀국했고, 히오키 마스시가 대리공사직을 수행했다. 일본 공사는 고종에게 공고한 정부의 조직, 폐정 개혁, 궁정 개혁 등을 권고하였다. 가토는 고종에게 별입시들이 국무대신을 제치고 국정을 전단하여 내정 문란, 국왕의 권위 손상을 가져왔다고 지적하고, 측근들을 숙청하는 한편 내각 중심의 국정 운영을 권고했다.[223] 이상을 통해 일본 공사가 한 때 독립협회에 대해 호의를 보인 이유는 독립협회가 일본의 내각제와 같은 국정 운영을 지향했기 때문으로 여겨진다.

가토는 본국 정부에 보고하는 과정에서 독립협회에 대한 인식을 표출했다.

> 현재 독립협회는 한국 정계를 움직이는 세력이다. 이들은 왕실에 대한 반대 정치세력으로서 부패한 한국 정계에 청량제 역할을 하고 있다. 이들은 국민의 광범위한 지지를 받고 있다. 황제와 정부대신은 책임 회피에만 급급하는 등 하등의 경륜이 없다. 만일 황제가 이들의 요구를 받아들여 국정쇄신을 결심한다면 한국의 대경사가 될 것이다. 그러나 시기심이 많은 황제는 조병식·민종묵 등 간신의 말을 수용하여 독립협회를 황제권을 훼손하는 단체로 여기고 있다. 이에 황제는 독립협회의 박멸을 결심하고 보부상을 소집하였다. 러시아공사는 선천적인 비민주주의자로서 황제에 동정을 표명한 데 반해 일·영·미공사는 독립협회를 동정하고 있다.[224]

가토는 고종과 수구파 대신들은 국정을 개혁할 능력이 없다고 평가했다. 그는 독립협회가 한국에서 유일한 개혁세력으로서 일정한 정책이 없는 황제와 정부각료들을 비판함으로써 국민적 지지를 받고 있다고 파악했다. 그

---

222) 『일사기록』 12, 기밀제52호, 1898년 11월 23일, 447~450쪽.
223) 『일사기록』 13, 기밀제36호, 1899년 5월 17일, 276~281쪽;『日本外交文書』32권, 기밀제5호. 1899년 2월 27일, 911~914쪽.
224) 『일사기록』 13, 기밀제36호, 1899년 5월 17일, 276~281쪽.

는 독립협회가 한국 정계를 좌우하는 정치집단으로 성장했다고 평가했다. 그는 고종은 독립협회를 황제권에 도전하는 세력으로 규정하고 강력하게 탄압하려 한다고 파악했다. 가토는 고종이 독립협회의 개혁 요구를 수용한다면 한국의 상황을 획기적으로 개선시킬 수 있다고 보았다. 또 그는 독립협회가 숙청대상으로 지목한 조병식·민종묵을 간신으로 평가함으로써 독립협회의 주장에 공감을 표시했다. 가토가 독립협회를 긍정적으로 인식한 것은 독립협회의 반러운동에 대한 평가가 반영된 것으로 볼 수 있다. 아울러 가토가 독립협회에 대해 호의를 보인 이유는 독립협회가 계속해서 조병식·민종묵 등 친러세력의 퇴진운동을 전개했기 때문으로 여겨진다.

일본공사는 독립협회가 대신 후보자로 적극 추천한 인물들을 주시했다. 히오키는 특히 박정양·민영환에 대해 주목했다. 그는 박정양에 대해서는 독립협회 회원이지만 우유부단하여 중요한 조치를 단행할 수 없는 인물이라고 평가했고, 민영환에 대해서는 미국에서 귀국한 국정개혁론자라고 평가했다.[225] 민영환은 유럽에서 공사직을 수행하는 과정에서 서구의 문물을 체험하고 진보적 정치사상을 소유하게 됐다. 민영환은 미국에서 귀국한 후 국정개혁의 포부를 갖고 있었다. 그는 먼저 무관학교, 일반병사에게 단발을 지시하고, 급진적인 궁정개혁안을 제출하는 등 수많은 개혁을 결행할 의지가 있었다. 민영환은 "지금 한국은 국세가 진작되지 않고 있다. 이에 동양의 허문숭상의 폐단을 버리고, 서양인의 급격한 방침을 취해야 한다. 외국 교사를 고빙하나 용렬하여 세월을 허송하고 월급을 낭비하니 효과가 없다. 국가를 위하는 최고의 방법은 인재양성이다. 20세 이상의 총준한 인물 100여 명을 선발하여 서양 각국에 파견하고 정부가 해당국에 부탁하여 수학 정도를 검사하게 해야 한다. 이들을 10년간 수학하게 하고 도중 귀국할 경우는 엄벌에 처해야 한다. 정치, 법률, 해육군, 경무, 우체, 자본, 농업, 상공업,

---

225) 『일사기록』 12, 발제75호, 1898년 11월 8일, 511~513쪽.

수학, 이치, 의학 등을 수학하게 하고 해관세에서 학비를 지급하면 될 것이다. 동양에서 서양학문을 본받은 것은 오직 일본이다. 그 결과 제일 부강하다. 서양인이 이를 시기하여 학문 전수를 기피할 것이고, 일본인도 한국인에 학문 전수를 거부할 것이므로 지금 주선하지 않으면 나중에 서양인에게 배우려 해도 허락하지 않을 것이다."라고 언급하는 등[226] 급진적 서구화를 제창했다. 민영환은 의정부가 국정의 주체가 되어야만 국가 기강이 확립되어 국권을 수호할 수 있다고 보았다. 민영환은 황실의 정치 개입을 부정적으로 인식했으므로 황실비의 증액을 강력하게 반대했다. 민영환은 의정부 예산에서 궁실비를 100만원으로 두 배 증액하려 하자 이에 반대하여 고종의 신임을 상실하였다.[227] 고종은 민영환·박정양 등 개혁파가 독립협회에 동조하여 황실측근의 숙청을 요구하자 이들이 입헌군주제 수립을 추구하고 있다고 의심하여 경원시했다.[228]

히오키는 독립협회는 민영환의 입각을 환영한다고 인식했다. 히오키는 민영환은 많은 개혁을 구상했지만, 반대파의 참소와 고종의 혐오로 실각했다고 인식했다.[229] 한편 일본 공사가 독립협회에 대해 호의를 보인 이유는 독립협회 지도부가 일본의 대한정책에 동조하는 경향을 보였기 때문으로 여겨진다. 독립협회 회장이었던 안경수는 한일동맹을 지지했고, 독립협회 회장을 지냈던 이완용도 러시아의 군사고문 고빙을 강력히 반대했던 전력이 있었다.

2) 일본의 독립협회운동 평가

독립협회는 보수 성향의 대신들이 김홍륙사건을 구실로 1898년 9월 노륙

---

226) 『일사기록』 12. 발제175호. 1898년 11월 8일; 『독립신문』 1899년 1월 19일.
227) 『동경조일신문』 1899년 2월 1일, 〈조선시사〉.
228) 맥켄지, 『韓國의 獨立運動』, 일조각, 1969, 38쪽.
229) 『일사기록』 12, 발제75호, 1898년 11월 8일, 511~513쪽.

법을 부활하려 하자 강력한 반대운동을 전개하여 일곱 명의 대신들을 퇴진
시켰다. 히오키 대리공사는 그에 대해 독립협회는 정부 대신이 황제에게
아첨을 일삼고 국정 쇄신에 뜻이 없어 국정이 쇠퇴하고 있다고 인식하고
근본적인 개혁을 추구한 것이라고 평가했다. 히오키는 독립협회는 수구파
의 고문 자행, 연좌법 부활 시도 등을 비판하며, 정부 대신의 교체를 요구
하는 집회를 개최했다고 인식했다. 그리고 시민, 학생들이 독립협회에 동조
한 결과 고종은 일곱 명의 대신을 파면 조치했다고 인식했다.[230] 히오키는
독립협회가 개혁의 연장선상에서 수구적인 정부 대신을 축출하려 했고, 시
민들은 그 운동을 강력히 지지했다고 평가했다.

그 뒤 독립협회는 정부로 하여금 의회인 중추원을 설립하게 하고, 국정
개혁안인 헌의6조를 채택하게 했다. 히오키는 독립협회는 새로 입각한 민
영환에게 큰 기대를 했지만, 황제와 수구파의 배척으로 민영환이 실각하자
참정권 획득운동으로 운동 방향을 전환했다고 인식했다. 히오키는 독립협
회는 중추원 관제를 개정하여 의회를 설립한 뒤 50명의 의원 중 절반을 차
지하려 한다고 간파했다. 그리고 그에 맞서 고종은 보부상 지도자인 이기
동에게 내탕금을 주어 황국협회를 조직하게 했다고 인식했다. 히오키는 독
립협회는 정부의 독립협회 해산령에 대해 언론 자유를 강력히 주장했고,
중추원 관제 개정 반포로 독립협회의 청원은 성공했다고 평가했다.[231]

히오키는 독립협회가 개혁파 대신의 실각으로 목표를 이루지 못하자 근
본적인 개혁을 하고자 의회설립으로 운동 방향을 전환했다고 인식했다. 히
오키는 독립협회운동은 중추원 관제 개정, 헌의6조 채택 등으로 큰 성과를
거두었다고 평가했다. 그러나 한편으로 히오키는 독립협회의 미래가 순탄
하지 않을 것이라고 예측했다. 히오키는 고종이 국가를 걸고서라도 독립협
회를 박멸할 의지를 가지고 있다고 인식했다. 따라서 고종은 보부상을 동

---

230) 『일사기록』 12, 발제75호, 1898년 11월 8일, 511~513쪽.
231) 『일사기록』 12, 발제75호, 1898년 11월 8일, 511~513쪽.

원하여 독립협회를 해산시키려 한다고 인식했다.[232]

고종은 독립협회의 요구를 황제권에 대한 도전으로 받아들였으므로 11월 5일 독립협회를 해산시켰다. 이에 서울 시민은 만민공동회를 개최하여 헌의6조의 이행을 촉구하였다. 히오키는 입각한 조병식, 민종묵, 이기동이 독립협회 지도자의 체포를 주도했다고 파악했다. 그는 독립협회는 그 조치에 강력히 저항했으며, 시민들은 독립협회에 동조한다고 인식했다.[233] 또 히오키는 독립협회는 정당 복설의 희망을 품고 만민공동회라는 명칭을 빌려 종로에서 집회를 열었고, 11월 15일부터는 궁궐 정문 앞으로 장소를 옮겨 헌의6조 실시, 5대신 체포 등을 강력히 요구했음을 인지했다.[234]

히오키는 친러파가 독립협회 해산을 주도했다고 파악했고, 시민들은 독립협회에 동조하여 만민공동회에 적극 참여했다고 인식했다. 또 히오키는 독립협회가 만민공동회라는 이름을 사용했다고 지적함으로써 만민공동회가 독립협회운동의 연장선상에 있다고 인식했음을 보여준다.

3) 일본의 독립협회운동 대응

일본 공사는 일시적으로 독립협회에 대해 호의를 보인 바 있었다. 일본 공사는 러시아와의 협정 준수문제로 한국 내정에 불간섭하기로 한 본국 정부의 방침대로 사태를 방임했다.[235] 일본 공사가 독립협회운동에 본격적으로 개입을 시도한 것은 11월 5일의 독립협회 해산령을 계기로 해서였다.

히오키는 조병식, 민종묵이 독립협회를 타파한 뒤 권력을 독점하고 있다고 인식했다. 그는 친러파 조병식, 민종묵의 정국 주도는 일본에 불리하다

---

232)『일사기록』12, 기밀제52호, 1898년 11월 23일, 447~450쪽.

233)『일사기록』12, 발제75호, 1898년 11월 8일, 511~513쪽.

234)『일사기록』12, 기밀제50호, 1898년 11월 16일, 443~445쪽.

235)『프랑스문서』8, 1898년 6월 30일, 209~210쪽.

고 인식하고 독립협회 지원을 모색했다. 그는 독립협회를 동정하는 영·미 공사와의 제휴를 추진했다. 그는 영국공사를 방문하여 러시아공사의 단독 행동을 저지하자는데 의견 일치를 보았다. 히오키는 군부협판 유기환에게 한국 정부가 독립협회에 취한 조치는 매우 부당하다고 항의하며 지도자 17 명의 석방과 소장파의 입각을 요구했다. 그에 유기환은 히오키에게 무력을 사용하지 않을 것을 보증했다. 또 히오키는 국내외적으로 비판을 받고 있는 조병식, 민종묵, 이기동 등을 요직에 등용하는 것은 국정개선에 기여하지 못한다고 주장했다. 고종은 히오키의 요구를 수용하여 지도자를 석방하도록 조치했다.[236] 히오키는 친러파의 권력 장악이 일본에 불리하다고 인식하고 독립협회를 지원하는 한편 러시아 공사의 친러파 지원과 독립협회 궤멸을 저지하고자 영·미 공사와의 제휴를 추진했다.

고종의 지시를 받은 보부상이 만민공동회를 습격하자, 민중은 대신들의 저택을 습격하였다. 고종은 사태가 걷잡을 수 없이 확산되자 외교사절단에게 자문을 구하고자 했다. 히오키는 고종으로부터 알현을 통보받자 21일 외교사절단의 수석인 알렌 미 공사에게 각자의 의견을 수합한 뒤 대책을 제시하자고 제의했다. 그 결과 외교사절단은 보부상 해체, 공고한 내각의 조직, 개혁의 실행, 질서 회복 등 7개 조항에 합의하기는 했지만 고종에게 합동으로 건의하는 것에는 합의를 보지 못했다. 히오키는 일본의 단독 간섭 혹은 열강과의 공동 간섭이 없다면 한국의 평화는 유지되지 못할 것이라 단정했다. 그에 히오키는 아오키 슈조(靑木周藏) 외상에게 일본 정부는 결연하게 한국 내정에 간섭하여 고종을 지원하거나 억압하여 폐정을 개혁시키는 방안, 일본에 체류 중인 망명자 박영효와 고종을 중개하여 망명자에게 자치를 담당시키는 방안, 현재의 한국의 추세를 그대로 방치하여 대파멸에 처할 경우 단호한 조치를 취하는 방안 중 하나를 선택할 것을 건의

---

236) 『일사기록』 12, 기밀제50호, 1898년 11월 16일, 443~445쪽.

했다.[237) 히오키는 21일 외교사절단에게 공동으로 내정에 개입할 것을 제의했지만 성과가 없자 일본 단독으로 한국의 내정에 개입하는 방안을 선호했다.

한편 영국공사·프랑스공사·독일영사는 11월 22일 보부상의 만민공동회 공격으로 사태가 악화되었다고 주장하며 보부상을 해산시킬 것을 권고했다. 히오키도 보부상 해산에 동의했다. 보부상은 종래 강력히 일본의 경제 진출을 반대해온 조직이었다. 히오키는 22일 고종에게 보부상의 만민공동회 공격으로 사태가 악화되었다고 주장하며 보부상을 해산시킬 것을 권고했다. 고종은 보부상에 대해서는 퇴거 조치를 내렸으나 만민공동회의 처치에 곤혹스럽다고 호소했다. 히오키는 정부는 질서 유지의 의무가 있으므로 당연히 만민공동회를 진압해야 한다고 건의했다.[238) 히오키는 만민공동회 진압으로 선회한 것을 보여준다.

히오키가 만민공동회 해산을 권고한 이유는 만민공동회의 활동이 궁극적으로 일본 등을 겨냥하고 있다고 인식했기 때문으로 여겨진다. 일본은 독립협회운동을 한국 진출에 장애물로 인식하여 독립협회를 경계하였다.[239) 즉 만민공동회가 요구한 헌의6조 중 제2조는 광산·철도 등의 이권을 허여할 경우나 차관과 파병 등 조약을 체결할 경우 각부 대신은 물론 중추원의장의 날인을 의무화하였다. 그렇게 될 경우 경부철도부설권 허여에서 드러났듯이 황제와의 담판으로 이권을 챙겨온 일본의 활동은 상당한 제약을 받을 것은 명확한 것이었다. 따라서 히오키는 만민공동회의 활동이 로젠-니시 협정으로 가속도가 붙은 일본의 한국진출에 강력한 제동을 거는 것으로 인식했을 것으로 여겨진다.

11월 23일 외교사절단 회의에서도 한국 정부에 대한 권고문제는 합의를

---

237) 『일사기록』 12, 기밀제52호, 1898년 11월 23일, 447~450쪽.
238) 『일사기록』 12, 기밀제54호, 1898년 12월 10일, 453~455쪽.
239) 신용하, 『독립협회연구(하)』, 650쪽.

보지 못했다. 그 뒤 히오키는 본국 정부의 훈령을 받자 알현을 요청했다. 히오키는 11월 25일 알현에서 고종에게 "한국은 현재 무정부상태에 처해 있습니다. 그 결과 전국적으로 소요가 확산될 가능성이 있고 세계 화란의 원인을 제공하고 있습니다. 한 국가가 무정부 상태에 처하면 타국은 공법상 간섭할 권리가 있습니다. 일본 정부는 한국 정부가 조속히 질서를 회복할 것을 촉구합니다."라고 통보했다. 또 히오키는 고종에게 민영환, 박정양으로 하여금 공고한 내각을 조직할 필요가 있다고 촉구했다. 고종은 일본 정부의 권고를 존중한다고 응대했다.[240] 일본 정부는 명확하게 만민공동회에 대한 무력 진압 지지를 천명했다. 고종은 히오키가 무력진압을 권고하자 강경 진압 방침을 굳힌 것으로 보인다.

한편 고종은 주한 일본군의 동향을 주시했다. 고종은 히오키에게 서울에 주둔하고 있는 일본의 수비대가 만민공동회세력을 후원하지 말 것을 요청했다. 히오키는 경성수비대는 일본 공사관과 교류민을 보호하는 역할을 담당하고 있다고 주장하며, 만민공동회와 수비대의 연결을 차단하겠다고 약속했다.[241] 히오키는 한국의 군경은 무능하여 서울의 소요에 대비할 수 없다고 단정했다. 그는 서울에 주둔하고 있는 일본의 수비대는 한국 유일의 군사 진지로서 일본 공사관과 교류민을 보호하는 역할을 담당하고 있고, 간접적으로 서울의 질서를 유지하고 있다고 인식했다. 그는 본국 정부에 한국인은 수비대를 예의 주시하고 있으므로 수비대는 엄정중립을 유지해야 하며 만민공동회나 보부상 중 어느 한쪽을 지지해서는 곤란하다고 보고했다.[242] 한편 고종은 일본 정부가 만민공동회를 선동하는 한편 박영효·안경수 등을 후쿠오카(福岡) 지방에 체류시켜 만민공동회와 연락을 취하게 하고 있다고 의심했다. 이에 히오키는 일본 정부가 이들을 도쿄(東京) 이북

---

240) 『일사기록』 12, 기밀제56호, 1898년 12월 13일, 457~459쪽.
241) 『일사기록』 12, 기밀제54호, 1898년 12월 10일, 453~454쪽.
242) 『일사기록』 12, 기밀제53호, 1898년 12월 10일, 450~451쪽.

으로 퇴거조치했다고 응답하여 고종을 안도시켰다.[243)

한편 가토는 12월 13일 한국으로 귀임한 뒤 15일 고종을 알현했다. 가토는 독립협회를 계승한 만민공동회가 지도층이 도피한 상태에서 폭도화되고 있다고 인식하였다. 가토는 한국 정부나 만민공동회 모두 자신의 중재를 원한다고 판단하였으므로 적극 중재에 나섰다. 그는 고종에게 만민공동회가 지지하는 인사를 입각시키는 한편 보부상 해산, 공고한 정부 조직, 폐정 개혁, 궁정 개혁 등을 권고하였다. 동시에 가토는 만민공동회에 대해서는 일단 해산한 뒤 국정을 감독할 것을 권고하였다.[244)

가토는 만민공동회운동은 지도부의 피신으로 인해 성공할 수 없을 것이라고 판단한 것으로 여겨진다. 더구나 헌의6조 같은 만민공동회의 요구는 일본의 이익을 저해할 가능성이 농후한 것이었다. 따라서 그는 만민공동회의 해산을 기대한 것이라 볼 수 있다. 그럼에도 불구하고 그가 만민공동회의 요구에 공감하는 제스처를 보인 것은 보부상 해산, 궁정 개혁, 신내각 구성 등을 통해 친러 성향의 인물들을 제거하려는 의도가 깔려 있었다고 보여진다. 나아가 친일 성향의 인물들을 내각에 포진시켜 한국진출에 도움을 얻으려고 한 포석으로 분석된다. 따라서 그는 만민공동회운동 자체는 반대했지만 만민공동회의 요구를 실현시키려 한 것으로 보인다. 이에 가토는 한국 정부로 하여금 만민공동회의 주장을 받아들이는 방식으로 만민공동회 해산을 유도한 것이다.

---

243) 『일사기록』 13, 기밀제5호, 1899년 2월 27일, 221쪽.
244) 『일사기록』 13, 기밀제36호, 1899년 5월 17일, 276~281쪽.

5. 맺음말

이상과 같이 열강 공사들의 독립협회 인식과 대응을 분석했다. 먼저 열강의 독립협회 인식과 평가를 살펴보기로 한다.

주한 미국공사 알렌은 친미파가 독립협회의 지도부라는 것을 인지했다. 그는 독립협회가 미국 지향의 서구화를 추구하는 것에 높은 점수를 주었다. 알렌은 독립협회에 대해 긍정적인 입장이었으므로 독립협회 지도자를 적극 비호한 것으로 보여진다. 알렌은 독립협회는 언론의 자유를 쟁취한 뒤 국민 선거로 구성되는 의회의 창립으로 나아갔다고 인식했다. 알렌은 독립협회를 수준 높은 정치단체로 규정했고, 내각 교체를 관철시킬 수 있는 파워를 가졌다고 평가했다. 그러나 알렌은 독립협회의 황제권 도전을 부정적인 시선으로 바라보았다. 알렌은 독립협회는 급진파를 통제하지 못하고 있다고 우려했다.

주한 프랑스공사 플랑시는 친미파와 친영파가 독립협회를 주도하고 있다고 인식했다. 플랑시는 독립협회 주도층의 노선을 급진파와 온건파로 분류했고, 급진파가 공화정 수립을 꿈꾸며 황제체제의 와해를 기도하는데 비해, 온건파는 황제체제를 부정하지는 않는다고 파악했다. 플랑시는 독립협회에 대해 내각을 조종하는 파워를 가졌다고 평가했고 독립협회운동이 황제권 축소를 지향하고 있다고 인식했다. 플랑시는 독립협회는 전제군주제의 강력한 지지자인 이용익을 숙청하려 기도하고 있으며, 의정부대신들은 그 시도에 동조한다고 인식했다. 플랑시는 고종의 용병고빙계획을 강력히 반대한 독립협회는 의정부에 영향력을 행사하여 용병창설을 좌절시켰다고 평가했다.

주한 영국공사 조던은 독립협회는 친미세력이 주도하고 있으며 진보적 인물로 구성되어 있다고 파악했다. 그는 급진파가 공화정 수립을 꿈꾸며 황제체제의 와해를 기도한다고 보았다. 조던은 독립협회를 민중을 대변하는 국정 감시단체로 파악했고, 강력한 개혁 의지를 가지고 있다고 보았다. 그리고 독립협회는 보수파와의 대결에서 승리한 결과 전국적인 지지를 얻어 회원수가 급증하고 있다고 평가했다. 조던은 독립협회가 외국의 진보관념을 수용한 선진적 단체이며, 독립협회운동을 서구의 영향을 받은 진보적 운동이라고 인식했다. 그는 독립협회운동을 영국의 역사에서 보아온 것과 같은 민주주의운동으로 인식한 것을 보여준다. 조던은 독립협회의 문제점에 대해서는 영향력을 남용하는 것과 혁명적 수단으로 나아가는 것이라고 인식했다.

주한 러시아공사는 친미파가 독립협회를 주도하고 있다고 보았다. 그리고 독립협회는 전제군주제를 부정하고 공화정체를 도입하려 한다고 단정했다. 마튜닌은 독립협회의 영향력이 지속적으로 증대되고 있다고 평가했다. 러시아 공사관은 독립협회를 한국의 정당들 중에서 가장 규모가 크고 열성적인 지지자들을 거느리고 있는 단체라고 인식했다. 러시아 공사관은 고종은 독립협회에 맞서 황국협회를 조직했다고 인식했다. 그리고 황국협회는 독립협회의 대항세력으로서 왕정 중심적인 사상을 표방하고 있다고 파악했다. 그는 독립협회와 대척점에 있는 황국협회의 창설은 한국 사회를 보수와 진보의 극심한 대결로 인도할 것으로 예측했다.

주한 일본공사는 독립협회는 미국과 러시아공사의 후원으로 결성된 반일단체였지만 러시아공사의 협박을 계기로 반러단체로 전환했다고 파악했다. 가토는 독립협회는 일정한 정책이 없는 황제와 정부각료들을 비판함으로써 국민적 지지를 받고 있다고 파악했다. 그는 독립협회가 한국 정계를 좌우하는 정치집단으로 성장했다고 인식했다. 그는 고종은 독립협회를 황제권에 도전하는 세력으로 규정하고 강력하게 탄압하려 한다고 파악했다. 가토는 독립협회를 부패한 집권층을 대체할 수 있는 한국의 유일한 개혁세력으로 인식하였다. 또 그는 독립협회가 숙청대상으로 지목한 조병식·민종묵을 간신으로 평가함으로써 독립협회의 주장에 공감을 표시했다. 열강

공사들은 대체로 친미파가 독립협회운동을 주도한다고 파악했다. 또 독립협회가 황제권의 축소를 추구하며 급진파는 공화정 수립을 도모하고 평가했다. 외교 성향에 대해서는 대부분 독립협회를 러시아에 비판적인 단체라고 보았다.

열강 공사들은 독립협회가 강력한 개혁 의지를 표방한 결과 국민적인 지지를 받는 강력한 단체라고 보았다. 한편으로 그들은 대체로 독립협회의 황제권 도전을 우려의 시각으로 바라봤다. 특히 급진파가 황제를 타도하고 공화정을 수립하는 것을 우려했다. 열강 공사들은 외국에 의존하고자 하는 고종과의 담판으로 좋은 이권을 획득해왔기 때문이었다.

다음으로 열강 공사는 독립협회운동에 어떻게 대응했는지를 살펴보고자 한다. 독립협회운동에 대해 가장 적대적 태도를 보였던 것은 러시아, 프랑스 공사였다. 독립협회가 러·프의 이권 획득에 적극 협력해 왔던 조병식·민종묵을 강력히 공격했기 때문이었다. 마튜닌은 로젠-니시 협정 이후 독립협회운동을 방관했다. 그러나 그는 독립협회가 러시아의 이권 요구를 강하게 반대하자 독립협회 해산을 지지했다. 마튜닌은 러시아를 공격적으로 대하는 한국의 대신, 언론을 제압하고자 육군이나 해군 분견대를 공사관에 주둔시키는 방안을 검토했다. 마튜닌은 각국 외교관들에게 고종에게 매우 강경한 태도를 취할 필요가 있다고 강조했지만 지지를 받지 못했다.

플랑시는 프랑스의 이권 요구를 반대하는 독립협회운동에 대해 강경방침을 지지했다. 그는 열강의 이해관계로 인해 독립협회에 대한 공동 대응은 어렵다고 보고 러시아와 연합하여 고종에게 강경 진압을 건의하는 방안을 검토했다. 그는 독립협회의 반외세 운동에 대응하기 위해서는 외국군의 한국 주둔이 필요함을 인식했다.

미국·영국·일본 공사는 독립협회운동에 호의적인 반응을 보였다. 그것은 독립협회 지도부가 영·미·일에 우호적이었고, 러시아에 대해서는 비판적 입장을 보였기 때문이었다. 열강 공사들은 독립협회에 대해 일치된 입장을 보이지 않았다. 그것은 고종이 만민공동회를 무력진압하려 자문을 구했을 때 극명하게 표출됐다.

조병식·민종묵을 비롯한 보수파들은 독립협회가 왕정을 폐지하고 공화정을 수립하려 모의한다는 '익명서사건'을 조작하여 독립협회 지도자 17명을 체포하고, 독립협회를 해산시켰다. 이에 시민들은 11월 5일부터 만민공동회를 열고 구속된 지도자들의 석방과 독립협회의 복설을 요구하며 강력한 투쟁을 전개했다. 외부대신 민종묵은 외교 대표에게 무력진압 의사를 타진했다.

알렌은 만민공동회를 지원할 의사는 없었지만 무력 진압에는 반대했다. 알렌이 무력 사용을 반대한 것은 서울에 거주하는 미국인들을 보호하려 했기 때문이었다. 그는 독립협회 및 만민공동회가 미국에 적대적이지 않다고 판단했다.

조던은 서울 거주 영국인의 보호 요청을 듣자 미공사와 함께 무력진압을 저지하려 진력했다. 또 조던은 외부대신 민종묵에게 군대를 동원하여 민회를 억압할 경우 외교 사절들은 한국을 떠날 것이라고 경고하며 독립협회에 대한 무력사용을 반대했다.

히오키는 조병식·민종묵의 권력 장악이 일본에 불리하다고 인식하고 독립협회를 지원하는 한편 러시아 공사의 친러파 지원과 독립협회 궤멸을 저지하고자 영·미 공사와의 제휴를 추진했다. 결국 미·영·일 공사는 공조하여 독립협회에 대한 무력 진압을 저지하는 데 성공했으며, 독립협회 간부 17명에 대한 석방 조치도 이끌어냈다.

그 뒤 고종의 지시를 받은 보부상이 11월 21일 만민공동회를 습격하자, 민중은 대신들의 저택을 습격하였다. 고종은 사태가 걷잡을 수 없이 확산되자 외교 사절단에게 자문을 구하고자 했다. 히오키는 고종으로부터 알현을 통보받자 외교 사절단의 수석인 알렌 미공사에게 외교 사절들의 의견을 수합한 뒤 대책을 제시하자고 제의했다. 그 결과 외교 사절단은 보부상 해

체, 공고한 내각의 조직, 개혁의 실행, 질서 회복 등 7개 조항에 합의하기는
했지만 고종에게 합동으로 건의하는 것에 대해서는 합의를 보지 못했다.
그에 히오키는 일본 단독으로 한국의 내정에 개입할 것을 추진했다.

  고종은 22일 외교대표들을 불러 개별적으로 타국의 진압 사례를 질의했
다. 알렌은 과거 미국 정부는 군대를 동원하여 민중집회를 진압한 사관을
처형한 사례가 있다고 주장하며 만민공동회에 대한 무력 진압을 반대했다.
조던은 소요가 발생한 원인은 고종이 약속한 개혁 조치를 이행하지 않았기
때문으로 파악했다. 또 그는 고종이 황궁에 은신중인 친러파 대신들의 충
고로 민중을 억압하고 있다고 파악했다. 이에 조던은 고종에게 정부가 보
부상을 동원한 것을 강력히 항의했다.

  22일의 알현에서 미국 · 영국 · 프랑스 · 일본 공사, 그리고 독일 영사는 보
부상의 만민공동회 공격으로 사태가 악화되었다고 주장하며 보부상을 해
산시킬 것을 권고했다. 그 같은 권고는 고종이 독립협회에 대한 더 이상의
무력사용을 억제한 것으로 보여진다. 11월 23일 고종이 지도자 석방과 독립
협회의 복설을 약속했기 때문이다. 그러나 외국 대표들은 만민공동회에 대
한 무력 진압에 대해서는 의견일치를 보지는 못했다. 영 · 미는 만민공동회
에 대한 무력 진압을 반대했다. 일본 공사는 정부는 질서 유지의 의무가 있
다고 지적하며 만민공동회 진압을 지지했다. 러시아 공사는 불참했지만 간
접적인 경로로 고종에게 만민공동회에 대한 무력 진압을 요청했다. 프랑스
공사는 고종이 만민공동회에 대한 무력 진압의 의사가 있음을 알았지만 무
력 진압을 만류하지는 않았다. 그는 황제만이 소요를 진정시킬 수 있다고
언급함으로써 사실상 무력진압을 지지했다.

  11월 23일 외교 사절단 회의에서도 한국 정부에 대한 권고문제는 합의를
보지 못했다. 그 뒤 히오키는 본국 정부의 훈령을 받자 11월 25일 고종에게
한국은 현재 무정부상태에 처해 있다고 지적하며 만민공동회에 대한 무력
진압을 지지한다는 일본 정부의 방침을 통보했다.

서울 시민들은 고종이 11월 26일 직접 제시한 국정개혁의 약속을 어기자 12월 6일부터 만민공동회를 재개했다. 알렌은 미국인 선교사로부터 교육을 받은 개신교도들이 집회에 참가한 사실을 인지했다. 알렌은 개신교도들이 만민공동회에 참가하여 미국인의 재산권이 위협을 받자 미국인 선교사는 물론 한국인 개신교도들이 만민공동회에 참가하는 것을 강력 저지했다. 조던은 알렌의 개신교도들의 집회 참여를 막는 것에 대해 긍정적으로 평가했다. 알렌의 조치를 긍정적으로 평가한 데서 볼 수 있듯이 조던 역시 알렌의 입장을 지지한 것으로 판단된다.

그 뒤에도 러시아 공사는 일관성 있게 만민공동회 강제해산을 지지했다. 가토 일본 공사는 15일 고종을 알현하는 자리에서 보부상 해산, 공고한 정부의 조직, 폐정 개혁, 궁정 개혁 등을 권고하는 한편 만민공동회의 해산도 요구하였다. 미국 정부는 21일 알렌에게 독립협회에 대한 훈령을 주었다. 알렌은 미국 정부의 훈령을 받자 종전의 입장을 바꿔 독립협회의 강제 해산을 지지했다. 알렌의 입장 변화는 고종에게 중대한 영향을 준 것으로 보여진다. 고종은 그 직후인 23일 군대에게 독립협회에 대한 무력 해산을 지시했고, 25일에는 독립협회의 집회를 금지시켰다.

그 무렵 한국에 공사급의 외교관을 파견한 국가는 영국·미국·프랑스·일본·러시아였다. 영·미는 시종 독립협회를 동정했고, 러·프는 시종 독립협회를 반대했다. 일본은 모호한 입장을 보였다. 그러므로 11월 22일의 알현 때 일본 공사의 조언은 고종이 독립협회에 대한 무력해산을 결심하는 데 크게 기여한 것으로 평가된다. 영·미 공사들도 독립협회운동이 만민공동회운동으로 확산되면서 급진파가 주도권을 잡아나가고 황제권에 정면 도전하자 독립협회에 대한 우호적 입장을 버리기 시작한 것으로 여겨진다.

제4장

대한제국기 주한 일본군의 동향

1. 머리말

한 국가가 타국에 자국 군대를 주둔시키게 되면 파병국은 주둔지에서 막강한 영향력을 행사할 수 있다. 그것은 미국이 주한 미군의 주둔을 통해 한국에 큰 영향력을 행사하는 것을 보면 명확하게 알 수 있다. 대한제국 시기에 일본군은 한반도에 주둔했고, 대한제국의 정치에 큰 영향력을 행사했다. 대한제국의 집권층은 물론 주한 외교사절들도 주한 일본군이 대한제국의 정국에 영향을 주고 있다고 인식하였다.

일본군은 1882년 임오군란 때 일본 공사관을 경비한다는 명목으로 처음 한국에 주둔하였다. 이후 일본은 1885년 천진조약을 계기로 자국군을 철수시켰지만 청일전쟁을 계기로 재차 한국에 군대를 주둔시켰다. 일본 정부는 1896년 아관파천 이후에도 러시아와 일련의 협정을 체결하여 일본군을 주둔시켰다. 그리고 이 때 주둔하기 시작한 주한 일본군은 1904년 러일전쟁이 발발하자 주차 한국군으로 그 명칭이 바뀐다. 한국 언론은 주한 일본군의 동향을 자주 보도하는 등 많은 관심을 보였다.

한국에 주둔했던 일본군은 청일전쟁 뒤 전원 철군한 것은 아니었다. 일
본군 중 일부는 한국 정부의 철군 요구를 완강히 거부하며 한국에 잔류했
다. 주한 일본군은 대한제국기 내내 한국에 주둔하면서 활발한 활동을 전
개했다. 그러나 대한제국기에 일본군이 한국에 주둔했다는 사실은 큰 주목
의 대상이 되지는 못한 것으로 보여진다. 종래 주한 일본군에 대한 연구는
동학농민전쟁 시기, 러일전쟁 시기, 통감부 시기, 그리고 총독부시기에 집
중되었다.[1] 그 결과 대한제국 시기의 주한 일본군의 활동에 대해서는 본격
적인 연구가 전무한 실정이다. 따라서 주한 일본군에 대한 연구사적 공백
을 메우기 위해서도 대한제국기 일본군에 대한 심층적 분석은 시급한 과제
라 할 수 있다.

본 연구는 대한제국기 주한 일본군의 활동을 분석하고자 한다. 본 연구
는 일본 정부가 주한 일본군의 주둔을 통해 이루려 한 목적을 탐구하고자
한다. 일본 정부가 대한제국의 반대에도 불구하고 수비대 잔류를 강행한
이유는 주한 일본군의 활동을 분석하는 과정에서 자연스레 드러날 것이라
고 여겨진다. 주한 일본군은 아관파천 이후부터 1897년 10월 대한제국 수립
시기까지 대한제국 정부의 반발로 활동에 제약을 받기도 했지만 점차 안정
기로 들어갔다. 본 연구는 주한 일본군의 주둔이 안정기로 접어든 아관파
천 이후부터 대한제국 수립시기까지를 분석대상 시기로 하고자 한다. 그리
고 본 연구는 주한 일본군 중에서 부산, 원산수비대에 비해 많은 병력을 보
유했던 경성수비대의 활동을 중점적으로 분석하고자 한다.

---

1) 강효숙, 「제2차 동학농민전쟁 시기 일본군의 동학농민군 진압」, 『한국민족운동사
연구』 52, 한국민족운동사학회, 2007; 박찬승, 「동학농민전쟁기 일본군·조선군의
동학도 학살」, 『역사와 현실』 54, 한국역사연구회, 2004; 윤병석, 「구한말 주한 일
본군에 대하여」, 『향토서울』 27, 서울특별시사편찬위원회, 1966; 신주백, 「1910년
대 일제의 한국통치와 한국주둔 일본군」, 『한국사연구』 109, 한국사연구회, 2000;
서민교, 「만주사변기 한국주둔 일본군의 역할과 활동」, 『한국민족운동사연구』
32, 한국민족운동사학회, 2002.

본 연구는 먼저 일본 정부의 주한 일본군 정책을 분석하고자 한다. 구체적으로 주한 일본군의 주둔 배경과 주한 일본군의 주둔 목적으로 구분하여 검토하려고 한다. 다음으로 주한 일본군의 활동을 주한 일본군의 훈련 상황과 한국지형 정탐으로 구분하여 검토하려고 한다. 끝으로 주한 일본군에 대한 대한제국의 대응과 열강의 시각을 분석하고자 한다. 본 연구는 열강 중에서도 러시아, 프랑스의 반응을 분석하고자 한다. 그것은 주한 일본군에 대해서는 영국과 미국공사관 측이 거의 기록을 남기지 않은데 비해, 러시아와 프랑스 공사관 측은 많은 기록을 남겼기 때문이다. 그같은 사실은 바꾸어 말하면 1895년 삼국간섭 이래 일본과 긴장관계를 보인 러시아, 그리고 러시아의 군사동맹국인 프랑스가 주한 일본군에 대해 큰 관심을 기울인 것을 의미한다.

본 연구는 주한 일본군의 활동에 대한 심층적 분석을 통해 다음과 같은 사항에 기여하기를 기대한다. 첫째, 러일전쟁 발발 때 일본이 신속하게 한국을 침략할 수 있었던 배경에 대해 새로운 시각을 제공할 수 있을 것이다. 둘째, 청일전쟁과 러일전쟁 사이의 주한 일본군의 동향에 대한 연구의 공백을 메울 수 있을 것이다. 셋째, 열강, 특히 일본의 한국 침투방식을 심층적으로 이해시킬 수 있을 것이다. 넷째, 외국군의 한국 주둔의 의미, 특히 주한 일본군과 주한 미군의 주둔 배경을 비교하는 데 유익한 시각을 제공할 수 있을 것이다.

2. 일본 정부의 주한 일본군 정책

1) 주한 일본군의 주둔 배경

일본 정부는 동학농민전쟁이 확산되자 1894년 6월 한국에 대규모 병력을 파견했다. 일본군은 한국 정부의 철군 요구를 무시하며 주둔하다가 8월 1일 청에 선전포고했다. 일본 정부는 사단 병력을 보내 청군과 전투를 벌이는 한편으로 후비보병 독립 제19대대를 보내 동학농민군을 탄압했다.[2]

청일전쟁 당시 일본군

일본 정부는 청일전쟁이 종결된 뒤에도 완전히 철군하지 않았으며 주둔 군 일부를 한반도에 잔류시켰다. 주한 일본군은 일본이 점령한 중국 영토 와 부산을 잇는 전신선을 경비하는 역할을 수행했다. 주한 일본군은 계속

---

2) 일본군의 동학농민군 공격에 대해서는 강효숙, 앞의 논문 참조.

증가해서 1895년 12월 현재 그 수가 1,500명에 달했다. 그 중 400명은 서울에, 300명은 제물포·부산·원산에, 나머지는 한반도 북부로부터 부산에 이르는 지역에 분산 배치됐다. 그 뒤 일본군의 요동 철수로 서울과 중국 국경 간에 설치된 전신선은 쓸모가 없어졌다. 한국 정부가 지방 당국에 전신선을 관할할 것을 지시하자, 일본은 서울과 중국 국경 사이에 배치한 자국 군대를 철수시켰다. 그 무렵 일본 정부는 서울-부산 간 병력을 철수하고 5개 중대 규모로 주둔군의 규모를 축소할 것을 검토했다. 그 중 2개 중대는 서울에 주둔시키고 제물포·부산·원산 등의 개항장에 각각 한개 중대씩을 주둔시키고자 했다.3) 그 뒤 일본 정부는 한국 정부가 4개 중대로 축소시킬 것을 요구하자 1896년 1월 수비대 8개 중대를 4개 중대로 축소시켰다.

　일본 정부는 한반도 정세 판단에 따라 한반도 주둔 일본군 수를 조정했다. 이 무렵 의병이 일본인을 공격하는 일이 빈번했다. 일본 정부는 1896년 3월 서울-부산 전신선이 있는 초소를 강화하고자 300~400명 정도의 군인을 부산에 상륙시켰다.4) 일본 육군대신은 4월에는 한국 주재 후비병대를 귀국시키고 상비병으로 서울에 2개 중대, 부산·원산에 각각 1개 중대를 주둔시키기로 결정하였다.5) 일본의 징병제에 의하면 일본의 성인 남자는 3년 동안 상비병으로 복무해야 하며, 상비병을 종료한 뒤에는 4년간의 예비병 복무, 예비병을 종료한 뒤에는 5년간의 후비병의 복무를 해야 했다.6) 일본의 상비병은 현역 군인으로서 가장 전투력이 뛰어난 편이라 할 수 있었다. 그러므로 일본 정부가 주한 일본군을 후비병을 상비병으로 교체하기로 결정

---

3) 국사편찬위원회 역, 『프랑스외무부문서』 7, 2008(이하 『프랑스문서』 7로 약칭), 1895년 12월 15일, 110쪽.
4) 『프랑스문서』 7, 1896년 3월 7일, 148쪽.
5) 『일사기록』 10, 1896년 4월 17일, 126쪽; 『일사기록』 10, 1896년 4월 18일, 20쪽.
6) 일본은 1889년 징병제를 개정했다. 그 결과 일본의 성인 남자는 상비병(현역병)으로 3년을 복무해야 하며, 상비병을 종료한 뒤에는 4년간의 예비병 복무, 예비병을 종료한 뒤에는 5년간의 후비병의 복무를 해야 했다. 藤原彰, 엄수현 역, 『日本軍事史』, 시사일본어사, 1994, 83쪽.

한 것은 주한 일본군의 전력을 보강하여 한국에서의 활동을 강화하고자 한 것을 의미한다. 그러므로 무쓰 무네미츠(陸奧宗光) 외무대신은 고무라 주타로(小村壽太郎) 주한 일본공사에게 수비대의 총인원은 감소했지만 실제의 전투력은 과거보다 더 우세할 것이라고 통보했다.[7] 일본 육군은 2개 중대를 지휘해야 하는 경성수비대장의 계급을 소좌급으로 결정하였고, 다른 직역의 수비대장은 대위급으로 결정했다. 이 때 수비대 인원은 서울 290명, 부산 121명, 원산 121명 등 총 532명이었다.[8] 그런데 일본 육군대신은 일본공사에게 수비대 교대가 한국 신문에 보도되지 않도록 각별히 유의할 것을 지시하였다.[9] 그 같은 지시는 일본 정부가 주한 일본군의 정확한 숫자를 한국 정부에 비밀에 부치려 한 의도를 보여준다.

일본군 장교

일본 정부가 일본군의 한국 주둔을 관철시키는 데 있어 가장 신경을 쓴 국가는 러시아였다. 고무라 공사는 러시아가 일본과 협상할 때 반드시 일

---

7) 『일사기록』 10, 1896년 5월 5일, 138쪽.
8) 『일사기록』 10, 1896년 5월 5일, 24쪽.
9) 『일사기록』 10, 1896년 4월 22일. 130쪽.

본군의 철수를 요구할 것으로 예측했다. 그러므로 일본 정부는 러시아 정부와 한국에서의 일본군 주둔 문제를 협의하고자 했다. 그에 따라 일본은 러시아에 일본 전선을 보호한다는 명목으로 한국에 수비대를 주둔시키고자 한다고 통보했다.[10] 일본 정부는 서울-부산 간에 주둔하고 있는 전선 수비병 3개 중대를 철수시키고, 헌병으로 대체시키고자 하였다. 배치 군인의 숫자는 대구에 50명, 가흥에 50명, 기타 10개소에 각 10명씩 총 규모 200명으로 한정했다. 고무라는 러시아 정부가 이에 대해 이의를 제기하지 않을 것으로 판단하였다. 실제로 베베르 러시아 공사는 고무라의 제의에 동의하였다.[11] 이 무렵 러시아는 한국에서 일본군과 동등한 군사적 지위를 차지하려는 의도였다.[12] 한편 베베르는 고무라에게 서울-부산의 전신선을 신속히 복구하여 한국 정부에 운영권을 넘기고, 일본군이 설치한 전신선을 철거할 것을 제의했다. 그러나 고무라는 그 제의를 거부했다.[13]

이후 고무라는 베베르와 협의를 거친 끝에 5월 14일 베베르-고무라 각서 (Waeber-Komura Memorandum)를 교환했다. 그 결과 일본 정부는 자국군의 한국 주둔을 관철시켰다. 각서 내용 중 주한 일본군과 관련된 내용은 제3항과 제4항이었다. 구체적으로 제3항은 경부간 일본 전신선 보호를 위해 대구에 50명, 가흥에 50명, 경부간 10개소에 각 10명씩 200명 이내의 헌병을 배치한다. 제4항은 서울 및 개항장에 거류하는 일본인을 한국인의 습격으로부터 보호하기 위해 서울에 2개 중대, 부산·

고무라 주타로

---

10) 『일사기록』 10, 1896년 3월 1일, 101~102쪽.
11) 『舊韓國外交文書 日案』, 고려대학교 아세아문제연구소, 1968(이하 『일안』으로 약칭) 3, 3960호, 건양 원년 3월 2일; 같은 책, 3962호, 건양 원년 3월 11일; 『일사기록』 9, 1896년 3월 19일, 168쪽.
12) 『프랑스문서』 8, 1898년 5월 12일, 185쪽.
13) 『프랑스문서』 7, 1896년 5월 30일, 167쪽.

원산에 각각 1개 중대를 배치하며, 1중대의 인원은 200명 이내로 한다는 규정이었다. 그리고 러시아도 동일한 주병권을 보유한다는 내용이 삽입됐다. 베베르-고무라 각서의 체결로 일본은 헌병대는 물론 수비대의 주둔도 인정을 받은 것을 알 수 있다. 일본 정부는 수비대와 헌병대에 각각 사령관을 배치했다.

일본은 베베르-고무라각서 체결로 주둔군의 수를 감축해야 했다. 그러나 일본은 러일협정을 위반하면서까지 주둔군의 수를 늘려나갔다. 즉 서울에서 철수한 일본 병사들은 원산으로 이동했다.14) 그 같은 행동은 일본 정부가 한국에서 자국 군대를 증원시키려는 의사를 명확히 드러낸 것이었다. 한편 일본 정부는 기존의 한국 주재 수비대를 모두 귀국하게 하고 상비군 4개 중대를 파견하여 서울에 2개 중대, 부산, 원산에 각각 1개 중대를 주둔시켰다.15) 그같은 조치는 일본 정부가 서울, 부산, 원산을 전략적으로 중요한 지역으로 간주한 것을 보여준다.

일본 육군은 세 방면에 주둔한 일본군 수비대에 대한 지휘방침을 정했다. 일본 육군은 각 수비대장에 대해 한국에 도착하면 육군대신에게 예속되도록 조치했다. 또 일본 육군대신은 경성수비대장에게 서울 및 인천항에 있는 일본공사관, 영사관 및 일본 거류민의 보호를 담당하도록 했고, 서울과 부산 사이의 전신선의 수비를 담당하며, 서울에 주재하는 일본 공사 또는 그 대리자와 미리 협의할 것을 지시했다. 부산, 원산의 수비대는 경성수비대장과 아무런 관계가 없었고, 육군성에서 직접 관할했다. 육군대신은 부산, 원산의 수비대의 경우 사안이 발생하면 주재 영사를 통해 청구할 것을 지시하였다. 구체적으로 육군대신은 원산수비대에게는 해당 지역에 있는 일본 영사관 및 거류민의 보호를 담당하게 했다. 또 원산수비대로 하여금 원산에 주재하는 일본 영사 또는 그 대리자와 미리 협의하게 하고, 또 영사

---

14) 『프랑스문서』 7, 1896년 5월 30일, 167쪽.
15) 『일사기록』 10, 1896년 5월 9일, 143쪽.

로부터 병력의 요구가 있을 때에는 그 요구에 응할 것을 지시했다. 또 부산
수비대에게는 해당 지역에 있는 일본 영사관 및 거류민의 보호를 담당하게
하고, 서울과 부산 사이의 전신선을 수비하게 했다. 아울러 부산수비대에게
부산에 주재하는 일본 영사 또는 그 대리자와 미리 협의하고, 또 영사로부
터 병력의 요구가 있을 때에는 그의 청구에 따를 것을 지시했다.[16)

한편 헌병대는 전선 수비의 임무를 담당했다. 일본은 헌병에게 새로이
경부전신선을 경비하게 했다.[17) 주한 일본공사관은 반일의병운동이 격화
되자 본국 정부에 전선 보호를 이유로 각서에 규정한대로 헌병 인원수를
늘릴 것을 건의하였다.[18) 그에 일본 육군대신은 장교, 하사, 상등병 200명
을 증원하여 8월 중순 한국에 헌병대를 파견할 것을 검토했다.[19) 그 뒤 일
본 정부는 9월 전신선 수비를 위하여 헌병 증파를 결정하였고 보조병과의
교대를 추진했다.[20) 일본군은 동학농민전쟁 당시인 1894년 11월 군용전선
을 보호하고자 농민군을 강력히 탄압한 바 있었다. 군용전선은 전쟁 수행
에 있어 가장 중요한 정보 전달 수단이었기 때문이었다.[21) 일본군은 의병
으로부터도 전선을 보호하려고 진력했다. 일본군의 전선 보호는 장차 일본
이 러일전쟁을 대비하려는 의도를 지니고 있었다.

일본 공사관은 처음에는 한국 정부에 자국 수비대의 교대 사실을 통보했
지만 1899년 이후부터는 교대 사실을 통보하지 않은 것으로 보여진다. 그것
은 일본 정부가 일본군을 극비리에 한국에 상륙시켜 그 숫자를 늘리려 했
다는 것을 의미한다. 그 과정에서 주한 일본군은 꾸준히 증원됐다. 러시아
는 1901년 주한 일본군의 규모를 4개 대대로 추정했다. 그 같은 규모는 러

---

16)『일사기록』10, 1896년 5월 7일, 25쪽;『일사기록』12, 1897년 4월 17일, 63~64쪽.
17)『일사기록』9, 1896년 2월 6일, 135쪽.
18)『일사기록』10, 1896년 6월 23일, 156쪽.
19)『일사기록』10, 1896년 7월 4일, 159쪽.
20)『일사기록』9, 1896년 9월 6일, 220쪽.
21) 강효숙, 앞의 논문, 42쪽.

시아와의 합의를 위반한 것이었다.

일본 정부는 수시로 주한 일본군의 군영을 개축했다.[22] 일본 정부는 1900년 서울에 소재한 일본 수비대 군영과 해군장교 숙사를 건축했다. 일본 국회도 주한 일본군의 군영 개축에 큰 관심을 보였다. 그에 따라 국회는 1902년 서울, 원산, 부산의 일본 수비대의 병영 신축비로 35만 엔을 배정했다.[23] 그 뒤 일본 육군은 1903년 11월 30일 통합사령부를 서울에 설치했으며, 일본 수비대 및 헌병 전화선 부대 사령관으로 사카와 대좌를 임명했다.[24]

2) 주한 일본군의 한국 주둔 목적

일본 정부는 한국 주둔 수비대를 수시로 교대했다. 1898년 5월에는 구수비대와 제8연대 제3대대가 교대했다.[25] 헌병대도 1897년 5월 경부전선 수비 헌병 중 130명이 교대했고[26], 1898년 12월에는 하사 이하 108명을 교대했다. 가토 마쓰오 주한 일본공사는 수비대가 교체될 때마다 고종에게 수비대 장교들을 소개시키고자 진력했다. 그는 귀국하는 수비대 장교들의 알현을 요청하였지만 한국 정부로부터 거부당했다.[27] 그 후에도 가토는 교대하여 귀국하는 일본 수비대 장교의 알현을 요청하였으나 실현되지 못했다.[28] 그러나 가토는 집요한 노력 끝에 1897년 5월 마침내 교대하는 수비대 장교의 알현을 성사시켰다.[29] 그 같은 가토의 시도는 일본군의 우수성을

22) 『일안』 3, 1897년 5월 5일, 564쪽.
23) 『러시아문서 요약집』, 1900년, 567쪽; 같은 책, 1902년 7월 14일, 28쪽.
24) 『러시아문서 요약집』, 1903년 11월 25일, 581쪽.
25) 『일안』 4, 1898년 6월 2일.
26) 『일안』 3, 1897년 5월 21일.
27) 『일안』 3, 1896년 11월 19일; 『일안』 3, 1896년 11월 21일.
28) 『일안』 3, 1897년 5월 6일.
29) 『일안』 3, 1897년 7월 28일; 『일안』 4, 1898년 7월 16일; 1898년 8월 20일; 『일안』 3, 1897년 12월 1일.

강조하려는 의도를 지닌 것이었다.

수비대 사령관 우사가와 가즈마사(宇佐川一正)도 한국 군부와의 교제에 적극성을 보였다. 그는 아관파천 직후 러시아가 한국에서 막강한 영향력을 행사할 때 한국의 군부 인사와 교제하였다. 그는 이후 주한 일본공사관 무관으로 전직한 뒤 한국 군부인사에게 권유하여 일본의 군사 연습을 시찰하게 했다.30) 그는 1898년 10월 무관직에서 물러날 때까지 가토 공사와 함께 한국 정부에 대해 일본에 군사유학생을 파견하도록 설득했다. 가토와 우사가와는 일본의 군사력을 한국 측에 보여주는 것이 필요하다고 판단하고, 한국의 군부대신 · 외부대신 · 군부 인사들에게 일본의 군사기동연습을 참관할 것을 권유하고, 한국인을 일본에 유학시킬 것을 요청했다.31) 고종은 수비대 장교들을 접견하는 자리에서 일본에 파견한 군사유학생이 많은 성과를 거두었다고 언급하였다. 이에 대해 가토는 이들이 일본에서 학업을 마치면 귀국 후 중용할 것을 권고하였다.32) 고종이 일본에 군사유학생을 보낸 이유는 일본군의 우수성을 인식한 것 외에도 한국의 군사교육에 대해 만족하지 않은 것도 일정 부분 작용했다고 여겨진다.

일본 정부는 주한 일본군을 한국 정부에 영향력을 행사하는 주요 수단으로 삼았다. 그 연장선상에서 자국군 장교와 고종의 면담을 추진한 것으로 볼 수 있다. 결국 수비대 사령관의 강력한 주선으로 한국군 부위 이희두, 조희범은 일본 육사를 졸업하고 보병대에 배속되었다.33) 이와 같이 일본이 한국의 군사유학에 관심을 보인 이유는 군사유학생을 장교로 임용시켜 한국군을 통제하려는 의도에서 나온 것이었다.34)

---

30) 『일사기록』 12, 기밀제43호, 1898년 10월 12일, 439~440쪽.
31) 『일사기록』 12, 기밀제70호, 1897년 10월 15일, 37쪽; 같은 책, 기밀제43호, 1898년 10월 12일, 439~440쪽.
32) 『일사기록』 12, 기밀제36호, 1898년 9월 29일, 430~431쪽.
33) 『皇城新聞』 1899년 10월 2일, 〈잡보〉.
34) 고무라 일본 외상은 1903년 5월 한국 정부가 일본에 유학중인 군사유학생을 재정 문제로 소환하려 하자 고영희 한국 공사에게 이를 중지할 것을 강력히 요구하였

일본 정부가 자국군을 주둔시킨 것은 한국 내의 이권을 획득하려는 목적이 크게 작용했다. 가장 중요한 이권은 철도부설권이었다. 일본 정부는 청일전쟁 기간 중인 1894년 8월 한국에 조일잠정합동조관 체결을 강요하여 경부철도부설권을 잠정적으로 획득했다. 일본 정부는 청일전쟁 뒤 한국 정부에 경부철도부설권 허여를 요구했다. 그러나 한국 정부는 일본과 철도부설권에 관한 새로운 계약을 체결하려 하지 않았다.[35] 한국 정부는 철도 노선을 부설할 때 소요가 발생할 것이고, 일본은 그를 빌미로 추가 파병할 것이라 예측했다. 그에 따라 한국 정부는 1896년 8월 일본이 철도 노선과 동일한 노선을 따라 이어지는 전신선에 자국군 유지를 주장할 것이라고 보고 일본에 대해 경부철도부설권 허여를 거부했다.[36] 그 뒤에도 한국 정부는 재정의 어려움을 이유로 내세우면서 일본에게 철도부설권을 허여하지 않으려 하였다.[37] 결국 고종은 1898년 1월 외국인에게 철도와 광산을 허여하지 않는다는 칙령을 반포하였다. 일본 정부는 그 칙령이 반포되자 강력히 반발하였다. 가토는 외부대신 조병식에게 경부철도는 조일잠정합동조관에 의거한 것이므로 이번 칙령에 적용을 받지 않는다고 주장하는 한편 조속히 경부철도계약을 체결할 것을 요구하였다.[38]

1898년 3월경 한국에 주둔하고 있던 외국군 숫자는 일본군 1,000명과 러시아군 100여 명이었다.[39] 한 달 뒤인 4월 로젠-니시 협정이 체결되었고, 5월에는 러시아군이 철수했다. 일본은 러시아가 더 이상 일본의 활동을 방해하지 않을 것이라고 예측했다. 가토는 로젠-니시 협정으로 인한 국면 변

다. 군부는 이를 수용하여 유학생들에게 계속하여 교육을 받을 것을 지시하였다. 서울대학교 규장각 소장문서, 『軍部來去文』(No.17803), 조회, 광무 7년 5월 19일, 5월 25일.
35) 정재정, 『일제침략과 한국철도(1892~1945)』, 서울대학교 출판부, 1999, 36~39쪽.
36) 『프랑스문서』 7, 1896년 8월 9일, 213쪽.
37) 『일안』 3, 4208호, 1896년 11월 20일.
38) 신용하, 『독립협회연구(상)』, 345~346쪽.
39) 『프랑스문서』 8, 1898년 5월 12일, 185쪽.

화를 충분히 활용하기로 하고 이전에 비해 한층 활동을 강화했다. 가토는 7월에만 세 차례나 한국의 외부에 경부철도 계약에 대해 협상할 것을 촉구하였다. 그는 한국이 미국·프랑스·독일·러시아 상인들에게는 철도부설권·광산채굴권·삼림벌채권을 허여하면서도 유독 일본에만 철도부설권을 허여하지 않는다고 항의하였다.[40] 가토는 이권균점론에 의거하여 한국 정부에 철도부설권 허여를 요구한 것이다. 또 가토는 경부철도부설권은 일본의 기득권이므로 한국이 더 이상 지연시킬 경우 독자적으로 공사에 착수할 것이라고 협박하였다.[41] 결국 한국 정부는 9월 8일 일본 정부와 경부철도 부설권 계약을 체결했다.[42] 그 뒤 일본은 1901년 8월 경부철도 부설 공사를 개시했다.

경부철도계약의 체결은 일본 정부의 강경책이 크게 작용하였다. 그리고 그 같은 강경책이 주효할 수 있었던 것은 바로 주한 일본군의 주둔이라고 할 수 있다. 주목할 것은 일본 정부가 경부철도를 부설하려 한 동기라 할 수 있다. 가토는 경부철도 부설에 대해 한국을 식민지화하기 위한 목적이라고 호언한 바 있었다.[43] 그러므로 일본군이 한국에 주둔한 것은 경부철도를 완공하여 한국을 식민지화하려는 의도로 평가해야 할 것이다.

또 일본이 보호한 이권은 전신선이 있었다. 일본은 서울-부산, 서울-목포, 서울-제물포, 서울-원산 등지에 전신선을 부설했다. 그리고 전신선을 보호한다는 명목으로 150명의 헌병대를 상시 주둔시켰다. 그 뒤에도 일본 정부는 1903년 11월 한국 정부와 서울-부산 간 전신선으로부터 남부 지대의 항구를 연결하는 지선 가설에 합의했다. 일본이 보호한 또 다른 이권은 금광

---

40) 『일안』 4, No.4732. 광무 2년 7월 4일; 같은 책, NO.4743. 광무 2년 7월 17일; 같은 책, No.4751. 광무 2년 7월 26일.
41) 『일본외교문서』 32, 기밀제호, 1899년 5월 17일, 458쪽.
42) 『일안』 4, 4813호, 광무 2년 9월 8일; 같은 책, 4817호, 광무 2년 9월 13일.
43) 신승권, 「露日戰爭 前後의 러시아와 한국(1898~1905)」, 『한로관계 100년사』, 한국사연구협의회, 1984, 228쪽.

채굴권이었다. 일본은 평안도 운산금광의 실제 채굴 작업을 담당했고, 일본 헌병대가 그를 경비했다.[44]

일본 정부는 철도 주변에 자국민의 이민을 권장했다. 일본 정부가 한국에 자국군을 주둔시킨 또 다른 목적은 한국에 거주하는 일본인을 보호하고자 하는 목적도 크게 작용했다고 보여진다. 고무라 공사는 본국 정부에 을미사변 이래 30명 정도의 일본인이 피해를 보았다고 주장하며, 안전을 위해 주한 일본군의 철수 불가를 건의하였다.[45] 또 주한 일본공사관은 한국군은 군기가 엄정하지 않아서 일본인을 한국인의 공격으로부터 지켜줄 수 없다고 판단했다. 즉 일본의 인천영사관 순사는 1896년 9월 1일자 출장보고서에서 일본 사관의 교련을 받아 비교적 정예하다고 평가받던 평양진위대의 복무 상태에 대해 매우 부정적으로 평가했다. 일본 순사는 "평양의 한국군 다수는 일자무식으로 도의가 무엇인지를 분별하는 자가 적고, 멋대로 폭력을 행사한다. 그들은 일본인의 영업을 방해하나 제지하는 헌병이 없어서 사관들이 1일 교대로 시내를 순시하여 겨우 그 폭행을 단속하고 있다"고 보고했다.[46] 그에 따라 일본 정부는 한국에 거주하는 일본인을 보호하고 일본 이권을 수호하고자 수비대 주둔을 유지한다는 방침을 정했다.

원산에 거류하는 일본인도 일본 공사에게 수비대의 계속 주둔을 요청했다.[47] 원산수비대는 1902년 8월 현재 1개 중대, 장교 5명, 전투병 160명, 비전투원 20명, 신형 대포 2문을 보유했다.[48] 또 일본군은 개시장의 자국인 보호도 수행했다.[49] 주한 일본군은 일본 이민의 보호수단이기도 했다는 것을 보여준다.

---

44) 『러시아문서 요약집』, 1903년 11월 25일, 581쪽.
45) 『일사기록』 10, 1896년 3월 1일, 101~102쪽.
46) 『일사기록』 10, 경제38호, 1896년 9월 1일, 267~268쪽.
47) 『일사기록』 13, 기밀제1호, 1898년 1월 18일, 52~53쪽.
48) 『러시아문서 요약집』, 1902년 8월 22일, 645쪽.
49) 『프랑스문서』 7, 1896년 5월 30일, 167쪽.

가토 공사는 주한 일본군의 활동에 큰 만족을 표시하고 본국 외무성에 일본군의 활약상을 다음과 같이 보고했다.

> 일본 수비대는 밖으로는 위신을 보유하고, 안으로는 안녕을 유지하여 그 책임을 다했다. 수비대는 군기가 엄정하여 외국인과 한국인으로부터 존경을 받는 등 일본 군대의 명예를 높였다. 200여 명의 군인을 일률로 단속하여 하나의 실책이 없이 중책을 다함은 쉽지 않은 일이다. 그런데도 현 수비대가 부산, 원산에 주둔한 1년간 장졸의 품행이 방정했다. 그 결과 외국인과 한국인은 물론 일본 거류민에 대하여 한 차례도 교섭을 하는 일이 발생하지 않았다. 내외국인이 경의를 표하고 있다. 상전 대대장의 통솔력에 기인한 바가 크다. 그는 한국 기타 외국의 무관에 대한 은근한 교제로 호감을 샀다. 현 수비대의 과거의 1개년 성적은 매우 양호하며 일본 군대의 명예를 제고시켰다.[50]

끝으로 일본 정부가 주한 일본군을 주둔시킨 것은 러일전쟁에 대비하려는 목적도 있었다고 보여진다. 일본은 러일전쟁이 발발할 경우 한국의 중남부에 유리한 환경을 조성하고자 했다. 즉 일본은 남한을 상륙거점, 혹은 중간지점으로 확보하고자 경부철도 부설을 서둘러 착수했고, 전신선을 작전용으로 활용하고자 했다.[51] 일본군 참모본부는 1903년에는 러일전쟁이 발발할 경우 주요 요지에 군대 숙영지를 설치한다는 '한국점령안'을 작성했다.[52]

---

50) 『일사기록』 12, 기밀제21호, 1898년 5월 29일, 419쪽.
51) 『러시아문서 요약집』, 1902년 3월 6일, 558쪽.
52) 『러시아문서 요약집』, 1903년, 611쪽.

3. 주한 일본군의 활동

1) 주한 일본군의 훈련 상황

주한 일본군은 아관파천 직후 일시적으로 활동을 중단하는 제스처를 보였다. 그러나 주한 일본군은 1897년 2월 환궁 이후 한국의 반러 분위기에 힘입어 활발한 활동을 전개하였다. 일본은 1896년의 베베르-고무라 각서로 러시아로부터 일본군 2개 중대의 서울 주둔을 인정받았다. 주한 일본공사의 주요 활동 중 하나는 거의 매주 한국 정부에 대해 수비대의 훈련 일정을 통보하는 것이었다. 대한제국 수립 전후 경성수비대의 훈련 상황을 도표를 통해 검토하기로 한다.

〈1897년〉

행군 일정	소속 중대	행군 방향	비고	전거
6.18	제10중대	광희문 → 한강리 부근		『일안』 3, 1897.6.16, 578쪽.
6.25	제9중대	동대문→豆毛浦 및 한강리 부근		『일안』 3, 1897.6.22, 579쪽.
7.9	제10중대	용산 및 양화진 방향		『일안』 3, 1897.7.6, 587쪽.
7.15	제9중대	남대문 경유 영등포 부근		『일안』 3, 1897.7.13, 592쪽.
7.22	제9중대	동문을 경유 한강리지방		『일안』 3, 1897.7.20, 592쪽.
8.5	제9중대	남대문 경유 영등포 지방		『일안』 3, 1897.8.3, 597쪽.
8.9	제9중대	수비대 제9중대는 東門을 경유하여 漢江里 부근		『일안』 3, 1897.8.9, 599쪽.
8.26	제9중대	남대문 및 아현을 경유 양화진 방향		『일안』 3, 1897.8.24, 603쪽.
8.31	제9중대	남대문 및 아현을 경유 양화진 방향		『일안』 3, 1897.8.28, 607쪽.
9.9	제9중대	동문 및 豆毛浦를 경유 한강리 부근		『일안』 3, 1897.9.8, 608쪽.
9.13	수비대	광희문 밖 南伐院	매주 2~3회	『일안』 3, 1897.9.13, 609쪽.

10.8	제10중대	寬洞里지방		『일안』 3, 1897.10.7, 615쪽.
10.1.	제10중대	한강부근의 山儀洞		『일안』 3, 1897.10.12, 620쪽.
10.29	제10중대	북한산		『일안』 3, 1897.10.27, 627쪽.
11.17	제9중대	동대문을 거쳐 植松理 부근		『일안』 3, 1897.11.16, 637쪽.
11.19	제10중대	熙國寺 부근		『일안』 3, 1897.11.17, 639쪽.
11.26	제9중대	西門을 거쳐 북한산 방향		『일안』 3, 1897.11.24, 640쪽.
11.30	제9중대	남대문을 거쳐 양화진		『일안』 3, 1897.11.29, 643쪽.
12.11~14	제9중대	광희문 밖 당행리 방향	전투사격을 시행한 뒤 행군	『일안』 3, 1897.12.11, 650쪽. 『일안』 3, 1897.12.12, 651쪽.
12.17	제10중대	동대문을 거쳐 目里 지방		『일안』 3, 1897.12.15, 653쪽.
12.25	제10중대	烽火峴 방향		『일안』 3, 1897.12.20. 655쪽.
1.13~1.14	제10중대	용산방향		『일안』 3, 1898.1.13, 660쪽.
1.24~1.27	제10중대	新川津 지방 행군		『일안』 3, 1898.1.24, 665쪽.
2.2~2.4	제10중대	屯營을 출발하여 신천진 지방으로 행군		『일안』 3, 1898.2.2, 668쪽.
5.9~5.13	제10중대	혜화문 밖 明德洞 행군		『일안』 4, 1898.5.9, 19쪽.
5.17. 5.18	경성수비대	광희문 밖의 사격장 부근	空砲 사격 야외 연습함	『일안』 4, 1898.5.16, 32쪽.
5.24~5.25	제9중대 제10중대	唐峴부근에서 發火 연습 명덕동 지방 행군		『일안』 4, 1898.5.24, 33쪽.
6.16~6.18	제9중대	혜화문 밖	중대 교련 시행	『일안』 4, 1898.6.16, 61쪽.
6.20. 3일간	수비대 중 1개 소대	용산 부근 행군		『일안』 4, 1898.6.20, 63쪽.
6.23~6.25	제9중대	동대문 밖	중대 교련 시행	『일안』 4, 1898.6.23, 66쪽.
6.27	제10중대	敦義門 밖 행군	3일간 1소대씩	『일안』 4, 1898.6.25, 67쪽.
9.16. 4일간	수비대	광희문 밖 사격장	교련사격 시행	『일안』 4, 1898.9.14, 126쪽.
9.24	제9중대 제10중대	돈의문→玉川洞→昭義門 돈의문→북한문→창의문 귀성		『일안』 4, 1898.9.21, 134쪽.

9.27	제10중대	광희문→漢工里 도착→남대문으로 귀성		『일안』 4, 1898.9.26, 135쪽.
9.30	제9중대	창의문 → 二葉洞 → 혜화문 귀성		『일안』 4, 1898.9.29, 138쪽.
10.4	제10중대	6일: 남대문→ 마포→柳家津 행군 7일: 남대문 → 용산·마포 → 서대문 귀성		『일안』 4, 1898.10.4, 143쪽.
10.29	제9중대	서대문→북한산→창의문 귀성		『일안』 4, 1898.10.27, 168쪽.
10.31	제10중대	萬里倉 부근	야외연습	『일안』 4, 1898.10.29, 172쪽.
11.18	제10중대	남대문→南廟→ 한강리 부근	야외연습	『일안』 4, 1898.11.16, 178쪽.
12.2	제10중대	광희문 → 청량리 → 광희문 귀성	야외연습	『일안』 4, 1898.11.30, 184쪽.
12.3	제9중대	남대문→ 서빙고·동작 귀성		『일안』 4, 1898.11.30, 184쪽.
12.16	제10중대	남대문→공덕리 부근 야외연습 / 남대문 귀성		『일안』 4, 1898.12.14, 192쪽.
본월 중	수비대	광희문 밖 사격장 교련사격 시행		『일안』 4, 1898.12.14, 193쪽.

경성수비대는 평균 주 1회 정도 훈련하였고, 한번 훈련할 때마다 며칠씩 행군과 사격연습을 반복하였다. 경성수비대는 동대문·남대문·서대문·돈의문·광희문·혜화문·창의문 등 도성문을 수시로 출입하면서 청량리·공덕리·신촌·영등포·아현·마포·만리창·한강리·용산·서빙고·양화진·동작·북한산·당행리·봉화현·신천진·명덕동 등 서울은 물론 서울 교외의 요지로 활동 반경을 넓혀나갔다.[53] 이 같은 경성수비대의 활동은 단순한 훈련에 그친 것은 아니라고 보여진다. 즉 경성수비대는 빈번한 행

53) 『일안』 3, 1897년 10월 12일, 10월 27일, 11월 16일, 11월 17일, 11월 24일, 11월 29일, 12월 11일, 12월 15일, 12월 20일, 1898년 1월 13일, 1월 24일, 2월 2일; 『일안』 4, 1898년 5월 9일, 5월 16일, 5월 24일, 6월 16일, 6월 20일, 6월 23일, 6월 25일, 7월 16일, 8월 20일, 9월 14일, 9월 21일, 9월 24일, 9월 26일, 9월 29일, 10월 4일, 10월 27일, 10월 29일, 11월 16일, 11월 30일, 12월 14일, 12월 14일.

군을 통해 서울과 교외의 지리를 파악하는 데 주요 목적을 둔 것을 알 수 있다. 이와 같은 경성수비대의 활동은 유사시 일본군이 작전활동을 전개하는 데 있어 참고가 될 수 있다는 점에서 정찰활동의 성격을 지닌 것으로 판단된다.

경성수비대는 원산, 부산까지 소재한 한국 요충지의 교통 및 도로 정찰을 실시했다. 또 경성수비대는 북부로는 평양, 진남포 등지를 시찰하고 남부로는 아산, 목포 등지를 시찰했다. 경성수비대장은 1897년 부산수비대장 및 원산수비대장에게 각 수비대 간의 교통 및 도로 정찰에 대한 지침을 내렸다. 즉 부산수비대에게는 북부로는 목포 방면을 시찰하게 했으며, 동시에 마산, 진해, 순천 부근의 상륙지점에 대해 연구하게 했다. 원산수비대에게는 함경도 북부를 탐구하도록 했다. 아울러 경성수비대장은 부산수비대장과 원산수비대장에게 주둔 지역의 영사들과 시찰에 대해 협의한 뒤 자신에게 신고할 것을 요청했다.[54]

경성수비대는 부산수비대·원산수비대와 긴밀히 연락하면서 내륙 도로를 왕복하고자 획책하였다. 해안에 소재한 부산수비대·원산수비대는 유사시 상륙할 지역을 면밀히 정탐하였다. 이후 일본군이 러일전쟁을 도발했을 때 용이하게 한반도에 상륙할 수 있었던 것은 바로 이 같은 수비대의 활동을 토대로 했기 때문으로 여겨진다.

---

54)『일사기록』12, 〈수비대에 관한 비밀서류〉, 189~191쪽.

2) 주한 일본군의 한국지형 정탐

신청 일시	소속	여행 목적	행선지	비고
1897년 3월 8일	육군 대위 鹽田武夫儀 수행원 5명을 대동	유람	牙山·成歡 등지	『일안』3, 546쪽.
1897년 3월 23일	육군소위 伊集院郁五郎儀 수행원 9명을 대동	원산수비대에 줄 급여품을 휴대	원산행	『일안』3, 552쪽.
1897년 3월 26일 3월 29일 4월 1일	수비대 제4중대 제2중대	관광	삼각산	『일안』3, 553쪽.
1897년 4월 15일	육군대위 水澤將雄儀는 수행원 9명을 대동	유람	牙山·成歡 등지	『일안』3, 557쪽.
1897년 5월 7일	육군참모본부 육지측량 부원 由井勇造 등 6명을 대동	전사편찬자료 수집	아산, 성환 측량	『일안』3, 566쪽.
1897년 6월 10일	육군참모본부 편찬부부원 육군대위 高橋義章儀	遊歷	豊島를 경유하여 아산지방	『일안』3, 575쪽.
1897년 6월 14일	육군소위 원산수비대 大竹福之助儀		육로로 상경하여 楊州, 鐵原, 新龍池院 등지를 경유하여 원산으로 귀환	『일안』3, 577쪽.
1897년 7월 29일	육군참모본부 편찬부부원 육군중위 中西副松儀	전적지 시찰	평양지방	『일안』3, 595쪽.
1897년 8월 12일	육군참모본부 육지측량 부원 由井勇造 등 3명	전사편찬자료 수집	평양·의주	『일안』3, 600쪽.
1897년 9월 27일	수비대 육군소위 古賀義勇儀 下士卒 9명을 인솔	여행	포천·김화·金城郡邑을 경유, 원산행	『일안』3, 613쪽.
1897년 10월 28일	수비대 육군대위 淸水武定 하사졸 10명을 인솔	유람	인천으로부터 수로로 진남포에 가서 평양·중화 등지를 유람하고 개성을 경유, 귀경	『일안』3, 628쪽.
1898년 1월 22일	수비대 장교 육군소위 瀨部三郎儀, 7명의 下士卒을 대동	전적지 시찰	해로를 통해 목포에 도착하여 전주, 공주, 아산, 수원 등지를 탐사	『일안』3, 664쪽.
1898년 6월 10일	육군참모본부의 육군대위 伊豆凡夫儀	전사편찬자료 수집	성환, 아산을 거쳐 귀경한 뒤 재차 평양, 의주 유력	『일안』4, 52쪽.

1898년 6월 10일	육군대위 鹽田武夫儀	유력	청국에서 평안북도 의주를 거쳐 평양	『일안』 4, 52쪽.
1898년 9월 14일	수비대의 육군소위 田門謙一儀는 하사 3인을 대동	전적지 시찰	인천-목포-나주-전주, 공주-서울	『일안』 4, 126쪽.
1898년 9월 14일	수비대의 육군소위 貴志亥三郎儀는 하사 3인을 대동	전적지 시찰차	인천-진남포-평양-중화-봉산, 개성, 파주 유력	『일안』 4, 126쪽.
1898년 10월 27일	本邦人 육군대위 江木精夫, 수택장웅 등 2명	유력	경기, 강원, 평안, 함경도	『일안』 4, 169쪽.
1898년 11월 4일	수비대 육군대위 木村直孝는 병졸 2명을 대동	전적지 시찰	인천, 부산, 밀양, 낙동, 문경, 가흥 귀경	『일안』 4, 172쪽.
1898년 11월 4일	수비대중위 竹野正夫는 하사졸 3명을 대동	전적지 시찰	인천, 진남포, 평양, 三登, 新溪, 朔寧, 파주 유력	『일안』 4, 172쪽.
1898년 12월 1일	육군대위 伊藤惟房儀 병졸 등 4명 대동	전적지 시찰	수원, 진위, 성환, 아산 귀경	『일안』 4, 184쪽.

가토 공사는 한국 외부에 대해 수비대 장교들이 전적지 시찰, 전사편찬 자료 수집을 목적으로 여행하려 한다고 하면서 빈번히 여행증명서인 호조(護照)를 청구하였다. 호조를 소지한 수비대 장교들은 육로·해로를 가리지 않고 전국을 누볐다. 이들은 여러 명의 군인을 대동하고 목포·전주·공주·아산·수원·성환·평양·의주·인천·나주·진남포·중화·봉산·개성·파주·부산·밀양·낙동·문경·가흥·삼등·신계·삭녕·수원·진위 등을 탐사하였다.[55] 이들은 탐사한 지역의 지도를 제작함은 물론 그 지역에 대한 상세한 보고서를 작성하였다.[56] 그런데 이 같은 일본 장교의 활동은 일본 육군 차원에서 행해진 것으로 보인다. 즉 일본 육군참모총장은 육군 장교를 고등학교 교사로 위장하고 한국에 파견한 뒤 서울과 부산 사이의 지리를 정탐하게 하였다. 일본 외무대신도 주한 일본공사에게 적극 협조를

---

55) 『일안』 3, 1898년 1월 22일; 『일안』 4, 1898년 6월 10일, 9월 14일, 10월 27일, 11월 4일, 12월 1일.

56) 『극비 일본의 한국침략사료총서』, 국학자료원, 1991, 855~900쪽.

지시하면서 한국 정부에는 학술 연구의 목적으로 통보하라고 훈령했다.[57]

4. 주한 일본군에 대한 국내외 반응

1) 대한제국의 대응

일본군은 청일전쟁 발발직후인 1894년 8월부터 궁궐의 주요 출입문 부근의 군영에서 주둔했다. 그 뒤 친일 내각은 1895년 윤5월 외무대신 김윤식의 공한으로 일본군이 각처에 주둔해줄 것을 요구했다. 그러나 고종은 주한 일본군의 주둔을 경계하게 됐다. 주한 일본군은 경복궁을 점령하는 등 큰 위협을 가했기 때문이었다. 고종은 1895년 8월 19일 이노우에 가오루(井上 馨) 일본공사에게 국제 분규가 우려된다며 일본군의 철수를 요청했다. 그러나 이오누에는 열강의 위협이 사라지면 철수할 것이라고 언급하며 철군을 거부했다.[58] 그 뒤에도 고종은 1896년 1월 일본 공사에게 주한 일본군의 규모를 4개 중대로 축소시킬 것을 요구하였다. 일본 정부는 이 요구를 받아들여 일본군의 수를 4개 중대로 축소시켰다.[59]

한편 서울·부산·원산에 주둔중인 일본 수비대는 후비병이었다. 일본 정부는 2월 후비병을 상비병으로 교체하기로 결정하고 한국에 그 같은 의사를 타진하였다. 이에 대해 한국 정부는 이의제기를 하지 않았다.[60]

고종은 주한 일본군을 경계했다. 고종은 2월 11일의 파천 직후 일본군의

---

57) 『일사기록』 13, 기밀송제15호, 1899년 3월 16일, 343쪽; 『일사기록』 13, 기밀송제21호, 1899년 4월 15일, 354쪽.
58) 『러시아문서 번역집』 2, 259쪽. 〈베베르의 1895년 8월 19일자 보고서〉.
59) 『일사기록』 10, 1896년 1월 28일, 3쪽.
60) 『일사기록』 9, 1896년 2월 6일, 135쪽.

주둔을 심각한 위협으로 간주했다.[61] 고종은 한국의 안전을 위하여 주한 일본군의 철수를 추진했고, 주한 일본군의 철수가 가능하다고 인식했다.[62] 그 무렵 한국 정부는 궁궐 앞에 자리 잡은 일본 수비대의 군영을 다른 곳으로 이전시키고자 하였다. 때마침 한국 정부는 신병을 모집하여 훈련시키고자 했고, 훈련장소로서 일본군이 주둔중인 삼군부 터를 검토하였다. 그에 따라 한국 정부는 일본 공사에게 일본군을 장낙원 터로 이전시킬 것을 요구하였다.[63] 그에 대해 고무라 공사는 서울은 일본수비대가 있어 안전했다고 주장하며, 일본인의 안전을 위해 일본군 잔류가 불가피하다고 응답했다. 그는 한국 정부가 수차 이전을 요구하는 것은 구실에 불과하고, 실제로는 일본군 철수의 근거를 삼으려는 것으로 추측하였다. 스페에르(Alexei de Speyer) 주한 러시아공사는 러일협정이 체결되면 일본군이 철수해야 하므로 이전은 불필요하다고 판단했다.[64] 이후 일본군은 남별궁으로 이전하려고 했지만 한국 정부의 반대에 부딪혔다.

한국 정부는 3월 들어서 일본군의 철수를 시도하였다. 한국 정부는 한국군이 점차 정비되어 소요에 대비할 수 있게 되었고, 훈련터도 부족하다는 사유를 대며 일본군의 철수를 요구하였다.[65] 이에 대해 고무라는 한국 내지의 형세가 매우 불온하므로 공사관, 영사관, 거류민 보호를 위해 수비대가 필요하다고 주장했다. 그는 한국의 형세가 완전히 평온해지고, 일본인의 안전에 염려가 없을 때까지 철군할 수 없다고 통보하였다.[66] 동시에 고무라는 왕궁 근처의 해방영 부근에서 일본군이 군사훈련을 하도록 허가해줄

---

61) 『러시아문서 번역집』 2, 235쪽, 〈히트로보의 1896년 2월 17일자 전문〉.
62) 『러시아문서 번역집』 2, 224쪽, 〈스페에르의 1896년 2월 14일자 보고서〉.
63) 『일안』 3, 1896년 2월 18일;『일사기록』 11, 1896년 2월 18일, 12쪽.
64) 『일사기록』 9, 1896년 3월 2일, 158~159쪽.
65) 『일안』 3, 1896년 3월 2일, 403쪽;『일사기록』 11, 1896년 3월 2일, 13쪽.
66) 『일안』 3, No.3960, 1896년 3월 2일; 같은 책, 3962호, 1896년 3월 11일;『일사기록』 9, 1896년 3월 19일, 168쪽;『일안』 3, 1896년 3월 11일, 『일사기록』 11, 1896년 3월 11일, 35쪽.

것을 요청했지만 한국 정부의 허가를 얻지는 못하였다.[67] 고종은 일본군이 궁궐 출입문에 있으므로 환궁을 기피했다.[68] 한국 정부는 일본 공사에게 일본군을 대궐 앞인 삼군부에서 철수하게 하고, 일본인 거류지와 인접한 양향청으로 이전할 것을 요구하였다. 결국 일본은 3월 23일 양향청으로 일본군을 이전시킬 것을 결정하였다.[69] 한국 정부는 일본군의 이전보다는 철수를 희망하였다. 그러나 일본의 강력한 반대로 일본군의 철수를 관철시키지는 못했다.

한국 정부는 일본을 견제하고자 러시아와의 군사외교를 추진했다. 한국 정부는 1896년 1월 무관학교를 설립한 바 있었다. 그러나 고종은 2월 아관파천을 단행한 이후 일본군 식으로 훈련을 받고 있던 무관학교를 부정적 시선으로 보았다. 고종은 2월 러시아 공사에게 군사교관단의 파견을 요청하는 한편,[70] 민영환을 러시아에 보내 로바노프 외상에게 200명의 군사교관을 한국에 파견시켜 줄 것을 제의하게 했다. 한국 정부는 새로 고빙할 러시아 사관으로부터 러시아 군제를 습득하기 위해 무관학교를 정지시켰다.[71] 그 결과 설립된 지 수개월밖에 되지 않던 무관학교는 유명무실한 기구로 전락했다.

한편 러시아 정부는 민영환 특사의 요청을 일부 수용하여 프챠타(Putiata) 대령 등 13명의 장교와 하사관을 한국에 파견했다. 프챠타는 1896년 10월 민영환과 같이 내한했다. 그는 서울에 도착하자마자 한국군의 재조직에 대해 관여하기 시작했다.[72] 그는 친위대 5개 대대에서 하사관과 병사 800명을 선발하고, 후에 이를 보충하여 1,000명을 편성했다. 러시아 군사교관들

---

67) 『일안』 3, 1896년 3월 12일.
68) 『프랑스문서』 7, 1896년 3월 21일, 150쪽.
69) 『일사기록』 9, 1896년 3월 23일, 168쪽; 『일사기록』 10, 1896년 3월 17일, 109쪽; 『일사기록』 11, 1896년 3월 18일, 38쪽.
70) 『러시아문서 요약집』, 1896년 2월 23일, 622쪽.
71) 『일사기록』 11, 보고제1호, 1896년 6월 11일, 57쪽.
72) 『한영외교자료집』 8, No.89, 1896년 11월 14일, pp.226~227.

은 러시아의 내무교범을 한국어로 번역하는 한편, 러시아의 신병훈련교육
프로그램을 실시했다. 그 과정에서 러시아 교관들은 1인당 80명의 훈련을
담당했고, 각개교련·체조·총기조작법·소총사격법 등을 교육시켰다.[73]

한국 병사들은 12월 중반 경 이미 왕궁
을 호위할 수 있을 정도가 되었다는 평가
를 받았다. 고종이 1897년 2월 환궁을 단
행한 것은 러시아 교관들에 의한 교육이
어느 정도 성과를 거둔 것으로 판단했기
때문으로 풀이된다. 고종은 3월 조서를 내
려 그간 연습해 온 친위대 출신 병정들에
게 내숙위를 맡기고 시위대라고 명명하는
한편, 그 편제와 예산을 군부와 탁지부로
하여금 마련케 하였다.[74] 고종은 5월에는
직접 사열식에 참석하였다.[75]

대한제국의 군인

프챠타는 궁궐을 호위하는 시위대를 철저히 통제했다. 그는 러시아 교관
으로부터 훈련을 받은 병사들만으로 시위대를 충원하였으며, 러시아 교관
으로부터 훈련을 받은 학도 중에서 시위대 소관의 사관을 선발했다. 그리
고 시위대를 28명의 장교, 70명의 하사, 900명의 병사 등 1,000여명으로 편
제했고, 러시아식으로 5개 중대를 1개 대대로 편성하였다.[76] 러시아는 자국
교관을 증파하여 한국의 군사권을 장악하려고 기도했다.

---

73) 러시아 대장성, 최선·김병린 역, 『韓國誌』, 한국정신문화연구원, 1984, 678~679쪽.
74) 『한말근대법령자료집』 2, 1897년 3월 16일, 조칙, 215~216쪽.
75) 『한국지』, 678~679쪽.
76) 『일사기록』 12, 기밀제40호, 1897년 6월 24일, 4~6쪽.

한편 일본 정부는 러시아 사관이 증파될 경우 한국에서의 세력기반이 약화될 것을 우려했다. 따라서 일본은 러시아에 강력히 항의하는 한편 한국 정부에 대해서도 사관 고빙을 거부하도록 요구했다. 일본 정부는 1897년 3월 베베르-고무라 각서와 로바노프-야마가타 의정서(Lobanov-Yamagata Pro-tocol)를 공개하여 한국 정부를 경악시켰다. 두 협정은 러·일의 한국 분할을 약속했기 때문이었다.

한국의 군부지도자들은 프챠타가 군제개편은 물론 군부의 재정에까지 관여하자 그를 비판적으로 보게 되었다. 고종 역시 그의 독단적인 행동에 대해 부정적인 인식을 갖게 된 것으로 보인다. 독립협회도 러시아의 이권 침탈을 강력히 비판하면서 러시아인 군부, 탁지부 고문관을 모두 해고시킬 것을 주장하였다. 이에 대해 스페에르 러시아공사가 고문관의 계속 임용여부를 문의하자 외부대신 민종묵은 1898년 3월 12일 향후 군무는 전적으로 한국인으로 하여금 주관하게 할 것이므로 일체 외국인 사관, 고문관 등을 고빙하지 않겠다고 통보했다.[77]

러시아인 군부 고문관의 철수는 주한 일본군 철수론을 대두시켰다. 전비서승 홍종우는 고종에게 황제를 호위해 준 공로가 있는 러시아 군대는 철거시키고, 왕후 시해를 도와준 일본군은 아직도 서울에 주둔하고 있다고 비판하면서 조속히 일본군을 철수시킬 것을 건의하였다.[78] 한국에서 주한 일본군을 부정적으로 인식한 것은 일본군의 행패도 크게 작용했다고 여겨진다. 일본 병사는 한국인 순검을 구타하는 등 행패가 극심했다.[79] 그러므로 한국 정부는 일본군이 훈련을 핑계로 발포하자 도성 내 발포 금지를 요청했다.[80]

---

77) 『아안』, 1001호, 광무 2년 3월 12일, 3월 17일, 3월 18일, 3월 19일.
78) 『고종실록』 권37, 광무 2년 4월 16일.
79) 『일안』 3, 1896년 5월 15일; 『일안』 3, 1897년 7월 9일.
80) 『일안』 3, 1896년 5월 19일.

한편 고종은 러·일 등 외국의 군대가 서울에 주둔하고 있는 현상을 우려하였다. 고종은 외국군을 철수시켜야 비로소 한국은 완전한 독립국이 될 것이라고 확신하였다. 그 과정에서 고종은 주한 일본군의 철수를 재추진했다. 그는 가토 공사에게 일본군이 철수하면 러시아군도 철수할 것이라고 언급했다. 가토는 고종의 철군 요청을 거부했다. 그 뒤 러시아는 5월 수비대를 모두 철수시켰지만 일본군은 계속 주둔했다. 고종은 계속해서 일본 수비대의 철수를 추진했다. 그러나 일본군의 주둔을 긍정적으로 인식했던 친일 성향의 외부협판 유기환은 수비대의 주둔을 희망했다. 유기환은 가토에게 한국인은 일본군을 신뢰한다고 하면서 일본군의 역할을 치켜세웠다. 가토는 유기환에게 일본 수비대의 잔류를 설득했다. 이에 유기환은 가토에게 고종의 의혹이 아직 해소되지 않았다고 언급하면서, 좀 더 명확한 일본 측의 해명이 필요함을 강조하였다. 이어 유기환은 가토에게 한국이 조회를 보내면 일본이 회답을 보내는 방식으로 이 문제를 해결하자고 제의했다. 가토는 유기환의 제안을 수용하였다.[81] 그 과정에서 외부대신 조병직은 가토에게 한국의 정세가 안정되었으니 경성수비대를 비롯한 주한 일본군을 모두 철수시킬 것을 요구하였다. 이에 대해 가토는 일본인의 생명과 재산을 보호하기 위하여 철수할 수 없다고 통보하는 한편, 고종에게는 일본 정부의 회답을 전달하였다. 가토는 일련의 조치로 고종의 의혹이 해소된 것으로 추측했다.[82] 가토는 유기환과의 긴밀한 공조를 통해 러시아군의 철수를 계기로 한국에서 제기되고 있는 일본군 철수론을 무마하였다.

주한 일본군은 서울의 치안의 일익을 담당한 것으로 보여진다. 그것은 한국군의 훈련 상태가 부실했기 때문이었다. 그 무렵 영국 외교관은 "한국

---

81) 『일사기록』 12, 기밀제23호, 1898년 6월 8일, 420~421쪽.

82) 『일안』 4, 4684호, 광무 2년 5월 26일; 같은 책, 4691호, 광무 2년 5월 30일; 『일사기록』 13, 1898년 5월 26일, 10쪽; 『일사기록』 13, 제37호, 1898년 5월 30일, 83쪽; 『일사기록』 12, 기밀제23호, 1898년 6월 8일, 420~421쪽.

군 중 정예하다는 수도 경비대도 훈련이 부실하다. 군인들은 근무에 매우 태만하여 초병과 수위를 구별할 수 없을 지경이다. 수도 경비대는 2천 명 정도의 일본인에 의해 제압될 것이다."라고 단언하였다.[83] 히오키 마스시 일본 대리공사는 본국 정부에 "한국의 군경은 무능하여 서울의 소요에 대비할 수 없다. 서울에 주둔하고 있는 일본의 수비대는 유일한 웅진으로서 일본 공사관과 교류민을 보호하는 역할을 담당하고 있다. 또 간접적으로는 서울의 질서를 유지하고 있다."라고 보고하는 등[84] 주한 일본군이 서울의 치안 유지에 중요한 역할을 담당하고 있다고 자평했다.

고종은 강력한 전투력을 지닌 일본군의 서울 주둔을 경계했다. 고종은 1898년 11월 만민공동회운동이 격화되자 경성수비대가 만민공동회세력을 후원할 것을 우려했다. 그러나 히오키는 고종은 긴급 시 일본군에게 보호를 제의할 가능성이 있다고 인식했다.[85] 이상과 같은 히오키의 상황 인식은 주한 일본군이 한국 정계의 동향에 주요 변수로 작용했다는 것을 보여준다. 독립협회 해산 이후에도 고종은 일본군의 주둔을 경계했고, 한국군에서 일본인을 축출하고자 시도했다.[86]

일본 공사는 일본군을 한국 정부와의 교섭 때 적극적으로 활용했다. 1903년 9월 서울에서는 전차가 소년을 치는 사고가 발생했다. 그 과정에서 폭동이 발생하여 일본인 가옥 한 채가 파손됐다. 일본 공사는 한국 정부에 피해를 보상하지 않으면 일본 수비대를 보내 궁정을 점령하겠다고 통보하는 한편 고종에게 알현을 요구했다. 그에 맞서 한국군은 궁정 경비를 강화했다.[87] 고종은 12월 러일전쟁 발발을 감지하자 일본이 한국을 강점하리라고 예측했다. 아울러 고종은 서울에 주둔하고 있는 일본군 수비대가 궁궐을 포위

83) 『한영외교자료집』 12, No.78, 1901년 10월 25일, pp.296~297.
84) 『일사기록』 12, 기밀제53호, 1898년 12월 10일, 450~451쪽.
85) 『일사기록』 12, 기밀제56호, 1898년 12월 13일, 457~459쪽.
86) 『러시아문서 번역집』 2, 140쪽.
87) 『러시아문서 요약집』, 1903년 10월 19일, 575쪽.

하고 수비대에 매수된 시위대가 폭동을 일으킬 것을 우려했다. 그에 고종
은 파블로프 러시아 공사에게 조언을 요청했으며, 비상 상황에 처할 경우
러시아공사관으로 피신하려 하였다.[88]

2) 러시아, 프랑스의 반응

일본 정부는 청일전쟁 종전 뒤 한국에 주둔하는 일본군 일부를 철수시켰
다. 그러나 일본의 한국에 대한 절대적 영향력은 약화되지 않았다. 주한 러
시아공사관은 본국 외무성에 서울에 단 200명의 일본 군대가 주둔해도 한
국 정부는 일본 정부의 의견을 전적으로 수용할 것이라고 보고했다.[89] 러
시아는 주한 일본군이 일본의 대한 영향력의 근원이라고 판단한 것을 보여
준다. 그러므로 일본의 한국 진출을 경계하던 러시아는 주한 일본군을 매
우 경계하였다. 다음과 같은 러시아 장교의 보고는 주한 일본군에 대한 러
시아 군부의 인식을 잘 보여준다.

> 일본은 한국의 모든 개항장에 경비대를 배치함으로써 한국인들에게 일
> 본의 특권을 과시하고 있다. 항구들 중 한 곳만 방문해도 일본군 보병의
> 나팔소리를 들을 수 있으며 거리에서는 일본군 병사들을 목격할 수 있
> 고 경비병이 지키는 그들의 막사를 확인할 수 있다. 그 때문에 일본 공
> 사관은 서울 이외 지역에 아무런 기관도 없는 러시아보다 정보를 수집
> 하기가 수월하다. 또 일본은 군대와 함대를 증강시키려고 매우 서두르
> 고 있다. 일본은 대륙침략의 교두보로서 한국을 침략하고자 한다. 따라
> 서 러시아 태평양 함대를 증강하여 일본 육군의 한국 상륙을 저지해야
> 한다.[90]

---

88) 『러시아문서 요약집』, 1903년 12월 30일, 32~33쪽; 같은 책, 1903년 12월 30일,
    278쪽; 같은 책, 1903년 12월 31일, 279쪽.
89) 『러시아문서 요약집』, 1896년 1월 16일, 135쪽.
90) 『러시아문서 번역집』 1, 81~82쪽.

러시아 군부는 주한 일본군이 현실적으로는 한국 지배의 도구로 작동하고 있다고 판단했고, 궁극적으로는 대륙 침략의 첨병의 역할을 수행할 것으로 인식한 것을 보여준다. 일본 수비대는 러시아의 한국 내 군사 활동을 감시하는 역할도 담당했다. 러시아는 일본 수비대가 한국의 주인으로 행세하며 러시아 장교의 측량활동을 방해한다고 인식했다.[91] 러시아는 일본 수비대에 대항하고자 1896년 7월 총참모부 소속 스트렐비츠키(N. Strelbitsky) 대령을 서울 주재 무관에 임명한 뒤 한국에 파견했다. 그는 서울, 부산, 원산 등지에 주둔하고 있던 400여 명의 일본군을 감시하는 것을 주된 임무로 했다.[92] 스트렐비츠키는 고종이 러시아공사관에 파천하고 있는 상황에서도 한국에서 일본의 영향력이 커지고 있는 것은 다수의 주한 일본군 때문이라고 판단했다.[93]

러시아 공사들도 주한 일본군의 동향을 주시하였다. 주한 러시아공사 마튜닌은 로젠-니시 협정이 절대적으로 일본에 유리하다고 인식하여 이 협정의 개정을 주장하였다.[94] 그러나 마튜닌은 로젠-니시 협정을 준수하여 한국문제에서 불간섭주의의 원칙을 견지하려고 했다.[95] 즉 그는 일본의 상공업 발전을 저해하지 않으려 했다. 마튜닌은 2개 중대의 경성수비대가 고종에게 큰 위협을 주고 있다고 판단하였다.[96] 마튜닌은 주한 일본군이 일본의 대한 영향력을 강화시키는 중요 수단이라고 지목했다.

파블로프 주한 러시아공사도 일본이 군대를 한국에 주둔시켜 만사를 통제하고 있다고 인식했다. 파블로프는 그 동안 입수한 정보를 바탕으로 한국이 일본에 우호적인 근본적 이유는 한국 정부가 일본군의 한국 주둔을

---

91) 『러시아문서 번역집』 1, 1895년 12월 27일, 33쪽.
92) 『러시아문서 번역집』 2, 〈태평양 분함대장께서 해군대신에게 보낸 1896년 11월 14일자 서한〉, 61쪽.
93) 『러시아문서 번역집』 3, 〈스트렐비츠키의 1897년 1월 10일자 보고서〉, 47쪽.
94) 『일본외교문서』 31-2, 1898년 11월 24일, 418쪽.
95) 『러시아문서 요약집』, 1898년 9월 22일, 141~142쪽.
96) 『러시아문서 요약집』, 1898년 11월 14일, 141쪽.

두려워하기 때문이라고 판단했다. 그는 일본을 견제하기 위해 러시아군으로 하여금 남부지방에 주둔시키고, 마산포 부근에 해군근거지를 획득할 필요성이 있다고 판단했다. 파블로프는 일본이 철도·전신선으로 한국 진출을 가속화하고 있고, 이민법을 개정하여 일본 국민의 자유 도한을 허가하는 등 한국 식민지화에 전력을 기울이고 있다고 인식했다.[97] 그는 함경도 지방의 성진민란에 대해서도 일본이 한국에 군사개입을 하려는 구실을 만들기 위해 배후에서 조종한 계획적인 음모로 파악했다.[98]

러시아 국방상 쿠로파트킨(Aleksei Nicolaevich Kuropatkin)도 주한 일본군에 대한 경계의식을 피력하였다. 그는 1901년 주한 일본군의 규모를 4개 대대로 파악했다. 그는 일본군의 한국 상시 주둔을 저지할 필요가 있다고 인식했고, 특히 북부에 대한 경계의 중요성을 강조했다.[99] 러시아 군부는 주한 일본군이 러일전쟁에 동원될 것을 의식한 것을 보여준다.

한편 1902년 10월 한국에 특사로 온 베베르는 주한 일본군의 동향을 예의 주시했다. 그는 과거 고무라와 베베르-고무라 각서를 교환하여 주한 일본군의 주둔을 인정한 장본인이었다. 그는 본국 정부에 제출한 보고서에서 "주한 일본군은 1896년 5월의 협정으로 주둔하고 있다. 주한 일본군은 한국에 질서가 회복되자마자 소환하도록 되어 있다. 이제 일본군은 주둔할 이유가 없다. 주한 일본군은 한국인과 마찰을 빚고 있으므로 한국인들은 그 철수를 환영할 것이다."라고 지적함으로서 러시아가 취할 첫 번째 행동으로서 일본 수비대와 헌병의 한국 철수를 거론했다. 아울러 베베르는 일본군을 만주에 수송하는 수단이 될 수 있다는 이유로 경의철도부설권이 일본

---

97) 『일사기록』 18, 기밀제29호, 1902년 2월 7일, 5~8쪽; 『일사기록』 21, 왕전제53호, 1903년 2월 12일, 260쪽; 『한영외교자료집』 12, 1902년 2월 6일, p.317.

98) 『러시아문서 요약집』, 1902년 7월 14일, 28쪽; 같은 책, 1900년 8월 20일, 269쪽. 성진민란에 대해서는 이영호, 「갑오개혁 이후 지방사회의 개편과 성진민요」, 『국사관논총』 41, 국사편찬위원회, 1993 참조.

99) 『러시아문서 번역집』 2, 〈쿠로파트킨의 1901년 11월 27일자 서한〉, 140쪽.

에 넘어가서는 곤란하다고 강조했다.[100]

러시아 다음으로 주한 일본군의 동향을 주시한 국가는 프랑스였다. 프랑스는 1895년 군사동맹국인 러시아와 공동으로 일본에 대해 삼국간섭을 단행한 바 있었다. 1896년 부임한 플랑시 주한 프랑스공사는 1897년경부터 적극적으로 고종에게 접근하였다. 프랑스 델카세(Délcassé) 외무장관도 플랑시를 대리공사에서 특명전권공사로 승진시키는 한편 외교계의 중진인 주청프랑스공사 삐숑(M.S. Pichon)을 서울에 파견하여 고종에게 외교 자문을 하게 했다. 플랑시 공사·크레마지(Crémazy) 법부 고문·마르텔(Martel) 법어학교 교사 등 프랑스인들도 고종의 외교에 기여했다. 그 결과 한국 정부는 1901년 4월 프랑스와 500만원의 차관 계약을 체결했다. 또 프랑스는 평양광산 채굴권 획득, 안남미 공급계약 및 우편협정 체결 등을 통해 한국에 대한 영향력을 신장시켰다. 그 밖에 프랑스인은 군사고문직에 해당하는 기기창사관 및 무기조사원·서북철도국 감독·궁내부 도기소기사·궁내부 검찰관·궁내부 광산기사 등 요직에 속속 취임했다. 그에 따라 러일전쟁 이전까지 한국 정부에서 근무한 서양인 고문은 미국인 1명, 벨기에인 1명, 영국인 2명, 독일인 3명에 비하여 프랑스인은 14명에 이를 정도였다. 이상과 같이 프랑스는 대한제국에 막강한 영향력을 행사했다. 그것은 프랑스가 대한제국의 외교에 깊숙하게 개입했기 때문이었다.

플랑시 공사는 베베르-고무라 각서 교환 이후 주한 일본군을 예의 주시했다. 그는 일본 정부가 서울에서 철수한 일본 병사들을 원산으로 이동시키자, 일본의 러일협정 위반을 인식했다. 플랑시는 일본의 거동을 '반면짜리 조치'로 지칭하며, 일본은 열강과 한 한국 보전약속을 이행하지 않고 있다고 평가했다. 그는 일본군의 주둔을 한국 위기의 유일한 원인이라 인식했다. 그는 일본군이 전신선 보호를 핑계로 주둔하는 한 소요가 계속되어

---

100) 『러시아문서 번역집』 3, 〈베베르의 1903년 4월 보고서〉, 197쪽.

한, 일간의 불화가 상존할 것이라고 예측했다.[101] 실제 의병은 서울-부산 전신선을 경비하는 일본군을 공격했다.[102] 플랑시는 1896년 10월 다음과 같이 본국 정부에 주한 일본군의 동향을 보고했다.

개항장에서는 일본군의 귀국선 승선은 없고, 잦은 일본 부대의 상륙이 관측된다. 일본 상인들이 정착한 지역에 부대가 있었다면 일본 신민의 생명과 재산을 보호할 당위성이 점령 이유가 됐을 것이다. 그러나 서울 이남 지방을 점령한 부대들은 서울-부산의 전신선 보호를 이유로 대고 있다. 이곳에서는 경찰도 일본에서와 똑같이 운영한다. 사건이 나면 순사가 현장을 조사한다. 한국은 점령된 국가로 취급받는다. 그것은 러시아 정부의 정보 부재에 기인하는데, 그 증거는 로바노프-야마가타 의정서에서 드러난다. 즉 러, 일군의 충돌 회피차 광범위한 완충지대를 사이에 두고 주둔지를 정한다는 조항이다. 러시아가 서울에 공사관 경비를 위해서 배치한 수비대는 군함에서 상륙한 수병 100여 명이 전부다. 일본은 수백 명의 군인을 서울의 여러 병영에 분산 배치했다. 러시아는 서울 외부 지역에 1명의 군인도 배치하지 않은데 비해, 일본은 항구, 내륙에 여러 부대를 주둔시켰다. 그러므로 영향권을 만든다는 것은 무의미했다. 또 러시아는 서울-부산 전신선을 일본이 독점하도록 방치했다. 그것은 일본에게는 점령의 핑계를 준다. 전신선과 운영사무소는 모두 과거처럼 한국 정부에 이양하면 될 것이었다. 베베르는 정치적 예지력이 없다. 일본은 러시아 정부의 무반응을 보고 공세를 강화했다.[103]

플랑시는 주한 일본군이 활동의 폭을 넓힐 수 있었던 것은 러시아가 한국의 상황에 무지하기 때문이라고 단정했다. 플랑시는 러시아는 주한 일본군의 한국 배치 상황조차도 제대로 파악을 못하고 있다고 인식했다. 또 그는 러시아가 일본이 서울-부산 전신선을 독점하도록 방치한 것도 문제라고 지적했다. 그는 베베르-고무라 각서에 대해 한국에서 일본의 군사우월권을

101) 『프랑스문서』 7, 1896년 5월 30일, 167쪽.
102) 『프랑스문서』 7, 1896년 6월 8일, 171쪽.
103) 『프랑스문서』 7, 1896년 10월 5일, 239쪽.

강화시켰다고 부정적으로 평가했다.

플랑시는 러시아는 1898년 로젠-니시 협정 체결을 계기로 한국문제에 불간섭원칙을 준수하고 있다고 판단했다. 그리고 일본은 1899년부터 러시아를 제치고 막강한 영향력을 행사하고 있다고 파악했다. 구체적으로 그는 일본의 철도 부설, 항구의 영사관 개설, 전국 각지의 우체국 개설 등을 예시했다. 그는 일본은 마산포 사건 등으로 러시아와 첨예하게 대립하자 한국 주둔 자국군의 철수, 혹은 병력 축소를 전혀 고려하지 않고 있다고 파악했다. 그는 일본은 한국 점령을 영구화하고자 매년 병력을 교체하고 병영을 보수하고 재건하고 있다고 인식했다.[104] 플랑시는 주한 일본군을 궁극적으로 일본의 한국 식민지화의 선봉이라고 판단한 것을 보여준다.

플랑시는 1901년 5월 제주도에서 민란이 발생하자 일본과의 충돌을 우려하여 신중하게 대응했다. 그는 제주도에 있는 프랑스 선교사들을 보호하고자 본국 정부에 요청하여 2척의 군함을 제주에 파견하게 했다. 그 때 일본 정부도 일본 어민 보호를 명목으로 1척의 군함을 제주에 파견했다. 플랑시는 일본의 의도는 한국을 혼란에 빠뜨린 뒤 자국민을 보호한다는 구실로 한국에 파병을 증대시키려는 것이라고 인식했으므로 더 이상의 군사개입을 반대했다.[105]

5. 맺음말

일본 정부는 동학농민전쟁이 확산되자 1894년 6월 한국에 대규모 병력을 파견했다. 일본군은 한국 정부의 철군 요구를 무시하며 주둔하던 중 8월 1일 청에 선전포고했다. 일본 정부는 청일전쟁이 종결된 뒤에도 주둔군 일

---

104) 『프랑스문서』 9, 1899년 9월 9일, 27쪽.
105) 『프랑스문서』 9, 1901년 7월 12일, 119~121쪽.

부를 한국에 잔류시켰다. 일본 정부는 한국 정세 판단에 따라 한국 주둔 일본군 수를 조정했다. 일본 정부는 1896년 5월 러시아 정부와 베베르-고무라 각서를 교환함으로써 자국군의 한국 주둔을 관철시켰다. 일본은 베베르-고무라 각서 체결로 주둔군의 수를 감축해야 했지만 러일협정을 위반하면서까지 주둔군의 수를 늘려 나갔다.

주한 일본군은 크게 수비대 및 헌병대로 구성됐다. 일본 정부는 상비병 4개 중대를 파견하여 서울에 2개 중대, 부산, 원산에 각각 1개 중대를 주둔시켰다. 그 같은 조치는 일본 정부가 서울, 부산, 원산을 전략적으로 중요한 지역으로 간주한 것을 보여준다. 헌병대는 전선 수비의 임무를 담당했다. 육군은 2개 중대를 지휘해야 하는 경성수비대장의 계급을 소좌급으로 결정하였고, 부산, 원산 지역의 수비대장은 대위급으로 결정했다.

일본 공사관측은 처음에는 한국 정부에 자국 수비대의 교대 사실을 통보했지만 1899년 이후부터는 교대 사실을 통보하지 않았다. 그것은 일본 정부가 일본군을 극비리에 한국에 상륙시키려 했다는 것을 의미한다. 일본 육군대신은 일본 공사에게 수비대 교대가 한국 신문에 보도되지 않도록 각별히 유의할 것을 지시하였다. 그 같은 지시는 일본 정부가 주한 일본군의 정확한 숫자를 한국 정부에 비밀에 부치려 한 의도를 보여준다. 주한 일본군은 꾸준히 증원됐고, 1901년경에는 4개 대대로 추정될 정도였다.

일본 정부가 자국군을 주둔시킨 것은 경부철도부설권, 전신선, 금광채굴권 등 한국 내의 이권을 보호하고, 한국에 거주하는 일본 이민을 보호하려는 목적이 있었다. 또 러일전쟁에 대비하려는 목적도 있었다. 경성수비대는 평균 주 1회 정도 훈련하였고, 한번 훈련할 때마다 며칠씩 행군과 사격 연습을 반복하였다. 경성수비대는 빈번한 행군을 통해 서울과 교외의 지리를 파악하는 데 주요 목적을 두었다. 수비대의 활동은 유사시 일본군이 작전활동을 전개하는 데 있어 참고가 될 수 있다는 점에서 정찰활동의 성격을 지닌 것이었다. 일본군이 러일전쟁을 도발했을 때 용이하게 한국에 상륙할 수 있었던 것은 바로 이 같은 수비대의 활동을 토대로 했기 때문으로 보아야 할 것이다.

고종은 일본군의 주둔을 심각한 위협으로 간주했으며, 특히 서울에 주둔하고 있는 일본군을 경계했다. 한국 정부는 일본군의 이전보다는 철수를 희망하였다. 그러나 일본의 강력한 반대로 일본군의 철수를 관철시키지는 못했다. 한국 정부는 일본을 견제하고자 러시아와의 군사외교를 추진했다. 일본 정부는 러시아 사관이 증파될 경우 한국에서의 세력기반이 약화될 것을 우려했다. 따라서 일본은 러시아에 강력히 항의하는 한편 한국 정부에 대해서도 사관 고빙을 거부하도록 요구했다. 한편 외부대신 민종묵은 1898년 3월 향후 군무는 전적으로 한국인으로 하여금 주관하게 할 것이므로 러시아 사관, 고문관 등을 고빙하지 않겠다고 통보했다. 러시아인 군부 고문관의 철수와 러시아 수비대 철수는 주한 일본군 철수론을 대두시켰다. 고종은 일본 수비대의 철수를 추진했다. 가토 공사는 친일 대신과의 공조를 통해 주한 일본군 철수론을 저지하였다. 그러나 고종은 지속적으로 일본군의 주둔을 경계했고, 러일전쟁 발발을 감지하자 러시아공사관으로 피신하려 하였다.

일본의 한국 진출을 경계하던 러시아는 주한 일본군이 일본의 대한 영향력의 근원이라고 판단했다. 러시아 정부는 주한 일본군이 러일전쟁에 동원될 것을 우려했다. 그러므로 러시아는 주한 일본군을 매우 경계하였다. 러시아는 일본 수비대에 대항하고자 총참모부 소속 스트렐비츠키 대령을 서울 주재 무관에 배치했다. 러시아공사들도 주한 일본군의 동향을 감시하였다. 한국에 특사로 온 베베르는 러시아가 취할 첫 번째 행동으로서 일본 수비대와 헌병의 한국 철수를 지목했다.

러시아 다음으로 주한 일본군의 동향을 주시한 국가는 러시아의 군사동맹국인 프랑스였다. 플랑시 공사는 일본군의 한국 주둔을 한국 위기의 유일한 원인이라고 인식했다. 플랑시는 주한 일본군이 활동의 폭을 넓힐 수 있었던 것은 러시아가 한국의 상황에 무지하기 때문이라고 보았으며, 베베르-고무라각서는 한국에서 일본의 군사우월권을 강화시켰다고 부정적으로 평가했다. 플랑시는 주한 일본군을 일본의 한국 식민지화의 선봉이라고 판단했다. 플랑시는 일본은 한국에서 혼란이 발생할 경우 자국민을 보호한다는 구실로 한국 파병을 시도할 것으로 예측했다.

주한 일본군은 청일전쟁과 러일전쟁을 분수령으로 그 역할을 달리했다. 주한 일본군은 청일전쟁 때는 동학농민군을 강력하게 탄압함으로써 군용전선을 보호하고 병참을 지원하여 전쟁 수행에 크게 기여했다. 청일전쟁 이후 주한 일본군은 한국에서 일본의 이권을 수호하는 한편 러일전쟁에 대비하여 정탐활동에 주력했다. 러일전쟁 발발 직후 주한 일본군은 군사경찰을 담당하는 한편 한국 정부를 협박하여 을사늑약을 체결하는 데 크게 기여했다.

제5장

열강의 대한제국 주권 상실 원인 분석

1. 머리말

한국에 거주하고 있던 서구인들은 한국인은 훌륭한 교육을 받아 내란과 도적질을 좋아하지 않으므로 번영할 민족이라고 칭송했다. 서구인들은 한국인들은 통찰력 있는 지도자를 만날 경우 신속한 근대화가 가능하다고 지적했다. 그리고 우수한 행정 지도를 받으면 엄청난 자발성을 발휘하는 민족이라고 평가했다. 또 서구인들은 한국인들은 서구 세계에 대해 분별력 있게 접근할 것이라고 확신했다. 서구인들은 한국인들의 우수한 자질, 풍부한 자원을 거론하며 한국의 발전가능성을 높이 평가했다.

실제 한국은 개항하자마자 근대화에 나섰다. 이 무렵 한국의 개혁을 주도한 기구는 내아문인 내무부였다. 고종은 개화자강을 추진하는 과정에서 내무부에 핵심 역할을 부여했다. 내무부는 전환국, 광무국, 전보국, 상무국, 종목국 등을 산하에 두고 화폐 주조, 광산 개발, 근대 기선 도입, 전선 설치 등 근대 개혁을 주도했다. 내무부 주도로 1886년 서구식 왕립학교인 '육영공원'이 개교했으며, 1888년에는 서구식 군사학교인 연무공원이 설립됐다. 연무공원은 4명의 미국인 군사교관이 교육을 담당했으며, 미국·일본·독일·러시아의 신식 무기로 생도를 훈련시켰다. 내무부는 1887년 신식 화폐의 주조를 시도했으며, 미국 기술자의 지원을 받아 경복궁에 전등을 가설했다.

고종은 근대적 무기에 지대한 관심을 보였다. 고종은 기기국을 설치하여 신식 무기 제조를 주관하게 했으며, 기기창을 확장하여 신식 무기의 대량 생산을 추진했다. 또 고종은 서구의 군사전술을 도입하는 등 군사력 증강에 의욕을 보였다. 고종은 수도경비대를 서구 방식으로 조직하게 했다. 고종은 16,000달러를 지불하고 요코하마에 있는 미국회사에 개틀링총과 탄약을 주문했다.

아관파천기 정부는 갑오개혁 때 공포된 법령을 계승하는 한편 계속해서 신법을 공포했다. 특히 재정 분야의 개혁은 눈부실 정도였다. 조세의 금납제 실시는 재정의 안정을 가져왔고, 관리의 수탈을 축소시켰다. 불필요한 직책도 점차 폐지했다. 정부의 재정은 점차 개선되어 1897년 7월 일본에 100만 달러를 상환했고, 군·경과 관리들에게 제 때 봉급을 지급했다. 또 정부는 대조선은행을 설립하는 등 여러 개의 은행을 창설했다. 그에 따라 무거운 화폐가 폐지되어 활발한 거래가 이루어졌다. 각종 회사, 공장도 속속 설립됐다.

정부는 재판제도와 형률을 개정했다. 정부는 영국인 경찰 고문 스트리플링의 자문을 받아 감옥제도를 개선했는데, 서울의 가장 놀랄 만한 변화였다. 죄수들은 충분한 식사와 난방을 제공받았고, 고문도 거의 사라졌다. 또 정부는 서구 문물을 수용하고자 영어학교, 프랑스어학교, 독일어학교, 러시아어학교 등 외국어학교를 개교했다. 그 결과 많은 학생들이 서구 문물을 심층적으로 이해했고, 인권의 소중함을 자각하게 됐다. 한편 정부는 의욕적으로 우편제도를 창설했다. 정부는 1896년 평양, 의주, 춘천, 원산, 함흥, 해주, 홍주, 서울, 강계에 우체사를 설치하고 우체 사무를 개시했으며, 태극기가 디자인된 5푼짜리 우표 등 네 종류의 우표를 발행했다. 우체국이 개설되

자 주한미국공사는 1897년 미국 워싱턴에서 개최되는 만국우체공회에 한국
의 참가를 권유했고, 정부는 즉각 관계자를 파견할 것이라고 통보했다. 정
부는 우편제도와 함께 새로이 전신제도를 제정하였으며, 청일전쟁 때 일본
에 빌려 준 경의전선, 경원전선을 반환받았다. 또 서울을 비롯한 전국의 요
지에 전보사를 설치한 결과 서울은 세계 모든 지역과의 통신이 가능해졌
다. 정부는 국민의 편의와 상품의 운반을 위하여 철도 개통을 추진했고, 외
국의 법규에 따라 철도폭을 정했다. 정부는 외국인에 철도부설권을 허가하
지 않는다고 선언하면서 일본의 경부철도부설권 요구를 거부하기도 했다.
정부는 군사개혁을 추구했다. 정부는 러시아 장교와 병기창 기사를 고빙하
여 2개 대대를 조직했다.

전차

서울의 변모는 눈부실 정도였다. 서울의 변화는 미국 워싱턴에서 2년여
주미공사로 재직한 바 있던 한성부판윤 이채연의 지도에 의한 것이었다.
이채연은 미국의 워싱턴 DC를 모델로 서울의 도로 개선을 강력히 추진했
다. 그 결과 지저분했던 서울을 동아시아에서 가장 깨끗한 도시로 변모시

켰다. 이채연은 황토현에서 홍인문까지, 광통교에서 남대문까지 도로 폭을 50척으로 하는 도로 계획을 공포했다. 한국인들은 남대문과 서대문의 도로 개선으로 자전거를 타게 됐다. 초가집도 다수 기와집으로 대체됐다. 쓰레기를 길가에 버리는 것을 금하는 법령이 시행되었고, 직업청소부가 쓰레기를 서울 바깥에 버렸다. 상수도도 가설되었다. 연기를 뿜어대던 굴뚝은 미국의 등유 양철판으로 만들어진 현란한 굴뚝으로 재설치되었다. 미국 외교관 알렌은 1896년 넉 달 동안 서울에서 일어난 변화는 그가 경험했던 과거 12년보다도 더 격심했다고 평가했고, 영국 지리학자 비숍(I. B. Bishop) 여사도 체류한 석 달은 매주가 새로웠다고 평가했다.

1897년 10월 출범한 대한제국은 서구 문물의 도입에 매우 적극적이었다. 정부의 근대화정책에 따라 서구 문물의 도입이 가속화되었다. 황실은 프랑스 판화, 유럽의 보를 진열했고 연회 때에는 최고급 프랑스식 요리와 샴페인을 제공했으며, 경운궁의 석조전을 서구식으로 건축했다. 명월관에서는 각종 서양 요리, 맥주, 브랜디 등을 선보였다. 일반 서민들도 서구문물 도입에 적극성을 보였다. 서양 물건을 취급하는 상점에서는 자전거, 맥주, 포도주, 안경, 경대, 시계, 양산, 양복, 수건, 모자, 장갑, 가죽지갑, 반지, 허리띠, 장난감, 유성기, 의자, 난로, 금계랍, 천리경, 직조기, 철도·우편·선박시간표, 소다, 서구 잡화, 우유, 재봉기계, 위스키, 식료품, 여행용구, 문방구, 주단, 모직물, 운동기구, 악기 등을 판매했다.

한국인들은 시간을 알려주는 뻐꾸기시계를 매우 좋아하여 가게에 들어가서 시계 소리를 듣곤 했다. 그에 따라 뻐꾸기시계가 많이 판매됐다. 1902년에는 사진관과 양복점이 개점되었고 1906년에는 명함 가게가 들어섰다. 학교 음악시간에 학생들은 교사의 오르간 반주에 맞춰 합창했으며, 가을운동회 때는 공책, 연필 등이 상품으로 지급됐다. 훗날 대중문화의 핵심으로 부상한 서구 문물도 선을 보였다. 먼저 1899년 음악을 들려주는 유성기가 수입됐다. 유성기는 기계가 운행하는 대로 노래, 피리, 생, 비파소리를 들려

주어 마치 연극장과 같다는 평을 받았다. 프랑스인은 1906년 서울에서 활동사진을 상영했으며, 1907년에는 파리에서 유명한 활동사진 기계를 수입하여 밤 7시 30분부터 9시까지 활동사진을 상영했다. 동대문 안의 전기회사에서는 입장료를 받고 밤 8시부터 매일 다른 활동사진을 상영했다. 오늘날 대한민국 국민들이 일상적으로 만나는 물건들은 대부분 대한제국기에 도입된 것들이다. 한국은 일제에 의한 근대화보다 먼저 서구적 근대화에 깊숙하게 접어들었던 것이다.

대한제국이 근대화 사업에서 가장 중점을 둔 부문은 서울 도시개조사업이었다. 정부는 서울을 근대적인 도시로 바꾸려 했고, 그에 따라 도로 및 하천을 정비했다. 또 새로운 중심 건축물 축조를 위해 원구단, 고종황제 즉위 40주년 기념비전 등을 세웠으며, 탑골공원, 독립공원, 경운궁공원 등 서구식 공원을 조성했다. 정동 거리는 원래 한국적인 화려함이 넘치는 거리였지만 점차 서구적으로 변모해갔다. 정동의 언덕에는 높은 탑의 러시아공사관이 자리했으며, 러시아공사관과 비슷한 높이의 프랑스공사관도 세워졌다. 경운궁 주변 언덕에는 적색 벽돌 건물인 영국공사관이 들어섰고, 두개의 프랑스식 호텔이 들어섰다. 또 정동에는 미국의 감리교 선교사들이 예배당을 건립했다. 서울에서 가장 눈에 잘 띄는 건물은 로마 가톨릭 성당인 명동성당이었다. 서울의 남쪽 언덕에 소재한 명동성당의 붉은 벽돌 건물은 웅장해서 서울 어디서나 볼 수 있었다.

서울의 거리 모습도 많이 변모했다. 서울의 대로는 종로거리와 남대문로였으며, 서울의 거리 중에서 가장 활기찬 곳은 종로였다. 서울에는 전선줄이 가설되어 밤마다 가로등을 켰다. 종로 거리에 처음 전등이 켜졌고, 서울의 다른 시가지에도 가로등이 켜지기 시작했다. 유럽인들은 서울의 대로가 베이징보다 우수하다고 평가했다. 1899년 5월 정부는 미국회사와 제휴하여 전차를 가설했는데, 유럽의 붉은 전차가 돈의문-흥화문-종로-동대문-청량리를 10분 간격으로 운행됐다. 서울의 전기 가설은 동아시아 국가의 수도 중

최선두일 정도로 혁신적이었다. 이 무렵 중국의 북경, 상해, 일본의 도쿄, 타이의 방콕에는 전화, 전차 등의 시설이 거의 없었다. 특히 전차 운행은 일본의 도쿄보다도 빨랐다. 1899년 9월에는 서울과 인천을 오가는 경인선이 개통됐다. 한강에는 철교가 가설됐고 그 위로 기차가 하루에 네 번 왕복했다. 걷거나 말을 타고 다니던 때인지라 사람들은 기차를 보고 놀라워했다.

열차 개통과 함께 석탄, 무연탄이 수입, 판매됐으며 교통수단의 시간표가 게시됐다. 1900년 일본의 고베, 오사카 등지로 가는 선박의 운행시간표가 공고됐고, 1904년에는 기차시간표와 전차시간표가 게시됐다. 시계 볼 일이 없던 사람들은 열차 시각표에 맞추느라 정확하고 규칙적인 근대적 시간을 준수해야 했다. 그에 따라 각국의 시계가 판매되기 시작했고, 세계지도도 다수 팔려나갔다. 경인철도가 개통되자 서울을 방문하는 유럽 관광객이 증가했다.

이상과 같이 한국은 여러 부문에서 의욕적으로 근대화를 추구했다. 한국이 자력으로 근대화의 기반을 마련해 나가고 있었던 것은 분명하다. 그러나 일본의 침략을 저지할 정도의 근대화에는 미치지 못했다. 그것은 한국의 근대화가 철저하지 못했고, 속도도 느렸기 때문이었다. 한국의 근대화가 괄목할 만한 성과를 거두지 못한 것은 여러 가지 이유가 있었다.

첫째, 정부가 제 기능을 발휘하지 못했다. 궁내부의 국정 개입으로 한국은 이원적 통치 상태에 빠졌다. 궁내부는 의정부의 사무를 잠식해갔고, 국고 수입도 장악해 나갔다. 그 결과 의정부는 단지 지세, 호세만을 주관할 뿐이었다. 의정부는 계속 무력화되어 국고금 예산외 지출, 관제 개편 등 형식적인 사항을 논의하는 데 불과하였다. 대신들도 회의석상에서 활발한 토론을 전개하지 않고 제출된 의안을 승인하는 존재로 전락하였다. 고종과 황실측근이 재정을 독점하는 동안 이를 견제할 법적인 장치나 세력이 없었다. 그 때문에 필요하지 않았던 부문에 있어서는 과도한 비용이 지출되고, 긴요하게 필요했던 부문의 비용이 지출되지 못하는 상황이 발생하였다. 그 때문에 각종 근대화 사업이 신속히 시행되지 못하는 경우가 많았다. 정부 소속의 각종 재원이 궁내부와 내장원으로 이관된 후 의정부 재정은 더욱 악화되어 갔다. 1900년도 예산에서는 상공학교, 여학교, 농업학교 등의 교육비 지급이 정지되었고, 탁지부에서는 내장원, 총해관 등에서 지폐를 차입하여 겨우 봉급을 지불하는 실정이었다. 특히 일부 소학교의 재원이 내장원으로 이관된 것은 국민교육의 전도를 불투명하게 했다. 그에 대신들은 황실 재정을 축소하고자 내장원의 폐지를 추진하였다.

둘째, 근대적 관료제 실시가 난관에 직면했기 때문이었다. 근대국가가 그 기능을 발휘하려면 그 기반으로서 관료제의 운영이 필요한 법이다. 특히 위로부터의 근대화를 추진해야 하는 후발 자본주의 국가는 강력한 관료제를 통해 국가사업을 추진하는 것이 통례였고, 이는 한국에서도 필수적인 것이었다. 그런데 매관매직은 관료제 정착에 지장을 주었다. 관리들의 기강은 해이해졌고, 관리들의 대민 수탈은 계속됐다. 또 매관매직은 관찰사, 군수의 교체를 빈번하게 했고, 관료들의 뇌물 수수와 공금 횡령을 야기했다. 관직매매로 능력 있는 사람들이 관직에서 배제되었다. 관직매매는 프랑스, 프로이센, 이탈리아 등 근대 정치제도를 지향한 국가들에서는 예외없이 폐지됐다. 그렇지만 한국의 매관매직은 황실재정과 연관되었기 때문에 청산되기가 곤란했다.

셋째, 근대적 법률의 시행이 철저하지 못했다. 제국주의 열강의 침탈로부터 국권을 수호하기 위해서는 국가를 자위할 수 있는 국력의 배양이 시급했다. 그리고 그 국력은 전 국민에게 기본권을 부여하여 국민통합을 완수해야 가능한 것이었다. 다시 말하자면 근대적 법률을 제정하여 국민의 참정권, 생명권, 재산권 등을 보호해야 했다. 독립협회운동으로 민권 의식이 향상되자 민중이 지방관의 탐학에 맞서 고소, 고발을 하는 일이 빈번하게 발생하였다. 그러나 정부는 독립협회가 해산되자 지방관의 수탈을 고소하는 인민들을 무고죄로 처리하는 한편, 인민을 대명률과 대전회통의 소관조항에 의거하여 처벌하게 했다. 법부, 평리원에서도 민소에 대한처리를 불공정하게 했으므로 인민들의 지방관 고소가 거의 효과를 볼 수 없게 되었다. 한국은 계속해서 대전회통, 대명률을 시행했고 체제 수호를 위해 참형까지 부활했다. 법부에서는 법관양성소 학생들에게 학습용 법률서로 대명률을 배포할 것을 결정했다. 이러한 복고 정책으로 인하여 신법에 의해 일시적으로 보호되었던 민권은 타격을 받았다.

넷째, 한국의 특권층은 국가적 위기 상황에서도 양보하지 않았다. 한국은 1900년경 국민군적 징병제를 검토하기도 했지만 진척을 보지 못했다. 원수부는 러·일의 대립이 날카롭던 1903년에도 고종의 지시로 징병제를 재검토했다. 원수부는 용병제를 폐지하고 조선 왕조의 5위도총부제와 일본의 징병제를 참작하여 징병조례를 성안하려 하였다. 그런데 징병제 논의의 중요한 한계는 징병제를 전근대적인 병농일치로 끌고 가려는 데 있었다. 즉 국민의 기본권을 보장하면서 국민군을 육성하려는 것이 아니라 병농일치제의 부활을 통해 농민층을 징병대상으로 삼으려 한 것이다. 정치체제의 변혁 없이 징병제 실시는 매우 어려운 것이었다. 징병 대상은 국민의 절대다수를 차지하는 농민층이었고, 군사비 재원도 역시 이들이 주요 원천이었다는 점에서 농민층에 대한 배려가 선행되지 않고서는 병역 자원 및 군사비 조달은 어려운 것이다. 역사적으로 대부분의 경우 군주나 국가의 인적·물적 자원 동원은 묵시적이든 명시적이든 자원제공자의 동의가 필요하였다. 군주나 국가는 자원제공자의 동의를 구하기 위하여 재산과 생명을 보호하였고 자원제공자의 동의를 제도적으로 보장함으로써 합의를 마련하였다. 이는 정치 과정에 대한 참여를 의미하는 것으로서, 정치참여의 자격을 제한하는 기존 질서와 제도의 변혁을 수반하였다. 그리고 이러한 변화는 기존의 특권층의 입장에서는 정치적 양보를 의미하는 것이다. 유럽의 경우에서도 드러나듯이 전제정치하에서는 국민들의 전투의지가 대단히 박약하였다. 따라서 국권 상실의 위기에 처한 한국으로서는 황제 및 지배층의 정치적 양보를 통한 정치체제의 변혁으로 국민통합을 추진하여야 했다. 그렇지만 사족층은 기득권의 축소를 야기할 징병제에 부정적이었다. 징병제는 강고히 남아 있던 신분제를 완전히 철폐할 우려가 있었기 때문이었다.

다섯째, 개혁이 부진한 것은 대외적으로 일본의 방해가 크게 작용했다. 일본은 '한국보호국화정책'을 추진했으므로 한국이 개혁을 위해 외부로부터 차관을 도입하는 것을 강력히 저지했다. 미국, 영국은 일본의 대한정책을 묵인하면서 한국의 차관 도입을 차단했다.

이상과 같은 이유로 한국을 선진화시킬 개혁은 한계를 보였고, 그 결과 한국의 발전은 속도를 내지 못했다. 그렇다면 서구인들은 한국의 발전을 저해하는 한국 사회의 문제점을 무엇으로 보았을까. 그리고 서구 외교 사절은 한국의 국력이 쇠퇴한 배경, 그리고 한국이 주권을 상실한 원인을 어떻게 인식했는지를 살펴보고자 한다.

1903년 대한제국에 주재하던 외국 공사
오른쪽 두 번째부터 독일 공사, 프랑스 공사, 미국 공사, 청국 공사, 영국 공사, 왼쪽에서 두 번째가 러시아 공사이며 일본 공사는 회의에 불참했다.

2. 미국의 분석

1) 매관매직의 만연

1880년대 후반 한국에 부임한 주한 미국공사 허드(Augustine Heard)는 한국의 정치, 법률, 인사제도 등을 면밀히 관찰했다. 그는 한국의 사법제도, 인사제도 운영에서의 불공정은 반란의 위험성을 높인다고 판단했다. 그 무렵 과거제도는 급제를 위하여 뇌물, 청탁이 오가는 등 문란이 극에 달했다.[1] 당대의 세도가문인 민씨척족은 전횡과 부정을 저질러도 견제할 세력이 없었다. 민씨척족 중에서도 매관매직의 주역으로 지목받던 인물은 민영준이었다. 그는 1887년 평안감사, 1890년 선혜청 당상, 1891년 내무부 독판, 총위사 등의 요직을 역임했으며 배후에서 세도가의 권력을 행사했다.

허드는 요직을 독점하고 있는 민씨척족이 민중의 증오 대상이라고 단정했다. 특히 민영준이 입찰자에게 고가를 요구하며, 빈번한 인사를 자행하는 등 매관매직의 주역이라고 단정했다. 또 허드는 농민은 생계유지 이상의 모든 수입이 사법당국의 착취 대상임을 알고 있으므로 생산활동에 정력을 발휘하지 않는다고 파악했다. 또 군인은 질서유지는커녕 무질서의 요인이라고 규정했다. 허드는 민중 사이에서 생필품 가격의 상승이 불만을 가중시키고 있으며, 왕조종식설이 유포되고 있다고 인식했다. 허드는 과거제도 문란, 매관매직 등으로 한국의 관료제가 제대로 작동하지 못하고 있다고 판단했다. 그는 한국을 빈곤하게 만드는 폐단의 근원은 매관매직에 있다고 보았다. 허드는 고종이 민씨척족의 권력 농단을 방치하는 등 국정운영에 무관심하다고 판단했다. 허드는 반체제 기운을 인지했으며 반체제세력은 대원군, 망명자를 중심으로 결속할 가능성이 있다고 분석했다.[2]

---

1) 『高宗實錄』 권27, 고종 27년 12월 9일; 『高宗實錄』 권29, 고종 29년 3월 14일.
2) K-A-R Ⅱ, No.220. 1891년 12월 3일, p.296.

1889년 한국 정부의 내외채총액은 약 13만 냥으로 추정됐다. 그 때문에 정부는 외채도입을 추진했다. 1892년 여름 우의정 조병세는 고종에게 현재의 한국은 국가가 아니라고 지적하면서 국정 운영에 대해 고언을 했다. 조병세는 형벌적용의 해이, 감사 및 어사의 지방관 평정의 불공정, 관리봉급 지불의 연체, 물가 앙등으로 인한 민심의 동요 등을 지적했다. 허드는 한국은 국고가 비었으며 관리에 대한 봉급이 지불되지 않고 있다고 인식했다. 다음은 허드가 관찰한 1892년의 한국 상황이다.

> 관리는 그들의 필요를 충족하고자 모든 임시수단에 호소한다. 그들은 일단 사악한 방법에 들어서자 필요가 충족될 때까지 인민 억압행위를 중단하지 않는다. 공직은 최고 입찰자에게 팔려나가며, 곧 새 구매자에게 인도된다. 고위층의 불법, 강탈은 처벌되지 않는다. 정부 수중에 돈이 없으므로 관리봉급 지불, 부채 청산은 어렵다. 궁중의 의식과 무용한 환상에 거액이 낭비된다. 불만이 고조되고 있으며 소요의 발생이 멀지 않은 것 같다. 한국의 모든 권력과 부를 장악하고 있는 민씨척족은 증오의 대상이다. 유능한 혁명지도자가 있다면 쉽게 집단을 모을 것이다.[3]

허드는 그 뒤에도 한국의 부정부패는 개선되지 않았다고 보았다. 그는 고종은 개혁을 수행할 능력, 용기가 부족하다고 평가했다. 그는 민씨척족이야말로 한국 사회의 폐단의 근원으로서 증오의 대상이라고 단정하며 혁명 발발 가능성까지 내다봤다.

알렌 공사도 매관매직의 성행을 지적했다. 그는 1902년 미 국무장관에게 보내는 보고서에서 한국 관리의 부패는 상습적이며, 고종은 그 같은 남용을 시정하는데 무기력하거나 의욕이 없는 것 같다고 평가했다. 또 그는 고종이 수탈 혐의로 9명의 관찰사를 면직한 것은 새로운 인물에게 그 관직을 팔기 위한 의도라고 추정했다. 알렌은 고종은 즉위 40주년을 준비하고자 매관매직을 더욱 빈번하게 행하고 있다고 인식했다. 그는 매직으로 빈곤한

---

3) K-A-R Ⅱ, No.327. 1892년 11월 10일, p.303.

인민은 더욱 수탈을 당한다고 인식했다. 알렌은 매직의 책임은 고종에게
있다고 단정했다.[4]

2) 국왕의 지도력의 한계

알렌은 개인적으로 고종에게 영향력을 행사하여 이권을 획득했다. 그러
나 그는 고종에 대해 부정적인 견해를 피력했다. 알렌은 국가 재정이 비생
산적인 부분에 투입되고 있다고 지적하는 등 한국의 독립 유지에 대해 회
의적 입장을 표명했다. 알렌은 1902년 극심한 기근으로 다수의 희생자가 속
출하는데도 고종은 즉위 40주년을 성대하게 치르고자 자금 낭비와 쓸데없
는 소비를 행하고 있다고 비판했다. 그는 고종이 유럽 사절을 영접하고자
유럽풍의 거대 건물을 축조하고 있다고 보았다. 그는 일본에서 구입한 군
함 양무호도 의전용이라고 평가절하했다. 그는 한국 정부는 40주년 의식에
600만 원 이상을 책정하고 다방면에서 외채조달을 시도한다고 파악했다.[5]

알렌은 고종이 정책의 일관성을 결여하고 있다고 보았고, 바로 그 점이
한국을 난국으로 이끄는 주 요인이라고 평가했다. 다음은 알렌이 본국 정
부에 보고한 1898년 12월 서울의 상황이다.

> 고종은 외교사절들 앞에서 군중에게 약속한 바 있던 개혁의 수행을 약
> 속했다. 그러나 그는 서약을 이행하지 않았다. 군중은 재차 공공집회의
> 개최를 시작했다. 지난 2주 동안 한국에는 중앙정부가 없었다고 할 수
> 있다. 매일같이 대신은 교체됐고 각 부서는 폐쇄되어 공공업무는 중단
> 됐다. 서울 시민은 분노로 선회했다. 그러나 보부상의 공격 이래 큰 무
> 질서는 없었다. 지방의 조세수입은 들어오지 않아 재정은 고갈됐다. 군
> 인과 관리봉급은 지급되지 않았다. 군인은 큰 소요를 일으킬 것이 예상
> 된다. 서울에는 그 혼란으로부터 질서를 가져올 지혜롭고 청렴한 관리

---

4) K-A-R Ⅲ, No.470. 1902년 5월 31일, p.171~172; ibid., No.471, 1902년 6월 3일, p.173.
5) K-A-R Ⅲ, No.470. 1902년 5월 31일, p.171~172; ibid., No.471, 1902년 6월 3일, p.173.

들이 있다. 그러나 그들은 … 〈중략〉 … 고종의 신뢰를 얻지 못했다. 고
종은 친절하고 잘못을 시인하기는 하지만 쉽게 타인의 영향을 수용한
다. 을미사변 뒤 황제는 일정한 정책이 없는 것 같다. 그는 난국에 처하
게 할 수 있는 최악의 영향력에 휘둘리며 우유부단하다.[6]

　알렌은 고종이 외교사절단과 국민에게 약속한 사항조차도 전혀 이행하
지 않는다고 지적함으로서 국가 지도자로서 국민의 신뢰를 상실했다고 평
가했다. 알렌은 한국에는 난국을 해결할 총명하고 청렴한 인재가 많지만,
고종은 그 같은 인재들을 외면하고 있다고 평가했다. 알렌은 고종이 수용
해서는 안 될 부패한 관료들의 의견에 크게 의존한다고 인식했다.

　알렌은 정부의 무기력을 지적했다. 알렌은 1902년 고종이 모든 국사에
관여하여 한국에는 사실상 정부가 없다고 평가했다. 그는 관청의 수장은
국왕의 명령 외에는 아무것도 할 수 없으며, 외부대신의 경우 국왕을 알현
할 수 없는 허수아비에 불과하다고 규정했다. 또 알렌은 고종의 수구반동
화를 지적했다. 그는 고종은 갑오개혁 때의 홍범14조 준수를 거부하고 고
문 금지도 무시하고 있다고 비판했다.

알렌 미국공사(오른쪽) (1903)

6) K-A-R Ⅲ, No.167. 1898년 12월 23일, pp.57~58.

3. 프랑스의 분석

1) 프랑스의 한국 중시

주한 프랑스 외교관은 1882년 개항 이후 고종이 추진한 서구식 개혁에 큰 관심을 드러냈다. 플랑시는 '은둔의 나라' 한국은 개국하자마자 개혁을 추진했다고 평가하는 등 한국의 개혁의지를 인정했다. 그러면서 그는 화폐를 제조하는 조폐국, 우표를 제조하는 우정국, 비단을 생산하는 뽕나무 공장, 종이 생산을 목적으로 한 조지서, 신문, 상선의 건립, 군수물자의 구입, 유럽식 건물의 건축 등의 개혁을 열거했다. 플랑시는 해관의 개혁도 인정했다. 즉 로버트 하트(Robert Hart)의 해관 개혁으로 수입이 증가했다고 평가했다.[7]

플랑시 프랑스 대표와 프랑스 공사관

독일은 1891년 5월 삼국동맹을 갱신하여 프랑스에 대한 견제를 강화했다. 프랑스는 독일의 전략에 말려 외교적 고립이 심화되자 러시아와의 제

---

7) 『프랑스문서』 3, 1889년 5월 12일, 99~102쪽; 『프랑스문서』 3, 1889년 11월 13일, 250~251쪽.

휴를 적극 모색했다. 그 결과 러·프는 1892년 8월 군사동맹 체결에 합의했다. 러·프 군사동맹은 1893년 12월 비준됐다. 프랑스의 대러 제휴 입장은 한국에서도 그대로 표출됐다. 러·프 군사동맹이 체결된 상황에서 한국의 전략적 중요성을 인정했다. 프랑스 외교관은 한국의 독립에 특별한 의미를 부여하고 청·영·일의 한국 지배를 반대하는 입장으로 선회했다.

프랑스 외교관은 한국 중시로 변화했으므로 한국의 국정을 주시했다. 주한 프랑스 대표 프랑댕(H. Frandin)은 고종에게 고빙한 외국인들 중에서 유능한 이들도 있으니 이들의 자문을 따른다면 좋을 것이라고 조언했다. 그 뒤 프랑댕은 프랑스로 귀국하는 자리에서 고종에게 다음과 같은 서구의 부강 방법을 자문했다. "한국은 많은 자원을 보유한 국가이므로 단지 개발만 하면 됩니다. 백 년 전에 유럽 국가들도 한국처럼 어려운 상황이었습니다. 대부분의 유럽 국가들은 통상과 산업을 발전시키고 행정을 재조직하고 광산과 지하자원 개발을 격려했습니다. 또 유럽국은 생산물을 저렴한 가격으로 타국에 수출할 수 있도록 철도, 도로, 운하 등의 편리한 교통 시설을 만들어 부국과 번영을 이루었습니다. 본인은 프랑스 정부를 대표하여 한국이 유럽국들의 선례를 따라 전 세계의 열렬한 갈채를 받기를 기원합니다."[8]

프랑스 외교관은 한국을 중시하는 입장으로 선회했으며, 그 연장선상에서 고종에게 서구식 개혁을 단행하여 부강을 달성하기를 권고했다. 나아가 프랑스 외교관은 청일전쟁 발발을 전후한 시기 고종의 중재요구에 대해 러시아와 공조하는 등 성실히 응했다. 프랑스 정부도 1896년 아관파천을 계기로 러시아가 한국에서 영향력을 강화하자 플랑시를 공사로 파견하는 등 한국에 대한 영향력을 강화하려 했다.

---

8) 『프랑스문서』 6, 1894년 3월 12일, 138~139쪽.

2) 개혁 실패의 대내적인 요인

프랑스 외교관은 한국의 주권 유지는 개혁의 성패 여부에 달려 있다고 판단했다. 프랑스 외교관은 한국의 국정운영을 면밀히 분석한 끝에 한국 정부의 개혁을 실패로 규정했다. 프랑스 외교관은 한국의 개혁이 좌절된 국내적 배경에 대해 다각도로 분석했다. 첫째, 프랑스 외교관이 최우선으로 지적한 개혁의 실패 요인은 재정문제였다. 플랑시는 국고의 고갈로 지방 관리에게 봉급을 지급하지 못하는 현실을 지적했다. 플랑시는 한국 재정은 관리와 군인들의 봉급을 몇 개월 이상 체불할 정도로 열악하여 고빙한 외국인도 해고할 지경이라고 지적했다. 그는 외국인 해고의 결과 전신국과 전기 공급의 기능이 마비될 것으로 보았다. 플랑시는 한국 정부가 3곳의 항구에서 나오는 관세 수입을 고려하지 않은 채 가장 값비싼 개혁을 추진했다고 비판했다. 프랑댕도 국고 고갈로 외국인 관리에 주는 봉급이 1년째 지불되지 못하고 있으며, 통리아문의 예산 7천불도 지출하지 못했다고 지적했다.[9]

프랑스 외교관은 개혁실패의 두 번째 원인으로 고관들이 서구식 개혁에 강하게 반발하고 있음을 지적했다. 한국 정부는 1889년 5월 청·영·일에 대한 부채 상환과 재정 위기 타개차 프랑스에 차관을 요청했다. 그러나 프랑스와의 차관 교섭은 조정 대신들이 매국으로 규정했기 때문에 무산됐다. 차관 도입의 좌절은 프랑스가 한국의 차관 요청을 거절한 것도 일정 부분 작용했다.[10]

고종은 1891년 7월 화폐를 주조하고자 일본에서 기계를 도입했다. 고관들은 고종에게 화폐개혁을 시기상조라고 건의했다. 고관들은 과거 전환국

9) 『프랑스문서』 4, 1890년 1월 30일, 56쪽; 『프랑스문서』 3, 1889년 10월 9일, 201~202쪽; 『프랑스문서』 3, 1889년 5월 12일, 99~102쪽; 『프랑스문서』 5, 1892년 7월 25일, 192~193쪽.
10) 우철구, 앞의 논문, 149쪽; 우철구, 앞의 논문, 162쪽.

이 실패한 것을 지적하며 적자인 재정에 또 다른 부담을 줄 것이라며 화폐 개혁에 반대했다. 주한 프랑스 대표 로세(E. Rocher)는 고관들은 개혁사업 에 비판적인 데 반해, 고종은 한국의 미래를 위하여 개혁을 추진하고 있다 고 평가했다.[11] 프랑댕도 고종이 반개혁파의 상소로 미국인 모오스(James R. Morse)에 대한 경인철도부설권 계약을 포기했다고 파악했다.[12] 프랑스 외교관은 고종이 개혁을 주도하고 있으며, 개혁을 둘러싸고 고관과 대립하 고 있다고 인식했다.

프랑스 외교관은 한국 지배층의 강력한 반서구 태도를 지적했다. 프랑스 외교관은 한국은 서구 문화를 수용하기로 결의했지만 기독교에 대한 편견 이 잔존한다고 평가했다. 플랑시는 한국 지배층의 반서구 태도를 보여주는 주요 사례로서 1889년 11월 제출된 홍문관 교리 임원상의 8개항의 상소를 예시했다. 임원상의 상소는 첫째, 왕궁에 시작된 유럽 양식 건물의 축조 포 기, 둘째, 전기 사용으로 인해 발생하는 지출의 포기, 셋째, 전통적인 신에 게 기도하는 것의 중지, 넷째, 정직한 인물로 지방 수령을 선택, 다섯째, 구 행정 규칙으로의 복귀, 여섯째, 과거제의 공정한 시행, 일곱째, 동전에 1전 의 가치 부여, 여덟째, 한국군에 대한 미국식 훈련의 중지 등이 핵심 내용 이었다. 플랑시는 임원상을 외국인에게 적대적인 반개혁 인사로 지목했다. 플랑시는 그의 주장을 나름대로 분석해 본국 정부에 보고했다. 플랑시는 1, 2, 3항은 재정 절약을 주장한 것이며, 4항은 무질서를 지적한 것이고, 5항 은 7, 8년 전부터 외국인의 영향으로 만들어진 문과 사무국을 반대한 것이 라 이해했다. 플랑시는 수험생들이 은을 주고 시험관들로부터 복사본을 구 입한 결과 실력 있는 자가 탈락하고, 무식한 자가 급제하는 상황임을 지적 했다. 그러므로 그는 6항의 과거 공정성은 도덕성만큼이나 한국에서는 실 현 불가능한 환상이라고 지적했다. 그는 7항에 대해서는 필요한 것으로 인

11) 『프랑스문서』 5, 1891년 11월 20일, 127~128쪽.
12) 『프랑스문서』 5, 1892년 5월 12일, 170쪽.

정했다. 임원상은 8항에서 한국군이 양복을 입고 서구의 군사기예를 배우는 것을 반대하고 전통 방식으로 복귀할 것을 건의했다. 서국 국가와 교전할 때 한국군이 서구 군대 속으로 도망쳐 들어가도 구분할 수가 없게 될 것이라는 이유 때문이었다. 그에 대해 플랑시는 청의 병법을 높이 평가한 결과로 평가했다.[13]

셋째, 프랑스 외교관은 민중의 개혁 반대를 들었다. 로셰는 민중은 화폐개혁 과정에서 엽전 가치가 큰 폭으로 하락하자 개혁에 비판적인 입장으로 선회했다고 인식했다.[14] 넷째, 프랑스 외교관은 개혁 플랜이 치밀하지 않았다고 분석했다. 프랑스 외교관은 한국 정부는 치밀한 연구를 하지 않고 구식 무기를 구입했으며[15], 전환국도 막대한 비용을 투입했음에도 불구하고 화폐 주조에 실패했다고 평가했다.[16] 다섯째, 프랑스 외교관은 한국 관리의 미숙한 행정이 개혁 실패를 야기했다고 지적했다. 로셰는 연무공원의 실패는 미국인 교관의 책임보다는 한국 관리의 잘못된 행정에 기인했다고 평가했다.[17]

여섯째, 프랑스 외교관은 최고 외교 기구인 통리교섭통상사무아문의 유명무실함을 지적했다. 플랑시는 "북경의 총리아문은 품계가 높은 8명의 정승 또는 수장, 6명의 서기관과 프랑스, 영국, 러시아, 미국 문제를 담당하는 4개 부서로 구성됐다. 후자의 부서에서는 독일, 벨기에, 스페인, 일본, 네덜란드, 포르투갈 공사 등과도 상대한다. 그 부서는 자신들의 업무를 완벽히 파악하는 장기 근무자 26명이 업무를 담당한다. 그에 비해 한국은 관리들의 수와 담당 임무가 자주 바뀌며, 그 결과 전문 지식이 없는 관리들이 공

---

13) 『프랑스문서』 2, 1888년 4월 6일, 3~5쪽; 『프랑스문서』 3, 1889년 11월 28일, 273~275쪽; 『고종실록』 권26, 고종 26년 10월 7일; 『고종실록』 권26, 고종 26년 10월 9일.
14) 『프랑스문서』 5, 1891년 11월 20일, 127~128쪽.
15) 『프랑스문서』 3, 1889년 5월 12일, 101쪽; 우철구, 앞의 논문, 141쪽.
16) 『프랑스문서』 5, 1891년 11월 20일, 127~128쪽.
17) 『프랑스문서』 5, 1891년 12월 4일, 135쪽.

문서를 작성한다. 외교단의 구성도 통지하지 않는다. 1883년 창설 때부터 많은 이들이 근무했지만 업무 지식은 확대되지 않았다"고 평가했다.[18) 플랑시는 향후 한국의 개혁은 통리교섭통상사무아문 독판에게 왕궁에 대한 자유출입권 부여 등 더 많은 권리를 주는 방향으로 나아가야 한다고 주장했다. 그러나 그는 그 실현 가능성은 희박하다고 내다봤다.[19)

일곱째, 프랑스 외교관은 국왕의 지도력 한계를 지적했다. 플랑시는 아관파천 중 진행된 한국 정부의 개혁을 예의 주시했다. 그 결과 그는 개혁이 한창 진행되던 1896년 8월 개혁에 적대적인 당파가 개혁을 주도한 내각의 진보주의자를 축출하고 있다고 추정했다. 플랑시는 한 달 뒤에도 국왕의 측근은 매직에 개입하고 있음을 지적했다. 그는 관리들은 권력을 남용하여 민인을 수탈하고 과거에 비해 민인의 권리를 존중하지 않아 민인의 불만이 고조되고 있다고 파악했다. 플랑시는 아관파천기 개혁이 큰 성과를 보지 못하고, 한국은 수구반동으로 회귀하고 있다고 평가했다

플랑시는 대한제국시기에 진행된 광무개혁을 예의주시했다. 플랑시는 대한제국의 개혁에 대해 회의적인 입장을 보였다.

> 군주가 임명하는 대신들은 관직을 수행하기가 무섭게 사직하며 그 단시 간에 8개의 부처 책임자들 간에 많은 변화가 있었다. 가장 빈번하게 일 어나는 것은 그 어느 때보다 사례금이 높아진 관직매매이다. 아무리 낮 은 관직도 요구자는 4,000 피아스트르를 지불한다. 가장 인기를 끄는 자 리는 지방 수령인데, 그 이유는 황제의 금고에 바친 선불금을 관민들에 게 조속히 환급받아서이다. 심상훈은 내부대신에게 그를 비판했다. 내 부대신은 국왕의 명령을 준수하는데 불과하다. 대부분의 대신들은 심상 훈의 의견에 동조하거나 침묵했다. 황제는 내각의 태도가 자신의 지위 를 위협한다고 보아 내부대신은 10년, 심상훈은 15년의 유배형에 처했 다. 박제순 등 다른 대신들은 파면에 처했다.[20)

18)『프랑스문서』 4, 1890년 4월 3일, 121~122쪽.
19)『프랑스문서』 3, 1889년 7월 10일, 157~158쪽.

그는 황실재정이 방만한 가구의 운영비, 궁궐사치비 등 불필요한 부분에 남용되고 있다고 인식했다. 그는 고종은 예전과 마찬가지로 의심과 주저함에 사로잡혀 있으며, 국익에 대해 고심하고 있는 군주라면 당연히 선택할 개혁과 혁신의 길을 찾지 못하고 있다고 지적했다. 또 그는 정부대신의 빈번한 교체와 지방관직의 매매는 근대관료제를 위태롭게 한다고 보았다. 플랑시는 고종을 개명군주로 인정하는데 인색했다.

3) 개혁 실패의 대외적인 요인

프랑스 외교관은 한국의 개혁 실패는 외압도 크게 작용했다고 분석했다. 첫째, 프랑스 외교관은 청의 개입을 지적했다. 한국 정부는 1891년 7월 일본의 권고로 전환국을 설립한 바 있었다. 그러나 전환국은 확보하고 있던 상당량의 은화를 하나도 유통시키지 못한 채 작업을 중지했다. 그것은 청이 종주권을 확인하려는 의도에서 개입하여 은화 유통을 중지시켰기 때문이었다. 플랑시는 "원세개는 고종에게 난폭한 정책을 권장하고, 그의 지지를 잃어버리게 했다. 그는 고종의 권력을 확고히 하여 조·청간의 관계를 친밀하게 하여 한국 정부를 청 편으로 견인하여 러시아에 대적해야 했다. 만일 원세개가 한국 정부의 행정과 군사개혁을 서두르고, 추가 개항과 통신망의 개선으로 한국 정부의 재원을 증대시키는데 전념했다면 한반도를 쉽게 방어하는데 기여했을 것이다. 그러나 원세개는 상반된 임무를 수행하는 데 전념했다. 원세개는 한국 정부의 발전을 방해했고, 왕국을 약화시켰다"고 평가했다. 플랑시는 미 교관의 실패도 자국 교관을 파견하려는 청, 영의 방해 때문이라고 평가했다.[21]

둘째, 프랑스 외교관은 일본에 적대적인 민심을 지적했다. 일본은 표면

---

20) 『프랑스문서』 9, 1899년 3월 25일, 7~8쪽.
21) 『프랑스문서』 6, 1893년 2월 7일, 22쪽; 『프랑스문서』 2, 1888년 12월 6일, 154쪽.

상 한국의 독립을 지지했다. 그에 대해 한국의 일부 지도층은 정부는 일본에 존중을 표명했으며, 일본을 모방해야 한다고 주장했다. 특히 1888년부터 1890년까지 주일공사를 역임한 김가진은 서구적 방식의 발전단계를 성공적으로 수행한 일본이야말로 한국을 도울 최고 상대라 주창했다. 김가진은 고종에게 산업전반에 있어 일본인이 유럽인들보다 낫다고 건의했다. 한국 정부가 개혁 모델을 미국에서 일본으로 선회한 배경은 미국인의 직무태만과 김가진의 대일 접근 건의가 크게 작용했다. 로셰는 고종이 일본과 우호 관계를 맺으려 일본인을 화폐 주조 감독자로 고빙하는 한편 미국인에게 약속한 고관직 제수를 지키지 않았다고 파악했다. 프랑스 외교관은 고종이 일본이 탐욕적이라는 것을 망각한 것과는 반대로 한국 민중은 일본에 비우호적이라고 평가했다.[22]

일본 정부는 1894년 6월 동학농민군에 대항하여 일본인을 보호한다는 명목으로 한반도에 군대를 파견했다. 일본 정부는 한국 정부가 철군을 요구하자 한국의 개혁에 만족할 때까지 철군하지 않겠다고 통보했다. 결국 한국 정부는 일본이 요구하는 개혁을 추진해야만 했다. 주한 프랑스 대표 르페브르(G. Lefevre)는 "한국 정부는 일본에서 300만 불의 차관을 도입했는데, 일본 정부가 실질적 채권자이다. 항시 그랬듯이 한국 정부는 빌린 돈을 불필요하게 낭비, 지출할 것이다. 한국 정부의 상환은 불가능하고 일본은 이권을 요구할 것이다."라고 지적함으로써 일본의 차관제공 의도를 간파했다. 프랑스 외교관은 군국기무처가 주도하는 갑오개혁에 대한 한국 민중의 반응을 예의주시했다. 르페브르는 한국 민중이 갑오개혁에 대해 적대적인 입장을 보이고 있음을 인지했다. 그 뒤에도 그는 일본이 요구하는 개혁은 한국인의 신뢰를 얻지 못했다고 평가했다.[23]

---

22) 『프랑스문서』 5, 1891년 11월 20일, 127~128쪽; 같은 책, 1891년 12월 4일, 135쪽.
23) 『프랑스문서』 7, 1895년 4월 27일, 37쪽; 프랑스문서』 6, 1894년 11월 20일, 229~231쪽;
    『러시아문서 요약집』, 1895년 4월 4일, 266쪽.

4. 영국의 분석

1) 국왕의 지도력의 한계

아관파천기 근대 개혁은 만만찮은 장애를 만났고, 1897년에는 뚜렷한 퇴보 조짐을 보였다. 개혁을 저지한 세력은 왕실의 측근, 사족, 탐관오리, 부정축재자들이었다. 이들은 기득권 유지를 위하여 재정개혁을 강력히 반대했다. 측근들은 국왕을 이용하여 실속을 챙겼으며 악명 높은 이들이 매관매직으로 고관이 되었다. 단 며칠간만 고관에 임명되더라도 평생 우려먹을 재산을 모았고, 유력자와 교분을 맺어 중요 이권에 접근할 통로를 확보할 수 있었다.

비숍

영국의 왕립 지리학자 비숍은 아관파천기 개혁을 현장에서 지켜본 인물이었다. 고종은 비숍에게 영국의 정치제도에 대해 심도 있게 질의했다. 고종은 비숍을 통해 영국 군주는 명목상으로만 장관을 임명할 수 있다는 사실을 인지했다. 비숍은 고종은 안전해지자 과거의 인습으로 회귀했다고 평가했다. 그는 고종이 내각 제도를 폐지하고 의정부를 부활하는 등 절대군주제로 회귀한 결과 국왕의 명령은 법이 되었다고 평가했다. 비숍은 고종은 입헌군주제라는 세계적인 흐름에 역행하고 있다고 지적했다. 비숍은 고종이 애국심도 강하고 한국의 역사를 소상히 파악하는 등 기억력이 비상하다고 호평했다. 그러나 비숍은 고종의 추진력이 약하다고 지적하며 강인한 의지로 소인배의 말을 듣지 않았다면 훌륭한 통치자가 되었을 것이라고 언급했다.[24]

---

24) Bishop / 이인화 역, 『한국과 그 이웃나라들』, 살림, 1994, 301~302쪽.

영국 정부는 1898년 3월 조던을 총영사에서 대리공사로 승진시켰다. 영
국 정부가 한국에 공사관을 개설한 것은 한국에 대한 관심
이 높아진 결과였다. 조던은 본국 정부의 대한정책에 따라
표면상 한국 정부에 대해 한국의 독립을 지지하는 제스처
를 취했다. 고종은 1898년 초에 러·일간의 협상설을 인지
하자 외부대신 조병직을 조던에게 보내 러·일협상의 성
격을 문의하게 하는 한편 한국독립의 국제적 보장을 얻을
가능성에 대해 자문을 구하게 했다. 이에 대해 조던은 어
느 국가도 국제조약 등에서 인정된 한국 독립의 원칙을 침
해하지 않을 것이라며 안심시켰다.[25]

영국공사관

조던은 한국의 독립을 지지하는 제스처를 취하긴 했지만 한국은 근본적
으로 자주적으로 독립을 유지하기가 어렵다고 보았다. 조던은 그 주요한
원인은 고종의 정책에 있다고 보았다. 조던은 한국인은 고종이 금전상의
고려 때문에 주권의 일부를 희생하고 있다고 믿는다고 지적하면서, 자신도
이 견해에 동조하고 있음을 시사했다. 즉 조던은 1899년 경 러시아의 함경
도 지방의 차지설이 유포되자 한국이 수용할 경우 북한 지방의 중앙부분이
러시아에 점유될 것이라고 예측했다.[26] 조던은 고종이 개인의 이익을 위해
서 주권의 일부를 희생할 수 있다고 본 것이다.

그러나 고종은 조던의 예측과는 달리 함경도 차지에 대해 결연히 반대하
는 입장을 보였다. 고종은 러시아의 함경도 조차 추진설이 유포되자 함경
도 북청에 참령 이병무를 파견하여 1,000명의 경비대를 설치하게 하였다.
고종은 주한 일본공사에게 러시아의 침략을 저지하기 위해 협조해줄 것을

---

25) 『한영외교자료집』 9, 「Difficulties in way of Independence」, No.105. 1898년 4월 21
   일, pp.73~74.
26) 『한영외교자료집』 9, 「Romoured attempt of Russia to get mortgage of Province of
   Ham Kyeng Do」, No.28. 1899년 3월 6일, pp.161.

요청했다.

조던은 고종의 국정 운영에 대해서도 회의적이었다. 그는 고종은 매우 나약한 성격으로서 러시아의 압력을 받을 경우에는 타 열강에 의지할 것으로 예측했다. 실제 고종은 러시아의 내정간섭에서 탈피하기 위해 미국공사관, 영국총영사관에 파천을 타진하였다. 조던은 고종이 5, 6차례 파천 의사를 타진해왔지만 그 때마다 단호하게 거부했다.[27]

2) 국방력의 미약

조던은 한국의 군사력이 국권 수호를 감당할 수 없다고 판단했다. 다음과 같은 조던의 한국군 평가는 이 같은 인식을 잘 보여준다.

> 한국군은 대체로 훈련이 안되어 있으며 한국군 중 유능하다는 수도 주둔군도 무장상태가 서투르며 훈련도 부실하다. 군인들은 근무에 매우 태만하여 초병과 수위를 구별할 수 없을 지경이다. 수도 주둔군은 7,500명으로서 한국군 중에서도 유능한 편이며, 이들의 임무는 궁궐 경비와 시내 순찰로서 쿠데타에 대비한다고 추정되고 있다. 수도 주둔군은 2천 명 정도의 일본인에 의해 제압될 것이다. 한국에는 무관학교가 있으나 유럽인 스태프가 없으며 교육도 기초훈련으로 제한되고 있다. 심지어 장교직은 훈련을 받지 않은 사람, 대신의 친족, 영향력 있는 자들에게 주어지거나 팔리고 있다.[28]

조던은 한국군은 기본적인 훈련이 되지 않고, 장교직도 매매되는 등 정예화와는 거리가 멀다고 지적했다. 그 결과 최정예부대라 할 수 있었던 수도 주둔군도 2천 명의 일본인에 의해 제압될 것이라고 평가했다. 조던은 한

---

27) 『한영외교자료집』8, 「Proposed Appointment of a Russian as Finance Agent in Corea」, No.160. 1897년 10월 20일, p.391; 『한영외교자료집』8, 「Control Customs and Finance」, No.6. 1897년 11월 11일, pp.427~428.

28) 『한영외교자료집』12, No.78, 1901년 10월 25일, pp.296~297.

국이 독자적으로 국권 유지를 할 수 없다고 평가했으므로 일본의 한국독립 불가능론에 동조했다.[29] 조던은 러 · 일은 모두 한국의 독립을 약속했지만 한국은 점점 외국의 간섭을 요청하는 방향으로 전락하고 있다고 인식했 다.[30] 이 같은 조던의 한국 인식은 영국 정부에 일정한 영향을 준 것으로 여겨진다. 영국 정부도 한국이 독립을 유지하면서 타국의 지배를 받지 않 은 상태를 가장 선호했지만, 최악의 경우 러시아보다는 일본이 한국을 지 배하는 것을 수용하려 했다.[31]

영국은 한국의 독립에 대해 회의적 입장이었으므로 한국의 중립화에 대 해서도 무관심하거나 반대하는 태도를 보였다. 고종은 1900년 8월 조병식 을 특명전권공사로 임명한 뒤 일본 정부에 대해 한국이 스위스 · 벨기에와 같이 중립화하는 데 동의해 줄 것을 요청하였다. 그러나 일본 정부는 한국 의 중립화 주장을 정식으로 거절하였다. 조던이 일시 귀국한 1900년 5월 이 후 1901년 10월까지 대리공사직을 수행한 거빈스(J. H. Gubbins)는 조병식 의 중립화 외교가 실패한 것을 인지했다. 거빈스는 고종이 오랫동안 중립 화를 희구해 온 것을 잘 알고 있었지만 하야시 곤스케 주한 일본공사의 중 립화 반대론에 동조했다. 거빈스는 러시아가 일본 정부에 한국의 중립화를 제의한 것을 인지했다.[32] 그럼에도 불구하고 거빈스는 한국의 중립화를 지 지하지 않았다.

궁내부고문 샌즈(William F. Sands)는 한국을 스위스 · 벨기에 같은 영세중 립국으로 만들려 했고, 열강의 보장을 통해 평화조약이나 국제협약을 체결

---

29) 『한영외교자료집』 9, 「Situation in Corea」, No.96. 1899년 10월 11일, p.240.
30) 『한영외교자료집』 9, 「Russo-Japanese protocol of 25th Apri」, No.10. 1898년 12월 22일, p.143.
31) 『日本外交文書』 34卷, 機密第5號, 1901년 1월 14일, 525쪽.
32) 『한영외교자료집』 9, 「neutralization of Corea」, No.108. 1900년 11월 3일, p.328; 『한 영외교자료집』 9, 「neutralization of Corea」, No.67. 1900년 9월 14일, p.311; 『한영외교 자료집』 9, 「Manchuria and Corea」, No.6. 1901년 1월 29일, p.236; 『한영외교자료집』 9, 「Proposed neutralization of Corea」, No.37. 1901년 3월 13일, P.251.

하려 했다. 고종은 1902년 영국국왕 대관식에 이재각을 단장으로 하는 사절단을 파견하고자 했다. 샌즈는 영국을 통한 한국의 중립화를 추진하기 위하여 민상호와 함께 영국국왕 대관식에 참석하고자 했다. 그러나 1901년 11월 귀임한 조던은 샌즈가 사절단의 일원이 포함되는 것을 강력히 반대했다. 결국 조던은 샌즈의 영국행을 좌절시켰다.[33] 조던 역시 한국의 중립화를 거부한 것을 여실히 보여주는 대목이다.

5. 러시아의 분석

러시아는 1895년 삼국간섭을 주도하며 일본과 본격적인 대결을 시작했다. 러시아는 아관파천기인 1896년 일본과 베베르-고무라 각서, 로바노프-야마가타 의정서를 교환했으며, 대한제국 수립 직후인 1898년에는 로젠-니시 협정을 체결했다. 러시아는 만주에 집중하고자 한반도에서 일본에 부분적으로 양보하려 했다. 그러나 러시아는 일본의 한국 지배를 인정하지 않았으므로 한국의 상황을 예의주시했다. 러시아는 한국은 금, 석탄, 쌀, 도자기 등의 수출에 있어 유리한 조건을 가지고 있다고 평가했다.[34] 러시아는 한국의 경제발전 가능성을 인정한 것이다. 러시아는 한국에 대한 관심을 유지했으므로 한국이 국권을 유린당하는 원인을 다각도로 분석했다.

1) 국왕의 지도력 부족

러시아는 고종의 지도력의 한계를 거론했다. 포코틸로프(D.D. Pokotilow)

---

33) 『英案』 2, No.2162. 광무 6년 2월 14일; 『英案』 2, No.2221. 광무 6년 4월 23일; 『英案』 2, No.2239. 광무 6년 5월 21일; 『일사기록』 17, 발제3호, 1902년 1월 9일, 476쪽.
34) 『러시아문서 번역집』 1, 67쪽.

는 1896년 서울에 도착한 뒤 한반도의 자원을 심층적으로 조사했다. 그는 한국의 재정개혁을 완수하고자 은행 설립을 기도했다. 그는 비테(S. Y. Witte) 재무대신이 장악한 재무부서에서 근무한 바 있으며 러청은행장을 역임했다. 그는 1896년 9월 보고서에서 고종은 나약한 성격을 지녀 조그마한 일에도 오랫동안 상심하곤 한다고 평가했다. 그는 러시아 황제의 훈장을 수여함으로써 고종을 회유할 수 있다고 인식했다.35) 주한 러시아공사 슈테인 (E. Stein)도 1897년 1월 포코틸로프에게 보내는 편지에서 고종은 겁 많은 성격으로 환궁을 주저한다고 서술했다.36) 운테르베르게르 중장도 1898년 보고서에서 고종은 나약한 성격을 지녀 일본 대표의 무례한 압력에 저항할 힘과 방법을 지니지 못해 그들의 요구에 순응한다고 지적했다.37)

러시아는 황실재정의 과도한 팽창을 거론했다. 러시아 재무대신은 한국의 모든 국고수입은 국왕의 소유로 간주된 결과, 전적으로 궁내부의 지시로 집행되고 있다고 지적했다. 그는 한국은 관리의 봉급을 제대로 지급하지 않은 결과 관리의 대민 수탈이 자행되고 있다고 인식했다. 그는 궁내부는 국왕도 소외될 정도로 방만한 지출을 하고 있다고 지적했다.

파블로프는 본국 정부에 "한국의 경제적 혼란은 급속도로 진행 중이다. 한국의 국가 수입 중 대부분은 나라의 실제 수요를 충족시켜 주거나 혹은 국가발전을 공고히 만들어줄 수 있는 이성적 개혁에 투입되지 않고 있다. 부도덕한 고문과 외국의 협잡꾼들이 황제에 주입시킨 결과 국가 수입은 무익한 기업들의 운영에 투입되고 있다."고 진술했다.38)

러시아는 국왕의 수구반동화를 거론했다. 러시아 공사 마튜닌은 고종이 독립협회를 궤멸시키고자 보부상 조직인 황국협회를 창설한 결과 한국 주

---

35) 『러시아문서 번역집』 1, 37쪽.
36) 『러시아문서 번역집』 1, 48쪽.
37) 『러시아문서 번역집』 1, 58쪽.
38) 『러시아문서 번역집』 1, 142~143쪽.

민은 두 집단, 즉 진보와 반동으로 분리됐다고 단정했다. 마튜닌은 황국협회 창설로 한국은 국민통합에 실패했다고 인식했다. 그리고 고종은 자금의 결핍으로 1894년까지 존속했던 체제, 즉 한국을 파멸로 이끌어가는 체제로 회귀할 것으로 예측했다. 마튜닌은 그 체제는 한국의 모든 광물자원을 궁내부가 관리하도록 하는 방식으로서 개인, 궁정, 국가 경제간의 경계를 파괴하는 체제라고 평가했다.39)

2) 국방력 미약

러시아는 한국의 국방력 미약을 거론했다. 파블로프는 1900년 10월 람즈도르프(V. H. Lamsdorf) 외상에게 보낸 편지에서 "고종은 수도에 유럽식으로 훈련시킨 군대를 창설한 뒤 매년 유지비용으로 많은 액수를 소비한다. 고종은 군대를 개인적인 경호를 위한 것으로 인식한다. 고관들은 군대를 불법 수입의 잉여원천을 제공하는 편리한 장난감으로 인식한다. 한국은 지방에 무질서를 예방할 군사를 배치하지 않고 있다."라고 지적했다.40)

운테르베르게르도 한국은 강력한 경찰, 군사가 없어서 국가 재건은 어려우며, 민중 소요 시 외국이 간섭할 우려가 있다고 지적했다. 그는 한국에서 가장 중요한 것은 한국군이 국내 질서를 유지하기에 필요한 역량을 보유함으로써 한국 내정에 대한 열강의 간섭을 제거하는 것이라고 지적했다.41)

3) 관료사회의 부정부패 만연

러시아는 한국 관료사회에 만연된 부정부패를 거론했다. 스페에르 공사

---

39) 『러시아문서 번역집』 2, 71~72쪽.
40) 『러시아문서 번역집』 3, 143쪽.
41) 『러시아문서 번역집』 1, 80쪽.

는 한국 고관들은 뇌물을 필수물로 간주한다고 인식했다.[42] 운테르베르게르도 백성의 복지를 해치는 행정관료의 부패는 국가질서를 크게 문란시켰고, 한국의 독립을 저해하는 요소라고 보았다. 그는 한국의 중앙행정기구의 신뢰 부족과 자가당착은 정부의 허약성을 야기한다며 한국은 재정, 행정조직을 강화시켜야 한다고 인식했다. 또 러시아는 관리들의 과도한 수탈을 지적했다. 파블로프는 한국 민인은 합법적, 비합법적 강탈로 해마다 큰 부담을 지고 있지만 국가의 생산성은 더욱 감소한다고 지적했다. 운테르베르게르도 아래와 같은 문제점을 지적했다.

> 한국 행정부의 부패는 비참한 국가의 산업 현황을 더욱 악화시킨다. 대신들은 가족, 친족의 부를 늘리는 것을 최우선 직무로 삼고 있다. 새로운 내각 하의 새로운 관리들은 민인 수탈에 진력한다. 관리 임명에는 전횡과 음모가 횡행한다. 생산물 중 많은 부분을 수탈당하는데 익숙한 민인은 여분이 생기면 수탈당할 것을 알므로 소비할 만큼만 생산하고 있다. 민인의 인내력의 한계를 넘는 관리의 행태는 민인의 소요를 야기한다.[43]

4) 한국 지도층의 개혁 반대

러시아는 한국 지도층의 개혁 반대를 거론했다. 스페에르는 1897년 9월 무라비요프(M. N. Muraviev) 외상에게 보내는 보고서에서 한국의 군부는 재정 감소를 이유로 개혁을 반대한다고 지적했다.[44] 러시아 재무대신도 1897년 2월 한국 관리가 재정개혁을 반대한다고 인식했다.[45] 운테르베르게르도 한국의 독립을 유지하기 위한 방안으로서 조세 수입원의 발굴 등 국가 재

---

42) 『러시아문서 번역집』 3, 61쪽.
43) 『러시아문서 번역집』 1, 67~68쪽.
44) 『러시아문서 번역집』 3, 61쪽.
45) 『러시아문서 번역집』 3, 240~241쪽.

정상황의 호전이 매우 중요하다고 지적했다. 그는 "도로 상황을 개선하고 수상교통체계를 보수하여 어업활동을 조절할 경우 산업, 교역이 대폭 향상되어 민인의 구매력도 향상될 것이다. 풍부한 농업 수확량에 비춰 제대로 징수할 경우 정부 세입은 대폭 증가할 것이다."라고 지적했다.[46]

1885년부터 1896년까지 주한 러시아공사를 지냈던 베베르는 대한제국이 출범할 무렵 한국을 떠났다. 베베르는 고종 즉위 40주년 기념 특사 자격으로 1902년 가을 다시 한국을 방문했다. 그는 아관파천기 한국은 정부기구들에 만연한 상습적인 권력 남용, 관리들의 연고 채용, 뇌물 수수의 만연으로 러시아측의 법제 도입 제의를 반대했음을 상기시켰다. 그러나 그는 고종이 중도 자유주의자를 지지한 결과 제반 개혁이 성공을 거둬 한국은 평화를 회복했다고 평가했다. 그는 1903년 4월 본국으로 귀국한 뒤 한국 상황에 대한 보고서를 제출했다. 베베르는 보고서에서 개혁 이전인 10년 전 모습이 재연되었다면서 한국의 개혁이 후퇴하고 있다고 평가했다. 그는 그 증거로서 권력 남용의 횡행, 인민에 대한 수탈 자행, 규율 없는 군인들, 지식·경력이 아닌 연고·재산에 의거한 관직 임명, 관직의 빠른 교체를 지적했다. 베베르는 한국의 유일한 진보 성과로 우편과 개항장 무역을 지목했다. 그는 세금이 증가해도 국고는 항상 곤궁하여 주민의 정신과 육체 상태의 개선, 학교와 기술교육 기관의 건설, 교통로의 건설에 쓸 자금은 없다고 보았다. 베베르는 수입의 대부분은 사치성 행사, 궁궐 건축 등 무용하고 비생산적인 구매에 소모되고 있다고 평가했다.[47] 베베르는 광무개혁의 성과를 낮게 평가했다.

---

46) 『러시아문서 번역집』 1, 79쪽.
47) 『러시아문서 번역집』 3, 178~198쪽.

5) 외세의 이권 침탈

운테르베르게르 중장은 한국에서 각국 대표는 자국민에게 각종 혜택과 이권을 주는 데 혈안이 되고 있다고 보았다. 그는 한국은 철도부설권, 선박 항행권 등 다양한 자원 개발에 대한 이권을 허여하고, 일본 등의 외국에 국가경제가 종속되고 있다고 우려했다. 그는 특히 일본의 교역이 경제활동체제를 장악하고 있으므로 한국은 일본인에게 이권을 제공해서는 안 된다고 확신했다.[48]

러시아는 한국 정부가 열강에게 과다한 이권을 넘겨주고 있다고 지적했다. 포코틸로프는 1896년 9월 한국 정부는 열강에게 이권을 부여하면서 스스로 채무만 질뿐 아무것도 얻지 못하는 실정이라고 지적했다.[49]

6. 맺음말

한국을 방문한 서구인들은 한국인들이 문화수준이 높고 평화를 숭상하며 질서정연하여 치안이 필요 없다고 칭송했다. 또 서구인들은 한국인들이 온순하며 친절하고 예의바르고, 손님을 환대하며 노예근성이 없다고 평가하기도 했다. 나아가 서구인들은 한국인들이 배타성이 없어 타협적이고 학구열, 근면성이 좋아 유능한 지도자가 등장할 경우 한국의 신속한 근대화가 가능하다고 이야기하기도 했다. 한국은 의욕적으로 근대화 사업을 추구했으며 안중근 의사도 한국의 발전을 일정 부분 평가했다. 문제는 근대화의 속도와 철저함이었다. 빠르고 철저한 근대화만이 한국을 외세의 침략으

---

48) 『러시아문서 번역집』 1, 78쪽.
49) 『러시아문서 번역집』 1, 39쪽.

로부터 지켜낼 수 있기 때문이었다. 그러나 안중근도 지적했듯이 한국의 근대화는 완만한 속도를 보였다. 한국은 그 과정에서 일본의 침략을 받고 국권을 상실했다.

당시 한반도에 거주했던 서구인들은 한국의 독립이 위태롭다고 인식했다. 서구인들은 그 이유로 첫째, 고종의 지도력의 한계를 지적했다. 서구인들은 고종은 나약한 성격을 지녀 외국 대표의 압력에 저항하지 못하고 그들의 요구에 순응한다고 지적했다. 또 고종은 황제권에 과도하게 집착하여 내각을 무시한 결과 효율적인 국정운영에 실패했다고 인식했다. 그리고 서구인들은 고종은 매관매직을 저지하지 못해 근대적 관료제가 제대로 작동하지 못하게 했다고 지적했다.

둘째, 서구인들은 한국은 국민통합에 실패했다고 인식했다. 한국은 국민의 기본권 보장 요구에 맞서 대전회통, 대명률을 시행했고 체제 수호를 위해 참형까지 부활했다. 법부에서는 법관양성소 학생들에게 학습용 법률서로 대명률을 배포할 것을 결정했다. 이러한 복고정책으로 인하여 신법에 의해 일시적으로 보호되었던 민권은 타격을 받았다. 서구인들은 고종의 수구반동화로 한국민은 두 집단, 즉 진보개혁파와 수구반동파로 분열됐다고 평가했다. 그리고 그 분열은 독립협회운동, 만민공동회운동 때 극명하게 드러났다고 지적했다.

셋째, 서구인들은 한국 정부가 열강에게 과다한 이권을 넘겨주고 있다고 인식했다. 그리고 그 같은 이권 허여는 일본 등 외국에 국가경제의 종속을 야기했다고 인식했다. 이권 허여는 한국 지도층의 지나친 외세의존성을 의미했다.

넷째, 서구인들은 한국의 국방력 미약을 강조했다. 즉 한국은 국방에 적당한 국민군제인 징병제를 외면하고 황제의 용병제 군대 육성에 만족했다는 것이다.

다섯째, 서구인들은 한국 지도층의 개혁 반대를 지적했다. 그리고 그 결과 한국은 군사, 재정 분야의 개혁에 실패했다고 지적했다. 서구인들은 한국 지도층이 기득권에 집착하여 개혁이 좌절됐다고 인식했다.

여섯째, 서구인들은 관료사회의 부정부패를 지적했다. 서구인들은 백성의 복지를 해치는 관료의 부패가 국가질서를 문란케 했다고 인식했다. 즉 한국은 지배층의 과다한 사익 추구로 공공 시스템이 붕괴됐다고 본 것이다.

일곱째, 서구인들은 황실재정의 과도한 팽창을 거론했다. 황실 기구의 강화와 황실 재정지출의 증가로 정부가 제 기능을 발휘하지 못해 각종 근대화 사업이 신속히 시행되지 못하는 경우가 많았다. 서구인들은 한국의 국가 수입 중 대부분이 국가발전을 공고히 해줄 이성적 개혁에 투입되지 않았다고 평가했다. 또 궁내부는 방만한 지출을 자행하여 정부 재정을 잠식했다고 지적했다.

여덟째, 서구인들은 관리들의 과도한 수탈을 지적했다. 서구인들은 한국은 관리의 봉급을 제대로 지급하지 않은 결과, 관리의 대민 수탈이 자행되고 있다고 지적했다. 서구인들은 한국이 수탈자와 피수탈자로 양극화됐으며, 인내력의 한계에 도달한 피수탈자들은 저항하고 있다고 지적했다.

국권 상실의 위기에 처한 한국으로서는 황실 및 지배층의 정치적 양보를 통한 정치체제의 변혁으로 국민통합을 추진하여야 했다. 국권을 유지하려면 국민통합이야말로 외세에 대한 의존보다 선결 과제였다. 그렇지만 황실과 양반사족은 기득권의 축소를 야기할 헌법 제정, 국회 설치, 징병제 실시 등에 부정적이었다. 프로이센의 특권층과는 달리 한국의 특권층은 양보하지 않았으며 그 결과 한국은 러·일전쟁의 소용돌이 속에서 국권을 상실했다.

제3부

대한제국의 세계 인식

제6장

고종의 공사 파견과 그 의미

1. 머리말

수교 이후 한국의 외교를 주관한 인물은 국왕 고종이었다. 고종은 한국의 국권을 위협하는 청·일을 경계했고, 국권 유지의 수단으로 1880년대 미국·영국·독일·이탈리아·프랑스·러시아 등의 구미 열강과 통상조약을 체결했다. 고종은 한국에 주재하던 외국공사를 통해 해외 정세를 파악했다. 한국은 1887년 처음으로 해외에 공사를 파견했다. 이후 한국이 공사관을 개설한 국가는 프랑스·러시아·영국·독일 등의 유럽 국가들과 미국·일본·중국이었다. 한편으로 해외 주재 한국공사는 고종이 신임하는 인물들이었고, 고종의 대외정책을 집행하는 대리인이기도 했다. 그런 측면에서 해외 공사의 활동은 고종의 대외정책 방향을 잘 보여준다고 할 수 있다. 이들 공사들은 고종의 지시만을 이행하는 데만 머물지는 않았다. 이들은 외국 정부와 접촉하면서 외국의 정세를 분석하여 고종의 정책 입안에 중요한 역할을 수행하였다.

종래 해외 공사들의 활동은 큰 주목을 받지 못했다고 생각된다. 먼저 주미공사에 대한 연구는 박정양·이하영·이채연·이승수·서광범·이범진에 집중되었고[1], 대한제국 시기인 1901년부터 1903년까지 주미공사로 활동한 조민희의 체미 활동에 대해서는 공백상태이다. 주일공사에 대한 연구는 비교적 연구가 진척된 편이라 보여진다.[2] 주러공사에 대한 연구는 이범진을 중심으로 이루어졌다. 그런데 대한제국기인 1899년부터 1903년까지의 이범진의 외교활동에 대해서는 본격적인 연구가 없는 실정이다.[3]

고종이 해외에 공사를 파견한 시기는 국권 유린을 절감한 시기와 일치한다. 그러므로 고종은 공사들에게 양국간의 현안 교섭, 해당 국가의 선진제도 및 문물 도입, 유학생 보호, 외교사절단 대접 등의 통상적인 업무 외에 열강의 동아시아정책 및 대한정책에 대한 정보를 입수하도록 하는 한편 열강이 한국의 중립화에 협조하고 유사시에는 거중조정(good offices)을 해줄 것을 요청하도록 했다. 고종은 나름대로의 의도를 가지고 공사를 파견했고 해외 주재 공사의 활동은 고종의 의중을 반영한다고 할 수 있다.

본 연구는 고종의 공사 파견과 의미를 분석하려고 한다. 시기는 한반도 정세에 지대한 영향을 끼친 사건을 중심으로 구분했다. 구체적으로 공사파견 직후 시기, 청일전쟁 발발 직후 시기, 대한제국 수립 직후 시기, 의화단 사건 직후 시기, 제1차 영일동맹 체결 직후 시기, 러일전쟁 발발 전후 시기 등 크게 여섯 시기이다. 본 연구는 공사 파견과 공사의 활동을 분석하여 고종 외교의 목표를 구명하고자 한다.

본 연구는 고종의 공사 파견 외교를 분석하고자 미국, 영국, 프랑스, 러시

---

1) 방선주, 「서광범과 이범진」, 『한국사학논총』, 탐구당, 1987; 이민식, 『근대 한미관계사』, 백산자료원, 2001; 김원모, 『개화기 한미 교섭관계사』, 단국대학교 출판부, 2003.

2) 이민식, 「금산 이하영 연구」, 『백산학보』 50, 백산학회, 1998; 오영섭, 「동농 김가진의 개화사상과 개화활동」, 『한국사상사학』 20, 한국사상사학회, 2005.

3) 외교통상부, 『한국 최초의 주러시아 상주공사 이범진의 생애와 항일독립운동』, 2003; 김철웅, 「주미공사 이범진의 미국 여정과 활동」, 『역사학보』 205, 역사학회, 2010.

아, 일본 등 열강의 한국관계 외교문서를 활용했다. 또 한국 측의 외교문서
인『구한국외교문서』와 장서각 소장의 1차 자료를 활용했다. 장서각의 자
료는 고종의 지시로 작성된 해외파견 공사들에 대한 신임장, 해임장, 국서,
친서, 훈유문 등이 있다. 장서각 자료들은 시기적으로 1882년 조미통상조약
부터 1905년 을사늑약에 이르는 시기에 걸쳐 있다. 교섭 국가도 미국, 영국,
프랑스, 독일, 러시아, 스위스, 오스트리아, 보헤미아, 헝가리 등의 유럽국들
과 중국, 일본 등 아시아 국가들이 포함됐다. 본문의 각주에 기재한 문서번
호들은 모두 장서각 문서번호를 의미한다. 본 연구가 고종의 외교를 이해
하는데 도움이 되기를 기대한다.

2. 고종의 공사 파견 시도

1) 고종의 공사 파견 배경

　고종은『조선책략』의 권고대로 1880년 9월부터 청과의
조공책봉관계를 근대 만국공법질서로 전환시키려 했다.
그에 따라 고종은 미국 등 서구국가들과의 수교를 적극적
으로 추진했다. 미국대통령은 1883년 3월 14일에 서명한
조미통상조약의 비준서에서 조미통상조약은 주권국가의
협약에 의거하여 체결됐다고 지적함으로써 조선이 주권
국가임을 인정했다. 한편 청은 1882년에 발발한 임오군란
을 계기로 의례적인 조공국이었던 조선을 근대적인 속방
으로 편입하기 위해 획책했다.[4] 그 결과 고종은 청으로부

고종

---

4) 강상규,『19세기 동아시아의 패러다임 변환과 한반도』, 논형, 2008, 185~186쪽.

터 조선의 국권을 확립하는 것을 주요 국정과제로 삼았다. 그때 고종에게
조언을 한 것은 한국 주재 서구 외교관들이었다.

한국 주재 미국 대리공사인 포크(George C. Foulk)는 고종에게 청에 대항
하는 방안으로 통상조약을 체결한 구미 각국에 구미 공사를 파견할 것을

권고했다.[5] 1886년 4월부터 한국의 외교고문으로 활동해온
데니(O. N. Denny)도 고종에게 구미 각국에 전권공사를 파
견할 것을 건의했다.[6] 포크와 데니가 주장한 바의 요지는
'한국이 빈약하여 자주할 수 없기 때문에 청의 제재를 받게
되고, 각국에서도 대리공사와 영사를 파견하여 한국을 동등
한 국가로 상대하지 않고 있다. 만약 한국이 각국에 전권공
사를 파견한다면 각국에서도 격이 높은 사절을 파견하게 될

데니

---

5) 그런데 미국정부는 한국에 대한 불개입정책을 고수했으므로 미 공사에게 한·청
관계에 관여하지 말 것을 지시했다. 그러므로 미공사의 활동은 개인적인 의지에
기인하는 경우가 많았다. 임경석 편, 『한국근대 외교사전』, 성균관대학교 출판부,
2012, 563쪽.

6) 1815년에 제정된 〈외교관의 석차에 관한 규정〉은 외교관의 등급을 대사, 전권공
사, 변리공사, 대리공사 등 4등급으로 구분했다. 전권공사, 변리공사, 대리공사는
다 같은 공사이기는 하지만 차등이 있었다. 전권공사, 변리공사는 파견국의 국가
원수가 접수국의 국가원수에 보내는 신임장을 휴대했다. 대리공사는 파견국의
외무장관이 접수국의 외무장관에 보내는 신임장을 휴대했다. 그러므로 대리공사
는 공사 중에서도 가장 격이 낮았다고 할 수 있다. 한편 전권공사는 전권을 위임
받은 공사였다는 점에서 변리공사보다 격이 높았다.
   한국에서 외국사절들의 서열을 정한 것은 한국 정부의 외교 고문 르장드르였
다. 르장드르는 유럽의 국제관계사의 저자들은 열강 대표들을 외교단과 영사단
으로 구분하며 외교단은 영사단보다 우위에 있다고 주장했다. 그는 외교단은 대
사, 전권공사, 주재공사, 대리공사, 정부위원을 의미하며, 영사단은 총영사, 영사
를 지칭한다고 주장했다. 또 유럽 열강은 영사들을 위하여 별도의 의식을 마련하
지 않는다고 주장하며, 영사들이 군주를 알현하는 것은 관습이 아니라고 지적했
다. 아울러 정부위원은 전권공사, 주재공사, 대리공사와 같은 임무라 주장하며
프랑스 정부위원은 프랑스 공화국을 대표하므로 신임장에 영사가 없는 것이라
주장했다. 그에 따라 한국 정부는 프랑스의 외교 서열을 독일보다 높이 배열했
다. 『프랑스문서』 6, 1894년 3월 16일, 145~146쪽.

것이다. 그들은 권세가 있어서 사단이 있을 때마다 견제할 것이므로 청이 감히 한국을 속방으로 보지 않을 것이다.'라는 것이었다. 한편으로는 딘스모어(Hugh A. Dinsmore) 미국공사와 베베르 러시아공사도 공사 파견을 권고했다. 그 과정에서 고종은 1887년 4월경 폐위음모와 대원군 국정감독설을 인지하자 본격적으로 공사 파견을 검토했다. 고종은 포크와 데니의 요청을 수용하여 이홍장과 원세개의 반대에도 불구하고 미국에 전권공사를 파견하기로 결심했다.[7]

고종은 공사 파견에 대해 조약규정에 따라 주권을 행사하고 열강에 한국독립을 증명하는 것으로 의미를 부여했다.[8] 고종은 열강이 한국을 독립국으로 인정하기를 열망했으며, 그 연장선상에서 구미 각국에 공사를 파견하기로 결심했다.[9] 그에 대해 청과의 관계를 중시했던 심순택, 김홍집, 김병시, 민응식 등의 대신들은 파사에 반대했다. 반청적인 고종과 친청적인 대신들 간에는 외교노선을 둘러싸고 갈등이 극심했다. 친청세력은 막강한 세력을 형성하여 왕권의 약화를 야기했다. 친청파는 심순택, 김홍집, 김병시, 김윤식 등의 대신들이었다. 김윤식은 고종이 추진한 '조러밀약'을 좌절시킨바 있었다. 또 심순택, 김홍집, 김병시, 민응식 등의 친청파 대신들은 파사에 반대했다.[10] 고종은 청의 통제를 받고 있던 통리교섭통상사무아문을 무력화시켰다. 고종은 독판에게 실권을 주지 않았으며, 빈번한 교체로 어떤 독판도 임기를 1년 이상 담당한 인물은 없었다.[11] 고종은 친청적 대신들을

---

7) 국사편찬위원회 역, 『프랑스문서』 3, 2004 (이하 『프랑스문서』 3으로 약칭), 1889년 1월 10일, 5쪽; 송병기, 「소위 「삼단」에 대하여-근대 한청관계사의 한 연구-」, 『사학지』 6, 단국대학교 사학회, 1972, 96~97쪽.

8) Spencer J. Palmer, *Korean-American Relations VOLUME Ⅱ*(1887~1895), University of California Press, 1963(이하 K-A-R Ⅱ로 약칭), No.53. 1887년 9월 30일, p.101.

9) 국사편찬위원회, 『프랑스문서』 4, 2005 (이하 『프랑스문서』 4로 약칭), 1890년 11월 16일, 239~243쪽.

10) 송병기, 앞의 논문, 97쪽.

11) 『프랑스문서』 2, 1888년 9월 10일, 64쪽.

신뢰하지 않았으므로 실권을 부여하지 않았다. 그에 따라 심순택, 김홍집, 김병시 등은 부단히 사의를 표명했다.[12] 고종은 1880년대 후반 내무부를 중심으로 국정을 운영했다. 내무부는 고종이 권력이 직접 행사되는 곳으로, 주로 국내외 정책을 입안했다. 내무부 관리들은 대부분 고종의 핵심 측근들로 반청적인 입장을 보였던 인물들이 다수였다. 외국인 고문들은 대부분 내무부협판직을 겸임했고, 내무부협판은 외국법과 관련된 문제를 전담했다.[13] 고종은 내무부 관리를 공사에 임명했다.

2) 고종의 공사 파견 강행

고종은 1887년 7월 내무부협판 심상학을 프랑스, 러시아, 영국, 독일, 이태리 등 5개국의 전권공사에 임명했다. 이후 고종은 1887년 8월 내무부협판 조신희를 프랑스, 러시아, 영국, 독일, 이태리 등 5개국의 전권공사에 임명했다. 고종은 조신희를 영국의 전권공사로 임명하여 영국 수도에 주차시켜 교섭을 담당하게 한다는 내용의 1887년 8월 22일자의 신임장을 영국 군주에게 보냈다.[14]

조신희는 1888년 1월 조선을 출발했다. 조신희는 홍콩을 경유하여 영국, 프랑스, 독일을 거쳐 러시아의 페테르부르그에 상주할 예정이었다. 그런 가운데 통리교섭통상사무아문 독판 조병식은 1888년 주한 프랑스 대표 플랑

---

12) 『高宗實錄』卷25, 고종 25년 3월 18일, 3월 21일, 4월 5일.
13) 『프랑스문서』 5, 1891년 1월 26일, 10~12쪽.
14) 문서번호 675(이하 문서번호는 모두 장서각 문서번호를 의미함). 1887년 8월 22일의 신임장(문서번호 652)은 독일 및 프로이센 군주에게 보낸 부본으로서 조신희를 독일 및 프로이센의 전권공사로 임명한다는 내용이다. 1887년 8월 22일의 신임장(문서번호 647)은 이탈리아 군주에게 보낸 부본으로서 조신희를 이탈리아의 전권공사로 임명한다는 내용이다. 1887년 8월 22일의 신임장(문서번호 648)은 러시아 군주에게 보낸 부본으로서 내무부협판 조신희를 러시아의 전권공사로 임명한다는 내용이다.

시에게 조신희를 프랑스 수도에 파견한다고 통보했다. 조신희는 프랑스어, 영어에 능통한 외국인을 구하지 못했다는 이유로 홍콩에 머무르면서 3년 동안 고종의 지시를 기다렸다.[15]

청은 한국의 외교적 자주권을 인정하지 않았다. 청의 원세개는 조신희의 소환을 고종에게 강력히 요구했다.[16] 조신희는 청이 박정양의 소환을 강력히 요구하자 사태의 추이를 관망했다.[17] 청은 조신희의 임무 수행을 방해했다. 결국 조신희는 고종의 명령 없이 홍콩을 출발하여 1890년 1월 부산에 도착했다. 고종은 조신희에게 근무지 이탈죄를 적용하고 전라도 함열에 유배를 보냈다. 고종은 천진 주재 통상사무독리를 역임했던 박제순을 유럽의 특명전권공사에 제수하고 전임자의 직무를 계속하게 했다.[18] 조신희는 얼마 지나지 않아 사면됐다.[19] 한국 정부는 오랫동안 미국에 전권공사를 파견하지 못했으며, 조신희의 후임자인 박제순도 유럽으로 출발하지 못했다.[20] 그것은 원세개의 공작이 성공한 결과였다.[21]

한편 고종은 프랑스를 대청 견제의 수단, 거중조정의 중개자, 군사력 증강의 수단으로 활용했다. 플랑시는 수교 이후 제물포를 거쳐 1888년 6월 6일 서울에 도착했다. 고종은 조병식에게 서울에서 플랑시를 수행하라고 지시했으며, 조병식은 플랑시를 성대하게 영접했다.[22] 고종은 프랑스 대통

15) 국사편찬위원회, 『프랑스문서』 2, 2003 (이하 『프랑스문서』 2로 약칭), 1888년 7월 30일, 52쪽; 『법안 1』, No.47. 1888년 7월 20일, 19쪽; 『프랑스문서』 3, 1889년 9월 27일, 197~198쪽; 『러시아문서 요약집』, 1888년 4월 5일, 164쪽.
16) 『프랑스문서』 3, 1889년 2월 19일, 45~47쪽.
17) 『러시아문서 요약집』, 1890년 5월 21일, 118쪽.
18) 고려대학교 아세아문제연구소, 『구한국외교문서 법안 1』, No.235. 1890년 2월 20일, 102쪽.
19) 『프랑스문서』 4, 1890년 9월 18일, 200~201쪽; 송병기, 앞의 논문, 115쪽.
20) 『프랑스문서』 4, 1890년 2월 5일, 59~61쪽; 『프랑스문서』 4, 1890년 3월 22일, 114~115쪽.
21) 『프랑스문서』 4, 1890년 9월 18일, 200~201쪽; 송병기, 앞의 논문, 115쪽.
22) 『프랑스문서』 2, 1888년 6월 13일, 7쪽.

령과의 친교를 추구했다. 플랑시가 상하원 선거로 당선된 프랑스 대통령 당선자의 서한을 전달했다.[23) 그에 대해 고종은 프랑스 대통령에게 축하 친서를 보냈다.[24) 또 고종은 각종의 진귀한 물건, 의궤 8권, 『고려사』 22권을 선물로 기증했다.[25) 아울러 고종은 플랑시에게 『프랑스 역사』 7권을 요청했다. 플랑시는 고종의 환심을 얻고자 프랑스 외상에게 선물용 지급을 요청한 결과, 프랑스 대통령이 고종에게 증정하는 자기 상자 3개가 서울에 도착했다.[26)

한국은 유럽에 대한 공사 파견과 동시에 미국에 대한 공사 파견을 시도했으며 그 과정에서 1887년 7월 박정양을 주미공사에 임명했다.[27) 고종은 박정양의 미국 파견에 큰 관심을 보였다. 고종은 원세개의 반대에도 불구하고 공사 파견에 확고부동한 태도를 보였다. 고종은 청이 방해할 것을 우려하여 매일 딘스모어 미국공사에게 공사 파견에 대해 협조해줄 것을 요청했다.[28) 조병식도 딘스모어에게 국서를 전달하면서 박정양의 도미를 주선해줄 것을 요청했다.[29) 고종은 미 대통령에 보낸 국서에서 미국과의 첫 번째 조약을 체결한 것은 한·미간의 우호 관계를 증명한다고 전제하고, 한·미 간의 상업 관계를 강화하고자 박정양을 미국의 전권공사에 임명했으니 그를 신임하고 자주 면담해줄 것을 요청했다.[30) 고종은 주미공사를 통해

---

23) 『프랑스문서』 2, 1888년 6월 13일, 6~10쪽.
24) 1888년 6월 11일의 국서(문서번호 678)는 의회의 추대로 선출된 프랑스 대통령에게 보낸 고종의 축하 친서 부본이다. 1888년 9월 23일의 국서(문서번호 639)도 1887년 12월 3일 상하원의 추대로 선출된 프랑스 대통령에게 보낸 고종의 축하 친서이다.
25) 『법안 1』, No.88. 1888년 10월 17일, 35쪽; 『법안 1』, No.99. 1888년 11월 21일, 40쪽; 『법안 1』, No.401. 1892년 1월 2일, 173쪽.
26) 『법안 1』, No.30. 1888년 6월 22일, 12~13쪽; 『프랑스문서』 2, 1888년 12월 10일, 155~157쪽.
27) 『고종실록』 권24, 고종 24년 6월 29일.
28) K-A-R Ⅱ, No.53. 1887년 9월 30일, p.101.
29) 『미안 1』, No.457. 1887년 9월 16일, 316쪽.
30) K-A-R Ⅱ, No.59. 1887년 12월 27일, p.113.

미국 정부와의 직접 외교를 추구한 것이다. 한국의 전권공사 파견을 강력히 반대해온 청은 군함을 보내 박정양을 체포하려 했다. 그러나 미국 정부는 군함을 제물포에 파견하여 박정양을 영접했고, 그 결과 박정양은 미국에 갈 수 있었다.[31] 박정양은 워싱턴에 도착한 뒤 1888년 1월 15일 클리블랜드(S. G. Cleveland) 미 대통령에게 국서를 제출했다.[32]

청은 한국공사의 활동을 제약하기 위하여 외국 정부에 '영약삼단'을 준수할 것을 요청했다.[33] 그러나 외국 정부들은 고종의 언급을 기초로 청의 요구를 거부했고, 특히 러시아는 한국 사절을 환영할 준비를 하는 한편 영약삼단을 무시했다. 주일 한국공사는 청 공사의 보좌 없이 일본 국왕에게 신임장을 제출했다.[34] 주미공사 박정양은 청의 '영약삼단' 준수 요구를 거부하여 청 공사를 배제하고 미국 대통령에게 신임장을 제출하는 등 자주외교를 추구했다. 박정양은 워싱턴에 상주공사관을 개설했으며 영사관을 증설했고, 미국인 데이비스(Robert H. Davis)를 필라델피아 주재 명예 총영사에 배치시켜 외교 지역을 다변화했고, 미국 정부와 교섭하여 광산기사를 고빙했다.[35] 청은 한국 정부에 박정양의 소환을 강요하여 결국 박정양은 1888년 11월 19일 워싱턴을 떠나야 했다.[36] 한국은 박정양이 귀국한 뒤 청의 간섭으로 6년간 한동안 미국에 전권공사를 파견치 못했고, 서리공사로 만족해야 했다.

워싱턴 소재 주미 조선공사관
개국 498년(1889)

---

31) K-A-R Ⅱ, No.71. 1887년 11월 11일, p.106;『프랑스문서』3, 1889년 1월 10일, 3~6쪽.
32) 『한국근대 외교사전』, 550쪽.
33) 영약삼단은 미국 주재 한국공사는 미국 주재 청국 공사의 지휘를 따라야 한다는 것이다.
34) 『프랑스문서』 2, 1888년 7월 30일, 46~51쪽.
35) 김원모, 앞의 책, 269쪽. 주미공사관에 대해서는『한국근대 외교사전』, 562~563쪽 참고.
36) 『프랑스문서』 4, 1890년 1월 6일, 3~5쪽.

고종은 주미공사의 소환에도 불구하고 서구 열강과의 외교에 적극성을 보였다. 고종은 청·일의 침략을 받을 경우 통상조약 제1조의 거중조정조 항에 의거하여 서구 열강에 중재를 의뢰하고자 했다. 또 고종은 서구 열강 을 통해 한국의 중립화에 관한 국제협정을 체결하려는 구상을 가지고 있었 다. 고종은 그를 위하여 1890년 재차 전권공사를 파견하려 했으나 청의 반 대 및 재정부족으로 성사되지 못했다.37) 이후 고종은 1891년 6월 미국 공사 에게 미국 정부가 주도하여 스위스의 분할을 방지하는 조약을 한국에도 적 용하도록 해줄 것을 요청했다. 고종은 러·일·미가 그 협정 체결에 있어 선 두에 서고, 그 다음에는 이태리·프랑스·독일·영국·청이 가담할 것을 기대 했다.38)

박정양이 귀국하자 이하영이 1888년 11월부터 임시서리공사로 근무했다. 이하영은 뉴욕은행과 200만 불의 차관을 교섭해 성사시켰지만 미 의회의 반대로 무산됐다. 그는 미국에 군복과 군 장비를 주문했으며, 귀국한 뒤에 고종에게 철도모형을 봉정했다.39) 이하영이 귀국한 뒤 1889년 6월부터 임 시서리공사로 근무한 이완용은 특별한 외교활동을 하지는 않았다.40) 이완 용이 귀국하자 이채연이 1890년 9월부터 임시 서리공사로 근무했다. 이채 연은 대미외교의 강화를 기도하던 고종의 지시로 1891년 워싱턴에 2만 5천 불을 들여 공사관을 구입했다. 고종은 뉴욕, 필라델피아 지역의 총영사와 영사의 직무를 폐지하고 공사에게 영사직을 겸직하게 했다.41) 통리교섭통 상사무아문 독판 민종묵은 이채연에게 뉴욕, 필라델피아 영사직의 겸직을 명령했다. 또 민종묵은 명민하다고 평가한 모오스(James R. Morse)를 뉴욕 상무원으로 임명했으며, 이채연에게 그 사실을 미 국무성에 신고할 것을

37)『한영외교자료집』8, No. 3, Jordan -> MacDonald, 1897년 1월 14일, pp.245~246.
38) K-A-R Ⅱ, No.168. 1891년 6월 3일, p.250.
39) 이민식, 앞의 책, 361쪽.
40) 이민식, 앞의 책, 383쪽.
41)『고종실록』권28, 고종 28년 6월 6일.

지시했다.42) 이채연은 2년 5개월여 재직하면서 서리공사직을 의욕적으로 수행했다. 그는 통리교섭통상사무아문 독판의 교체 사실을 미 국무성과 뉴욕 상무위원에 전달했으며, 통리교섭통상사무아문에는 미 국무성과 왕복한 공문의 번역문을 보냈다. 그는 미국 정치에 큰 관심을 보여 1892년 11월 개최된 미국 대통령선거의 결과를 주시했으며, 북당(공화당)의 해리슨(B. Harrison)이 남당(민주당)의 클리블랜드를 누르고 당선됐다는 사실을 보고했다. 또 이채연은 한국 주재 미국공사였던 딘스모어가 남당 추천의 국회의원에 당선되자 축하전보를 보냈다. 한편으로 이채연은 1893년 봄 개최예정인 시카고의 콜럼비아박람회에 큰 관심을 보였다. 그는 통리교섭통상아문교섭 독판 조병직에게 각국 정부는 박람회에 대비하여 미 국무성과 교섭하고 있는데 오직 한국 정부만 하등의 지령도 없다며 조속한 지침을 요청했다.43) 그는 1893년 서울에서 반기독교 소요가 발발하자 고종의 지시로 미국 정부에 미군함의 파견을 요청했으며, 그레샴(W. Q. Gresham) 미 국무장관에게 미국인 우편고문의 파견을 요청했다.44)

이채연이 귀국하자 이승수가 서리공사로 근무했다. 고종은 1893년 3월 이승수를 변리공사에 임명한 뒤 워싱턴에서 상무를 처리할 것을 지시했다. 그러나 한국 정부는 청이 신임장에 대해 간섭하자 이승수의 변리공사직을 철회했다.45) 한편 허드 미국공사는 이승수를 면담하고 신속히 방미하여 한·미 우호에 기여하기를 요청했다. 또 허드는 조병직에게 박정양의 한국 잔류로 인한 워싱턴의 공백에 유감을 표명하고 전권공사 파견을 요청했다.46) 이승수는 1893년 6월부터 서리공사직을 수행하다가 1894년 2월 변리공사로

---

42) 『미안 1』, No.902. 1891년 7월 11일, 594쪽; 『미안 1』, No.904. 1891년 7월 11일, 595쪽.
43) 『미안 1』, No.1040. 1892년 11월 17일, 696쪽.
44) 이민식, 앞의 책, 383쪽.
45) 『미안 1』, 1893년 3월 16일, 710쪽; 『미안 1』, No.1062. 1893년 3월 16일, 709쪽;
    K-A-R Ⅱ, No.541. 1894년 3월 19일, p.116.
46) 『미안 1』, No.1069. 1893년 3월 24일, 715쪽.

승진했다. 그는 동학농민전쟁 때 일본군이 출병하자 미국 정부에 철군에 대해 거중조정해줄 것을 요청했고, 청일전쟁 때는 전쟁 난민에 대한 식료 제공 등 구호를 요구했다. 이승수는 청일전쟁이 진행 중인 1894년 8월 귀국 했다.47)

고종은 구미 각국에 공사를 파견하기 위한 사전 정지작업으로서 먼저 일 본에 전권공사를 파견하기로 결정했다. 그에 따라 고종은 1887년 민영준을 일본의 판리대신으로 임명했다.48) 민영준은 도쿄에 1개월 정도 체류하다가 귀국했고, 후임 주일공사에는 김가진이 임명됐다. 김가진은 1888년 10월부 터 1890년 1월까지 재직하면서 비교적 많은 외교활동을 보였다. 그는 귀국 한 뒤 고종에게 일본 군제가 징병제이며, 일본 육군이 정예함을 보고했다.49) 김가진은 일본에 대해 존중을 표명했으며, 서구적 방식의 발전단계를 경험 했던 일본이야말로 한국을 도울 최고 상대라 주창했다. 김가진은 한국은 일본을 모방해야 한다고 주장했다.50) 이 같은 그의 태도는 일본이 표면상 한국의 독립을 지지했기 때문으로 보인다.51) 김가진의 후임 공사인 김사철 은 3개월 정도 근무했다. 김사철은 1894년 4월 일본 군주에게 일황 혼례 25 주년을 축하하는 고종의 친서를 제출했다.52) 김사철의 뒤를 이어 고영희가 2차례 주일공사를 역임했다. 주일공사의 주요업무는 한·일간의 현안 처리, 근대제도 및 문물 도입, 유학생 관리, 불법 체류자 송환, 외교사절단 대접, 한국관련 정보의 수집 등이었다.53)

---

47) 이승수의 해임장은 청일전쟁의 혼란 탓인지 실제보다 더 늦게 미국정부에 제출 됐다. 1895년 11월 13일의 해임장 부본(문서번호 688)은 고종이 미국 대통령에게 보낸 것으로서 이승수의 공사직 해임을 알리는 내용이다.
48) 1887년 6월 13일의 신임장(문서번호 655)은 일본 군주에게 보낸 부본으로서 종2품 민영준을 일본의 변리대신으로 임명하여 도쿄에 주차케 한다는 내용이다.
49) 『고종실록』권27, 고종 27년 1월 22일.
50) K-A-R Ⅱ, No.483. 1893년 11월 20일, p.289.
51) K-A-R Ⅱ, No.89. 1890년 11월 19일, p.34.
52) 1894년 4월 25일의 국서(문서번호 728)는 고종이 김사철을 통해 일본 군주에게 보 낸 친서로서 일황 혼례 25주년을 축하하는 내용이다.

3. 청일전쟁 발발 이후 고종의 공사 파견

1) 청일전쟁 발발 직후 공사 파견

개항 직후부터 청일전쟁 직전까지 한국 외교는 사대외교와 평등권에 입각한 근대외교관계가 착종됐다. 1895년의 삼국간섭으로 한반도에서 열강의 세력균형은 구조적인 변화를 보였다. 청·일 간의 대립구도에서 러·일 간의 대립구도로 전환했다.[54]

일본은 동학농민전쟁 때 한국에 파병했으며, 청과의 전쟁을 기도했다. 주일공사 고영희는 고종에게 일본이 한국에서 전쟁을 도발할 것이라는 전보를 보냈다.[55] 고종은 일본의 침략에 있어 미국·프랑스·러시아에 크게 의지했다. 고종은 실 미국 공사에게 보호를 요청했으며, 실은 보호요청에 동의하며 긴급사태 때 고종을 보호할 것을 약속했다. 주미공사 이승수는 미 국무장관이 일본 정부의 요구에 대응하는 방안을 자문해주었다고 전보로 보고했다.[56] 고종은 곧 일본이 전쟁을 개시할 것이라 예측하고 한국 주재 구미 국가의 대표들에게 중재를 요청했다. 이에 대해 미·영·프·러 대표는 공동으로 청·일 대표에 철군을 요청했다. 그 뒤 일본군은 7월 23일 경복궁을 습격하는 등 고종을 압박했다.[57] 통리교섭통상사무아문 독판 조병직은 프랑스 대표 르페브르에게 한·일군의 경복궁 충돌에 대해 중재를 부탁했다.[58] 고종은 외국대표에게 중재를 요청했으며, 미·영·러·프 대

53) 한철호, 『한국 근대 주일한국공사의 파견과 활동』, 푸른역사, 2010, 308쪽.
54) 강상규, 앞의 책, 193쪽.
55) K-A-R Ⅱ, No.15. 1894년 6월 28일, p.333.
56) K-A-R Ⅱ, No.16. 1894년 7월, p.335; K-A-R Ⅱ, 텔레그램, 1894년 7월 8일, p.338.
57) K-A-R Ⅱ, No.15. 1894년 6월 28일, p.333; K-A-R Ⅱ, No.16. 1894년 7월, p.335; 『러시아문서 요약집』, 1894년 8월 18일, 263쪽.
58) 『법안 1』, No.558. 1894년 6월 24일, 227쪽; 『법안 1』, No.562. 1894년 7월 23일, 228쪽.

표는 철군 요청을 중재했다. 그 뒤 미·러·프 대표들이 중재의 중심 역할을 했다.[59] 그런 와중에도 고종은 프랑스 대통령의 취임에 맞춰 축하 친서를 보내는 등 프랑스와의 친교를 게을리하지 않았다.[60]

한편 한국 정부는 8월 열강 정부에 대해 청과의 종속(宗屬) 관계를 인정한 제조약을 철폐한다고 통보했다.[61] 한국은 청일전쟁을 계기로 청과의 조공관계를 종식하는 등 청으로부터 국가주권을 확보하는데 성공했다. 한국은 마침내 조공책봉체제를 탈피하고 만국평등에 입각한 근대 국제법 체제에 진입했다. 그러나 청을 축출한 일본은 한국보호국화를 시도하는 등 한국의 국권을 유린했다. 그때 러시아는 1895년 5월 독·프와 연합하여 삼국간섭을 단행했다.

고종은 삼국간섭을 인지하자 러시아가 자신을 지원하러 올 것이라 확신했다.[62] 외국 대표들은 일본이 10월 9일 을미사변을 도발하자 미 공사관에서 회의를 개최하고 고무라 일본 대표에게 훈련대를 궁궐에서 축출하고 군부대신을 면직시킬 것을 제의했다. 알렌 미국 대리공사는 베베르 러시아공사, 르페브르 프랑스 대표와 매일 고종을 방문했다.[63] 그 과정에서 고종은 구미 국가들과의 외교를 강화하고자 했다. 고종은 1895년 3월 25일 외교관·공사관 제도를 칙령으로 반포했다.[64] 이후 고종은 1895년 10월 의화군을 독일, 영국, 러시아, 이태리, 프랑스, 오스트리아의 특명전권공사로 임명했다.[65]

---

59) K-A-R Ⅱ, No.33. 1894년 7월 24일, p.338; K-A-R Ⅱ, No.107. 1895년 4월 17일, p.354.

60) 1894년 10월 11일의 국서(문서번호 622)는 까시밀뻬리에 프랑스 대통령의 취임에 맞춰 고종이 보낸 축하 친서이다. 1895년 5월 3일 국서(문서번호 613)는 프랑스 대통령의 양위에 맞춰 고종이 보낸 친서부본이다.

61) 『법안 1』, No.567. 1894년 8월 15일, 230쪽.

62) K-A-R Ⅱ, No.94. 1895년 3월 1일, p.352.

63) 국사편찬위원회 역, 『프랑스문서』 7, 2008(이하 『프랑스문서』 7로 약칭), 1895년 11월 1일, 77쪽; K-A-R Ⅱ, No.160. 1895년 10월 17일, p.365.

64) 『한말근대법령자료집』 1, 208~210쪽.

65) 『러시아문서 요약집』, 1895년 10월 19일, 180쪽.

한편 고종은 미국 주재 대표를 특명전권공사로 승격시키고, 1895년 12월 12일 서광범을 미국 주재 특명전권공사로 임명했다.[66] 서광범은 1896년 2월 19일 미국 대통령에게 신임장을 제출했지만 3달여 만에 교체됨으로써 별다른 외교활동을 하지 못했다.[67] 그의 주요 활동은 도미한 재일 유학생을 지원하여 미국, 영국 대학에서 수학하게 한 것이었다. 서광범의 후임자는 그와 정치적 경쟁관계에 있던 이범진이었다. 이범진은 일본의 압력과 러시아의 수용, 미국의 권고 등으로 미국 주재 특명전권공사로 파견됐다. 이범진은 1896년 6월 21일 특명전권공사로 임명됐다.[68] 그는 7월 중순 한국을 떠나서 9월 10일 워싱턴에 도착한 뒤 10월 14일 클리블랜드 미대통령에게 국서를 제출했다. 그는 미대통령을 1898년 1월까지 5번 면담했지만 행사에 따른 의례적인 것이어서 한미관계에 대해 특별히 논의한 것은 없었다. 그는 우정장관과 재무장관을 만났으며 재무부를 방문해 미국예산제도를 탐구했다. 그는 열악한 재정 문제로 인해 미국에 주재하는 다른 국가의 공사들과의 외교 접견을 기피했다. 그것은 다양한 외교활동을 전개하는 데에 큰 제약 요인이었다. 이범진은 재직하는 4년간 인삼 행상의 지원에 주력했다.[69] 그는 1896년 11월 미대통령 선거를 지켜보았으며, 미국의 의사당과 고등재판소를 방문하였다. 그는 철도, 전국, 병기, 군함 등의 정교함을 열거하며 미국 문명을 극찬했다. 그는 벨기에 같은 소국도 독립을 유지하고 있다고 지적하며 한국도 부단히 개화에 노력하면 미국 같은 부강국이 될 수 있다

---

66) 1895년 11월 13일의 신임장(문서번호 668)은 고종이 미국 대통령에게 보낸 것으로서 종1품 서광범을 특명전권공사로 임명하여 미국 수도에 주차시켜 교섭을 담당하게 한다는 내용이다.

67) 1896년 7월 16일의 해임장(문서번호 691)은 고종이 미국 대통령에게 보낸 것으로서 특명전권공사 서광범의 해임을 알리는 내용이다.

68) 1896년 7월 16일의 신임장(문서번호 633)은 고종이 미국 대통령에게 보낸 것으로서 규장원경 이범진을 특명전권공사로 임명하여 미국 수도에 주차시켜 교섭을 담당하게 한다는 내용이다.

69) 방선주, 앞의 글, 440~450쪽.

고 인식했다.[70] 그러나 이범진은 산업 분야에서만 미국의 방식을 지지했을 뿐 타 분야는 유럽과 미국의 방식을 절충하는 방안을 지지했다.[71]

서
광
범

이
범
진

2) 아관파천 직후 공사 파견

고종은 1896년 2월 11일 아관파천을 단행하여 친일 내각을 붕괴시켰다. 고종은 아관파천 뒤 외국 대표들에 더욱 의지했으며, 그에 따라 명례궁에서 중요 의식을 거행할 때는 러·미·독·영·프 대표에게 시위해줄 것을 부탁하는 한편 러·미·프·독 등에 이권을 허여했다.[72] 고종은 1896년 3월 궁내부특진관 민영환을 특명전권공사로 임명한 뒤 러시아에 파견하여 6월 러시아에 200명의 군사교관을 한국에 파견시켜 줄 것을 제의하게 했다. 그 결과 10월 러시아 교관단이 한국에 왔다. 민영환은 1896년 10월 21일 러시

---

70) 김철웅, 앞의 글, 204~213쪽.

71) 게일(Gale)은 이범진이 1898년 3월 3일 한국에 필요한 10가지 개혁안을 자신에게 밝혔다고 기록했다. 당시 게일이 주미 한국공사였던 이범진을 워싱턴에서 만난 것으로 추정된다. 이에 대해서는 김영수, 한국역사연구회의 2010년 8월 20일의 발제문 참조.

72) 『프랑스문서』 7, 1896년 9월 5일, 224~225쪽; 『프랑스문서』 7, 1896년 9월 22일, 231쪽.

아황제 대관식에 특명전권공사로 참석 후 귀국하였다.

고영희의 후임인 이하영은 1896년 3월부터 3차례 주일공사로 임명됐으며, 실제 근무한 것은 3차례였다.[73] 이하영은 일본에 체류 중인 망명자들로 인해 곤욕을 치렀다. 박영효는 고종의 둘째 아들인 의화군을 국왕에 추대한 뒤 자신이 정국을 주도하려 했다. 의화군과 함께 국왕 후보로 거명되던 이준용 역시 대원군이 보내주는 자금을 이용하여 유학생 포섭을 추진하였기 때문에 한국 정부를 긴장시키고 있었다. 고종은 일본 정부가 의화군·박영효를 귀국시켜 내각을 개혁할 것이라는 풍설을 입수하고 크게 당황했다.[74] 그 과정에서 1897년 3월 초 일본 신문은 한국 정부가 이하영에게 일본 정부와 망명자 송환에 대해 교섭을 지시했다고 보도했다. 그러나 이하영은 이 사실을 부인했다.[75] 이하영은 귀국한지 오랜 시일이 지난 1902년경에도 유길준의 쿠데타 연루설로 곤욕을 치렀다. 그에 따라 그는 주일공사직 부임을 기피한 것으로 여겨진다.

고종은 1897년 2월 20일 외국 공사관이 모여 있는 정동에 소재한 경운궁으로 환궁을 결정했다. 고종은 환궁을 단행할 무렵인 1897년 1월 민영환을 영국·독일·프랑스·러시아·이태리·오스트리아의 특명전권공사에 임명했다. 이 같은 고종의 시도는 1880년대 이래 유럽과의 직접적인 관계를 맺으려는 의지의 연장선상에 있는 것이었다.[76] 일본 정부는 환궁 직후인 2월 24일 베베르-고무라 각서

경운궁(덕수궁)

73) 1897년 1월 22일의 국서(문서번호 620)는 고종이 전권공사 이하영을 특명전권대사로 임명하여 일본 황실의 의식에 참석하게 한다는 내용이다.
74) 『일사기록』11, 보고제5호, 1896년 7월 18일, 72쪽.
75) 『한영외교자료집』8, No.45. 1897년 3월 4일, pp.277~278.
76) 『한영외교자료집』8, No.33. 1897년 1월 14일, p.245.

및 로바노프-야마가타 의정서를 공개했다. 한국정부는 비밀리에 체결된 이 협정들이 한국의 주권을 유린하는 내용을 포함하고 있음을 인지하고 경악하였다.[77] 일본 정부가 러시아와의 비공개 약속을 지키지 않고 협정의 내용을 공개한 것은 러시아 군사교관이 내한하는 등 증대되고 있던 러시아의 한국에 대한 영향력을 약화시키려는 의도가 숨어 있었다. 고종은 러·일이 한국 정부와 협의 없이 비밀리에 협정들을 체결했음을 인지하고 경악하였다. 한국 정부는 일본 정부에 대해 한국이 관련되어 있는데도 한국 정부가 참여하지 않은 협정은 인정할 수 없다고 통보하는 한편 러시아가 일본과 합의한 것에 큰 배신감을 가졌다.[78] 고종은 일련의 러·일간 협정들이 한국의 주권을 침해하고 있음을 인식했고, 이에 따라 영국·프랑스·미국·독일 등에 거중조정을 요청했다. 고종은 미국과 영국의 외교 사절에 중재를 의뢰했고, 프랑스 공사관에도 육군이나 해군의 소부대의 주둔을 제의했다. 그 과정에서 영국 총영사관은 해군을 동원하여 총영사관을 수비하게 했고, 미국도 제물포에 군함 한척을 파견했다.[79] 한편 영국 정부는 러·일만이 한국에 군대를 주둔할 권리가 있다는 것을 인정하지 않았다. 그에 따라 영국은 서울에 해군경비대를 파견했고, 특명전권공사 맥도널드(Claude MacDonald)를 서둘러 서울에 보냈다. 영국은 러·일간의 합의를 무용지물로 만들려는 의도를 드러낸 것이다. 고종은 이 같은 영국의 시도를 수용하고, 빅토리아 여왕 즉위 60주년 기념행사에 민영환을 대사 자격으로 파견했다.[80] 동시에 고종은 민영환에게 프랑스 대통령, 독일 황제, 이탈리아 군주

---

77) 『한영외교자료집』, No. 25, 1897년 3월 10일, pp.290~291; 한국교회사연구소 역, 1993, 『뮈텔 주교 일기』Ⅱ, 1897년 3월 4일, 151쪽.
78) 『프랑스문서』8, 1897년 3월 13일, 27쪽.
79) 『뮈텔 주교 일기』Ⅱ, 1897년 4월 2일, 156~159쪽; 같은 책, 1897년 4월 12일, 169~170쪽.
80) 『프랑스문서』8, 1897년 3월 14일, 28~29쪽; 『프랑스문서』8, 1897년 5월 6일, 51쪽. 1897년 3월의 친서(문서번호 643)는 고종이 영국 군주에게 보낸 것으로서 특명전권공사 민영환을 대사로 임명하여 빅토리아 영국 여왕의 즉위 60년을 축하한다는 내용이다. 1897년 3월의 신임장(문서번호 672)은 고종이 영국 군주에게 보낸

를 알현하고 신임장을 제출하도록 명령했다.[81]

특명전권공사 민영환은 1897년 3월 24일 인천을 떠났다. 고종은 민영환을 러시아에 상주시키려 했다. 민영환은 공사관 직원으로 민상호, 민영찬 등을 대동하고 5월 페테르부르그에 도착했다. 민영환은 곧 런던으로 출발하며 페테르부르그 주재 미국공사에게 공사 업무를 위탁했다.[82] 고종은 민영환이 출발한 직후 주한 프랑스대표 플랑시를 통해 민영환에게 프랑스·독일·영국과 협의하여 한국의 독립을 국제적으로 보장하는 내용의 협정을 체결하라고 지시했다. 민영환은 6월 5일 런던에 도착했다. 그런데 영국은 '조러밀약'과 관련, 고종의 국서와 친서 수령을 거부했다. 그 뒤 민영환은 프랑스·독일과 밀약 교섭을 하지 않았다.[83] 한편으로 프랑스 외무성은 한국의 요청을 외면하라는 플랑시의 건의를 수용하였다. 또 민영환도 사명을 포기하고 미국으로 도피하였으므로 고종의 계획은 무산되었다.[84] 그에 고

것으로서 민영환을 특명전권공사로 임명하여 영국 수도에 주차시켜 교섭을 담당하게 한다는 내용이다.

81) 1897년 3월 22일의 신임장(문서번호 653)은 고종이 프랑스 대통령에게 보낸 것으로서 민영환을 특명전권공사로 임명하여 프랑스 수도에 주차시켜 교섭을 담당하게 한다는 내용이다. 1897년 3월의 신임장(문서번호 665)은 고종이 프랑스 대통령에게 보낸 것으로서 민영환을 특명전권공사로 임명하여 프랑스 수도에 주차시켜 교섭을 담당하게 한다는 내용이다. 1897년 3월 22일의 신임장(문서번호 638)은 고종이 독일 황제 겸 프로이센 군주에게 보낸 것으로서 민영환을 특명전권공사로 임명하여 독일 및 프로이센 수도에 주차시켜 교섭을 담당하게 한다는 내용이다. 1897년 3월의 신임장(문서번호 670)은 고종이 이탈리아 군주에게 보낸 것으로서 민영환을 특명전권공사로 임명하여 이탈리아 수도에 주차시켜 교섭을 담당하게 한다는 내용이다. 1897년 3월 22일의 신임장(문서번호 632)은 고종이 이탈리아 군주에게 보낸 것으로서 군부대신 민영환을 특명전권공사로 임명하여 이탈리아 수도에 주차시켜 교섭을 담당하게 한다는 내용이다.

82) 『러시아문서 요약집』, 1897년 4월 3일, 161쪽; 『러시아문서 요약집』, 1897년 4월 28일, 161쪽.

83) 『한영외교자료집』 8, No.108. 1897년 8월 3일, pp.342~343; 김원모, 「한국의 영국 축하사절단 파견과 한·영 외교관계」, 『동양학』 32, 단국대학교 동양학연구소, 2002, 101~103쪽.

84) 『뮈텔 주교 일기』 II, 1897년 7월 23일, 193쪽; 『한영외교자료집』 8, No.108. 1897년

종은 특명전권공사 민영환을 해임했고,[85] 민영환의 후임으로 민영익을 9월 영국·독일·러시아·이태리·프랑스·오스트리아 전권공사로 임명했다.[86] 그러나 민영익은 유럽에의 부임을 기피했다.[87] 이상과 같은 고종의 외교는 통상조약 제1조에 명문화된 거중조정 조항을 통해 유사시 열강들의 지원을 받으려 한 것이었다.

3) 대한제국 수립 직후 공사 파견

고종은 1897년 10월 자주독립을 내외적으로 천명할 목적으로 칭제를 단행하고, 대한제국이라는 국호를 제정했다. 그 무렵 국제관계는 공법에 의거하여 이루어졌다. 국가는 군주의 이름으로 대표됐고, 일단 국가로 승인을 받으면 국권을 유지할 수 있었다. 그러므로 군주권을 공고히 하는 것이 국가적 과제라 할 수 있었다. 1899년 8월 고종이 대한국국제를 반포한 것은

8월 3일, pp.342~343; 장 끌로드 알랭, 「고종재위기간의 한불관계」, 『한불외교사(1886~1986)』, 평민사, 1987, 93~94쪽; 『한국근대 외교사전』, 211쪽.

85) 1897년 9월 21일의 해임장(문서번호 687)은 고종이 영국 군주에게 보낸 것으로서 특명전권공사 민영환의 해임을 알리는 내용이다. 1899년 11월 1일의 해임장(문서번호 682)은 고종이 러시아 황제에게 보낸 것으로서 특명전권공사 민영환의 해임을 알리는 내용이다.

86) 1897년 9월 21일의 신임장(문서번호 664)은 고종이 프랑스 대통령에게 보낸 것으로서 민영익을 특명전권공사로 임명하여 프랑스 수도에 주차시켜 교섭을 담당하게 한다는 내용이다. 1897년 9월 21일의 신임장(문서번호 662)은 고종이 오스트리아 황제 겸 보헤미아 군주·헝가리 전교군주에게 보낸 것으로서 종1품 민영익을 특명전권공사로 임명하여 오스트리아 및 보헤미아와 헝가리 수도에 주차시켜 교섭을 담당하게 한다는 내용이다. 1897년 9월 21일의 신임장(문서번호 663)은 고종이 독일 황제 겸 프로이센 군주에게 보낸 것으로서 민영익을 특명전권공사로 임명하여 독일 및 프로이센 수도에 주차시켜 교섭을 담당하게 한다는 내용이다. 1897년 9월 21일의 신임장(문서번호 671)은 고종이 이탈리아 군주에게 보낸 것으로서 민영익을 특명전권공사로 임명하여 이탈리아 수도에 주차시켜 교섭을 담당하게 한다는 내용이다.

87) 『英案 1』 No.1257, 광무 원년 9월 22일; 『英案 1』 No.1365, 광무 2년 5월 24일; 『한영외교자료집』 9, No.115. 1898년 6월 1일, p.81.

바로 그 같은 인식에서 나온 것이었다.[88]

고종은 대한제국의 외교를 주관하였다. 고종은 외압으로부터 국가를 보호하기 위해 중립화를 염원해 왔다.[89] 고종은 외국어에 능통한 측근을 통해 직접 외국사절과 접촉하는 한편 정세의 변동에 대응하면서 외국에 특사를 파견했고, 그 결과 외부대신은 외교에 거의 영향력을 행사하지 못하는 형식적인 존재로 전락했다.[90]

고종은 국권을 유지하기 위하여 한반도에 세력을 가지고 있는 열강이 서로 견제하게 하는 전략을 구사했다.[91] 고종은 주요 열강의 주권자에게 훈장을 보내거나 국서를 발송하는 방식으로 열강의 한국에 대한 관심을 이끌어내려 했다.[92] 고종은 유럽 열강이 칭제를 승인하자 더욱 유럽국가에 대한 사절단 파견을 열망했다.[93]

영국 정부는 1897년 10월 하순 한국 정부에 향후 한국에서의 일체의 교섭 사무는 조던(J. N. Jordan) 총영사가 책임을 지고 처리할 것이라고 통보했고, 1898년 3월에는 조던을 총영사에서 대리공사로 승진시켰다.[94] 이 같은 영국 정부의 조치는 영·일 공조를 강화하려 한 일본 정부의 강력한 요청이 작용한 결과였다.[95] 영국이 일본의 요구를 수용한 것은 한반도문제에 있어 일본과 행동을 같이 하고자 결정했음을 의미한다. 고종은 조던이 총영사에서 공사로 승진한 데 대해 크게 만족을 표명하고[96], 영국에 전권공

---

88) 강상규, 앞의 책, 201쪽.
89) K-A-R Ⅲ, No.284. 1900년 10월 2일. pp.69~70.
90) 『일사기록』, 기밀제53호, 1901년 5월 22일, 49쪽.
91) 『한영외교자료집』 13, No.10, 1903년 11월 23일, p.192.
92) 1899년 10월 30일의 국서(문서번호 617)는 고종이 프랑스 대통령의 취임을 축하하는 내용이다.
93) 『한영외교자료집』 9, No.1, 1898년 1월 2일, p.14.
94) 『일사기록』 11, No.5. 1897년 10월 31일, 186; 『英案 1』, No.1333, 光武 2년 3월 10일.
95) 『일사기록』 12, 기밀제12호, 1898년 3월 16일, 405~406쪽; 『한영외교자료집』 9, 1897년 11월 13일, p.366.
96) 『한영외교자료집』 9, No.85. 1898년 3월 10일, p.53.

사를 파견하는 등 영국에 대한 외교를 강화했다. 고종은 5월 성기운을 영
국·독일·이태리 전권공사로 임명했다. 그러나 성기운은 여러 가지 사정
으로 부임하지 않았다.[97] 한편 러시아는 1898년 4월 25일 일본과 러·일의
한국 내정에의 불간섭, 군사교관과 재정고문의 한국 파견 시 상호 협의, 일
본의 한국 내 상공업 발전을 인정하다는 내용의 로젠-니시 협정을 체결하였
다. 이 협정은 러시아가 일본의 한국 내 특수 이익을 처음으로 인정한 것이
었다. 로젠-니시협정 발표와 러시아 군사교관단의 철수는 러시아의 한국
내 영향력을 크게 약화시켰다. 그런 가운데 한국에 주둔중인 2개 중대의 일
본군은 고종에게 큰 위협을 주었다.[98]

　고종은 일본 정부의 망명자 비호에 의구심을 가졌다. 고종은 러시아를
경원시하던 태도에서 벗어나 우호 제스처를 보였다. 고종은 독립협회운동
이 격화하자 러시아의 도움을 요청하였고, 러시아은행으로부터 차관 도입
을 원하여 러시아에 차관 도입을 의뢰하기도 했다.[99] 그 과정에서 고종은
1899년 3월 15일 신임하던 이범진을 특명전권공사로 임명하여 러시아와의
외교를 강화하고자 했다. 고종은 11월 이범진에게 신임장을 주고 러시아 황
제에게 제출하도록 명령했다.[100] 이범진은 1900년 7월 3일 페테르부르그에
도착한 뒤 13일 니콜라이 2세에게 국서를 제출했다.[101]

───────────────

97)『英案 1』No.1257, 광무 원년 9월 22일; 같은 책, No.1365, 광무 2년 5월 24일;『한
　　영외교자료집』9, No.115. 1898년 6월 1일, p.81.
98)『러시아문서 요약집』, 1898년 11월 14일, 141쪽.
99)『러시아문서 요약집』, 1899년 1월 30일; 같은 책, 1899년 2월 2일, 17쪽; 같은 책,
　　1899년 1월 31일, 235쪽; 같은 책, 1899년 2월 5일, 236쪽.
100) 1899년 11월 1일의 신임장(문서번호 673)은 고종이 오스트리아 황제 겸 보헤미
　　아 군주·헝가리 전교군주에게 보낸 것으로서 이범진을 특명전권공사로 임명하
　　여 오스트리아 및 보헤미아와 헝가리 수도에 주차시켜 교섭을 담당하게 한다는
　　내용이다. 1899년 11월 1일의 신임장(문서번호 674)은 고종이 러시아 황제에게
　　보낸 것으로서 종1품 이범진을 특명전권공사로 임명하여 러시아 수도에 주차시
　　켜 교섭을 담당하게 한다는 내용이다.
101)『한국근대 외교사전』, 546쪽.

한편 고종은 주일공사 이하영에게 일본의 군비 상황과 망명자의 동향을 적극 탐지하게 했다. 이하영은 1897년 12월 고종에게 러·일간의 갈등이 발생할 경우 청일전쟁 때보다 더 나쁜 상황이 될 것이라는 내용의 전보를 보내 고종의 경계심을 고조시켰다.[102] 이후 이하영은 고종에게 일본 육군이 12사단으로 증설될 예정이며 일본 해군이 군함 2척을 이태리에서 1척당 1200만원에 구입했다는 것을 보고했다.[103] 한편 이하영은 본국 정부의 망명자의 인도를 요구하는 각서를 적극 만류하는 등 신념이 달랐다.[104] 그러므로 이하영은 주일공사 부임을 기피한 것으로 여겨진다. 고종은 망명자와 일본 정부의 관계 탐지, 고영근 등의 체포를 목표로 일본에 파견했던 하상기를 서임하려 했지만 일본의 반대로 이하영이 1899년 5월 재임명되었다.[105] 이하영은 1900년 5월 권형진이 귀국하기 위하여 일본을 출발했다는 전보를 고종에게 전달했다.[106] 한국 정부는 일본의 비호로 귀국한 망명자 안경수·권형진을 전격 처형했다. 고종은 망명자의 송환을 추진했고, 이에 따라 이하영은 일본 정부에 이준용·조희연·유길준·이두황·권동진·조희문 등의 인도를 요구하였다. 그러나 일본은 정치상 범죄이고 정치상 이외의 범죄라도 한일 양국 간에는 범죄인 인도협약이 없다는 이유로 거부하였다.[107] 한편으로 고종은 일본 황실과의 친교를 강화하고자 노력했다. 고종은 일본 황태자의 혼인을 인지하자 이하영에게 이화대훈장 및 선물을 증정한다는 친서를 제출하도록 했다.[108]

---

102) K-A-R Ⅲ, No.48, 1897년 12월 20일, p.40.

103) 『日省錄』 권35, 광무 3년 1월 9일.

104) 『韓國近代史에 對한 資料』 No.50. 1900년 7월 16일, 433쪽.

105) 『일사기록』 13, 1899년 7월 27일, 323쪽.

106) 『일사기록』 13, 往76號, 1900년 5월 7일, 468쪽.

107) 『일사기록』 8, 기밀송제33호, 1900년 6월 28일, 207쪽;『日本外交文書』 권33, 1900년 6월 22일, 191쪽; 같은 책, 1900년 6월 26일, 103쪽.

108) 1900년의 국서(문서번호 628)는 고종이 특명전권공사 이하영에게 일본 황태자의 혼인을 맞이하여 이화대훈장, 선물을 증정하게 한다는 친서 초본이다.

4. 러일의 개전위기와 공사 파견

1) 의화단사건 직후의 공사 파견

청의 의화단은 1900년 4월 수도인 북경에 진입하는 등 급속히 세력을 확장했다. 러시아·영국·일본·프랑스·독일·미국·오스트리아·이태리 등 8개국은 중국 내 자국민 보호를 명분으로 연합군을 조직하여 천진, 북경으로 진격했다. 그에 대항하여 청 정부는 6월 21일 연합군에 선전포고했다.[109] 이 사태는 동북아정세를 급변시키는 결과를 초래하였고, 한국에도 심대한 영향을 주었다.

그 무렵 한국에서는 러시아·일본에 의한 한국분할설이 유포됐다.[110] 고종은 외부대신 박제순을 주한 일본공사관에 보내 러·일간에 새로운 협상이 진행되었는가를 문의하게 할 정도로 경계심을 가졌다.[111] 고종은 의화단사건이 한국의 운명에 중대한 영향을 줄 것이라고 우려했다. 이에 고종은 알렌 미국공사에게 러시아가 만주를 점령할 경우 러·일간의 대립이 격화되지 않을지를 문의하는 한편 일본의 대한정책을 탐지하고자 현영운을 외부대신과 주일공사에게도 알리지 않고 도일시켰다.[112] 한편 일본 정부는 한국의 군사권을 일본이 보유하는 내용의 한일국방동맹을 추진했다. 일본

---

109) 『한국근대 외교사전』, 416쪽.

110) 『皇城新聞』 1900년 8월 8일, 〈雜報〉. 야마가타 수상은 『皇城新聞』의 보도와는 달리 한국분할론을 수용하는 입장이었다. 그러나 한국을 일본의 세력권으로 설정하려는 아오키 외상은 한국분할을 강력히 반대하여 이를 저지시켰다. 河村一夫, 1973, 「近衛篤麿 '朝鮮問題に關する特別日誌' を讀みて」, 『朝鮮學報』 제69집, 朝鮮學會.

111) 『皇城新聞』 1900년 8월 30일 〈雜報〉; 『일사기록』 14, 기밀제370호, 1900년 8월 6일, 370쪽.

112) K-A-R Ⅲ, No.275. 1900년 8월 31일, pp.81~82; 『일사기록』 14, 기밀제49호, 1900년 6월 28일, 350~351쪽.

정부가 한일국방동맹에 관심을 둔 것은 청일전쟁 당시와 같은 공수동맹을 체결하여 한국을 실질적으로 지배하려는 의도였다. 일본 정부는 주한일본공사를 통해 고종에게 도쿄에서 외교사절들이 극동문제를 협의할 예정인데, 영국·일본이 한국의 독립과 중립을 보장하는 국제적 약속을 후원할 것이라고 언급하면서 고급 관료를 파견할 것을 요청했다.113) 일본 정부는 고종이 소망하는 한국의 중립화를 명분으로 내걸면서 특사 파견을 유도한 것이다.

고종은 전 주일공사 이하영이 일본이 한국에 대군을 파병할 것이라고 보고하자 이를 확인하기 위해 과거 주일공사였던 김가진, 고영희, 이하영과 민영환을 후보자로 검토한 끝에 조병식을 선임하였다. 이 무렵 한·일간의 최대 현안은 반체제세력인 망명자 문제였다. 일본은 계속되는 한국의 망명자 송환 요구를 거부해왔다. 일본 정부는 국제법을 구실로 망명자 인도를 거부했지만 그 진정한 이유는 망명자들을 대한정책에 이용하기 위해서였다. 고종은 1900년 8월 7일 조병식을 특명전권공사로 임명했다.114) 고종은 조병식에게 일본과의 교제 긴밀, 이준용 등 망명자들의 거동 감시, 일본 정황의 시찰 등을 당부하는 한편 일본 정부와 망명자 인도협정을 체결할 것을 지시하였다.115) 또 고종은 한국 독립에 관한 국제 보장에 대해 일본 주재 외교사절들과 협의하여 이들로 하여금 한국 중립에 대한 국제적 협정을 본국 정부에 제의하게 하도록 할 것을 지시했다.116) 도일한 조병식은 8월 29일 아오키 외상에게 한국을 스위스·벨기에와 같이 중립화하는 데 동의

---

113) K-A-R Ⅲ, No.275. 1900년 8월 31일, p.82.

114) 1900년 8월 17일의 신임장(문서번호 651)은 고종이 탁지부대신 조병식을 특명전권공사로 임명한 뒤 도쿄에 주차시킨다는 것을 일본 황제에게 알리는 내용이다.

115) 『한영외교자료집』9, NO. 108, Gubbins→Salisbury, 1900년 11월 3일, p.328.; 『일사기록』14, 기밀제80호, 1900년 8월 20일, 372쪽.

116) K-A-R Ⅲ, No.272, 1900년 8월 23일, pp.62~63; ibid., No.275, 1900년 8월 31일, pp.81~83.

해 줄 것을 요청했다. 그러나 청목은 스위스·벨기에가 중립을 유지할만한 국력을 갖추고 있다고 지적한 뒤 한국은 이러한 조건을 충족시키지 못하고 있다고 주장하며 조병식의 제의를 거부했다.[117] 이후 조병식은 주일 미국 공사 버크(Buck)에게 미국 정부가 열강과 협력해서 한국의 독립과 중립에 대한 국제적인 보장을 확보하는 데에 노력해줄 것을 요청했으나 실효를 거두지 못했다.[118] 미국 정부는 한국문제에 대해 철저히 불개입원칙을 고수했다. 셔먼(J. Sherman) 미 국무장관은 1897년 11월 알렌 주한공사에게 미국은 한국에 대해 절대적으로 중립적 태도를 유지해야 한다고 훈령을 내렸다. 또 셔먼은 미국이 한국의 국가 운명에 관계되는 문제에 대해 상담역을 맡지 않을 것이며, 또 한국과 어떠한 종류의 보호동맹도 맺지 않을 것을 명언했다.[119] 조병식은 일본 정부를 설득하여 한국중립화를 관계국가에 제의하고, 일본 정부와 망명자 인도협정을 체결한다는 두 가지 사명 중 어느 하나도 완수하지 못한 채 10월 23일 귀국했다.[120]

조병식은 체일 기간 중 일본의 군사력 수준을 탐문했다. 귀국한 조병식은 일본 군병의 정예여부를 묻는 고종의 질문에 대해 일본의 갑병과 물화는 심히 강성하다고 보고했다. 또 조병식은 일본 육군의 기예 수준을 묻는 고종의 질문에 대해 매우 조련이 잘되고 숙달되어 있다고 보고했다.[121] 그밖에 조병식은 학비 부족으로 도일 유학생을 소환할 것을 건의했다. 고종은 11월 일본 국왕에게 특명전권공사 조병식의 해임을 통보했고[122], 의정

117) 『한영외교자료집』 9, No.159, 1900년 9월 18일, p.312.
118) K-A-R Ⅲ, No.284, 1900년 10월 2일, pp.69~70; ibid., No.479. 1900년 10월 1일, pp.71~72; 具永祿·裵永洙 編, 『韓美關係(1882~1982)』, 서울대학교 미국학연구소, 1982, 1900년 10월 3일.
119) 『韓美關係』, 1897년 11월 19일.
120) 『한영외교자료집』 9, N0.108, 1900년 11월 3일, p.328.
121) 『承政院日記』 광무 4년 10월 24일.
122) 1900년 11월 24일의 해임장(문서번호 681)은 고종이 일본 황제에게 특명전권공사 조병식의 해임을 알리는 내용이다.

부 참찬 성기운을 특명전권공사로 임명하여 도쿄에 주차하게 했다.[123]

고종은 외부대신과 평리원재판장 등에게 한·일 양국 간에 범죄인 인도 협약 체결을 일본정부와 교섭할 것을 지시하는 한편[124], 새로 임명한 주일 공사 성기운에게 일본정부와 망명자 문제를 교섭하도록 지시했다. 성기운 은 이토 히로부미 수상에게 망명자 중 요인 4명을 인도하거나 그것이 어려 울 경우에는 한국정부가 비용을 부담하는 조건으로 국외 이주시킬 것을 제 의했다. 그러나 이토는 이를 거부했고, 망명자들을 일본 벽지에 추방하자는 제안도 거부했다.[125] 한편 성기운은 고종의 지시로 주한 공사 하야시의 장 래를 탐문했고, 일본 주재 미국·러시아·프랑스공사와 접촉했다.[126] 성기 운은 귀국한 뒤 일본 육해군영과 각처 포대제도를 묻는 고종의 질문에 대 해 육해군영은 보지 못했으나 포대는 정교하며 견고하다고 보고했다.[127] 고종은 주일공사들의 보고로 일본의 군사교육을 높이 평가하게 됐다.[128]

한편 주일공사직은 조병식과 성기운이 잠시 주차한 것 외에는 1901년 4 월부터 1903년 2월까지 장기간 공석 상태였다. 당시 한국은 러시아·미국은 물론 영국·프랑스·독일 등지에 상주공사를 파견하고 있었다. 심지어 청 국에는 전직 외부대신인 박제순을 공사로 파견했다. 이 때문에 주한일본공 사는 고종에게 시급히 일본에도 상주공사를 파견할 것을 촉구하기도 했 다.[129] 이 무렵 해외 공사로 나간 사람은 주재국의 위세를 배경으로 한국의 중앙정계에서 세력을 떨칠 수 있었다. 그러나 주일공사직은 공사에 내정된

---

123) 11월 24일의 신임장(문서번호 679)은 고종이 일본 황제에게 의정부 참찬 성기운 을 특명전권공사로 임명하여 도쿄에 주차하게 한다는 내용이다.

124) 『일사기록』 14, 기밀제108호, 1900년 11월 6일, 398쪽.

125) 『東京朝日新聞』 1901년 1월 7일, 〈朝鮮公使卜首相ノ會見〉.

126) 『일사기록』 16, 기밀제9호, 1901년 1월 18일, 295쪽;『東京朝日新聞』 1901년 1월 23일.

127) 『承政院日記』 광무 5년 4월 4일.

128) 『일사기록』 11, 기밀제27호, 〈別紙 甲號〉, 1897년 5월 20일, 264쪽.

129) 『일사기록』 14, 〈上奏文〉, 282쪽; 김원모 편, 『근대한국외교사연표』(단국대학교 출판부, 1984), 181쪽.

인물들이 망명자와의 연루설에 휩싸일 것을 우려하여 기피하는 대상이었다. 성기운 후임으로 주일공사에 임명된 이용태도 부임을 기피했다.[130] 부임 기피 현상으로 일본에 공사관이 개설된 18년 동안 실제 주일공사가 파견된 것은 1/3인 6년 9개월에 불과했다. 주일공사들은 전문적 외교력을 갖춘 사람이 드물었고, 특사의 방식으로 파견된 이들도 있었다. 게다가 재정 부족으로 기본적인 업무를 처리하기도 곤란했다.[131] 고종은 첩보원을 일본에 보내 일본의 동향을 파악했지만[132], 일본이 한국의 대외정책에서 큰 비중을 차지한 점을 고려할 때 주일공사직의 공석은 일본의 대외정책을 면밀히 파악하는 데 있어 한계로 작용했다.

러시아의 극동정책과 관련하여 제국주의 열강 사이에는 첨예한 대립이 계속되고 있었다. 그리고 이와 같은 동북아정세는 한국정부로 하여금 더욱 중립화의 필요성을 절감하게 하는 요인으로 작용했다. 러시아는 1900년 의화단사건을 계기로 대군을 파견하여 만주를 점령하였고, 의화단사건이 진정되었음에도 불구하고 청과 비밀조약을 체결하여 만주를 지배하려 했다. 이에 대항하여 1901년 3월 일본이 러시아와의 전쟁을 불사하는 등 전쟁 발발의 위험성이 증대되었다.[133] 고종은 의화단사건을 통해 일본의 군사력을 명확히 인식하게 되었고, 이에 따라 러일전쟁의 가능성까지도 상정한 것으로 생각된다. 한반도는 지정학적 위치상 러·일간의 전쟁이 발발할 경우 군사적 통로가 될 가능성이 많았다. 따라서 한국은 영세중립국이 되어야 전쟁이 발발하더라도 전장화를 회피할 수 있고 국가의 안전을 보장받을 수 있었다. 문제는 열강이 이를 승인할 것인가 또는 러·일이 이를 수용할 것인가의 여부였다. 그런데 종래 한국은 상대정부와의 직접 교섭보다는 특사

---

130) 『일사기록』 18, 1902년 10월 31일, 57쪽.
131) 한철호, 앞의 책, 292~308쪽.
132) 『러시아문서 요약집』, 1903년 10월 4일, 610쪽.
133) 崔文衡, 앞의 책, 279~298쪽.

파견을 통한 간접 교섭에 치중하여 외교력의 한계를 노정했다. 고종은 이상과 같은 한계를 인식했음인지 주요 열강과의 직접 외교를 추진하기 시작했다. 고종은 서구 열강과의 관계 강화를 통해 독립을 보장받으려는 목적으로 거액의 내탕금을 지출하여 유럽에 특명전권공사를 파견했다.[134] 고종은 1901년 3월 종래 러시아·프랑스·오스트리아공사를 겸직하고 있던 이범진을 러시아공사로 임명하여 러시아와의 외교에 전념하게 하고, 김만수를 프랑스공사로 파견했다. 또 영국·독일·이태리 특명전권공사를 겸직했던 민철훈을 독일과 오스트리아공사로 임명하고, 민영돈을 영국과 이태리 특명전권공사로 임명했다.[135] 그 뒤 고종은 1902년 2월 프랑스공사를 민영찬으로 교체했다.[136]

한국은 러시아·프랑스·독일·영국 등에 상주공사관을 두게 되었고, 미국 일변도의 외교정책을 탈피하게 되었다. 고종이 유럽에 특명전권공사를 파견한 것은 유럽 국가들로 하여금 한국에 파견한 외교관의 지위를 변리공사·대리공사에서 전권공사로 승격시키도록 유도하려는 의도가 깔려 있었다. 그리고 승격된 유럽의 전권공사들로 하여금 러시아·일본공사의 강경한 대한정책을 조정하게 하려는 의도가 있었다. 그리고 유럽에 파견한 특명전권공사들로 하여금 중립문제 등을 해당 국가와 협의하게 하려는 의도를 내포했다.[137] 한편 고종은 공석인 주미공사직에 이용태를 임명했다. 그

---

134) 『일사기록』 16, 기밀제53호, 1901년 5월 22일, 49쪽; 『東京朝日新聞』 1901년 3월 4일.
135) 『英案』 2 No.1964, 1901년 3월 16일. 1901년 4월 6일의 신임장(문서번호 627)은 고종이 영국 군주에게 보낸 것으로서 민영돈을 특명전권공사로 임명하여 영국 수도에 주차시켜 교섭을 담당하게 한다는 내용이다. 『舊韓國外交文書』〈德案 2〉 No.2384, 1901년 3월 16일; 『舊韓國外交文書』〈法案 2〉 No.1371, 1901년 3월 16일; 같은 책, No.1374, 1901년 3월 20일; 같은 책, No.1532, 1902년 1월 17일.
136) 1902년 2월 17일의 신임장(문서번호 667)은 고종이 프랑스 대통령에게 보낸 것으로서 민영찬을 특명전권공사로 임명하여 프랑스 수도에 주차시켜 교섭을 담당하게 한다는 내용이다.
137) 『일사기록』 16, 기밀제72호, 1901년 7월 9일, 329쪽; 같은 책, 기밀제40호, 1901년 4월 15일, 322쪽.

러나 이용태는 부임하지 않고 공사 직함을 가진 채 의정부참찬직을 수행하였다.138) 결국 고종은 1901년 4월 조민희를 특명전권공사로 임명했다. 이후 고종이 미국 정부가 주한공사를 전권공사로 승격시킨 데 대해 크게 만족을 표명한 것은 자신의 의도가 결실을 거두었다고 판단했기 때문이었다.

한편 고종은 벨기에와의 수교를 적극 추진했다. 이는 영세중립국인 벨기에의 중립정책을 파악하려는 의도 외에 벨기에에 소재하고 있는 각종 국제기구 사무국을 통해 국제기구에 가입하려는 의지가 깔려 있었다. 고종은 1900년 6월 주일 한국공사로 하여금 주일 벨기에공사와 조약체결을 교섭할 것을 지시했다.139) 그에 따라 주일 프랑스공사관에서 벨기에와 교섭을 벌였고, 1901년 3월에는 한백수호통상조약이 체결되었다. 고종은 벨기에와의 통상조약이 비준되기도 전인 5월 외부대신 박제순으로 하여금 벨기에 전권대신에게 헤이그 평화회의에 참석할 수 있게 협조를 의뢰하게 했다. 뱅카르(Léon Vincart) 벨기에 총영사도 이를 수용하여 본국 정부로부터 만국평화회의에 관한 모든 문서를 교부받아 한국 정부에 전달했다.140) 벨기에 대군주는 1901년 8월 10일 뱅카르를 통해 고종에게 친서와 훈장을 보냈다. 고종은 그에 대한 답례로서 1902년 2월 17일 벨기에 대군주에게 감사의 친서를 보냈다.141) 동시에 고종은 프랑스공사 민영찬을 벨기에 특명전권공사로 임명하여 벨기에와의 교섭을 담당하게 했다.142)

한편 고종은 일본 공사관측의 반대에도 불구하고 궁내부대신 윤정구로

---

138) 『일사기록』 16, 발제55호, 1901년 6월 10일, 433쪽.
139) 『일사기록』 14, 기밀제58호, 〈別紙〉, 1900년 6월 22일, 357쪽.
140) 『比案』, No.37, 1901년 5월 30일; 같은 책, No.55, 1901년 10월 30일; 같은 책, 1900년 11월 16일.
141) 1902년 2월 17일의 국서(문서번호 642)는 고종이 1902년 2월 17일 벨기에 대군주에게 보낸 감사의 친서이다.
142) 1902년 2월 17일의 신임장(문서번호 666)은 고종이 벨기에 대군주에게 보낸 것으로서 민영찬을 특명전권공사로 임명하여 벨기에 수도에 주차시켜 교섭을 담당하게 한다는 내용이다.

하여금 1903년 2월 10일 벨기에 총영사와 벨기에인을 3년간 궁내부 고등
비밀고문으로 고빙하고, 해관세로 봉급을 지불한다는 내용의 고빙계약을
체결하게 했다. 고종은 벨기에인 델크와느(Adhémar Delcoigne)가 7월 내한
하자 그를 내부고문에 고빙하여 중립정책을 담당하게 했다.[143]

2) 제1차 영일동맹 체결 직후의 공사 파견

1902년 1월 영일동맹과 이에 대항한 3월의 노불선언은 한국의 중립정책
에 상당한 영향을 주었다. 고종은 영일동맹을 인지하고 충격을 받았으나
노불선언이 발표되자 곧 안정을 되찾았다. 고종은 두 동맹들로 인해 중립
화의 가능성이 높아졌다고 인식하고 중립화 실현에 강한 의지를 보였으며
두 동맹의 당사국들인 영·일·러·불을 중립화 실현의 대상국으로 중시하
게 되었다. 그 과정에서 고종은 1902년 4월 의양군 이재각을 영국 군주의
대관식에 대사로 파견했다.[144]

고종 외교에 있어 미국의 비중은 상대적으로 낮아진 것으로 여겨진다.
미국 정부는 한국의 중립화에 무관심한 입장을 견지했다. 알렌 미국 공사
는 본국 정부의 방침에 따라 한국의 중립화를 무시했고, 이는 한·미 관계
를 냉각시킨 것으로 분석된다. 알렌은 일본의 한국 중립화 반대논리를 수
용하였고, 고종이 미국인을 외부고문으로 고빙하려는 것에 대해서도 협조
를 거부하였다. 한국 정부가 1882년에 체결된 조미통상조약을 개정하여 다
른 나라들과 대등한 특권을 획득하려는 미국 정부의 제의를 거부한 것은

---

143) 『일사기록』 20, 覺書, 1903년 2월 27일, 164~166쪽; 『일사기록』 21, 왕전제66호,
　　1903년 2월 18일, 266쪽; 『皇城新聞』 1903년 3월 2일, 1903년 5월 9일; 金賢淑,
　　1999, 『韓國 近代 西洋人 顧問官 硏究 (1882~1904)』 이화여자대학교 사학과 박사
　　학위논문, 182~183쪽.
144) 1902년 4월 6일의 국서(문서번호 645)는 고종이 의양군 이재각을 영국 군주의
　　대관식에 대사로 파견하겠다고 통보한 친서이다.

그 대응조치였다고 분석된다.[145]

그런 가운데 과거 주한 러시아공사로 재임한 바 있던 베베르가 1902년 10월 16일 러시아 황제의 특사자격으로 고종 즉위 40주년 기념식인 칭경례식에 참석하기 위해 내한했다. 그러나 베베르의 진정한 방한 목적은 영일동맹 이후 한국에서 일본의 세력이 급속히 확대되는 상황을 저지하기 위해서였다. 그는 고종에게 세력균형을 회복해야 한다고 주장하는 한편 한국의 안전을 위해서는 러시아를 신뢰해야 한다고 건의했다. 한국에서도 궁내부 외사과장 고희경을 중심으로 베베르의 활동을 지원하는 세력이 있었다.[146] 베베르는 한국을 러시아에 끌어들이려 공작하다가 1903년 5월 19일 한국을 떠났다. 그 때 고종은 러시아 황제에게 베베르 특사 파견에 대해 감사의 친서를 보냈다.[147] 베베르의 내한은 한국의 외교정책에 영향을 준 것으로 분석된다. 종래 한국은 러시아를 경계해왔지만 영일동맹을 계기로 일본이 급속히 세력을 확대하자 이를 견제할 필요성을 인식했을 것이라고 판단된다.

고종은 열강의 보장에 의한 중립화가 실현되지 않자 더욱 국제기구에 기대를 가졌다. 고종은 만국평화회의·적십자회의 등 국제회의에의 적극적인 참여를 추진했다. 한국은 만국평화회의가 국제분쟁을 평화적으로 해결하기 위해 각국 대표들이 조약을 체결하여 만든 기구로서, 분쟁이 발생할 경우 참여국들이 거중조정한다고 인식하였으므로[148] 이에 큰 관심을 가졌던 것으로 풀이된다. 한편 고종이 만국평화회의와 함께 관심을 기울인 것은 적십자회의였다. 적십자회의는 1864년 스위스에서 채택된 제네바협정을 기초

---

145) 『일사기록』 18, 기밀제130호, 1902년 11월 4일, 59쪽; K-A-R Ⅲ, No.466. 1903년 5월 26일, p.210; 『韓美關係』 1902년 11월 19일.

146) 『일사기록』 18, 왕전제151호, 1902년 11월 4일, 168쪽; 『일사기록』 18, 기밀제126호, 1902년 10월 22일, 54~55쪽.

147) 1903년 5월 15일의 국서는(문서번호 636) 러시아 황제가 고종 즉위 40주년을 맞아 베베르 특사를 통해 친서를 보내온 것에 고종이 보낸 감사의 친서이다.

148) 『皇城新聞』 1900년 12월 8일, 12월 10일, 12월 11일, 12월 12일, 〈外報〉

로 전시부상자 보호를 표방했고, 또 적십자사의 활동지역은 중립지역으로
공인받았다. 한국정부가 1901년 스위스정부로부터 제네바협정안을 입수한
것은[149] 전쟁이 발발할 경우 적십자를 이용하여 한국을 중립지역으로 인정
받게 하려는 의도를 가진 것으로 분석된다. 고종은 1902년 초 프랑스공사를
겸직하던 벨기에공사 민영찬에게 네덜란드 소재 만국평화회의 사무국과
긴밀한 관계를 맺도록 지시하였다. 이는 국제기구를 통해 중립화를 실현시
키려는 의도였다. 이후 고종은 민영찬을 만국평화회의 총재에게 보내 적십
자회 가입과 만국평화회의에의 사절단 파견 등을 타진했다.[150] 고종은
1902년 8월 민영찬을 네덜란드로 보내 만국평화회의 가입을 교섭하게 했
다. 고종은 10월에는 민영찬을 특파대원으로 임명하여 적십자회의에 참여
하게 했다. 동시에 고종은 네덜란드 대통령에게 친서를 보내 적십자 사장
이 민영찬과의 교섭에 응하도록 협조해줄 것을 요청했다.[151] 민영찬은 네
덜란드에 가서 상기한 기구들을 방문한 뒤 프랑스·스위스·벨기에·덴마
크 등이 협정한 제네바 육전병상군인구제협정에 서명하였다. 그리고 1902
년 12월 25일에는 대통령에게 적십자회의 가입에 대한 국서를 봉정하고
1903년 1월 8일 가입 허가를 받았다.[152] 이후 고종은 7월 2일 민영찬을 적
십자회의 위원으로 임명하고 9월 14일 개최되는 제네바회의에 참석할 것
을 지시했고,[153] 민영찬은 1903년 2월 8일 제네바협정에 서명하였다.

---

149) 『瑞案』 No.38, 1901년 7월 22일.
150) 『駐法比來去案』(奎-No.18065) 訓令, 光武 6년 2월 16일; 『比案』 No.76, 1902년 1
    월 17일; 『일사기록』 21, 왕전제66호, 1903년 2월 18일, 266쪽; 『荷案』 No.1, 1902
    년 2월 16일; 같은 책, No.2, 1902년 11월 1일.
151) 1902년 10월 9일의 국서(문서번호 618)는 고종이 네덜란드 후주에게 보낸 것으
    로서 전권공사 민영찬을 특파대원으로 임명하여 적십자회의에 참여하고자 하
    니 적십자사장이 교섭에 응해달라는 내용이다.
152) 『瑞案』, No.42, 1903년 2월 8일; 『駐法比來去案』 報告第11號, 광무 7년 3월 4일;
    『皇城新聞』 1903년 4월 20일.
153) 『駐法比來去案』 訓令第5號, 광무 7년 6월 23일; 같은 책, 委任書, 광무 7년 6월
    23일; 같은 책, 訓令第6號, 광무 7년 7월 3일; 『高宗實錄』 卷43, 광무 7년 7월 2일;

한편 주일공사직은 성기운의 귀국 이후 오랜 공석상태에 있었다. 고종은 1903년 2월 과거 주일공사를 지냈던 고영희를 일본 주재 특명전권공사에 임명했다. 한국정부는 5월 일본에 유학중인 군사유학생을 재정문제로 소환하려 했다. 일본 외상 고무라는 고영희에게 이를 중지할 것을 강력히 요구하였다. 고영희의 보고를 검토한 한국 군부는 이를 수용하여 유학생들에게 계속하여 교육을 받을 것을 지시하였다.[154] 일본 정부가 군사유학생을 장교로 임용시켜 한국군을 통제하려는 의도에서 나온 것이었다. 이후 고영희는 6월 하순 쿠로파트킨 러시아 육군대신이 방일한 뒤 러·일이 각각 만주·한국에서 자유행동을 부여한다는 취지의 협정을 체결했다는 내용의 전보를 고종에게 보냈다. 그리고 이와 같은 러·일협상설은 고종을 크게 당혹하게 했다. 고종은 고영희에게 러·일협상설의 진상을 신속히 보고하라고 지시하는 한편 주러공사 이범진에게도 진상을 보고할 것을 지시했다. 그런데 얼마 후 고영희는 일본이 개전을 결정했다는 전보를 고종에게 보냈다.[155] 고종은 만주문제로 인해 러·일이 개전할 것이라는 정보에 경악했다.

고종은 러일전쟁이 발발할 경우 엄정중립을 준수한다는 방침을 정했다. 고종은 철도원 용무로 부산 방면에 출장 중인 철도원 회계과장 현영운을 급거 귀경시켜 이토 히로부미와 고무라 등에게 보내 동아시아의 시국과 만주문제에 대한 일본의 입장을 탐지하려 했다.[156] 한편으로 고종은 예식원 번역과장 현상건을 러시아에 파견하여 국외중립의 가능성을 타진하려 했다.[157] 그에 따라 고종은 현영운과 현상건을 8월 3일과 8월 21일 각각 일본과 유럽에 파견했다.[158] 동시에 고종은 1903년 8월 네덜란드 대통령에게 국

『皇城新聞』 1903년 7월 4일.

154) 『軍部來去文』 照會, 광무 7년 5월 19일, 5월 25일.

155) 『일사기록』 21, 往電第177號, 1903년 6월 24일, 309~310쪽; 『皇城新聞』 1903년 5월 9일, 1903년 6월 30일, 1903년 7월 3일.

156) 『일사기록』 20, 기밀제129호, 1903년 8월 1일, 279쪽.

157) 『奏本』(서울대학교 奎章閣, 서울) 6, 光武 7년 8월 19일, 398쪽; 『황성신문』 1903년 7월 3일.

서를 보내 현재 동양의 풍운으로 만국평화회의 가입을 서두르니 속히 가입을 허가해 달라고 요청했다.[159] 고종은 국외중립 선언 직후인 1904년 1월 30일에도 민영찬에게 적십자회의에 참석할 것을 지시하였다.[160]

한편 청의 광서제는 러시아가 만주 점령을 공식화하기 위해 청을 압박하는 가운데 1901년 11월 6일 고종에게 국서를 보내 순치보거 관계에 있는 한·청 양국은 시국의 어려움으로 인해 마땅히 서로 의지해야 한다고 제의했다.[161] 그리고 신임 주한 청국공사 허태신은 광서제가 이웃국가와의 친교에 많은 관심을 갖고 있다고 전제하고, 고종 황제께서도 연맹의 의리로서 청과 우호관계를 유지해 줄 것을 건의했다.[162] 이상과 같은 청국의 반응은 고종의 대외정책에 영향을 준 것으로 생각된다. 고종은 이와 같은 정세하에서 청·일과의 제휴를 다시금 검토하게 된 것이라고 판단된다. 고종은 대청 외교의 강화를 위해 1901년 10월 북경에 공사관을 설치했다.[163] 고종은 외부대신 박제순을 11월 일본에 파견하여 국방동맹, 망명자 문제를 타진하고 만한교환론에 대한 일본정부의 의향을 탐지하게 했다.[164] 12월 귀국한 박제순은 1902년 1월 외부대신에 복직한 후 자신이 주청공사로서 부임하는 것을 소망했다. 그는 청이 이미 일본과 제휴하고 있으니 한국 역시 일본과 제휴해야 한다고 건의했다. 고종은 만주 문제에 관한 청·일 양국의 친밀 정도를 확인하고, 청 황실 및 정부의 의향을 확인하려 했다. 고종은

---

158) 현상건의 임무는 표면적으로는 만국평화회의 참석으로 공표되었고, 탁지부에서는 이 명목으로 2,100원의 여비를 지급하였다. 『奏本』 6, 광무 7년 8월 19일, 398쪽.

159) 1903년 8월 15일의 국서(문서번호 635)는 고종이 네덜란드 대통령에게 보낸 것으로서 민영찬을 보내 1902년 8월 만국평화회의 가입을 교섭하게 했는데, 현재 동양의 풍운으로 가입을 서두르니 가입을 허가해 달라는 내용이다.

160) 『駐法比來去案』 報告第1號, 광무 8년 1월 31일.

161) 『舊韓國外交文書』〈淸案 2〉 No.2170, 1901년 11월 6일.

162) 『淸季中日韓史料』 第8卷, No.3783, 光緖 27년 11월 7일, 5441쪽.

163) 『皇城新聞』 1901년 11월 30일, 12월 4일, 1902년 1월 9일, 1월 21일.

164) 『일사기록』 16, 기밀제115호, 1901년 10월 29일, 354쪽; 『일사기록』 16, 기밀제119호, 1901년 11월 1일, 73~74쪽.

박제순을 특명전권공사로 임명하여 북경에 파견하기로 결정하고[165], 1902
년 8월 박제순을 주청공사로 파견했다.[166] 고종이 과거 청에서 근무한 바
있고, 수년간 외부대신을 역임한 바 있던 비중 있는 인물을 주청공사로 파
견한 것은 청의 대외정책을 면밀히 파악하고 청과의 제휴 가능성을 타진하
려는 목적이 있었다.

3) 러일전쟁 발발 전후의 공사 파견

고종은 8월 18일 고영희 · 이범진에게 한국의 영토를 유린하지 않겠다는
보증을 조속히 러 · 일정부로부터 받아낼 것을 지시했다.[167] 고영희는 9월
3일 고무라 일본 외상을 방문하여 공식적으로 중립을 요청하는 외부대신
이도재 명의의 조회서를 수교했다. 고무라는 "일본도 과거에 국외중립을
선언한 적이 많았지만 중립을 위해서는 자위력을 보유할 필요가 있다. 한
국의 최대 급선무는 황실평안, 재정쇄신, 군제개혁이다. 그리고 일본정부는
한국 황실의 평안이 망명자 문제와 연계되는 것을 잘 인식하여 현재 망명
자에 대해서 엄중한 단속을 하고 있다. 현재 일본은 평화유지에 여념이 없
어서 전쟁이나 중립을 말할 때가 아니다."라고 응답하며 부정적인 반응을
보였다. 아울러 고무라는 고영희에게 러시아의 용암포 조차 요구를 허용할
경우 중대한 결과가 초래할 것이라고 경고했다.[168]

---

165) 『일사기록』 18, 기밀제22호, 1902년 1월 31일, 4쪽.

166) 1902년 9월 22일의 신임장(문서번호 669)은 고종이 청국 황제에게 보낸 것으로
서 의정부 찬정 박제순을 특명전권공사로 임명하여 북경에 주차시켜 교섭을 담
당하게 한다는 내용이다. 이와 관련한 1902년 9월 22일의 3종의 문서(문서번호
646)는 박제순의 신임장(문서번호 669)를 작성하기 위한 초본과 고종이 박제순
에게 당부하기 위해 작성한 유서(諭書)와 훈유문(訓諭文)이다.

167) 고종의 훈령 초안은 총세무사 브라운이 기초하였다. 『일사기록』 21, 왕전제268호,
1903년 8월 26일, 345쪽.

168) 『日本外交文書』 36卷, 秘第1號, 1903년 9월 3일, 723쪽; 『일사기록』 19, 來電第
134號, 1903년 9월 3일, 303쪽; 『일사기록』 20, 기밀송제77호, 1903년 10월 6일,

고종은 용암포 문제로 러시아와 일본 사이에 긴장이 고조되자 일본의 동향 파악에 주력했다. 주한 러시아공사는 고종에게 '9월 일본 군함 20척이 마산포에 도착했다. 수천 명의 일본군이 한국 남부해안에 상륙하였으며 대마도에는 총 40척의 군함이 집결했다. 또 일본군이 서울과 한국 영토를 점령하려는 비밀계획안을 입수했다'고 통보했다. 그 때 일본에 있는 첩보원은 고종에게 일본군의 한국점령안을 보내왔고, 고영희는 일본 함대가 마산포로 향하고 있고, 고쿠라 주둔 일본 육군 제12사단이 전시동원훈련중이라는 소식을 보내왔다. 고종은 이 소식에 큰 충격을 받았고, 즉각 이근택을 조던 공사에게 보내 그 의미를 알아내게 하였다.[169] 그런 가운데 고종은 10월 28일 주일공사를 고영희에서 이지용으로 교체했지만, 이지용은 부임하지 않고 외부대신서리에 취임했다. 그 무렵 주미공사 조민희는 헤이(John Hay) 미 국무장관에게 한국의 위험한 상황을 설명하고 러·일의 충돌 시 지원을 요청했다.[170] 그 뒤 조민희는 1904년 1월 8일 주일공사로 자리를 옮겼다.

고종은 현상건을 특사로 파견하여 프랑스·러시아에 한국의 중립화를 타진하는 한편 러일전쟁이 발발할 경우를 대비하여 만국평화회의 등 국제기구를 통해 중재를 얻으려 했다. 프랑스에 도착한 현상건은 프랑스 외상과의 면담이 실현되지 않자 주불공사 민영찬에게 중립에 대한 고종의 내지를 전달한 뒤 네덜란드로 출발하였다. 이후 그는 만국평화회의·헤이그 상설국제재판소를 방문하여 한국의 영세중립을 제의하려 했으나 평화회의는 개최되지 않았고, 재판소는 휴정 중이어서 평화회의 담당자를 접촉하는 데 그쳤다. 현상건은 소기의 성과를 거두지 못한 채 1903년 11월 14일 러시아

337쪽; 같은 책, 기밀송제7호, 1903년 9월 26일, 338쪽.
169) 『러시아문서 요약집』, 1903년 9월 30일, 32쪽; 같은 책, 1903년 10월 4일, 610쪽; 같은 책, 1903년 10월 6일, 277쪽; 『한영자료집』13, No.104. 1903년 10월 5일, p.87.
170) 고종은 헤이가 한·미간의 우호를 고려하여 지원 요청이 있을 경우 지원을 약속했다는 보고를 받자 크게 기뻐하며 감사를 표명했다. K-A-R Ⅲ, No.799. 1904년 9월 39일, pp.189~190.

수도에 도착 후 이범진을 만나 중립문제를 상의했다. 현상건이 프랑스를 출발한 이후 민영찬은 프랑스 정부에 대해 중립실현을 위하여 러시아에 영향력을 행사하기를 청원하였다. 이범진은 러시아 외무성의 프린스 오보렌스키(Obolensky)에게 한국중립에 관한 신청을 제출했다. 이에 오보렌스키는 러·일간에 전쟁의 위험은 없으므로 한국은 중립을 논할 필요가 없다고 회답하였다.[171] 한편 이범진이 러시아정부에 국외중립(局外中立)을 제의하지 않은 것으로 파악한 기록도 있다. 즉 그는 이 무렵 한러밀약을 추진 중이었으므로 밀약과 중립이 양립할 수 없다고 판단했다는 것이다.[172] 그런데 이범진은 실제 국외중립에 대해 회의적인 입장이었다. 이는 한국이 전쟁 발발 후 이를 준수할 능력이 없다고 판단하였기 때문이었다. 이범진은 외부대신 이도재에게 보내는 보고를 통해 한국은 이미 청일전쟁 때 외국군의 침입을 막지 못함은 물론 외국의 요구를 거절하지 못했음을 상기시키며 이는 한국이 중립을 준수할 능력이 없다는 것을 입증하는 것이라고 주장하였다. 그는 만일 한국이 중립을 선언하더라도 중립에 관한 법규를 지키지 못하면 전쟁이 끝난 후 이웃국가가 공법으로 크게 책임을 추궁할 것을 우려하였다. 그의 이러한 입장은 1904년 1월 21일 국외중립선언 이후에도 변하지 않았다.[173] 이상과 같이 이범진이 중립에 대해 부정적인 입장을 보였기 때문에 그가 러시아 정부에 중립을 제의했는지에 대해서도 상반된 주장이 나오게 된 것으로 보인다. 이 문제는 러시아 외교문서의 면밀한 분석을 통해 그 사실관계가 밝혀질 것이라고 생각된다.

고종은 러·일전쟁이 발발할 경우 국외중립을 지키려는 의사가 강했다. 고종이 현상건을 프랑스·네덜란드·러시아 등 유럽국가에 특사로 파견한

---

171) 『일사기록』 21, 왕전제247호, 1903년 8월 19일, 336쪽; 李昌訓, 「20세기 초 프랑스의 대한정책」, 『한불외교사』, 평민사, 1987, 110쪽.

172) 『일사기록』 18, 기밀제49호, 1904년 5월 7일, 439쪽.

173) 『駐俄來去案』(奎 No.18062) 號外秘報, 광무 7년 11월 28일; 같은 책, 보고제1호, 광무 8년 2월 17일.

것은 이러한 의지의 표현이었다. 주한 프랑스대표 퐁트네가 국외중립선언 문을 작성하였고, 국외중립선언문은 1월 21일 지부 주재 프랑스부영사를 통해 각국에 발송되었다. 국외중립에 대해서는 대부분의 열강은 무관심한 입장을 보였다.[174] 고종은 국외중립 선언 직후인 1월 30일 민영찬에게 적십 자회의에 참석할 것을 지시하였다.[175] 고종은 한일밀약에 대한 교섭을 중 단시켰다. 이에 한일밀약을 주도한 이지용은 이용익에 접근했고, 이근택은 유럽주재 공사, 민영철은 주청공사로 해외 도피를 계획했다.[176] 고종은 이 지용 · 이근택 · 민영철을 멀리하고, 이용익 · 현상건 · 길영수 · 강석호 · 이인 영 등을 신뢰하였다. 고종은 영국 · 프랑스 · 독일 등이 국외중립선언의 접 수를 통보하자 독립불가침을 승인받은 것으로 인식하였다.[177]

고종은 국외중립선언 직후인 1904년 2월 6일 해외 주재 공사들의 대대적 인 인사이동을 단행했다. 고종은 의정부 찬정 주석면을 특명전권공사로 임 명했고, 주러공사 이범진을 독일 및 오스트리아 공사로 전보했다. 고종은 주미공사 조민희를 해임하고 독일 및 오스트리아 공사인 민철훈을 주미공 사로 전보했다. 또 고종은 주영공사 민영돈을 해임하고 외부협판 박용화를 주영공사에 임명했다.[178] 다시 정리하면 주러공사는 이범진에서 주석면으

---

174) 『일사기록』 18, 왕전제80호, 1904년 1월 24일, 474쪽.
175) 『駐法比來去案』, 보고제1호, 광무 8년 1월 31일.
176) 『일사기록』 23, 왕전제91호, 1904년 1월 31일, 150~151쪽.
177) K-A-R Ⅲ, No.720. 1904년 4월 14일, pp.126~127.
178) 1904년 2월 6일의 신임장(문서번호 656)은 고종이 러시아 황제에게 보낸 것으로 서 의정부 찬정 주석면을 특명전권공사로 임명하여 러시아 수도에 주차시켜 교 섭을 담당하게 한다는 내용이다. 1904년 2월 6일의 신임장(문서번호 657)은 고 종이 오스트리아 황제 겸 보헤미아 군주 · 헝가리 전교군주에게 보낸 것으로서 종1품 이범진을 특명전권공사로 임명하여 오스트리아 및 보헤미아와 헝가리 수 도에 주차시켜 교섭을 담당하게 한다는 내용이다. 1904년 2월 6일의 해임장(문 서번호 683)은 고종이 미국 대통령에게 보낸 것으로서 조민희의 해임을 알리는 내용이다. 1904년 2월 6일의 신임장(문서번호 661)은 고종이 미국 대통령에게 보낸 것으로서 종2품 민철훈을 특명전권공사로 임명하여 미국 수도에 주차시켜 교섭을 담당하게 한다는 내용이다. 1904년 2월 6일의 신임장(문서번호 685)은

로, 조민희의 주일공사 전임으로 공석이었던 주미공사는 민철훈으로, 독일
및 오스트리아공사는 민철훈에서 이범진으로, 주영공사는 민영돈에서 박용
화로 교체됐다. 이상과 같은 고종의 조치는 구미국가와의 외교를 한층 강
화하여 주권을 수호하려 한 것을 의미한다.

그러나 실제 인사 내용은 달랐다. 육군참장 주석면은 강원도관찰사에 임
명되어 러시아공사로 부임하지는 않았다. 이범진도 러시아에 잔류해 독일·
오스트리아 공사로 부임하지는 않았다. 민철훈도 독일에 잔류해 주미공사
로 부임하지는 않았다. 박용화도 외부협판, 궁내부 협판 등에 임명되어 주
영공사로 부임하지는 않았다. 영국공사는 민영돈이 그대로 근무했다. 그 결
과 2월 6일 당시 실제 재직한 사람은 주러공사 이범진, 주영공사 민영돈, 주
미공사 신태무, 주독공사 민철훈, 주불공사 민영찬, 주일공사 조민희였다.

고종은 러일전쟁 발발 직후인 3월 31일 조민희를 해임하고 이토 히로부
미 등과 친분이 있던 현영운을 일본 주재 특명전권공사에 임명했다.[179] 그

고종이 오스트리아 황제 겸 보헤미아 헝가리 대군주에게 보낸 것으로서 민철훈
의 해임을 알리는 내용이다. 1904년 2월 6일의 해임장(문서번호 689)은 고종이
독일 황제에게 보낸 것으로서 민철훈의 해임을 알리는 내용이다. 1904년 2월 6
일의 해임장(문서번호 690)은 고종이 독일 황제 겸 프로이센 군주에게 보낸 것
으로서 민철훈의 해임을 알리는 내용이다. 1904년 2월 6일의 해임장(문서번호
686)은 고종이 영국 군주에게 보낸 것으로서 민영돈의 해임을 알리는 내용이다.
1904년 2월 6일의 신임장(문서번호 659)은 고종이 독일 황제에게 보낸 것으로서
이범진을 특명전권공사로 임명하여 독일 수도에 주차시켜 교섭을 담당하게 한
다는 내용이다. 1904년 2월 6일의 신임장(문서번호 660)은 고종이 독일 황제 겸
프로이센 군주에게 보낸 것으로서 이범진을 특명전권공사로 임명하여 독일 및
프로이센 수도에 주차시켜 교섭을 담당하게 한다는 내용이다. 1904년 2월 6일의
신임장(문서번호 658)은 고종이 영국 군주에게 보낸 것으로서 외부협판 박용화
를 특명전권공사로 임명하여 영국 수도에 주차시켜 교섭을 담당하게 한다는 내
용이다.
179) 1904년 4월의 해임장(문서번호 684)은 고종이 일본 군주에게 보낸 것으로서 특
명전권공사 조민희의 해임을 알리는 내용이다. 1904년 4월의 신임장(문서번호
654)은 고종이 일본 황제에게 보낸 것으로서 현영운을 특명전권공사로 임명하
여 일본 수도에 주차시켜 교섭을 담당하게 한다는 내용이다.

렇지만 현영운은 일본군 접대위원장에 임명되어 주일공사로 부임하지는 않았다. 그 대신 조민희가 4월 7일 일본 주재 특명전권공사에 유임됐고, 1905년 11월까지 일본 주재 공사로 재직했다. 현영운의 미부임은 하야시 공사가 지방관 재직 시의 과실을 지적하며 현영운의 부임을 반대했기 때문이었다.[180]

고종은 러일전쟁 발발로 일제의 삼엄한 감시를 받자 퐁트네 프랑스 대리공사를 통해 러시아와 통신했다. 또 고종은 측근 현상건, 이학균, 이용익 등을 해외에 보내 일제의 침략을 폭로했으며, 한국 상황을 적은 국서를 제작한 뒤 조약을 체결한 구미국가들의 통치자에게 전달했다.[181] 한국 정부는 일본의 강요로 5월 하순 기존 한러간 조약의 무효를 선언했다. 고종은 내밀하게 이범진이 계속 러시아에 체류할 것을 지시했다. 일본은 2차 한일협약을 체결한 직후인 1904년 9월부터 본격적으로 해외 주재 한국공사관의 철수를 추진했고, 1905년 2월에는 고종에게 해외 파견 공사의 소환을 요구했다.[182] 그렇지만 고종은 미·프·영·독·일 공사를 잔류시켰다. 일본은 1905년 5월 한국의 우편전신관리 업무를 강제 편입했다. 민영찬은 파리 주재 러시아대사에게 일본은 한국의 통신수단을 장악한 뒤 해외 공사관에서 보내는 전보를 검열하고 공사관 운영자금의 송금도 방해한다고 통보했다. 고종은 민영찬이 재정곤란으로 귀국을 요청하자 귀국하지 말 것을 지시했다.[183] 그러나 해외에 주재했던 한국 공사들은 1905년 을사늑약 체결을 계기로 철수했다.

180) 『일사기록』 23, 왕전제338호, 1904년 4월 1일, 224쪽; 『일사기록』 23, 왕전제350호, 1904년 4월 5일, 227쪽.
181) 『러시아문서 요약집』, 1904년 12월 28일, 171쪽; 『일사기록』 25, 기밀제53호, 1905년 4월 1일, 390쪽; 『일사기록』 26, 제51호, 1905년 2월 8일, 17쪽.
182) 『일사기록』 24, 1904년 8월 30일, 〈상주문〉, 204쪽; 『일사기록』 24, 왕전제71호, 1905년 2월 23일, 318쪽; 서영희, 『광무정권의 국정운영과 일제의 국권침탈에 대한 대응』, 서울대학교 국사학과 박사학위논문, 1998, 158~161쪽.
183) 『러시아문서 요약집』, 1905년 5월 4일, 309쪽.

5. 맺음말

이상과 같이 고종의 공사파견과 그 의미를 크게 최초의 공사파견 시기, 청일전쟁 전후 시기, 러일전쟁 전후 시기 등으로 나눠 분석했다. 각 시기마다 드러난 고종의 외교 목표를 정리하는 것으로 결론을 대신하기로 한다.

1880년대 청의 극심한 외압을 받고 있던 고종은 청과의 조공관계를 종식시키고자 노력했다. 그러므로 고종은 국가주권 확립을 외교 목표로 설정했다. 고종은 공사 파견으로 청과의 조공책봉관계를 종식시키고 국가주권을 확보할 수 있을 것으로 판단했다. 고종은 열강이 한국을 독립국으로 인정하기를 열망했으며, 그 연장선상에서 구미 각국에 공사를 파견하기로 결심했다. 고종은 공사 파견에 대해 조약규정에 따라 주권을 행사하고 열강에 조선의 독립을 증명하는 것으로 의미를 부여했다. 그에 따라 고종은 1887년 내무부협판 조신희를 프랑스·러시아·영국·독일·이탈리아의 전권공사로 임명했고, 박정양을 주미공사에 임명했다. 고종은 청의 강력한 반대를 무릅쓰고 공사 파견을 강행했다. 유럽에 대한 공사 파견은 실패한데 비해 미국에 대한 공사 파견은 성공했다. 그러므로 공사관이 설치된 미국이 해외 외교의 중심 역할을 했다. 미국 주재 공사는 고종의 해외 외교의 시금석이 됐다. 박정양은 자주외교를 추구했고, 워싱턴에 공사관을 개설했으며 영사관을 증설해나갔다. 그러나 청은 한국에 압력을 행사하여 박정양의 소환을 관철시키는 등 한국의 주권을 유린했다. 그럼에도 불구하고 고종은 서구 열강과의 외교를 게을리 하지 않았다. 고종은 청·일의 침략을 받을 경우 통상조약 제1조의 거중조정조항에 의거하여 서구 열강에게 중재를 의뢰하고자 했다. 또 고종은 서구 열강을 통해 한국의 중립화에 관한 국제협정을 체결하려는 의도가 있었다.

이후 한국은 청일전쟁을 계기로 청과의 조공관계를 종식하는 등 청으로부터 국가주권을 확보하는 데 성공했다. 그러나 청을 축출한 일본은 한국

보호국화를 시도하는 등 한국의 자주권을 유린했다. 그 연장선상에서 일본
은 한국에 자국의 군대를 주둔시켰다. 그러므로 고종은 일본의 침략을 저
지하는데 외교 목표를 설정했다. 고종은 주일공사에게 체일 망명자를 철저
히 감시할 것을 지시했다. 또 고종은 일본을 견제하고자 미국·프랑스·러
시아 등에 접근했으며, 그 과정에서 서구 국가들과의 외교를 강화하고자
했다. 고종은 1895년 3월 외교관제도를 칙령으로 반포했다. 아울러 고종은
1895년 10월 의화군을 독·영·러·프·이태리·오스트리아의 특명전권공
사로 임명했고, 12월에는 미국 주재 한국 대표를 특명전권공사로 승격시킨
뒤 최측근 이범진을 주미공사로 파견했다.

한편 러·일은 1896년 베베르-고무라 각서 및 로바노프-야마가타 의정서
를 비밀리에 체결하여 한국의 주권을 유린했다. 고종은 1897년 2월 러·일
의 협정체결 사실을 인지하자 일본은 물론 러시아도 경계했다. 고종은 한
국 주재 미국·영국·프랑스공사들에게 중재를 의뢰하는 한편 3월 민영환
을 유럽의 특명전권공사로 파견했다. 고종은 민영환으로 하여금 영국·프
랑스·독일과 한국의 독립을 보장하는 내용의 비밀협정을 체결하라고 지시
했다. 유럽과의 협정 체결은 실패로 끝났다. 그렇지만 민영환은 유럽에 실
제로 부임한 최초의 공사였고, 민영환 부임을 계기로 마침내 유럽이 한국
의 외교무대가 됐다.

고종은 1897년 10월 황제를 호칭하고 대한제국을 수립했다. 그같은 고종
의 조치는 만국공법에 의거하여 한국의 자주독립을 내외적으로 천명하려
한 것이었다. 고종은 유럽열강이 칭제를 승인하자 성기운을 영국·독일·
이태리 전권공사로 파견하여 유럽 열강과의 외교를 강화하고자 했다. 한편
고종은 1898년 4월 로젠-니시 협정 체결과 러시아 군사교관단의 철수로 일
본의 한국 내 영향력이 강화되자 러시아와의 우호관계를 시도했다. 그 과
정에서 고종은 주미공사 이범진을 러시아 주재 특명전권공사로 임명하여
러시아와의 외교를 강화했다.

1900년에 확산된 의화단사건을 계기로 러·일의 대립은 더욱 첨예하게 전개됐다. 고종은 러·일의 대립이 첨예화하자 러일전쟁 발발을 감지했다. 고종은 러일전쟁에서 어느 국가가 승리하더라도 한국의 자주권을 심각하게 유린할 것으로 예측했다. 고종은 8월 조병식을 일본 주재 특명전권공사로 임명했다. 고종은 조병식에게 일본 주재 외교사절들과 협의하여 이들로 하여금 한국 중립에 대한 국제적 협정을 본국 정부에 제의하게 하도록 할 것을 지시했다. 한편으로 고종은 서구 열강과의 관계 강화를 통해 독립을 보장받으려는 목적으로 거액의 내탕금을 지출하여 1901년 3월 러시아·프랑스·독일·영국 등에 특명전권공사를 파견했고, 상설 공사관을 설치했다. 한국은 유럽 국가에 대한 공사파견을 계기로 미국 일변도의 외교정책을 탈피하고, 유럽을 한국 외교의 주 무대로 삼게 됐다. 고종이 서구 열강에 특명전권공사를 파견한 것은 서구 열강으로 하여금 한국에 파견한 외교관의 지위를 변리공사·대리공사에서 전권공사로 승격시키도록 유도하려는 의도가 깔려 있었다. 그리고 승격된 유럽의 전권공사들로 하여금 러시아·일본공사의 강경한 대한정책을 조정하게 하려는 의도가 있었다.

1902년 1월 체결된 영일동맹은 러·일의 전쟁 가능성을 증폭시켰다. 고종은 영일동맹 체결 직후 러, 일간의 대립이 더욱 격렬해지자 국제기구를 이용하여 국권을 수호하는 데 외교 목표를 설정했다. 고종은 민영찬을 프랑스공사 겸 벨기에공사로 임명한 뒤 네덜란드를 방문하여 만국평화회의·적십자회의 등 국제기구에 가입하게 했다. 이는 국제기구를 통해 유사시 거중 조정을 의뢰하고 중립화를 실현시키려는 의도가 있었다. 한편으로 고종은 일본의 동맹국인 영국의 지원을 얻어 일본을 제어하려 했고, 그 과정에서 1902년 영국에 특사를 파견했다. 동시에 고종은 외부대신을 역임한 박제순을 주청공사로 파견하여 영일동맹의 공동피해국인 청과의 외교를 강화하고자 했다.

고종은 1903년 러일전쟁 발발의 위기를 감지하자 영토를 보전하는데 외교 목표를 설정했다. 먼저 고종은 러·일과의 직접 교섭을 시도했다. 고종은 8월 주일공사 고영희, 주러공사 이범진에게 러·일 정부로부터 한국의 영토를 유린하지 않겠다는 보장을 받아낼 것을 지시했다. 다음으로 고종은 민영찬에게 네덜란드를 방문하여 만국평화회의·적십자회의 등 국제기구와 긴밀히 교섭하도록 지시했다. 끝으로 고종은 1904년 1월 21일 국외중립선언문을 각국에 발송했다. 고종은 국외중립선언 직후 구미국가와의 외교를 강화하려 기도했으며, 그 연장선상에서 러시아·미국·영국·프랑스·독일 등 유럽 주재 공사들에 대한 대대적인 인사이동을 단행했다.

고종은 재위기간 동안 청·일·러 등으로부터 부단히 국권의 유린을 경험했다. 그러므로 고종은 1880년대 미국·프랑스·영국 등 서구열강과 수교한 이후 외부의 침략을 받을 경우 통상조약 제1조의 거중조정조항에 의거하여 서구 열강에게 중재를 의뢰했다. 또 고종은 서구 열강을 통해 한국의 중립화에 관한 국제협정을 체결하려는 의도가 있었다. 한국의 중립화는 궁극적으로 한국의 주권을 보장받는 방법이기 때문이었다. 고종은 의화단 사건 이후 러, 일간의 대립이 더욱 격렬해지자 국제기구를 이용하여 국권을 수호하는 데 외교 목표를 설정했다. 그리고 고종은 그 같은 구상을 실현시키고자 부단히 공사를 파견했다.

제7장

국권 상실 전후 시기(1905~1918) 동아시아 국제정세의 변동과 한민족의 국권회복운동

1. 머리말

일본은 러일전쟁을 계기로 한일의정서, 을사늑약, 한일병합조약 등을 강압적으로 체결했다. 이들 조약들은 모두 총칼을 앞세워 한국에 강요한 것들이었다. 특히 한국의 운명을 결정지은 을사늑약과 한일병합조약은 황제의 비준을 받지 못했다. 이들 조약들은 체결 당시에도 불법성이 제기됐고, 최근에 들어서도 불법성이 재차 지적됐다.[1] 한국민은 일련의 조약들을 전면 부정하는 한편 일본에 대해 국권의 반환을 요구했다. 일제는 병합에 대해 한국민의 동의를 받지 못했으므로 식민지배 기간 내내 무단통치로 일관했다.

한·일 지식인들은 2010년 5월 10일 '한일병합조약의 원천적 무효'를 선언했으며, 특히 일본 지식인들은 자국 총리에게 '병합' 공표 100년에 맞춰 식민지 지배를 사과해야 한다고 건의했다. 그것은 일본 사회 일각이 제국

1) 윤병석·이태진,『일본의 대한제국 강점』, 까치, 1995; 이태진·사사가와 노리가츠, 『한일병합과 현대-역사적 국제법적 재검토』, 태학사, 2009.

주의적 침략을 반성하고 있다는 표시로 볼 수 있다. 한국과 같이 일제의 침략을 경험했던 중국·필리핀 지식인들도 한·일 지식인들의 선언을 지지했다. 이 같은 흐름은 동아시아 평화공동체 구축에 긍정적인 신호라 볼 수 있다.

한편 한국에서는 국권상실 100년을 맞이하여 식민지 전락의 원인, 국권회복운동에 대한 관심이 한층 고조됐다. 한국은 러일전쟁 때 중국과 동일하게 전쟁 지역이었다. 그런데 러일전쟁 이후 중국은 식민지화를 모면한 데 비해 한국은 식민지로 전락했다. 이같이 한·중의 운명을 상반되게 결정한 주요 요인은 동아시아 국제정세에 있었다. 국제 정세와 동아시아 정세는 연동됐으므로 유럽의 세력균형은 동아시아 정세에 반영됐다. 러일전쟁 이후 동아시아 정세에 영향을 준 국가는 미국·영국·일본·러시아·독일·프랑스였으며, 한반도의 운명도 이들 국가들의 역학관계에 따라 결정됐다. 따라서 한국의 국권이 상실되는 과정을 이해하려면 동아시아 정세의 변동을 탐구할 필요가 있다. 한편 한국의 국권회복운동도 동아시아 국제정세 변동과 연계됐다. 그러므로 이 시기의 한국사를 명확히 이해하려면 동아시아 정세 변동과 그에 대응하여 전개된 한국인의 민족운동을 검토할 필요가 있다고 여겨진다.

1905년의 을사늑약으로 한국은 사실상의 국권을 상실했다. 그 후 한국인들은 국권을 회복하고자 기나긴 운동을 전개했다. 1919년의 3·1운동은 민족운동의 분수령이었으며 대한민국 임시정부를 탄생하게 했다. 그러므로 을사늑약부터 3·1운동 직전까지의 기간은 한국 민족운동사에서 매우 중요한 시기라 평가할 수 있다. 기존 연구는 동아시아 정세 변동을 분석한 것과 한국의 민족운동을 분석한 것으로 구분된다. 먼저 동아시아 정세 변동을 분석한 연구는 국권 상실 이전 시기[2], 국권 상실 이후 시기[3] 국권 상실 전

---

2) 최문형, 『러일전쟁과 일본의 한국 병합』, 지식산업사, 2004; 『러시아의 남하와 일본의 한국 침략』, 지식산업사, 2007.

후 시기⁴⁾를 대상으로 했다. 이 연구들은 공통적으로 열강의 동향을 중심으로 접근한 결과 한국의 입장을 간과하는 경향이다. 반대로 한국의 민족운동을 분석한 연구들은 동아시아 정세 변동과 한국의 민족운동을 분리하여 접근하는 경향을 보이고 있다.⁵⁾ 그 결과 을사늑약부터 3·1운동 직전까지의 동아시아 정세 변동과 한국의 민족운동을 분석한 연구는 거의 없는 실정이라 할 수 있다.

본 연구는 국권 상실을 전후한 시기 동아시아 정세 변동과 한국의 민족운동을 분석하고자 한다. 시기 구분은 한국의 국권 향방에 결정적인 영향을 준 사건을 기준으로 했다. 구체적으로 1905년 을사늑약 체결 직후, 1907년 제1차 러일협정 체결 직후, 1910년 국권 상실 직후, 1914년 제1차 세계대전 발발 직후로 구분하고자 한다. 구체적인 분석 내용은 한국의 국권에 영향을 준 동아시아 정세 변동을 분석하고, 한국인은 동아시아 정세를 어떻게 인식하고 대응했는지를 탐구하고자 한다. 또 한인 민족운동가들은 어떤 열강에 접근했는지를 구명하는 한편 민족운동가의 정세판단의 현실성을 밝히고자 한다. 본 연구가 한국의 국권 상실과 국권회복운동을 이해하는데 기여가 있기를 기대한다.

3) 나가타 아카후미/박환무 역, 『일본의 조선통치와 국제관계』, 일조각, 2008.
4) 구대열, 『한국 국제관계사 연구 1』, 역사비평사, 1996.
5) 이상찬, 「계몽운동과 의병전쟁」, 『한국사 길잡이』 하, 지식산업사, 2008; 윤경로, 「1910년대 국내 독립운동사 연구의 동향과 과제」, 『한국민족운동사연구』 62, 한국민족운동사학회, 2010.

2. 국권 상실 이전 시기

1) 을사늑약 체결 이후 시기

(1) 동아시아 정세의 변동

일본은 러일전쟁에서 승기를 잡자 한반도를 지배하려고 미국·영국·러시아와 각각 협정을 체결했다. 일본은 1905년 7월 미국과 태프트-가쓰라 각서, 1905년 8월 영국과 제2차 영일동맹, 1905년 9월 러시아와 포츠머스조약을 교환했다. 일본은 미·영·러로부터 한반도에 대한 우월권을 승인받자 청국을 공략했다. 일본은 포츠머스조약 5, 6항을 근거로 러시아의 이권지역인 남만주 지역에 진출했다. 일본은 청에 남만주 전체에 대한 독점권 양도를 요구했고, 청이 응하지 않을 경우 무력으로 만주를 영구 점령할 것이라고 협박했다.[6] 일본은 청과 21회의 협상을 한 끝에 1905년 12월 청일협약을 체결했다.[7] 그 결과 일본은 여순, 대련, 철도, 광산을 획득했다. 일본은 1906년에는 러시아로부터 여순·장춘 간의 동청철도를 양도받아 남만주철도주식회사를 설립하여 청에 대한 자본 수출의 최대 거점을 만들었다. 아울러 여순·대련 조차권을 이용하여 동삼성 무역시장에 있어서 일본 상품이 압도적 점유율을 차지하게 했고, 만철 등을 이용하여 무순·연대의 석탄, 본계호의 철 채굴권을 탈취했다. 이는 청의 대일위기감을 고조시켰다.[8] 청은 러일전쟁에서 입헌군주국인 일본이 전제군주국인 러시아에 승리하자 큰 자극을 받고 1906년 7월 입헌군주제를 실시할 것이라고 예고했다. 청은 외국의 입헌군주제를 연구하고자 공식 사절단을 미국·독일·영국·프랑스·일본 등에 파견했다.[9]

---

6) 최문형, 『러시아의 남하와 일본의 한국 침략』, 346~351쪽.
7) 日本外務省 編, 『小村外交史』, 原書房, 1966, 703쪽.
8) 佐伯有一·野村浩一 외 저/ 오상훈 역, 『중국현대사』, 한길사, 1984, 180쪽.

러일전쟁 당시 목단강 전투에서 퇴각하는 러시아군(1905년)

한·청은 러일전쟁 때 모두 국외중립을 선언했지만 일본에 의해 무산됐다. 한국은 러일전쟁의 결과 일본의 보호국으로 편입됐지만, 청은 만주의 이권 일부를 상실하는데 그쳤다. 청이 주권을 상실하지 않은 것은 한반도와는 달리 열강간의 세력균형이 유지됐기 때문으로 볼 수 있다. 일본은 러일전쟁 이후 한반도를 만주 진출의 기반으로 삼았으므로 한국 철도를 만주 철도와 연결시키려 했다.10)

미·영·러는 일본에 대해 한반도에서의 우월권을 인정하기는 했지만 일본의 완전한 한국 지배, 즉 병합을 승인한 것은 아니었다. 열강은 특히 만주 시장에 대해 상당한 관심을 보였으므로 일본의 만주 팽창에 대해 예민한 반응을 보였다. 특히 일본의 만주 팽창에 대해 강력하게 견제한 국가는 러시아, 미국이었다. 러시아는 러일전쟁 후에도 한동안 한·만에서 일본과

---

9) 존 킹 페어뱅크·멀 골드만 저, 김형종·신성곤 역, 『신중국사』, 까치글방, 2002, 299~305쪽.

10) Peter Duus, 'The Abacus and the Sword', UNIVERSITY OF CALIFORNIA PRESS, 1998, p.204.

긴장관계를 유지했다. 러시아는 포츠머스조약에도 불구하고 한국의 독립과 한국 외교관의 직위를 인정했다. 그러나 을사늑약 체결은 정치상황을 급변 시켰다.[11] 러시아는 을사늑약의 강제성과 불법성을 인지하고, 미국·영 국·프랑스·독일·스페인·이탈리아·오스트리아 등 주요 국가에 을사늑 약에 대한 반응을 타진했지만 소극적인 회답을 얻었다.[12] 그러므로 러시아 는 점차 일본의 대한정책을 묵인하는 방향으로 선회했다. 러시아 외상은 1906년 초 부임하는 서울 주재 총영사에게 통감부의 내정 간섭에 개입하지 말 것을 지시했다. 동시에 러시아 외상은 해외 주재 외교관에게 일본의 한 국 지배를 관망만 하고 방해하지 말 것을 훈령했다.[13] 한편으로 러시아는 포츠머스조약 제2항에서 한반도에서 일본의 정치적, 군사적, 경제적 우월 권을 인정하기는 했지만 일본의 한국 병합을 승인한 것은 아니었다. 1906년 서울 주재 총영사는 한국은 아직도 독립국의 지위를 유지하고 있으며, 이 것은 1898년 로젠-니시 협정, 1904년 한일의정서 등의 조약에서 보장된 것 이라는 주장을 내세웠다. 러시아는 일본이 자국의 동의 없이 한국을 합방 할 것에 우려했다. 러시아는 한국 북부 지방에 이해관계를 인식하여 원산, 청진 등지에 영사관을 설치했으며[14], 일본의 대한정책 중 전략적 의미를 갖는 조치들에 대해서 지속적으로 이의를 제기했다.[15]

한편 러시아 지도층은 포츠머스조약 체결 후에 러일전쟁 전과 마찬가지 로 대일 강경파와 대일 온건파가 대립했다. 군부를 중심으로 하는 강경파 는 일본에 대한 복수전을 주장하면서 군수물자 운반을 목적으로 철도부설 을 추진했다. 외무성을 중심으로 하는 온건파는 일본과의 제휴를 주장했는

---

11) 『러시아문서 요약집』, 1906년 8월 28일, 102쪽.
12) 『러시아문서 요약집』, 1906년 2월 2일, 766쪽; 『러시아문서 요약집』, 755~763쪽.
13) 『러시아문서 요약집』, 1906년 1월 28일, 153쪽; 『러시아문서 요약집』, 1907년 3월 8일, 104쪽.
14) 『러시아문서 요약집』, 1907년 4월 19일, 123쪽.
15) 구대열, 앞의 책, 112쪽.

데, 1906년 5월 외상에 취임한 이스볼스키(Izvolskii)는 그 대표적 인물이었다.[16] 그러나 러시아는 혁명이 발발하자 동아시아로의 팽창에 타격을 받았다. 러시아는 유럽 문제에 집중하였으므로 동아시아에 개입할 여력은 없었다. 러시아는 일본의 재침을 경계하여 협정 체결을 희망했다. 그런 가운데 벌어진 프랑스와 일본의 교섭은 러, 일간의 협상을 유도했다. 프랑스는 러일전쟁 뒤에 일본의 인도차이나 침공을 경계하던 차에 1907년 6월 불일협정을 체결하여 일본과 기존의 세력범위를 인정했다. 프랑스는 러, 일의 화해를 강력하게 요구했다.[17]

러 · 일은 1907년 2월 협상을 개시했다. 일본은 그 과정에서 1904년, 1905년 한국에 강요한 협약들을 추인 받으려 했다. 일본 외무성은 러시아의 이의 제기가 있자 한국 관계 조항을 삭제하려 했지만 통감 이토 히로부미의 강력한 반대를 받았다.[18] 러 · 일은 '정미칠조약' 체결 수일만인 1907년 7월 30일 제1차 러일협정을 체결했다. 협정의 공개 조항은 러, 일은 서로 차지한 영토를 존중하고, 청의 독립과 청 내 상공업 발달의 기회균등을 보증한다는 것이었다. 그러나 핵심은 러시아는 북만주, 일본은 남만주를 지배한다는 비밀조항에 들어 있었다.[19] 러시아는 만주를 분할하는 조건으로 을사늑약을 사실상 승인했다. 제1차 러일협정으로 러, 일은 한 · 만 문제에 협력하는 등 우호관계로 접어들었다.

(2) 한국의 민족운동

일본 정부는 1905년 10월 한국을 보호국으로 만들 것을 결의했다. 그에 따라 이토 히로부미는 11월 17일 하세가와 요시미치(長谷川好道) 주차군사

---

16) 『小村外交史』, 798쪽.
17) Pierre Renouvin/ 박대원 역, 『극동외교사』, 서문당, 1988, 223~224쪽.
18) 『日本外交文書』 40권 1책, No.108. 1907년 3월 3일, 109쪽: 같은 책, No.162. 1907년 6월 19일, 157쪽.
19) 『日本外交文書』 40권 1책, No.182. 1907년 7월 30일, 173~174쪽.

령관, 하야시 곤스케 공사와 입궐하여 5개항의 을사늑약을 강요했다. 그에
맞서 고종은 끝까지 비준을 거부했다.[20]

중명전(을사늑약 강제체결 장소)

한국은 을사늑약 체결에 격앙된 반응을 보였다. 『대한매일신보』는 "을사
5조약은 황제에게 강력히 기각을 당했으며 정부 참정은 거부했으며 일반
신사의 항의를 받았다. 일본이 군대를 이끌고 궁궐에 난입하여 조약을 강
요한 것이니 이천만 민중은 불복했다"고 지적했다.[21] 『대한매일신보』는 을
사늑약이 황제를 비롯한 한국민의 동의를 전혀 받지 못했기 때문에 실효성
이 없다고 주장했다. 『대한매일신보』는 일본 국왕이 일본 공사의 노고를
칭찬하는 칙어를 내린 것은 한국 황제의 비준과 무관하게 이 조약을 고집
하려는 의사라고 비판했다.[22] 그 후에도 『대한매일신보』는 을사늑약의 강
제성을 지적하면서 이 조약의 실효 유무는 의심의 여지가 없다고 주장했
다.[23]

20) 『러시아문서 요약집』, 1906년 8월, 732쪽.
21) 『대한매일신보』 1905년 11월 22일, 「危哉韓日關係」.
22) 『대한매일신보』 1905년 11월 26일, 「瞻望前途」.
23) 『대한매일신보』 1906년 1월 20일, 「日本方略」.

안중근은 을사늑약은 황제의 옥쇄와 부서가 기재되지 않은 상태에서 체결한 것이라고 지적하며 합법성을 부정했으며[24], 허위도 일본이 국제법을 위반했다고 비판했다. 한국민은 을사늑약에 강력하게 저항했다. 민영환 등 지도층 인사는 자결로 저항했으며, 민중은 전국적으로 의병전쟁을 일으켰다. 한국의 저항은 한국주차만군으로 진압이 어려워 일본에서 보병 12여단을 파견해야 할 정도였다. 통감 이토도 1907년 6월 일본 외무대신에 보낸 보고서에서 한국민의 저항이 전국적인 현상이라고 고백했다.[25]

한국인들만 을사늑약을 원천적으로 부정한 것은 아니었다. 국제사회도 을사늑약의 무효를 주장했다. 국가 간에 협정을 체결할 때는 협정 대표의 위임, 협정문, 비준 등이 필요한데 을사늑약은 협정문 하나만 있어 국제법적으로 무효였다.[26] 러시아는 일본이 한국을 보호통치하는 것은 한국과의 조약체결이나 국제법에 근거한 것이 아니라 오직 일본의 이기주의적 목적에 기인한다고 단정했다.[27] 『런던타임스』는 1906년 1월 13일 기사에서 일본의 협박으로 체결된 조약의 내용을 공개했고, 프랑스 공법학자는 『국제공법잡지』 1906년 2월호에 한국의 만국공법상 지위라는 제목의 논문을 기고하여 을사늑약은 강제성으로 무효를 주장했다. 미국인 학자도 『러일전쟁에 있어서 만국공법과 외교』라는 저서를 통해 을사늑약은 만국공법상 무효는 충분한 근거가 있다고 지적했다.[28]

한국은 을사늑약에도 불구하고 한국의 독립은 확고할 것으로 예측했다. 『대한매일신보』는 한국의 독립이 확고한 첫 번째 근거로서 러시아의 견제

---

24) 『韓國獨立運動史資料』 6, 국사편찬위원회, 1976, 393쪽; 같은 책, 176쪽.
25) 강창석, 「조선통감부 연구」, 『국사관논총』 53, 1994, 217~219쪽.
26) 을사늑약의 무효에 대해서는 윤병석, 「을사5조약의 신고찰」, 『일본의 대한제국 강점』 까치, 1995; 이태진, 「조약의 명칭을 붙이지 못한 을사보호조약」, 『일본의 대한제국 강점』 까치, 1995; 이상찬, 「을사늑약과 병합조약은 성립하지 않았다」, 『역사비평』 31, 1995 참고.
27) 『러시아문서 요약집』, 1907년 3월 8일, 103쪽.
28) 박희호, 「보호국화 저지 외교」, 『한국사』 43, 국사편찬위원회, 1999, 56쪽.

를 지적했다. 『대한매일신보』는 포츠머스조약의 약관에 한국의 주권을 손
상케 할 방침을 정할 경우 대한정부의 허가를 얻어야 한다는 조항이 있다
고 지적하면서, 일본이 러시아와의 약속을 어긴 것이라고 지적했다.[29] 『대
한매일신보』는 러시아는 한국에 대한 보호권과 군사상 점거를 승인하지 않
았으므로 강화조약 파기에 분노했다는 사실을 강조했다.[30] 『대한매일신보』
는 러시아에서 대일강경파가 부상 중이며, 러일전쟁의 결과 10년 이내에 전
쟁이 발발할 것으로 예측했다.[31] 이같이 『대한매일신보』는 러시아는 결코
일본의 한국 지배를 허용하지 않을 것을 확신했다.

『대한매일신보』는 한국의 독립이 확고한 두 번째 근거로서 열강의 견제
를 지적했다. 『대한매일신보』는 세계열강이 을사늑약에 반대할 것으로 예
측했다. 즉 열강은 일본이 한국 황실을 존숭한다는 약속을 파기했으므로
이 조약을 승인하지 않을 것으로 내다봤다. 『대한매일신보』는 일본이 한국
을 병탄할 계획이었다면 러일전쟁이 끝남과 동시에 했을 터이지만 그렇게
못한 것은 열강의 반대 때문이라고 주장했다. 또 일본이 한국에 간섭하는
것은 그 권한이 있어서가 아니라 단지 영국과 러시아가 승인한 한국 내 일
본 우월권에 기초한 것이라고 지적했다. 기타 제국은 이에 동의하지 않았
으므로 열강은 한국 내 일본의 행동을 긴밀히 추적할 것이라고 주장했다.[32]
『대한매일신보』는 일본이 한국을 영유하려고 기도할 경우 열강의 공의와
러시아의 반대를 면하지 못할 것이라고 경고했다.[33] 계속해서 동양의 요충
지인 한국을 일본이 독점할 경우 열강이 좌시하지 않을 것이고, 그 경우 일
본이 독자적으로 저항은 불가능하다고 주장했다.[34] 이같이 『대한매일신보』

---

29) 『대한매일신보』 1906년 1월 20일, 「日本方略」.
30) 『대한매일신보』 1906년 6월 7일, 「露國反對說」.
31) 『대한매일신보』 1905년 12월 15일 「淸國通信」; 『대한매일신보』 1905년 11월 26일,
   「瞻望前途」.
32) 『대한매일신보』 1906년 7월 11일, 「保護韓國者日本」.
33) 『대한매일신보』 1906년 6월 7일, 「露國反對說」.
34) 『대한매일신보』 1905년 11월 29일, 「韓日交誼」.

는 열강이 일본의 한국 병합을 반대한다고 인식했고, 열강은 일본이 대한 침략을 계속하면 한국문제에 개입할 것이라고 예측했다. 민족운동가들은 국제사회에는 공의, 신의, 정의가 작용한다고 인식했다. 그 같은 인식은 철저한 국익에 따라 움직이는 열강의 외교정책과 국제정세를 파악하는데 한계로 작용했다고 보여진다.

한편 황실은 국제법에 의거하여 을사늑약 무효운동을 추진했다. 고종은 열강에 일본의 불법을 호소하여 열강이 일본의 영향력을 제한해 줄 것을 기대했다.35) 고종의 특사 헐버트(H. B. Hulbert)는 1905년 11월 26일 미국 정부에 한국은 을사늑약에 동의한 적이 없다고 지적하면서 지원을 요청했다. 그러나 미국 정부는 열강 중 가장 먼저 한국 주재 공사관을 폐쇄하기로 결정하고, 그 사무를 일본 주재 미국공사관에 이첩할 것을 명령했으므로 아무런 효과가 없었다. 고종은 12월 11일 프랑스공사 민영찬에게 미국에 건너가 조미통상조약 제1조의 지원을 의뢰했다. 하지만 미국 국무장관 루트(E. Root)는 정당한 절차를 밟지 않았다고 지적하며 거부했다. 루트는 조미통상조약 제1조의 거중조정의 존재도 몰랐다.

황실은 미국과의 외교가 무산되자 헤이그 만국평화회의에 기대를 했다.36) 황실은 러시아가 일본을 불신하는 것으로 인식하고, 러시아를 대상으로 치열한 외교를 전개했다. 고종은 러시아 황제 니콜라이 2세에게 측근 이용익을 특사로 파견하여 을사늑약의 불법성을 호소하는 친서를 전했다. 동시에 고종은 러시아 황제에게 특사 파견에 협조를 요청하는 친서를 보냈다.37) 러시아는 고종의 요청을 수용하여 만국평화회의에 한국을 초대했다. 그러나 러시아 정부는 일본과 협상을 추진하면서 한국에 대한 태도가 돌변

---

35) Peter Duus, op., cit, pp.205~206.
36) Peter Duus, ibid., p.207.
37) 『러시아문서 요약집』, 1905년 12월 11일, 761쪽; 『러시아문서 요약집』, 1905년 음력 12월 28일, 752쪽; 『러시아문서 요약집』, 171쪽.

했다. 서울 주재 러시아 총영사관은 고종의 측근이 만국평화회의 참석에 협조를 요청하자 시기 부적절을 이유로 거부를 통보했다.[38] 그럼에도 불구하고 고종황제는 1907년 6월 헤이그 만국평화회의에 특사를 파견하여 한국의 독립을 호소했다.[39] 이상설·이준·이위종 등 특사들은 만국평화회의의 개최식이 열린지 열흘 뒤인 6월 25일 헤이그에 도착하여 9월 6일까지 네덜란드에서 활동했다. 특사들은 회의 주최 측에 자신들의 도착을 알리는 등 공식 특사단과 같이 행동했다. 1899년 제1차 회의는 '국제 분쟁의 평화적 정착을 위한 협정'을 준수하고, 국제 중재의 원칙에 동의했다. 그러므로 헤이그는 일본이 한국의 주권을 침해했는지의 여부를 논의할 수 있는 재판 장소라 할 수 있었다. 그러나 평화회의는 세계를 분할하고 있던 열강들만의 회의였으므로 을사늑약은 국제적으로 논의될 여지가 없었다. 고종은 만국평화회의에서 을사늑약의 무효를 주장하면 열강이 일본을 견제해 줄 것을 기대했지만 유럽과 미국은 그에 부응하지 않았다.[40] 특사들은 1907년 7월 19일 고종이 강제 퇴위되자 임무를 수정하여 미국을 방문했다. 특사들은 미국에서 일본이 한국의 주권을 짓밟고 있다는 것을 알림으로써 미국 여론에 호소하였다. 한국 특사들의 활동으로 을사늑약이 강제로 체결됐다는 사실이 국제사회에 전파됐다.[41]

비넨호프 궁전
(제2차 만국평화회의의 개최 장소)

38) 『러시아문서 요약집』, 1907년 7월 25일, 103~104쪽.
39) 헤이그 만국평화회의에서 특사의 활동에 대해서는 꾼 드 페스터, 「1907년 헤이그 특사의 성공과 좌절」, 『한국사학보』 30, 고려사학회, 2008, 318~319쪽 참고.
40) Nelson, M. Frederick, *Korea and Old Orders in Eastern Asia,* Russel and Russel, New York, 1967, p.278.
41) 꾼 드 페스터, 앞의 글, 320~325쪽.

러시아 니콜라이 2세   독일 빌헬름 2세

이토는 헤이그사건을 계기로 고종 황제를 강제 퇴위시켰다. 그리고 한국
민의 반발에 대비하기 위해 1907년 7월 주차군사령관의 예하부대를 출동시
키고, 별도로 일본 정부에 1개 사단의 한국 파병을 요청했다. 또 한국의 내정
을 완전히 장악하기 위해 7월 24일 이완용 내각과 '정미칠조약'을 강제 체결
하였다. 그에 따라 통감은 한국의 행정·사법·행형·경찰·군사 등 내정의
전권을 장악하게 되었다. 나아가 8월에는 군대의 해산을 단행했다. 한국인들
은 '정미칠조약'도 이토가 한국 황제를 협박하여 성립된 것으로 인식했다.[42]

2) 제1차 러일협정 체결 이후 시기

(1) 동아시아 정세의 변동

영러협정이 체결된 1907년부터 제1차 세계대전이 발발하는 1914년까지
유럽 열강은 2개의 동맹으로 나뉘어 치열하게 대립됐다. 한 축은 영국·프
랑스·러시아의 삼국협상이었고, 다른 한 축은 독일·오스트리아·이탈리
아의 삼국동맹이었다.[43] 일본은 그 중에서 영·프·러의 삼국협상국들과

---

42) 『韓國獨立運動史資料』 6, 393쪽.

제휴했다. 일본은 청에 위협을 가하며 만주에서의 우월적 지위를 추구했다. 그런데 만주는 열강의 관심 지역이었으므로 일본은 열강으로부터 만주에서의 특권을 승인받고자 했다. 그에 따라 일본은 각각 영일동맹, 불일협정, 러일협정을 체결하여 1907년경에는 동아시아에서 안정적 지위를 확보했다.[44] 러·일은 한반도문제와 만주문제에 협력하는 등 우호관계로 접어들었다. 1905년부터 1907년까지 동아시아의 쟁점 지역은 한국, 중국의 남만주였었다. 그러나 일본은 1907년 열강과 한반도 문제를 마무리했으므로 1907년부터 한반도는 열강의 쟁점 대상은 아니었다. 그러므로 1907년은 한국의 운명을 결정지은 해였다. 1907년부터 열강의 쟁점 대상지역은 만주를 비롯한 중국이었다.

일본의 만주 진출을 가장 강력하게 견제한 국가는 미국이었다. 미국은 러일전쟁 뒤 만주문제로 일본과 긴장관계에 접어들었다.[45] 미국은 일본의 만주 폐쇄문제, 일본인의 미국 이민문제로 일본과 적대적 관계가 되었고, 그에 따라 미일전쟁설이 유포되기도 했다. 미국 사회에서는 반일 열풍이 불었으며, 미 군부 일각에서는 일본과의 전쟁을 주장했다. 일본 외무성도 미국 사회의 반일을 보편적인 것으로 인식했다.[46] 그 과정에서 일본의 필리핀, 하와이 침공설이 유포되자 루즈벨트(T. Roosevelt) 미국 대통령은 일본의 침공을 우려했다. 루즈벨트는 1907년 12월부터 1909년 2월까지 미국 함대를 세계에 순항하게 했다. 무력시위의 성격을 띤 함대 순항은 일본에 영향을 주었고, 일본은 1908년 12월 미국과 루트-다까히라 협정(Root-Takahira Agreement)을 체결했다. 그 협정은 태평양에서의 현상유지를 희망하여 상대국의 영토 소유를 존중하며, 청의 독립 및 문호개방의 원칙을 존중할 것

---

43) Gordon A. Craig/ Alexander L. George, *Force And State Craft*, Oxford Univerisity Press, 1990, p.40.
44) 『日本外交文書』 41권 1책, No.15. 1908년 9월 29일, 75~77쪽.
45) 『小村外交史』, 775쪽
46) 『小村外交史』, 758~761쪽.

을 약속했다. 협정으로 미국은 태평양에서 획득한 영토를 보장받았다. 협정의 결과 미·일의 갈등이 해소되어 미일전쟁설은 잠적했다. 프·영·러는 미일협정을 지지했다.[47]

러시아는 일본과 협정을 체결하기는 했지만 일본의 만주 진출을 경계했다. 포츠머스조약에 따르면 한, 러 국경상에는 요새를 설치할 수 없었다. 러시아는 협정 체결 직후인 1907년 8월 일본이 함경도 회령과 나남에 요새 건설을 추진하자 민감한 반응을 보였다.[48] 한편 일본은 1908년 10월부터 동아시아 지역에서 군항으로서 최적의 요건을 갖추고 있으며 전략적 지역에 위치한 진해만에 강력한 요새를 구축하기 시작했다. 그 밖에 일본은 1907년부터 한국과 청 사이에 분쟁상태에 있던 간도문제에 관여하여 안동-봉천 철도부설권을 획득하는 조건으로 1909년 9월 청과 간도협약을 체결했다. 일본은 한국의 영토를 만주 진출에 희생시킨 것이었다. 러시아 정부는 간도협약으로 만주에서 일본의 전략적 입지가 강화될 것을 경계했다. 러시아는 특히 간도협약의 규정에 따라 길장철도의 한국 국경으로의 연장에 의구심을 가졌으므로 러일전쟁설이 유포되었다. 이 때 러시아는 미국이 일본을 견제하고 있다는 점을 인식하고, 미국과 동청철도 매각을 협상했다.

한편 1909년 3월 미국 대통령에 취임한 태프트(W. H. Taft)는 '달러외교'를 전개했다. 달러외교란 달러를 해외에 투자함으로써 미국의 이익을 극대화하려 한 것이었다.[49] 달러외교는 경제적 지배를 1차 목표로 했지만 무력 사용을 배제한 것은 아니었다.[50] 미국 기업인들은 문호개방을 기치로 만주에서 러·일의 지위를 박탈하려 했다. 태프트는 미국 자본의 만주 투자를 장려했기 때문에 러시아로부터 동청철도를 매입하는 것을 환영했다. 이에

---

47) 『小村外交史』, pp.773~775.
48) 『러시아문서 요약집』, 1907년 8월 17일, p.253; 『러시아문서 요약집』, 1907년 8월 31일, 254쪽.
49) 『미국외교사』, 비봉, 1999, 229쪽.
50) 권용립, 『미국 대외 정책사』, 민음사, 1997, 355쪽.

맞서 일본은 제2차 러일협정을 추진했고, 그 결과 1909년 11월 미, 러 간의
협상은 종식되었다. 이에 대해 미국 국무장관 녹스(P. C. Knox)는 12월 열
강에 만주철도중립화안을 제안했다. 제1차 러일협정에 입각한 러·일의 만
주 장악을 차단할 목적이었다. 녹스의 제안은 러·일이 차지한 만주철도를
영·미·일·러·프·독의 국제 신디케이트가 사들여 그 소유권을 청에 돌
려주고, 차관 제공국이 이를 공동관리하자는 것이었다. 그런데 명칭은 중립
이지만 실제는 공동관리였다. 중립화는 만주에서 미국의 우월한 입지를 확
보하려는 의도였다. 그리고 이 제안이 실현될 경우 러·일은 만주의 철도
장악에 있어서 영·미·프·독과 대등한 지위로 격하될 것은 명확했다. 일
본으로서는 1895년의 삼국간섭과 유사한 충격이었다. 러시아도 미국 제안
의 만주철도 중립화에 반대했다. 일본은 러시아를 설득하여 미국의 만주
진출을 저지했다.[51] 일본은 1910년 4월 청과 '압록강철교 가설협정'을 체결
하여 한국철도를 만주의 중심 도시 심양에 연결시켜 침략의 기반을 마련했
다. 그 무렵 러시아 외무성은 러시아 주재 일본대사로부터 합방 정보를 입
수하자 러시아에 매우 위험하다고 인식했다.[52] 일본의 만주 진출을 경계했
기 때문이었다. 러시아가 일본과 제휴하는 한편 견제한 것을 보여준다.

　러·일은 미국에 대항하여 만주철도에 대해 협력할 필요를 인식했다. 그
런데 제1차 러일협정은 만주에서 러·일의 세력범위를 명확히 구분하지 않
았다. 게다가 청은 러·일의 만주 침투를 저지했다. 일본은 만주에서의 지
위가 취약하다고 인식했으므로 세력범위를 명확하게 설정하여 만주에서의
지위를 확립하려 했다. 그에 따라 3월 러·일간의 협상이 개시됐다.[53] 협상
과정에서 러시아 외상은 러시아 주재 일본 대사 혼노(本野一郎)에게 한국
병합은 러시아의 대일 적개심을 고조시킬 것이라며 반대의사를 표명했다.

51) 최문형, 앞의 책, 353~358쪽.
52) 『러시아문서 요약집』, 1910년 4월 5일, 293쪽.
53) 『日本外交文書』 43권 책, No.8. 1910년 3월 19일, 106~107쪽.

일본 대사는 제1차 러일협정 때 명문화한 '장래의 발전' 구절은 한국의 병합을 의미하는 것이라 반박했다. 그 뒤에도 러시아는 일본 측에 한일병합을 반대한다는 의사를 전달했다. 그런데 고무라는 혼노에게 러시아 측에 일본 정부는 장래 기회를 보아 한국 병합을 단행할 계획을 통보하라고 지시했다. 1910년 7월 체결된 제2차 러일협정은 만주에 대한 내용이 대부분으로서 한국문제는 언급되지 않았다.[54] 그러나 러시아는 간접적으로 한일병합에 동의하고 북만주, 외몽고에서의 권리를 인정받았다. 러일교섭은 만주분할을 정교화하는 과정이었으며, 러·일 간의 제휴는 1905년부터 1918년까지 지속됐다. 일본은 7월 병합론자인 육군상 데라우치 마사다케(寺內正毅)를 3대 통감으로 한국에 파견하여 8월 22일 '한일병합조약'을 강제 체결했다. 외국에서는 '한일병합조약'을 국제법의 문제가 아니라 헌법의 문제로 인식했다. 그것은 그간의 일본의 한국 지배가 완전했음을 보여줬다.[55]

(2) 한국의 민족운동

일본은 1905년 통감부 및 이사청관제를 공포하여 주한 일본공사관을 1906년 1월 폐쇄시키고 2월 서울에 통감부를 설치했다. 이토는 통감으로 재직하는 기간 동안 한국을 식민지화한다는 목표를 하나하나 실천해 나갔다.[56] 고종 황제는 강압을 일삼는 이토는 물론 이토의 조종을 받는 내각도 불신하였다.[57] 열강의 외교관들도 통감부의 행태에 대해 비판적이었다.[58]

---

54) 『小村外交史』, 824~825쪽.
55) Nelson, op., cit, pp.284~287.
56) 일본의 한국식민지화 정책에 대해서는 한명근, 『한말 한일합방론 연구』, 국학자료원, 2002, 참조.
57) 『日韓外交資料集成』6 (中), 「演說筆記」, 922쪽.
58) 미국 총영사 대리 굴드(Ozro G. Gould)는 통감부의 통치 성과가 미미하다고 지적했다. 한국인들은 여전히 가난하며 또 동양척식회사가 무분별하게 토지를 수탈하는 등 일본은 법의 적용에 있어 무자비하고 분별력 없이 재량권을 행사하고 있다고 인식했다. 또 그는 토지도 없는 일본인 하층민이 지속적으로 유입되고 있고, 사법제도의 개선에도 불구하고 한국인들은 여전히 법의 보호를 받지 못하고

한국 일각에서는 국제 사회가 한국의 독립을 지지한다고 인식했다. 헤이그 만국평화회의에 참석했던 이상설은 영국·프랑스·독일·미국 대표로부터 한국에 협조하겠다는 확증을 접수했고, 기타 각국으로부터는 감정의 표시를 받았다고 진술했다.[59] 이상설이 1909년 11월 개최될 예정인 만국평화회의에 재차 참가하려 한 것을 보면[60] 국제사회의 지지를 받을 수 있을 것으로 판단한 것으로 보인다. 이 무렵 서구 열강이 주도한 국제사회는 한국을 지원하지 않았다. 그럼에도 불구하고 민족운동가들은 서구 열강에 기대한 것은 서구 외교관의 외교적 수사를 신뢰했기 때문으로 보여진다.

민족운동가들은 국제사회와 연대하여 한국의 독립을 추구했다. 한국은 일본이 열강과 전쟁을 벌일 가능성이 높다고 인식했다. 한국에서는 미일, 러일전쟁설이 빈번히 유포됐다. 특히 미국 함대가 태평양으로 출발할 무렵 미일전쟁설이 광범위하게 유포됐다.[61] 그 후에도 미일전쟁설은 지속됐다. 『대한매일신보』는 1908년 2월 "미국에서는 캘리포니아 등지에서 일본인을 극심하게 배척하므로 전쟁설이 유행했다. 미국 함대가 남아메리카 해안을 돌아 상항(샌프란시스코)으로 입항할 경우 일본이 미국을 공격할 것은 확실하다. 여송(필리핀 루손)에서는 피난소동이 벌어지고 있다. 그런데 일본은 재정이 곤궁하므로 미국에 대적하기가 불가하다"라 보도했다.[62] 이 시기 민족 지도자의 국제정세관도 큰 차이는 없었다. 안중근은 "한 때 일본에

있으며, 고문이 없어졌다는 주장도 거짓이라고 지적했다. 구대열, 앞의 책, 109쪽.
59) 『대한매일신보』 1907년 8월 27일, 「海牙의 韓國使節의 演說」. 그러나 이상설의 이러한 인식은 외국 대표들의 외교적 수사를 신뢰한 것이었다.
60) 윤병석, 『李相卨傳』, 일조각, 1984, 133쪽.
61) 『대한매일신보』는 미국 함대의 세계 항해를 보도하는 한편 미일전쟁설에 대해서도 논평했다. 즉 "미국 함대의 순항은 일본에 대한 시위라 생각하지 않는다. 일본 일각에서는 루즈벨트의 대통령 3선 출마 운동으로 해석하나 선거 자리석에 불참한 것을 보면 틀린 것을 알 수 있다. 미일은 전쟁을 불원하는데 무책임한 신문들은 시위로 해석한다"고 기술했다. 『대한매일신보』 1907년 12월 26일 논설, 〈미국 함대파견〉.
62) 『대한매일신보』 1908년 2월 23일 논설, 〈여송에 전역공황〉.

우호적이었던 미국은 일본을 배척하고 있으며, 러시아도 군사력을 증강하여 일본과 전쟁을 준비하고 있다. 또 청인은 일본과 감정이 손상되어 있어 청일전쟁에 대한 복수를 기대하고 있다. 그러므로 미국·중국·러시아가 연합하면 일본은 대적할 수 없을 것이다."고 인식했다.[63] 이 무렵 한국의 민족운동가들은 일제가 전쟁을 도발하리라고 예측했으므로 전쟁이 발발할 경우에 대비하여 의병을 일으켜 독립을 보장받아야 한다는 내용의 독립전쟁전략을 마련했다.[64] 안중근도 러시아의 블라디보스톡으로 가서 의병에 가담했는데, 부대 총독에는 이범윤, 참모중장에는 안중근이 취임했다.[65] 이 부대는 홍범도부대와 연락하면서 함경도 방면의 일본군을 격파한다는 작전 계획을 가지고 있었다. 한국에서는 해산 군인을 중심으로 전국적으로 항일의병운동이 격렬하게 전개됐고, 의병 지도부는 의병을 국제법상의 교전단체라 천명했다. 민족운동가들이 일제 타도를 위하여 국제사회와의 연대를 추구한 것을 알 수 있다.

한국인이 외교권이 박탈된 상황에서 강대국의 외교정책을 꿰뚫어본다는 것은 불가능에 가까웠다. 사실 강대국들도 다른 강대국의 비밀협정을 파악하지 못하는 경우도 종종 있었다. 민족운동가들은 주로 국내외 신문을 통해 국제정세를 파악하는 경우가 많았다. 민족운동가들은 부정확한 신문 보도에 의거하여 국제정세를 파악하였으므로 정세판단과 대응에 오류를 범하곤 했다. 게다가 민족운동가들은 열강과 일본 사이의 일시적인 불화를 심각한 갈등으로 인식했다. 그 같은 태도는 한국의 독립을 염원한 나머지 열강에 대해 과도한 기대를 했기 때문으로 볼 수 있다.

한편 고종은 러시아에 대한 기대를 버리지 않았다. 헤이그사건 뒤에 연금 상태에 처했던 고종은 러시아, 청에 망명을 희망했지만 러시아로부터

---

63) 『韓國獨立運動史資料』 6, 175쪽.
64) 안중근의사숭모회, 1979, 『안중근의사자서전』, 107~109쪽.
65) 『안중근의사자서전』, 130쪽.

거부를 당했다.[66] 러시아는 한국을 지원하지 않은 것이다. 한국인은 일제의 압제에서 벗어나고자 러시아에 빈번히 지원을 요청했다. 러시아도 한국의 입장을 명확히 인지했지만 포츠머스조약 이행을 구실로 한국의 요청을 거부했다. 한편 러시아는 러시아에 이주했던 한국인은 러시아에 동화되지 않았다고 인식했고, 러일·러청전쟁이 발발할 경우 한국인은 러시아에 저항할 것으로 예측했다.[67] 그에 따라 러시아는 한국인들이 러시아 영토에서 의병의 기지를 설치하는 것을 강력하게 저지했다. 그러므로 의병은 외부의 지원을 전혀 받지 못했다.[68] 러시아는 한국 내에서 러시아가 한국의 독립을 지원한다는 소문이 유포될 때마다 강력한 진화에 나섰다.[69] 러시아는 한국 북부지방에 일본인에 대한 첩보망을 구축하자는 이갑의 제의를 거부했다.[70] 1909년 10월 하얼빈 거사 때 하얼빈 거주 한인들은 안중근을 러시아법으로 재판할 것을 요청했다. 그렇지만 러시아는 이토가 러일친선을 목적으로 하얼빈을 방문했다고 보아 안중근을 일본에 인도했다.[71] 한국이 러시아에 대해 계속해서 기대를 한 것은 제1차 러일협정의 내용을 정확히 인식하지 못했기 때문으로 보여진다. 러시아는 한국을 흥정물로 일본과 교섭했고, 러·일의 제휴는 1917년까지 지속됐다.

점진적인 병합을 추구한 이토에게는 의병 봉기는 심각한 문제였다.[72] 일본은 러일전쟁보다 의병 진압에 더욱 곤경을 겪었다. 그러므로 이토는 본국 정부에 추가 파병을 요청했다.[73] 이토는 한국민이 격렬히 항거하자 공

---

66) 『러시아문서 요약집』, 1908년 11월 26일, 105쪽;『러시아문서』, 1909년 1월 8일, 105쪽.
67) 『러시아문서 요약집』, 1908년 3월 21일, 191쪽.
68) Peter Duus, op., cit, p.229.
69) 『러시아문서 요약집』, 1908년 10월 6일, 155쪽.
70) 『러시아문서 요약집』, 1910년 6월 22일, 250쪽.
71) 『러시아문서 요약집』, 1909년 10월 31일, 668쪽.
72) 森山茂德/金世民 譯, 『近代韓日關係史研究』, 현음사, 1994, 235쪽.
73) Peter Duus, op., cit, p.228.

공연히 병합 가능성을 시사하였다. 그는 일본이 러일전쟁에서 승리하고도 한국을 병합하지 않았다고 주장하면서 한국이 금일과 같이 불온하면 결국 한국인 스스로 멸망하게 될 것이라고 경고했다.[74] 1907년 4월 러일교섭이 진행될 무렵에는 하야시 다다스 외무대신에게 "한국의 형세가 금일과 같은 추이라면 해를 넘김에 따라 병합은 더욱 곤란하게 될 것이다. 러시아의 동의를 얻어 한국문제를 근본적으로 해결하는 것이 지금의 급무이다."라고 언급하면서 병합을 주장했다.[75] 일본 정부는 점진적으로 한국을 병합하려 했지만 의병 봉기로 한국 통치가 어려워지자 서둘러 병합을 단행하려 했다. 일본의 고무라 외상은 1909년 3월 오래전부터 합방을 지지해온 가쓰라 수상에게 병합을 건의하는 한편 한국철도를 남만주철도와 연결시킬 것을 요청했다. 가쓰라는 4월 고무라와 같이 이토를 방문하여 병합에 대한 동의를 받아냈다. 일본 정부는 7월 병합을 결의하고 병합의 정지 작업으로 마지막 장애물인 의병에 대한 남한대토벌을 감행했다.[76]

한국에서는 4월 병합설이 유포됐다. 통감부는 병합 여론을 조성하고자 친일 귀족 100명을 일본에 관광을 보냈다. 일부 한국 대신들과 친일파 회원들은 병합지지 발언을 하기 시작했다.[77] 일진회는 1909년 12월 합방성명서를 발표하고, 황제와 내각총리대신, 통감에게 합방청원서를 전달했다. 이에 한국에서는 국민대회를 개최하려 하는 등 여론이 악화되었다.

한국은 다시 한 번 열강에 기대했다. 『대한매일신보』는 열강의 견제로 일본이 동양의 패권 국가가 되지는 못할 것으로 내다봤다. 『대한매일신보』는 세계열강의 경쟁이 동양에 집중되고 있고, 동양에서도 열강의 시선이 집중되는 지역이 만주라고 인식했다. 『대한매일신보』는 만일 만주가 일본

---

74) 『日韓外交資料集成』 6 (上), 449쪽.
75) 『日本外交文書』 40-1, 124쪽.
76) 『小村外交史』, 835쪽; Peter Duus, op., cit, pp.236~237.
77) 『러시아문서 요약집』, 1909년 4월 18일, 106쪽; 『러시아문서 요약집』, 1909년 5월 5일, 106쪽.

세력에 귀속될 경우 러시아는 재차 진출의 기회를 엿볼 것이고, 열강도 불만을 가질 것으로 예측했다.[78] 『대한매일신보』는 열강은 만주문제에 지대한 관심을 표명하고 있고, 그 때문에 미국의 만주철도중립화 제안에 영국·프랑스·독일 등은 지지를 보내고 있다고 인식했다. 그리고 일본으로부터 만주를 유린당한 청은 물론 심지어 일본과 제1차 러일협정을 체결한 바 있던 러시아도 이 제안을 지지한다고 인식했다. 요컨대 『대한매일신보』는 구미 열강이 대부분 일본을 반대한 결과 일본은 만주문제로 고립 상황에 처해있다고 인식했다.[79] 『황성신문』은 미국 함대는 태평양에서 계속해서 시위운동 중이고, 러시아는 군비를 증강중이라 서세동점의 기운이 급박하다고 지적했다. 기타 열강도 한국과 만주의 상업기관에 대해 균형의 세를 잃지 않고자 한다고 지적했다. 또 향후 동양에서 분쟁이 발생할 경우 열강은 그 이해관계로 인해 개입할 것으로 내다봤다.[80] 『황성신문』은 일본이 미국·러시아와 첨예하게 대립하고 있다고 인식했고, 열강은 한국과 만주에 개입할 것으로 예측했다. 『황성신문』의 예측과는 달리 세계열강은 만주에 적극 개입하지 않았다. 러시아는 미국에 대항하여 일본과 협상을 전개하고 있었고, 영국과 프랑스는 러일협상을 지지했다. 그에 따라 미국은 만주문제에서 후퇴했다. 열강은 러일전쟁 이후 한반도에서 일본에 대해 비판적인 시각을 갖기는 했지만 한반도문제에서 러·일의 야합을 저지할 의도는 없었다.

한국인들이 일본의 병합 추진을 인식한 것은 1909년 봄으로 보인다. 이 무렵 신민회 간부들은 회의를 열고 국외에 독립군기지 건설과 무관학교 설립을 의결했다. 이갑·유동열·안창호 등 신민회 핵심인사들은 1910년 4월

---

78) 『대한매일신보』 1910년 1월 19일, 1월 20일, 1월 21일, 1월 22일, 「만주문제에 취하여 재론함」.
79) 『대한매일신보』 1910년 1월 12일, 「만주와 일본」.
80) 『황성신문』 1910년 1월 9일, 「時局에 대하여 猛省함이 可함」.

중국의 청도에서 회의를 개최하고 독립군기지 건설을 논의했다. 그에 따라 안창호·이갑은 구미 지역, 이동녕은 러시아 연해주, 이동휘는 북간도, 이회영·이시영·최석하는 서간도, 조성환은 북경에서 근거를 확보했다. 민족운동가들은 1910년 12월 집단 망명을 개시했다.[81]

2. 국권 상실 이후 시기

1) 경술국치 직후 시기

(1) 동아시아 정세의 변동

1910년 8월 대한제국을 강점한 일제는 육군대장 출신인 데라우치와 하세가와를 조선총독으로 파견했다. 이들은 모두 일본 육군의 주류인 장주번 출신이었다. 이 같은 사실은 일본 육군이 한반도를 통치한 것을 의미했고, 한반도 통치는 대륙침략과 연계됐다는 것을 의미했다. 일제는 한반도를 대륙 침략의 전진기지로 삼았고 1911년 진해를 해군기지로 건설했다. 조선군은 열강의 주목을 받지 않고 쉽게 군 병력을 만주에 투입할 수 있었다. 일본은 중·러와의 전쟁이 발발할 경우를 대비하여 한반도에서 만주까지 철도를 연장시키려 획책했다. 데라우치는 남만주철도 부설을 주도했으며, 1914년 경원철도를 개통했다. 또 일본은 서울-신의주간의 경의철도를 만주와 연결시키고자 압록강 철교를 건설했고, 신의주의 대안에 있는 만주의 관문인 안동에서 만주의 중심 도시인 심양까지 철도를 건설했다. 한편으로 조선총독부는 한반도와 만주를 통합하는 한편 한반도와 만주의 행정체계도 통합하고자 했고, 조선은행도 만주의 군벌에 차관을 제공했다. 일본의

---

81) 신용하, 『한국민족독립운동사연구』, 을유문화사, 1985, 109~112쪽.

1911년 군사비는 총예산의 34%를 차지했다. 일본 군부는 대륙 침략을 목적으로 한반도에 육군의 증설을 추구했다. 그렇지만 일본 내각은 국권 상실 후에 재정 축소를 추진했으므로 육군 증설에 난색을 표시했다.

일제는 국권 상실 직후 약속과는 달리 한반도의 문호를 폐쇄했다. 회사령은 조선인은 물론 서구 기업들의 한반도 접근을 저지했으며, 토지조사사업은 열강의 토지 소유를 침해했다. 일본은 1912년 일부 상품에 대한 수출 관세를 폐지하여 열강의 경제 이권에 타격을 주었다.[82] 영·미는 러시아의 만주독점을 반대하여 러일전쟁에서 일본을 지지했지만, 일본은 전쟁 후 만주 지배를 가속화했다. 그러므로 영·미는 일제의 만주 팽창을 경계했다. 미, 영은 일본이 조선에서 썼던 수법을 만주에서 재연한다고 인식했다. 영국은 만주에서 상업 이익이 적었으므로 간섭에 소극적이었다.[83] 그에 비해 미국은 멕시코보다 중국 시장을 중시했고, 청의 영토보전 및 문호개방을 지지했으므로 일제의 만주 팽창을 경계했다.

미국은 일본과의 긴장이 계속되자 영일동맹에 대해 불만을 가졌다. 영국에서도 러일전쟁 때 절정에 달했던 친일 분위기가 사라지고 일본에 대해 냉담한 여론이 형성됐다. 그 주요 배경은 일본이 러일전쟁을 계기로 청, 특히 만주에서 엄청난 상공업 발달을 기록했기 때문이었다. 게다가 영국은 영러협약을 체결했으므로 러시아를 타깃으로 하는 영일동맹의 필요성이 크게 약화됐다. 또 영국은 미국을 매우 중시했으므로 미일전쟁이 발발할 경우 미국과 전쟁할 것을 경계했다. 그에 따라 영국에서는 영일동맹 폐기론이 대두했다. 영국은 미국과의 중재재판조약 체결을 계기로 일본에 동맹의 개정을 제의했다. 일본은 영국과의 동맹을 외교의 기축으로 삼았으므로 동맹의 연장을 희망했다. 그에 따라 1911년 7월 제3차 영일동맹이 체결됐다. 영일동맹의 개정으로 영국은 미일전쟁이 발발할 경우 일본을 지원하지

---

82) 구대열, 앞의 책, 207~210쪽.
83) 구대열, 앞의 책, 172쪽.

않아도 됐다. 미국은 특히 4조에 대해 크게 만족을 표명했다.[84] 제3차 영일 동맹은 일본 외교의 분수령으로 볼 수 있다. 그 동안 일본은 영일동맹을 활용하며 미·러·프 등을 적절히 견제했다. 그런데 일본은 영국과 거리를 두며 러시아에 접근하게 됐다. 일본은 전통적인 외교 틀을 수정한 것이다.

중국 대륙에서는 1911년 10월 신해혁명이 발발하여 청조가 타도되고 민주공화국이 수립됐다. 혁명으로 중국은 침탈 대상으로 전락했다. 특히 만주에 대한 중국의 장악력은 대폭 약화됐다. 중국은 혁명 뒤 수구반동세력의 반혁명이 벌어지는 등 정정 불안이 지속됐다. 일본에서는 신해혁명을 계기로 만주국권상실론이 제기됐다.[85] 일본은 중국의 혁명파와 반혁명파를 모두 지원하는 등 이중 외교를 전개했다. 러시아는 신해혁명을 계기로 제2차 러일협정 때 일본으로부터 승인받았던 외몽고를 점령했다. 그런데 제2차 러일협정에는 내몽고에 대한 언급이 없었으므로 러시아는 몽고 문제를 일본과 협의하고자 했다. 일본도 내몽고의 세력 범위와 서부 만주의 경계를 확정하고자 협상을 추구했다. 1912년 1월 일본과 러시아는 협상을 개시하여 7월 제3차 러일협정을 체결했다.[86] 러·일은 만주의 서부 분계선을 획정하는 한편 내몽고를 동서로 분할하는 협정에 조인했다.[87] 중국은 제3차 러일협정에 항의했지만 허사였다.

한편 서구 열강은 중국에 대해 조차·광산·철도권 획득 등의 강압 수단을 쓰다가 회유책으로 침투 방법을 변경했다. 열강은 공동으로 중국 시장을 개발하여 경쟁을 완화하려 했다. 그것은 지난 5년 동안 중국에서 지속된 세력균형의 연장에 있었다. 열강은 신해혁명을 계기로 중국에 대한 금융침투를 기도했으며, 일본도 열강과 공조하지 않을 수 없었다. 영·프·러·

---

84) 『小村外交史』, 861~870쪽.
85) 구대열, 앞의 책, 166쪽.
86) 『日本外交文書』 45권 1책, No.40. 1912년 1월 10일, 43쪽.
87) 『日本外交文書』 45권 1책, No.88. 1912년 7월 8일, 91~92쪽.

일·독 대표들은 공동 차관단을 구성하여 1913년 4월 거액의 차관을 중국에 제공했다.[88] 한편 미국은 공동 차관단에서 탈퇴했다. 미국의 신임 대통령 윌슨(W. Wilson)이 달러외교를 기피했기 때문이었다. 중국의 임시 총통 원세개는 미국의 지원으로 일본을 견제하려 했다.[89] 원세개는 열강의 세력 균형을 이용하여 중국의 주권을 지키려 했다. 원세개는 1914년 5월 대통령의 독재를 허용하는 신헌법을 공포했다. 독·미·영·프는 북경정부를 장악한 원세개를 지지했는데 일본도 예외는 아니었다.

(2) 한인의 민족운동

한인들은 국권 상실 이후에도 일제에 저항하는 민족운동을 지속했다. 일제는 한인들에게 고문을 가해 데라우치 총독을 저격하려 모의했다는 '105인 사건'을 조작했다. 총독부는 처음부터 한인에 대한 폭력적 지배를 선택한 것이었다. 한인들은 국내에서 대한독립의군부·대한광복회·조선국권회복단·조선산직장려계 등의 국권회복단체를 결성했다. 한편 수많은 한인들이 국권 상실을 전후한 시기 일제의 탄압을 피해 러시아·중국·미국 등지로 이주했다.

한인 민족운동가들은 1910년대 들어서도 미일전쟁, 러일전쟁, 중일전쟁 설을 신뢰했다.[90] 그러므로 민족운동가들이 정착한 국가는 정확히 일본과의 전쟁설에 휘말린 러·미·중이었다. 한인들은 중국에서 군자금을 모집하고자 단체를 결성하고 대표를 선출했다. 중국에서는 현상건, 러시아는 이상설, 이종호, 미국은 안창호가 대표로 선출됐다.[91]

러시아 영토에 거주하는 수만 명의 한인들은 자동적으로 일본 국적을 갖게 됐다. 하지만 한인들은 러시아 국적을 취득하려고 했다. 그에 따라 연해

---

88) Pierre Renouvin, op., cit, pp.256~259; ibid., p.264.
89) 권용립, 앞의 책, 378~379쪽.
90) 김도형, 『대한제국기의 정치사상연구』, 지식산업사, 1994, 424쪽.
91) 『러시아문서 요약집』, 1912년 5월 25일, 294쪽.

주 지역에서는 독립전쟁이 활성화됐다. 이상설·이범윤·홍범도·유인석 등은 1910년 5월 의병 부대를 통합하여 13도의군을 창설했다. 민족운동가들은 합방 소식을 듣자 8월 독립운동단체인 성명회를 조직했다. 미국에 소재한 국민회는 연해주에 지부를 설치하여 비밀리에 한국 학교를 운영했다. 한편 일본은 제2차 러일협정에 따른 '노일범죄인인도조약'에 근거하여 러시아 측에 이상설, 이범윤 등 한인 독립운동가들의 체포를 요구했다. 러시아 정부는 합방 직후인 1910년 10월 이범윤 등 의병 지도자들을 체포했으며, 이범윤을 이르쿠츠크, 이상설을 니콜라스크로 추방했다.[92] 특히 러시아 연해주총독 운테르베르게르는 한인의 이민이 러시아의 극동정책에 장애가 된다고 보아 한인을 억압하는 정책을 강화했다. 그럼에도 불구하고 러시아에서 한인 민족운동은 계속됐다. 1912년 신채호, 이갑 등은 연해주에서 광복회를 결성했고, 러시아의 지배하에 있던 하얼빈에서도 민족단체가 결성됐다. 일본 정부는 1912년 러시아정부에 러시아 지역에서 한인의 민족운동을 중지시키라고 요구했다. 러시아 정부는 한인 단체를 폐쇄시키고 한인 민족운동가를 추방하고 한글 신문을 폐간시켰다.[93] 고종의 측근 현상건은 상해 주재 러시아 총영사와 접촉을 시도했지만, 러시아 북경공사는 일본의 반대를 이유로 접촉 거부를 지시했다.[94]

　1912년 연해주총독에 부임한 콘닷지는 한인을 시베리아 식민에 적극적으로 이용하려 했다. 그에 따라 그는 한인 민족운동가를 귀환시키고 한글 신문 간행을 허가했다. 최재형, 홍범도 등은 러시아 총독의 유화정책에 고무되어 민족운동을 재개했다. 한인들은 러시아당국의 허가를 받고자 표면적으로 정치 색채를 드러내지 않는 독립운동단체를 조직했다. 권업회는 그

92)『러시아문서 요약집』, 1910년 10월 20일, 718~719쪽;『러시아문서 요약집』, 1910년 11월 8일, 65쪽; 김방,『이동휘 연구』, 국학자료원, 1999, 110~111쪽.
93)『러시아문서 요약집』, 1912년 8월 16일, 720~721쪽;『러시아문서 요약집』, 1912년 8월 17일, 61쪽.
94)『러시아문서 요약집』, 1912년 5월 25일, 294쪽.

대표적인 예라 할 수 있다.[95] 1914년에 접어들자 러시아에서는 러일전쟁 10주년에 맞춰 반일 분위기가 조성됐고, 군인을 중심으로 러일 개전 소문이 유포됐다. 권업회는 러시아와 연합하여 일본을 공격하고자 6월 대한광복군 정부를 결성했다.[96] 한편 미국에서도 박용만이 6월 대조선국민군단을 편성하고 독립전쟁을 준비했다. 국민군단은 한인들의 적극적인 지지로 두 달 만에 병영 낙성식을 거행했다. 국민군단의 비약은 세계대전 발발의 정세변화와 연관이 있었다.[97]

간도에도 국권 상실 이후 한인들이 대거 이주했다. 일제의 토지약탈과 일본 이민에 밀려난 것이었다. 1911년 한해만 해도 약 4천 명이 이주하는 등 간도 거주 한국인의 수는 20만 명이 넘었다. 1910년을 전후하여 민족운동가들은 간도를 비롯한 만주에 독립운동기지를 건설하였다. 1911년 이회영·이시영·이상룡·이동녕·김동삼 등은 경학사를 설립함으로써 독립운동기지의 기반을 마련했다. 이후 이회영 등은 경학사를 바탕으로 신흥무관학교를 설립하고 독립군을 육성했다. 이동휘는 일본이 중국, 러시아와 전쟁할 경우 중·러와 연합작전을 전개하려 했다. 그에 따라 그는 1913년 왕청현에서 동림무관학교를 설립하여 사관생도를 육성했다.[98] 독립군 육성에 발맞춰 간도 지역에서는 독립전쟁이 활발했다. 한인은 한국 북부의 국경지대를 습격하고 일본인과 친일파를 공격했다. 또 간도에 거주하는 한인은 러시아에 거주하는 한국인과 합세하여 일본영사관을 공격했다.[99] 중국은 한인이 일본의 침략정책에 이용된 것으로 보아 한인을 박해했다. 합방 직후인 1910

---

95) 『러시아문서 요약집』, 1910년 11월 13일, 296쪽; 김방, 앞의 책, 112~114쪽. 최재형의 독립운동에 대해서는 이정은, 「최재형의 생애와 독립운동」, 『한국독립운동사연구』 10, 1996 참조.
96) 뒤바보, 「아령실기」, 『독립신문』 1920년 2월 20일~4월 12일.
97) 홍선표, 「1910년대 후반 하와이 한인사회의 동향과 대한인국민회의 활동」, 『한국독립운동사연구』 8, 1994, 161~170쪽.
98) 김방, 앞의 책, 104~105쪽.
99) 『러시아문서 요약집』, 1914년 2월 24일, 124~125쪽.

년 9월 중국 동삼성 총독은 외무부에 일본은 한인을 이용하여 세력을 확장한다고 지적하면서 한인 이주민을 단속해야 한다고 건의했다. 중국은 한인의 이민이 정치적 의미가 심각하다고 판단하고 한인 이민문제에 개입했다. 그에 따라 북경정부는 심양정부에 한인들의 이민과 만주에서의 생업을 규제할 것을 지시했고, 봉천성 의회는 1913년 4월 한인들에게 토지 매매, 임대를 금지하는 결의안을 통과시켰다.[100]

신해혁명은 한국의 민족운동에 큰 영향을 주었다. 민족운동가들은 신해혁명을 계기로 대거 중국으로 망명했다. 중국혁명에서 한국 독립의 가능성을 보았기 때문이었다. 신규식·유동열·김규식 등은 무창봉기가 성공하자 1911년 후반 경부터 북경, 상해, 남경 등 중국 본토로 이동했다.[101] 박은식·신채호·정인보 등은 1912년 상해에서 독립운동단체인 동제사를 결성했다. 민족운동가들은 중국혁명에 많은 기대를 하는 동시에 혁명파로부터 지원을 추구했다.[102] 신규식 등은 손문·진기미·송교인 등 혁명의 지도자들과 접촉했는데, 그 중 진기미는 아시아 민족해방운동의 원조에 앞장섰다. 신규식 등은 입헌파, 친원세개파와도 교류했다. 민족운동가들이 다양한 중국 인사를 접촉한 것은 한국의 독립에 지원을 얻으려 했기 때문이었다.[103] 국권 상실 이후 한인의 민족운동은 러시아·중국 등지에서 활발하게 전개됐지만 순탄하지 않았다. 러·중은 일본과의 관계 변동, 그리고 그때그때 지방 정부의 정책 변동에 따라 한인을 지원하거나 탄압을 반복하곤 했기 때문이었다.

---

100) 구대열, 앞의 책, 177쪽.
101) 「조성환이 안창호에게 보낸 편지」(1911.12.11.), 『안창호 자료집』, 한국독립운동사연구소, 1990, 55쪽.
102) 배경한, 「중국망명시기 박은식의 언론활동과 중국 인식」, 『동방학지』123, 2003, 268쪽.
103) 배경한, 「상해·남경 지역의 한인 망명자들과 신해혁명」, 『동양사학연구』67, 1999, 54~59쪽. 신규식의 중국활동에 대해서는 강영심, 「신규식의 생애와 독립운동」, 『한국독립운동사연구』1, 한국독립운동사연구소, 1987 참조.

2) 제1차 세계대전 발발 이후 시기

(1) 동아시아 정세의 변동

1907년부터 제1차 세계대전이 발발하는 1914년까지 유럽 열강은 삼국협상과 삼국동맹으로 대치했다. 새로 형성된 유럽의 세력균형체계는 열강간의 합의를 결여했으며 비밀협정에 의지했다. 또 각 동맹국내에는 강력한 리더국이 없었으므로 동맹국의 활동은 조정되지 못했으며, 그 위에 동맹의 군건함은 세계대전을 초래했다.[104] 1914년 8월 발발한 제1차 세계대전은 동아시아의 세력균형에 변동을 가져왔다. 제1차 세계대전은 일본이 열강의 제지를 받지 않고 동아시아에 경제 침투와 정치 지배를 구축할 기회를 제공했다.[105] 서구 열강은 유럽의 전쟁으로 중국에서 철군했으며 국제금융연합도 해체됐다. 흑룡회 등 일본의 국수단체는 대륙 팽창의 절호의 기회라 주장했다.[106] 일본은 '아시아는 아시아인에게'라는 슬로건을 '아시아대륙은 일본의 통치로'라고 변경했다. 일본은 삼국협상을 빌미로 연합국 편에 가담했다. 일본은 1914년 8월 독일에 선전포고하여 독일의 조차지인 산동 지방을 침공했고, 11월 청도를 점령했다.

일본은 1915년 1월 중국 정부에 '21개조 요구'를 제시했다. 그것은 중국을 지배하고자 한 제국주의적 요구였다. 중국 민중은 일본에 항거했다. 중국은 일본의 포함외교에 굴복하여 5월 중일협정을 체결하고 남만주·산동·복건·내몽고 동부·중국 중부 등지에 대한 일본의 요구를 수용했다. 일본은 21개 요구를 모두 실천하지는 못했지만 만주에 국한됐던 세력을 산동과 복건에까지 확대했다.[107] 영·미는 21개 요구로 중국의 보호국화를 우려했

---

104) Gordon A. Craig/ Alexander L. George, op., cit, pp.42~43.
105) William R. Keylor, *The Twentieth century world*, Oxford Univerisity Press, 1992, p. 229.
106) 국권 상실 이후 흑룡회의 활동에 대해서는 강창일,『근대 일본의 조선침략과 대아시아주의』, 역사비평사, 2002, 284~295쪽 참조.
107) Pierre Renouvin, op., cit, pp.271~273.

으므로 일본에 대해 중일협정의 무효화를 강력히 요구했다. 하지만 일본은 중국으로부터 중국 본토의 경제적 지위를 대폭 향상시킨 상당한 경제 이권을 얻어냈다.[108] 영·미는 일본의 중국 진출을 보고 한국을 병합한 방식을 상기했다.[109] 러·영·프는 유럽전쟁으로 중국에서 일본을 저지하기가 불가능했다. 영국은 일본에 파병을 요청할 정도로 군사력이 약화했다. 동아시아에서 일본을 저지할 수 있는 미국이 유일했다. 그러므로 미·일 갈등은 동아시아 국제정치에서 지배요소였다. 미국은 중국에서 추구한 외교목표는 중국의 영토보전과 문호개방이었으므로 일본에 항의하기는 했다. 윌슨은 일본의 중국 침공을 반대했다. 그러나 미국은 1차대전 참전과 멕시코 문제 등에 집중했으므로 일본의 중국 침략을 저지하기가 곤란했다.[110] 게다가 미국의 태평양함대는 1920년에 가서야 창설됐다.

일본은 미국의 몬로독트린을 모방하여 '아시아 몬로주의'를 추구했다.[111] 일본은 한반도와 만주를 통합하는 전략을 채택하고 1917년 조선철도와 남만주철도를 통합했다. 일본은 1915년 5월 2개 사단 창설을 결정하고, 1916년 나남, 1919년 용산에 각각 1개 사단을 설치했다. 한편 일본은 러시아, 미국으로부터 중국에서 확보한 특권을 인정받으려 3년 동안 외교에 집중했다. 일본은 먼저 러시아에 접근했다. 러시아는 1차대전 참전으로 동아시아에 개입이 불가능했다. 러시아는 유럽 동맹국의 지원을 받기가 어려웠다. 러시아는 1915년 독일 승리로 더욱 곤경에 처했으며, 연해주의 군대를 유럽에 이동 배치해야 했다. 또 러시아는 일본으로부터 군수물자를 수입했다. 일본도 중국으로부터 획득한 권리를 지키려 러시아와의 협상을 추구했다.[112] 1916년 제4차 러일협정은 만주, 몽고를 영역으로 한 과거의 러일협

---

108) William R. Keylor, op., cit, p.230.
109) 구대열, 앞의 책, 161쪽.
110) 『미국외교사』, 230쪽.
111) Pierre Renouvin, op., cit, p.280.
112) Morinosuke Kajima, *The Diplomacy of Japan 1894-1922 Volume Ⅲ*, Kajima Institute

정과는 달리 중국을 대상으로 했으며 방어동맹을 포함했다. 동맹의 주적은 독일이었고, 그 다음이 미국이었다. 미국은 방어동맹이 포함된 비밀협정의 실체를 경계했다.[113] 러일협정은 서로의 영토존중을 인정했지만 일본에 유리했다. 협정으로 러시아는 별다른 이익이 없었고, 일본은 영·미의 중국주도권 장악을 저지했다. 일본은 1916년의 시점에서 동맹국 프랑스·영국·러시아로부터 중국에서의 특권을 인정받았다. 일본의 팽창에 제동을 건 국가는 미국뿐이었다.[114]

일본은 제1차 세계대전 동안 단지 미국을 의식했을 뿐이었다. 한편 러시아에서는 1917년 2월 혁명이 발발하여 황제체제를 무너뜨렸다. 혁명 정부는 러일비밀협정을 공개했으며, 10월 볼셰비키 혁명으로 정권을 장악한 소비에트 정권은 러일동맹을 부정했다. 한편 미국은 독일의 무제한 잠수함작전으로 자국의 상선들이 침몰되자 4월 독일에 선전포고했으며, 중국도 8월 교전국이 됐다. 중국의 참전을 우려한 일본은 중국에서의 권익을 보장받으려 9월 특사를 미국에 보내 협상을 시도했다. 미국은 참전으로 동아시아에 개입 여력이 없었다. 미국은 11월 랜싱-이시이 협정(Lansing-Ishii Agreement)을 체결하여 필리핀의 안보를 보장받는 대신에 일본이 중국에서 '특수이익'(special interest)이 있음을 인정했다. 미·일은 특수이익에 대해 해석을 달리 했다. 일본은 미국의 중국 포기로 해석한 반면, 미국은 중국의 영토보전, 문호개방 등의 명문화를 강조하며 일본의 중국침략 억제로 해석했다.[115] 미국은 특수이익을 경제적 의미로 축소하고자 한 반면 일본은 정치적 우월의 성격으로 확대했다.[116] 일본의 입장에서 중국에서의 특수이익은 일본이 아시아에서 헤게모니를 구사하는 것을 보장해주는 것으로 볼 수 있

pof International Peace, 1980, pp.227~230.
113) Morinosuke Kajima, ibid., p.275.
114) William R. Keylor, op., cit, p.230.
115) Pierre Renouvin, op., cit, pp.280~281.
116) Morinosuke Kajima, op., cit, pp.333~339.

었다. 즉 일본은 특수이익을 미국 몬로주의의 아시아판에 비교한 것이었다. 일본 지도층은 중국영토 분할에서 오랜 경쟁자였던 러시아가 군사적, 정치적으로 붕괴하자 그 해석을 더욱 지지했다.[117] 그러나 미국은 랜싱 각서를 무의미하다고 선언했다.

중국의 원세개는 1916년 공화정을 폐지하고 황제정을 수립하려다가 실패했다. 중국은 제제운동 실패 이후 '군벌시대'로 접어들었다. 일본은 군벌이 장악한 북경 정부를 지지하면서 차관을 제공했다. 일본은 군벌을 이용하면서 철도 이권을 획득하는 등 중국 침략을 계속했다. 한편 미국의 윌슨 대통령은 1918년 1월 연두 교서에서 14개 조항의 평화교섭조건을 발표했는데, 그 속에는 민족자결주의원칙이 포함됐다. 소비에트정권은 1918년 3월 독일과 브레스트-리토프스크 협정을 체결하고 전쟁에서 발을 뺐다. 일본은 볼셰비키 혁명이 성공하자 러시아와 적대적 관계로 돌입했다. 일본은 1918년 8월 연해주에 대규모 군대를 파병했으며 시베리아를 침공했다. 제1차 세계대전은 1918년 11월 독일의 항복으로 종식됐다.

제1차 세계대전 당시
참호 속의 독일군

---

117) William R. Keylor, op., cit, p.230.

(2) 한인의 민족운동

일본 정부는 제1차 세계대전이 발발하자 러시아 정부에 반일운동을 하고 있는 한인들을 추방하라고 요구했고, 구체적으로 이동휘·이동녕·이범윤· 이위종·이상설·안공근·홍범도 등을 적시했다. 러시아는 1차대전 때 대량의 군수품을 주문할 정도로 일본과 우호적 관계를 유지했다. 러시아정부는 일본의 요구를 수용하여 한글 신문, 잡지의 발행을 불허하고 한인 운동가를 추방했다.118) 그 과정에서 권업회, 대한광복군정부 등이 해체됐다. 러시아 정부의 탄압이 강화되자 한인 운동가들은 러시아를 탈출하여 간도, 북만주, 상해 등지로 이동했다. 1916년 일제와 비밀동맹을 체결한 러시아 정부는 1917년 9월 일본 정부가 극도로 경계하던 이동휘를 독일을 위한 간첩혐의를 적용하여 추방했다.119) 10월 혁명에 성공한 러시아의 소비에트 지도자는 피압박민족의 해방을 지원하겠다고 천명했다. 소비에트 정부는 러시아 거주 한국인들이 러시아 국적을 취득하도록 노력했다. 최재형 등은 일제를 타도하고 한국의 독립을 쟁취하려 반제를 외치는 소비에트 정권과 제휴했다. 이동휘는 사회주의를 수용하면서 1918년 한인 최초의 공산주의 단체인 한인사회당을 결성했다.120)

1914년 11월 일본군이 독일의 청도를 점령하자 민족운동가들은 정세 변화에 대처했다. 연해주에서 상해로 이동한 이상설은 박은식·신규식·유동열·조성환 등과 함께 12월경 신한청년당을 결성했다.121) 신한청년당은 중일전쟁을 예측하고 중국과 공조하여 일본과 독립전쟁을 계획했다. 신한청

118) 『러시아문서 요약집』, 1914년 12월 10일, 60쪽; 『러시아문서 요약집』, 1914년 12월 24일, 58쪽; 『러시아문서 요약집』, 1915년 8월 29일, 58~59쪽; 『러시아문서 요약집』, 1916년 8월 25일, 60쪽.
119) 『러시아문서 요약집』, 1917년 9월 8일, 68쪽; 『러시아문서 요약집』, 1917년 10월 16일, 68쪽.
120) 한인사회당에 대해서는 임경석, 『한국 사회주의의 기원』, 역사비평사, 2003 참조.
121) 강영심, 「신한청년당의 결성과 활동」, 『한국독립운동사연구』 2, 1988, 105~115쪽.

년당은 원세개 북경정부의 지원을 얻고자 북경에 본부를 설치했고, 지부는 안동·봉천·장춘 등 일본의 안봉선 철로 지역에 설치했다. 또 신한청년당 은 독일의 승리를 예측하면서 독·중의 대일 공동전선을 기대했다.[122] 신 한청년당은 중일전쟁이 발발할 경우 한국은 중국을 지원하여 안봉철도 파 괴와 함께 일본군을 공격하며, 중국 정부는 한국에 군비를 제공한다는 내 용의 '중한의방조약'을 체결하고자 했다.[123] 한편 간도의 신흥무관학교 졸 업생들과 부민단 간부들은 제1차 세계대전이 발발하자 일본과의 전쟁에 대 비하여 백서농장을 창설했다.[124] 이동휘는 간도에서 중국 육군, 사관학교 등과 연합하여 군대를 육성했다.[125] 이동휘는 21개 요구로 중, 일관계가 험 악해지자 중국과 연합하여 무장항쟁을 준비했다. 그러나 중국은 일본과 협 정을 체결하자 한인의 민족운동을 탄압했다.[126] 민족운동가들은 제1차 세 계대전이 발발하자 한국의 독립에 유리한 정세가 조성될 것으로 기대했지 만 현실은 그 반대로 흘러갔다.

러시아는 일본과 동맹을 맺고 있었고, 영국은 1차대전으로 유럽에 집중 했으므로 동아시아문제에 간섭할 여력이 없었다. 일본을 저지할 수 있는 국가는 사실상 미국이 유일했다. 실제로 미국은 일본을 견제하기도 했다. 일본은 제1차 세계대전 동안 단지 미국을 의식했을 뿐이었다. 그러므로 이 시기 한국 민족 운동가들이 가장 기대를 한 국가는 미국이었다. 미국 선교 사들은 '105인 사건'에 기독교인들이 대거 연루되자 미국의 윌슨 대통령에 게 일제의 기독교 탄압을 보고했다.[127] 한편 미주 지역의 민족운동가들은 제1차 대전이 발발 이후 특별한 외교활동을 전개하지 않았다. 제1차 대전

---

122) 김정주 편, 『조선통치사료』V, 한국사료연구소, 1970, 648쪽.
123) 김정주, 위의 책, 657~659쪽.
124) 박환, 「만주지역의 신흥무관학교」, 『사학연구』40, 한국사학회, 1989, 384~385쪽.
125) 김방, 앞의 책, 123쪽.
126) 김정명, 『조선독립운동』3, 원서방, 1967, 425~427쪽.
127) 구대열, 앞의 책, 198쪽.

이 발발하고 대전이 종결되기 전까지 대한인국민회의 국제정세 인식은 한 국독립을 위한 노력과는 관련이 없었다. 즉 대전을 향후 한국 독립을 대비 하는 계기로 삼아 준비하는 것보다는 미국과 한인사회에 끼칠 경제적 영향 에 주된 관심을 두는 등 소극적이었다. 이 같은 상황은 대한인국민회의 분 열이 크게 작용했다.[128] 윌슨은 1918년 1월 민족자결주의를 천명했다. 그리 고 민족자결주의는 주로 유럽의 약소민족에 적용된 것이었다. 그럼에도 불 구하고 한국의 지도자들은 미국 정부의 민족자결주의를 이용하여 한국의 독립을 실현하고자 노력했다. 그것은 3 · 1운동으로 계승됐다.

4. 맺음말

1907년 유럽에서는 삼국협상과 삼국동맹, 두 개의 동맹으로 대치된 새 세 력균형체제가 형성됐다. 일본은 영국 · 프랑스 · 러시아의 삼국협상과 제휴 했다. 국제 정세와 동아시아 정세는 연동되어 유럽의 세력균형은 동아시아 정세에 반영됐다. 그 결과 일본은 영일동맹, 불일협정, 러일협정으로 1907 년경 동아시아에서 안정적 지위를 확보했다. 특히 러시아는 1907년 7월 30 일 일본과 제1차 러일협정을 체결하여 만주를 분할하는 한편 을사늑약을 사실상 승인했다. 러시아는 한국을 흥정물로 일본과 교섭했다. 러 · 일은 한 반도문제와 만주문제에 협력하는 등 우호관계로 접어들었다. 1905년부터 1907년까지 동아시아의 쟁점 지역은 한국, 중국의 남만주였다. 일본은 1907 년 열강과 한반도 문제를 마무리했으므로 1907년부터 한반도는 열강의 쟁 점 대상은 아니었다. 그러므로 1907년은 한국의 운명을 결정지은 해였다. 1907년부터 열강의 쟁점 대상은 만주를 포함한 중국이었으며 미국 · 일본 ·

---

128) 홍선표, 앞의 글, 181~182쪽.

러시아가 주요 개입 국가였다. 1905년부터 1917년까지 러·일의 제휴는 지속됐으며, 그에 대한 주요 견제국은 미국이었다.

한국은 러시아 등 열강이 을사늑약에 반대할 것으로 예측했다. 하지만 러시아는 한국의 헤이그 특사행을 사전에 일본에 통보하고, 한국의 국권회복운동을 제지했다. 그럼에도 불구하고 한국에서는 국제사회는 한국의 독립을 지지한다고 인식했다. 이 무렵 서구 열강이 주도한 국제사회는 한국을 지원하지 않았다. 민족운동가들이 서구 열강에 기대한 것은 서구 외교관의 외교적 수사를 신뢰했기 때문으로 보여진다. 또 한국에서는 미일, 러일전쟁설이 빈번히 유포됐다. 의병은 국제법상의 교전단체를 천명하면서 미, 러와의 연합전선을 추구했다. 그런데 일본은 러·미와 협정을 체결했다. 그러므로 한국의 의병전쟁은 고립무원 상태에 처했으며, 한국의 국권 상실은 국제사회에서 특별한 반향을 불러일으키지 못했다. 한국이 러시아에 대해 계속해서 기대를 한 것은 제1차 러일협정의 내용을 정확히 인식하지 못했기 때문으로 보여진다. 한국인이 외교권이 박탈된 상황에서 강대국의 외교정책을 꿰뚫어본다는 것은 불가능에 가까웠다. 사실 강대국들도 다른 강대국의 비밀협정을 파악하지 못하는 경우가 종종 있었다. 민족운동가들은 주로 국내외 신문을 통해 국제정세를 파악한 것으로 보여진다. 민족운동가들은 부정확한 신문 보도에 의거하여 국제정세를 파악하였으므로 정세판단과 대응에 오류를 범하곤 했다. 게다가 민족운동가들은 열강과 일본 사이의 일시적인 불화를 심각한 갈등으로 인식했다. 이 같은 태도는 한국의 독립을 염원한 나머지 열강에 대해 과도한 기대를 했기 때문으로 볼수 있다. 끝으로 민족운동가들은 국제사회에는 공의, 신의, 정의가 작용한다고 인식했으며, 그 같은 인식은 철저한 국익에 따라 움직이는 열강의 외교정책과 국제정세를 파악하는데 한계로 작용했다고 보여진다.

일본은 한국을 강제 병합한 이후 만주 진출을 가속화했다. 일본은 제3차 영일동맹 체결 이후 러시아에 한층 접근했다. 1911년 10월 신해혁명 발발 이후 중국은 한층 침탈 대상으로 전락했다. 러, 일은 1912년 7월 내몽고를 동서로 분할하는 제3차 러일협정에 조인했다. 1914년 제1차 세계대전이 발발하자 서구 열강은 중국에서 철군했으며 중국에서 열강의 세력균형은 붕괴됐다. 일본은 '아시아 몬로주의'를 표방하면서 대륙으로의 팽창 정책을 본격적으로 추진했다. 일본은 제1차 세계대전 때 연합국 지원을 빌미로 중국 침략에 매진했다. 일본은 1915년 중국 정부에 '21개조 요구'를 제시했다. 세력균형으로 유지돼온 중국의 주권은 철저히 유린됐다. 특히 일본은 삼국협상에 편승하여 많은 실리를 챙겼다. 1916년 체결된 제4차 러일협정은 만주, 몽고를 영역으로 한 과거의 러일협정과는 달리 중국을 대상으로 했다. 일본은 중국에서의 권익을 보장받으려 미국과 1917년 11월 랜싱-이시이 협정을 교환했다.

한인 민족운동가들은 1910년대에 들어서도 미일전쟁, 러일전쟁, 중일전쟁설을 신뢰했으며 러·미·중과의 연합전선을 추구했다. 그러므로 민족운동가들이 정착한 국가는 정확히 일본과의 전쟁설에 휘말린 러·미·중이었다. 민족운동가들은 신해혁명을 계기로 대거 중국으로 망명했다. 민족운동가들은 중국혁명에 혁명파로부터 지원을 기대했다. 국권 상실 이후 한인의 민족운동은 러시아·중국 등지에서 활발하게 전개됐지만 순탄하지 않았다. 러·중은 일본과의 관계 변동, 그리고 그때그때 지방 정부의 정책 변동에 따라 한인에 대한 지원을 강화하거나 탄압하는 일을 반복했기 때문이었다. 신한청년당은 세계대전이 발발하자 중일전쟁을 예측하고 중국과의 연합전선을 추구했다. 하지만 중국은 일본과 협정을 체결하자 한인 민족운동을 탄압했다. 한편 민족운동가들은 제2의 러일전쟁을 예측하고 러시아와의 연합전선을 추구했다. 그렇지만 러시아정부는 일련의 러일협정을 체결하자 한글 신문, 잡지의 발행을 불허하고 한인 운동가를 추방했다. 민족운동가들은 제1차 세계대전이 발발하자 한국의 독립에 유리한 정세가 조성될 것으로 기대했지만 현실은 그 반대로 흘러갔다.

한편 10월 혁명에 성공한 러시아 소비에트 지도자는 피압박민족의 해방을 지원하겠다고 천명했다. 일부 한인지도자들은 일제를 타도하고 독립을 쟁취하기 위하여 볼셰비키 정권과 제휴했다. 일본은 제1차 세계대전 동안 단지 미국을 의식했을 뿐이었다. 그러므로 이 시기 한국독립운동단체들이 가장 기대를 한 국가는 미국이었다. 민족 지도자들은 민족자결주의를 이용하여 한국의 독립을 실현하고자 노력했으며, 그것은 3·1운동으로 계승됐다. 3·1 운동 직후 러·미·중에서 활동하던 한인 민족운동가들은 한 자리에 모여 대한민국 임시정부를 결성했다. 새로운 단계의 민족운동의 출발이었다.

참고문헌

『고종실록』.

『일성록』.

『승정원일기』.

『황성신문』.

『독립신문』.

『매일신문』.

『대한매일신보』.

『上疏存案』(奎章閣 소장 문서).

『駐法比來去案』(奎章閣 소장 문서).

『元帥府奏本附』(奎章閣 소장 문서).

『軍部奏本』(奎章閣 소장 문서).

『國書』(奎章閣 소장 문서).

『軍部來去案』(奎章閣 소장 문서).

『國書』(藏書閣 소장 문서).

『親書』(藏書閣 소장 문서).

『信任狀』(藏書閣 소장 문서).

『解任狀』(藏書閣 소장 문서).

『訓諭文』(藏書閣 소장 문서).

고려대학교 아세아문제연구소, 『舊韓國外交文書』〈日案〉, 1968.

_____, 『舊韓國外交文書』〈俄案〉, 1968.

_____, 『舊韓國外交文書』〈英案〉, 1968.

_____, 『舊韓國外交文書』〈法案〉, 1968.
_____, 『舊韓國外交文書』〈美案〉, 1968.
_____, 『舊韓國外交文書』〈比案〉, 1968.
_____, 『舊韓國外交文書』〈荷案〉, 1968.
_____, 『舊韓國外交文書』〈瑞案〉, 1968.
송병기 · 박용옥 · 박한설 편, 『韓末近代法令資料集』 II · III · IV, 국회도서관, 1971.
정교, 『대한계년사』 3, 소명, 2004.
정교, 『대한계년사』 4, 소명, 2004.
최선 · 김병린 역, 『러시아 대장성 편 韓國誌』, 韓國精神文化研究院, 1984.
김윤식, 『續陰晴史』, 국사편찬위원회, 1960.
국사편찬위원회, 『프랑스외무부문서』 2, 2003.
_____, 『프랑스외무부문서』 3, 2004.
_____, 『프랑스외무부문서』 4, 2005.
_____, 『프랑스외무부문서』 5, 2006.
_____, 『프랑스외무부문서』 6, 2007.
_____, 『프랑스외무부문서』 7, 2008.
_____, 『프랑스외무부문서』 8, 2009.
_____, 『프랑스외무부문서』 9, 2010.
_____, 『주한일본공사관기록』 1~26. 1995.
_____, 『주한일본공사관기록』 권11~권23, 1995.
김종헌 · 이재훈 · 이희수 · 홍웅호 역, 『러시아문서 번역집』 1, 선인, 2008.
김종헌 역, 『러시아문서 번역집』 2, 선인, 2011.
이원용 역, 『러시아문서 번역집』 3, 선인, 2011.
이원용 역, 『러시아문시 번역집』 4, 선인, 2011.
동광출판사 편, 『영국외무성 한영외교사관계자료집』, 1997.
일본외무성 편, 『일본외교문서』, 일본국제연합협회, 1985.
『동경조일신문』.
박종효 편역, 『러시아 국립문서보관소 소장 한국관련문서 요약집』, 한국국제교류재단, 2002.
『극비일본의한국침략사료총서』, 국학자료원, 1991.
Spencer J. Palmer, *Korean-American Relations VOLUME II*(1887~1895), University of California Press.
Scott S. Burnett, *Korean-American Relations VOLUME III*(1896~1905), University of Hawaii Press, 1989.

Bishop / 이인화 역,『한국과 그 이웃나라들』, 살림, 1994.

샌즈/ 신복용 역,『조선비망록』, 집문당, 1999.

서울대학교 독일학연구소 역,『오스트리아 헝가리 제국 외교 보고서: 한국 근대사에 대한 자료』, 1992.

구영록·배영수 편,『한미관계(1882~1982)』, 서울대학교 미국학연구소, 1982.

한국교회사연구소 역,『뮈텔 주교 일기』Ⅱ·Ⅲ, 1993.

김원모 역,『알렌의 일기』, 단국대학교 출판부, 1991.

맥켄지,『韓國의 獨立運動』, 일조각, 1969.

외교통상부,『한국 최초의 주러시아 상주공사 이범진의 생애와 항일독립운동』, 2003.

국사편찬위원회,『韓國獨立運動史資料』6, 1976.

日本外務省 編,『小村外交史』, 原書房, 1966.

김정주 편,『조선통치사료』Ⅴ, 한국사료연구소, 1970.

김정명,『조선독립운동』3, 원서방, 1967.

강상규,『19세기 동아시아의 패러다임 변환과 한반도』, 논형, 2008.

강영심,「신규식의 생애와 독립운동」,『한국독립운동사연구』1, 한국독립운동사연구소, 1987.

강창일,『근대 일본의 조선침략과 대아시아주의』, 역사비평사, 2002.

강효숙,「제2차 동학농민전쟁 시기 일본군의 동학농민군 진압」,『한국민족운동사연구』52, 한국민족운동사학회, 2007.

구대열,『한국 국제관계사 연구 1』, 역사비평사, 1996.

권용립,『미국 대외 정책사』, 민음사, 1997.

김도형,「대한제국의 개혁사업과 농민층 동향」,『한국사연구』41, 한국사연구회, 1983.

김 방,『이동휘 연구』, 국학자료원, 1999.

김성은,『아펜젤러 -한국 근대 여성 교육의 기틀을 다지다-』, 이화여자대학교 출판부, 2011.

김원모,「알렌의 한국독립보전정책」,『동양학』20, 동양학연구소, 1990.

김원모,『개화기 한미 교섭관계사』, 단국대학교 출판부, 2003.

김원모 편,『근대한국외교사연표』, 단국대학교 출판부, 1984.

김원수,「노일전쟁의 발단과 의주 개방 문제」,『한일관계사연구』11. 1999.

김지형,「독립신문의 대외인식과 이중적 여론 조성」,『한국근현대사연구』44, 한국근현대사학회, 2008.

김철웅,「주미공사 이범진의 미국 여정과 활동」,『역사학보』205, 역사학회, 2010.

김현숙,「한말 고문관 리젠드르에 대한 연구」,『한국근현대사연구』8, 한국근현대사학회, 1998.

김현숙, 「한말 고문관 그레이트하우스의 국제법 및 사법 자문활동」, 『이대사원』 31, 이대
    사학회, 1998.
나애자, 「이용익의 화폐개혁론과 일본제일은행권」, 『한국사연구』 45, 한국사연구회, 1984.
도면회, 「정치사적 측면에서 본 대한제국의 역사적 성격」, 『역사와 현실』 19, 1996.
류대영, 『개화기 조선과 미국 선교사』, 한국기독교역사연구소, 2007.
박찬승, 「동학농민전쟁기 일본군·조선군의 동학도 학살」, 『역사와 현실』 54, 한국역사연
    구회, 2004.
배경한, 「중국망명시기 박은식의 언론활동과 중국 인식」, 『동방학지』 123, 2003.
_____, 「상해·남경 지역의 한인 망명자들과 신해혁명」, 『동양사학연구』 67, 1999.
서영희, 「광무정권의 형성과 개혁정책 추진」, 『역사와 현실』 26, 1998.
_____, 『대한제국 정치사연구』, 서울대학교 출판부, 2003.
서진교, 「대한제국기 고종의 대한국국제 반포와 전제황제권 추구」, 『한국근현대사연구』
    5, 한국근현대사연구회, 1996.
신용하, 『독립협회연구』, 일조각, 2006.
손정숙, 「주한 미국공사 알렌의 외교활동」, 『이화사학연구』 31, 이화사학연구소, 2004.
송경원, 「한말 안경수의 정치활동과 대외인식」, 『한국사상사학』 8, 1997.
오연숙, 「대한제국기 의정부의 운영과 위상」, 『역사와 현실』 19, 1996.
오연숙·한명근, 「정책결정기구-의정부와 중추원을 중심으로」, 『대한제국기 권력기구의
    성격과 운영』, 한국역사연구회, 1994.
오진석, 「광무개혁기 근대산업육성정책의 내용과 성격」, 『역사학보』 193, 역사학회, 2007.
왕현종, 「대한제국기 고종의 황제권 강화와 개혁 논리」, 『역사학보』 208, 역사학회, 2010.
은정태, 「고종친정 이후 정치체제 개혁과 정치세력의 동향」, 『한국사론』 40, 서울대학교
    국사학과, 1998.
이미애, 「1880~1884년 부강정책추진기구와 의정부」, 『한국사론』 44, 서울대학교 국사학과,
    2000.
이민식, 『근대 한미관계사』, 백산자료원, 2001.
이민원, 「독립협회에 대한 열국공사의 간섭」, 『청계사학』 2, 청계사학회, 1985.
이윤상, 「대한제국기 내장원의 황실재원 운영」, 『한국문화』 17, 서울대학교 한국문화연구
    소, 1996.
이정은, 「최재형의 생애와 독립운동」, 『한국독립운동사연구』 10, 1996.
임경석, 『한국사회주의의 기원』, 역사비평사, 2003.
임경석 편, 『한국근대 외교사전』, 성균관대학교 출판부, 2012.
임선화, 「선교사의 독립협회와 대한제국 인식 -언더우드와 아펜젤러를 중심으로-」, 『전
    남사학』 14, 전남사학회, 2000.

전정해, 「광무년간의 산업화 정책과 프랑스 자본·인력의 활용」, 『국사관논총』 84, 1999.

정재정, 일제침략과 한국철도(1892~1945), 서울대학교출판부, 1999.

한철호, 『친미개화파 연구』, 국학자료원, 1998.

한흥수, 「독립협회의 조직과 운영」, 『한국사』 41, 1999.

현광호, 『대한제국의 대외정책』, 신서원, 2002.

_____, 「국권상실 전후 시기(1905~1918) 동아시아 국제정세의 변동과 한민족의 국권 회
복운동」, 『한국문화』 52, 서울대학교 규장각연구원, 2010.

_____, 『서구열강과 조선』, 채륜, 2011.

_____, 『고종은 외세에 어떻게 대응했는가』, 신서원, 2011.

_____, 「프랑스공사의 독립협회운동 인식」, 『인문학연구』 46, 조선대학교 인문학연구원,
2013.

_____, 「고종의 공사파견과 그 의미」, 『동북아연구』 28권 1호, 조선대학교 동북아연구소,
2013.

_____, 「대한제국기 주한 일본군의 활동」, 『인문학연구』 48, 조선대학교 인문학연구원,
2014.

_____, 「대한제국기 의정부대신의 동향과 국정운영론」, 『향토서울』 88, 서울특별시사편
찬위원회, 2014.

홍선표, 「1910년대 후반 하와이 한인사회의 동향과 대한인국민회의 활동」, 『한국독립운동
사연구』 8, 1994.

佐伯有一·野村浩一 외/ 오상훈 역, 『중국현대사』, 한길사, 1984.

廣瀨貞三, 「李容翊の政治活動」, 『朝鮮史研究會論文集』 25, 朝鮮史研究會, 1988.

藤原彰, 엄수현 역, 『日本(軍事史』, 시사일본어사, 1994.

나가타 아카후미/박환무 역, 『일본의 조선통치와 국제관계』, 일조각, 2008.

이태진·사사가와 노리가츠, 『한일병합과 현대-역사적 국제법적 재검토』, 태학사, 2009.

장 끌로드 알랭, 「고종재위기간의 한불관계」, 『한불외교사(1886~1986)』, 평민사, 1987.

존 킹 페어뱅크·멀 골드만 저, 김형종·신성곤 역, 『신중국사』, 까치글방, 2002.

Pierre Renouvin/ 박대원 역, 『극동외교사』, 서문당, 1988.

꾼 드 꿰스터, 「1907년 헤이그 특사의 성공과 좌절」 『한국사학보』 30, 고려사학회, 2008.

Andrew Malozemoff, *Russian Far Eastern Policy 1881-1904*, University of California Press,
1958.

Gordon A. Craig/ Alexander L. George, *Force And State Craft*, Oxford Univerisity Press,
1990.

Ian Nish, *The Origins of The Russo-Japanese War*, London and New York, Longman, 1985.

Ian Nish, *Japanese Foreign Policy 1869-1942*, London, 1967.

Ian Nish, *A Short History of Japan*, New York, 1968.

Morinosuke Kajima, *The Diplomacy of Japan 1894-1922 Volume Ⅲ*, Kajima Institute pof International Peace, 1980.

Nelson, M. Frederick, *Korea and Old Orders in Eastern Asia*, New York, 1975.

Peter Duus, *The Abacus and the sword: The Japanese Penetration of Korea, 1895-1910*, University of California Press, 1995.

찾아보기

저자소개

◢ 현광호

고려대학교 사학과를 졸업하고 동대학교 한국사학과에서 문학박사학위를 취득했다. 종래 개항기 외교를 열강의 시각으로 보던 경향에서 탈피하여 한국의 입장에서 연구했다. 나아가 그동안 조명을 받지 못했던 대한제국의 외교에 대해 집중적으로 연구했다. 또 한국사회에서 활발하게 거론되고 있는 동아시아담론의 기원을 구명하고자 한국 근대 사상가의 동아시아 인식을 심층적으로 연구했다. 아울러 세계화의 시각에서 개항기, 식민지시기, 현재에 이르는 한국근현대사를 연구했다. 그리고 개항 이후 서구 열강의 조선 접근과 조선의 서구에 대한 접근을 탐구했다. 현재는 안중근의 동양평화론에 대한 연구를 진행하고 있다.

▶ 주요저서

『대한제국의 대외정책』(2002)
『대한제국과 러시아 그리고 일본』(2007)
『한국 근대 사상가의 동아시아 인식』(2009)
『세계화시대의 한국근대사』(2010)
『세계화시대의 한국현대사』(2010)
『서구열강과 조선』(2011)
『고종은 외세에 어떻게 대응했는가』(2011)
『새로운 시각으로 보는 개항기 조선』(2015)